秦汉三国简牍

经济史料汇编与研究论文集（一）

晋文 主编

江苏人民出版社

图书在版编目（CIP）数据

秦汉三国简牍经济史料汇编与研究论文集. 一／晋
文主编. — 南京：江苏人民出版社，2023.10
ISBN 978-7-214-28197-5

Ⅰ. ①秦… Ⅱ. ①晋… Ⅲ. ①中国经济史—秦汉时代
—文集②中国经济史—三国时代—文集 Ⅳ.
①F129.3-53

中国版本图书馆 CIP 数据核字（2023）第 122789 号

书 名	秦汉三国简牍经济史料汇编与研究论文集（一）
主 编	晋 文
责 任 编 辑	张 欣
装 帧 设 计	陈 婕
责 任 监 制	王 娟
出 版 发 行	江苏人民出版社
地 址	南京市湖南路 1 号 A 楼,邮编:210009
照 排	江苏凤凰制版有限公司
印 刷	江苏凤凰数码印务有限公司
开 本	652 毫米×960 毫米　1/16
印 张	31
字 数	361 千字
版 次	2023 年 10 月第 1 版
印 次	2023 年 10 月第 1 次印刷
标 准 书 号	ISBN 978-7-214-28197-5
定 价	188.00 元

（江苏人民出版社图书凡装错误可向承印厂调换）

前　言

　　本论文集是国家社会科学基金重大招标项目"秦汉三国简牍经济史料汇编与研究"（项目编号：19ZDA196）阶段性成果，共收录了 24 篇项目组成员近三年来围绕秦汉三国简牍经济史料深入研究的专题论文。这些论文有的上至战国，有的下至魏晋南北朝，总的来看都集中在秦汉三国时期。就研究内容而言，有些论文重在宏观研究，有些论文重在中观研究，有些论文则重在微观研究；既涉及土地制度、户籍制度、赋役制度、爵位制度、上计制度、财政制度等，又涉及荒政、养老、物价、契约、中外植物崇拜以及农业、手工业和商业的发展状况等；在一定程度上体现了秦汉三国经济史研究的新进展。

　　需要说明的是，我作为项目组首席专家历来都强调学术民主。早在项目刚刚立项之时，我就向项目组成员明确提出："君子和而不同。在学术观点上，我主张百家争鸣，大家的研究都完全是独立的，都可以互相批评。遵守学术规范，言之成理，执之有据，精诚合作，是本项目的唯一要求。"本论文集的编辑也秉持了这一理念。其中所有论文都不以观点为取舍，也不论作者的资历或身份，而是尽可能地把项目组的最新研究成果编衮成集。我们热切期盼专家们的批评和指正，也欢迎广大读者的赐教与评判。

南京师范大学历史系晋文

2022 年 9 月 30 日

目 录

秦汉经济制度与大一统国家治理

晋　文（南京师范大学）

经济制度是一定社会中占统治地位的生产关系的总和。秦汉经济制度也不例外，其作用重大，在大一统国家治理中留下了许多经验教训，值得进一步研究。

一、 秦汉户籍制度的建立与完善

秦始皇统一全国后建立的经济制度，奠基于商鞅变法以来的制度设计，大致奠定了整个秦汉时代的制度基础。为了维护和巩固秦汉王朝的统治，这套体系庞大的经济制度主要用以规范各个阶级和阶层的经济权利与义务。沿袭先秦以来士、农、工、商的社会结构，秦汉国家设置了相应的制度规范。《汉书·食货志》称："士农工商，四民有业。学以居位曰士，辟土殖谷曰农，作巧成器曰工，通财鬻货曰商。圣王量能授事，四民陈力受职，故朝亡废官，邑亡敖民，地亡旷土。"[1]尽管"四民有业"的分工有时并不严格，比如在西汉前中期商贾的"以末致财，用本守之"[2]，再比如从西汉后期到东汉形成的集官僚、地主和商人于一体的豪强地主[3]，但总体来说，秦汉民

---

① 《汉书》卷24上《食货志上》，北京：中华书局1962年版，第1117—1118页。

② 《史记》卷129《货殖列传》，北京：中华书局1959年版，第3281页。

③ 晋文：《从西汉抑商政策看官僚地主的经商》，《中国史研究》1991年第4期。

众被分为官吏、农民、手工业者和商贾是一个不争的事实。而保障和实现四民分工的一个主要规则，就是基于身份的户籍管理制度，如"秦民爵公大夫以上，令丞与亢礼"①，"贾人有市籍者，及其家属，皆无得籍名田"②。

根据《史记·秦始皇本纪》，秦王政十六年（前231年）九月，"发卒受地韩南阳假守腾。初令男子书年"③。可知在统一前夕，秦的户籍制度明确规定了男性必须登记年龄。又睡虎地秦简《傅律》："百姓不当老，至老时不用请，敢为酢（诈）伪者，赀二甲。"④里耶秦简16—9："【廿】六年五月辛巳朔庚子，启陵乡庳敢言之。都乡守嘉言：渚里不□劾等十七户徙都乡，皆不移年籍。"⑤亦证明秦代户籍的登记已比较规范。汉初张家山汉简《二年律令·户律》关于户籍登记的规定更加严密：

> 民皆自占年。小未能自占，而毋父母、同产为占者，吏以□比定其年。自占、占子、同产年，不以实三岁以上，皆耐。（325—326）

> 民宅园户籍、年细籍、田比地籍、田命籍、田租籍，谨副上县廷，皆以筴若匣匮盛，缄闭，以令若丞、官啬夫印封，独别为府，封府户；节（即）有当治为者，令史、吏主者完封奏（湊）令若丞印，啬夫发，即杂治为；臧（藏）府已，

---

① 《汉书》卷1下《高帝纪下》，第54页。

② 《史记》卷30《平准书》，第1430页。

③ 《史记》卷6《秦始皇本纪》，第232页。

④ 《秦律杂抄》简32—33，陈伟主编：《秦简牍合集：释文注释修订本（壹）》，武汉：武汉大学出版社2016年版，第171页。

⑤ 里耶秦简博物馆、出土文献与中国古代文明研究协同创新中心中国人民大学中心编著：《里耶秦简博物馆藏秦简》，上海：中西书局2016年版，第208页。

辄复缄闭臧(藏),不从律者罚金各四两。(331—333)①

其中"年细籍",便应当是登记每户户主、家庭成员、姓名、性别、年龄及其承担徭役和人口税的籍簿。文帝以后,汉代户籍的诸多内容——姓名、性别、年龄、籍贯、住址、身份、相貌、身高、残疾和财富情况等,又有了更为细致完善的规定。如《汉书·宣帝纪》载地节四年(前66年)九月诏:"其令郡国岁上系囚以掠笞若瘐死者所坐名、县、爵、里,丞相御史课殿最以闻。"颜师古注:"名,其人名也。县,所属县也。爵,其身之官爵也。里,所居邑里也。"②在悬泉汉简中便发现了登记"名、县、爵、里"和年龄、户主的户籍简。③ 至于户籍的登记和管理,汉承秦制,亦主要是在八月,如"恒以八月令乡部啬夫、吏、令史相杂案户籍,副臧(藏)其廷。有移徙者,辄移户及年籍爵细徙所,并封","民欲别为户者,皆以八月户时,非户时勿许"。④ 所谓"汉法常因八月筭人"⑤,便说明此乃两汉定制。

二、 秦汉土地制度的性质与内容

从治国理政的目的来看,秦汉时期的"四民有业"实际就是让农民从事农业生产,让手工业者从事各种器物的生产,让商贾从事贸易,从而向他们征收赋税,并使之承担徭役或兵役,而官吏则行使对农、工、商和自身群体的管理职责,以确保各项制度及政策的实施和国家机器的运转。秦汉是农业社

---

① 张家山二四七号汉墓竹简整理小组编著:《张家山汉墓竹简(二四七号墓)》(释文修订本),北京:文物出版社2006年版,第53—54页。

②《汉书》卷8《宣帝纪》,第253页。

③ 张俊民:《敦煌悬泉出土汉简所见人名综述(二)——以少数民族人名为中心的考察》,《西域研究》2006年第4期。

④ 张家山二四七号汉墓竹简整理小组编著:《张家山汉墓竹简(二四七号墓)》(释文修订本),简328、345,第54、56页。

⑤《后汉书》卷10上《皇后纪上》,北京:中华书局1965年版,第400页。

会,土地乃最重要的生产资料,因而土地占有制度便成为当时最重要的经济制度。

大体说来,秦汉土地制度有以下三方面的内容。

首先,秦汉民田的占有方式是土地私有制。秦代民田占有主要有两种方式:一是对有爵者实行赐田制,二是对无爵者实行授田制。从阶级关系和占有土地的相对数量看,人数较少的贵族、官僚和地主占有的土地多,而人数众多的自耕农及手工业者则占有的土地少。但无论是赐田制还是授田制,皆为土地私有制。岳麓秦简中的《识劫𡢁案》,就是一个无可辩驳的铁证。此案发生在秦王政十八年(前 229 年),其中多次提到大夫沛把"稻田廿亩"作为私产直接分给了识,且得到当地官府认可。① 识的身份最初是大夫沛的"隶",类似于家中的男仆,后来成为单独立户的士伍,从军后又成为公士。这就充分说明秦代赐田是可以继承、赠送和买卖的。又里耶秦简《刍稾志》载:"都乡黔首田启陵界中,一顷卅一亩,钱八十五。都乡黔首田贰【春界中者,二顷卅七亩,钱百卅九。】"(9—543＋9—570＋9—835)②亦证明秦代允许跨乡垦田,存在土地买卖和流转现象。及至汉初,《二年律令》把赐田和授田合为一体,在整合原有耕地的基础上鼓励垦荒,规定了从关内侯到隐官所占有国家土地资源的配额,并承认和保护其开垦草田所得到耕地的所有权,允许继承、转让、买卖和赠送。③ 汉初的民田占有同样是土地私有制。正如董仲舒所说:"至秦则不然,用商鞅之法,改帝王之制,除井田,民得卖买,富者田连仟

---

① 朱汉民、陈松长主编:《岳麓书院藏秦简(叁)》,上海:上海辞书出版社 2013 年版,第 155 页。

② 陈伟主编:《里耶秦简牍校释》第 2 卷,武汉:武汉大学出版社 2018 年版,第 152 页。

③ 晋文:《张家山汉简中的田制等问题》,《山东师范大学学报(人文社会科学版)》2019 年第 4 期。

伯,贫者亡立锥之地。……汉兴,循而未改。"①更值得注意的是,武帝即位前后已出现规模很大的土地兼并。

其次,秦汉民田占有逐渐形成一整套法定程序。无论是有爵者还是无爵者,他们对土地的占有均需立户,亦即"为户"。《二年律令·户律》:"不幸死者,令其后先择田,乃行其余。它子男欲为户,以为其□田予之。其已前为户而毋田宅,田宅不盈,得以盈。宅不比,不得。"(312—313)②尽管"行田"有时也要考虑"同居"情况,但总体来说,能否"为户"乃是秦汉民田占有的前提。从土地的获得来看,除了赐田和一些土地的转让,秦代授田的程序相当复杂。里耶秦简便提供了授田的两个实例:

> 卅三年六月庚子朔丁巳,【田】守武爰书:高里士五(伍)吾武【自】言:谒狼(垦)草田六亩武门外,能恒藉以为田。典缦占。
>
> 六月丁巳,田守武敢言之:上黔首狼(垦)草一牒。敢言之。/衔手。(9—2344)
>
> 卅五年三月庚寅朔丙辰,贰春乡兹爰书:南里寡妇愁自言:谒狼(垦)草田故枲(桑)地百廿步,在故步北,恒以为枲(桑)田。
>
> 三月丙辰,贰春乡兹敢言之:上。敢言之。/诎手。(9—15)③

根据简中黔首"谒垦",乡里对其授田面积、地点和用途的核定,以及田守爰书在里典爰书的基础上拟定的记载,可知秦代

---

① 《汉书》卷24 上《食货志上》,第 1137 页。
② 张家山二四七号汉墓竹简整理小组编著:《张家山汉墓竹简(二四七号墓)》(释文修订本),第 52 页。
③ 陈伟主编:《里耶秦简牍校释》第 2 卷,第 477、21 页。

授田的登记大致有自报、审定和复查三个环节①，还有每户耕地和实际耕种面积的登记。而汉代对民户土地的登记则略微简化，从前揭《户律》所载"田比地籍、田命籍、田租籍"看，汉初土地登记的内容应主要是每户的草田、耕地和垦田面积。在文帝即位后，则可能仅有每户的耕地和实际耕种面积的登记。

最后，对民田占有人应承担的义务有明确具体的规定。一般来说，无论士农工商，他们在占有土地后都必须承担赋税和徭役。以赋税为例，秦代民田有多种特定名称。除了奖励军功地主的赐田，授田有"草田""垦田""舆田"和"税田"之分。如里耶秦简 8—1519："迁陵卅五年狼（垦）田舆五十二顷九十五亩，税田四顷□□。户百五十二，租六百七十七石。"②根据秦简记载，秦代农民要按每户"谒垦"的草田数缴纳顷刍稾，按实际垦种的舆田数缴纳田租，其税田租率一般是十分之一，在洞庭等所谓"新地"是十二分之一，而产量租率则从三步一斗至廿四步一斗不等。③秦代还有按户缴纳的户赋等。汉代民田的赋税逐渐减轻，根据《二年律令》和凤凰山汉简等，汉初农民按每户实际耕种的垦田数缴纳刍稾，文景时期又大致减免了一半；汉初户赋仅保留每户缴纳的户赋和户刍；田租则由十一之税降为十五税一，景帝时更降为三十税一，并实行更为简便、公平的定额租制度。秦代已有人头税的雏形，汉代则正式创立了中国最早的人头税制度，有算赋与口钱之分。算赋是针对 15 岁至免老以前成年人的人头税，通常每人每年缴纳 120 钱；口钱是针对 3 岁（元帝时改为满 7 岁）至 14 岁儿童

---

① 晋文：《新出秦简中的授田制问题》，《中州学刊》2020 年第 1 期。

② 陈伟主编：《里耶秦简牍校释》第 1 卷，武汉：武汉大学出版社 2012 年版，第 345 页。

③ 晋文：《睡虎地秦简与授田制研究的若干问题》，《历史研究》2018 年第 1 期。

的人头税,通常每人每年20钱(武帝时增加到23钱)。至于徭役,则大体分为更役和兵役,秦汉成年男女基本上是更役的服役对象,通常服役时间是每年一个月;健康的成年男子是兵役的服役对象,通常服役时间为两年。《汉书·食货志》:"月为更卒,已复为正,一岁屯戍,一岁力役,三十倍于古。"①汉代妇女在某些时期是受到优待而被免除更役的;②在特殊情况下,也有一些妇女服兵役的记录。③ 需要说明的是,这些赋税徭役的承担者主要是农民和小手工业者,而贵族、官僚和许多地主则享有减免优待。以汉初为例,惠帝即位后便明令宣布:"今吏六百石以上父母妻子与同居,及故吏尝佩将军都尉印将兵及佩二千石官印者,家唯给军赋,他无有所与。"④《二年律令·傅律》也专门对不同爵级的免老和傅籍年龄作出规定:"大夫以上年五十八,不更六十二,簪褭六十三,上造六十四,公士六十五,公卒以下六十六,皆为免老","不更以下子年廿岁,大夫以上至五大夫子及小爵不更以下至上造年廿二岁,卿以上子及小爵大夫以上年廿四岁,皆傅之"。⑤ 这明显是优待大夫以上的有爵者。如遇重大节日或逢自然灾害、疾疫等特殊情况,在全国或某些地区,亦针对老弱病残和孕妇等特殊人群,采取赋税徭役减免措施。

三、 秦汉经济制度的重心

作为传统的农业社会,秦汉王朝经济政策是在具体的生产力水平及社会状况的基础上制定的。究竟怎样更好地发展

---

① 《汉书》卷24上《食货志上》,第1137页。
② 张荣强:《〈二年律令〉与汉代课役身分》,《中国史研究》2005年第2期。
③ 王子今、孙中家:《战国秦汉时期的女军》,《社会学研究》1996年第6期。
④ 《汉书》卷2《惠帝纪》,第85—86页。
⑤ 张家山二四七号汉墓竹简整理小组编著:《张家山汉墓竹简(二四七号墓)》(释文修订本),简356、364,第57—58页。

农业以保证财政收入和徭役征发,是制定经济政策的基本出发点。又因占据主导地位的是自然经济,绝大多数农民的生产都把农业与家庭手工业相结合,商品交换较少,这就决定了秦汉经济政策的重心是重农抑商,或重农贱商、重农轻商。

秦始皇曾公开宣称:"皇帝之功,勤劳本事。上农除末,黔首是富。"且"男乐其畴,女修其业,事各有序"①,既强调其基本国策是"上农除末",又表明对男耕女织小农经济模式的重视。睡虎地秦简和里耶秦简等也完全证实了这一点,如"同居毋并行"②,"田时殹(也),不欲兴黔首"(16—5)③,还有迁陵"□【黔】首习俗好本事,不好末作"(8—355),"城父繁阳士五(伍)枯取(娶)贾人子为妻,戍四岁□"(8—466)等具体事例。④ 但过分抑商也把本、末人为对立起来,在很大程度上制约了农业和手工业发展,给人民生活带来极大不便。西汉建立后吸取这一教训,不再强调抑商,而是推行重农贱商政策。⑤ 尽管农业仍被视为天下之本,但对商贾采取了一种在政治上贬低、经济上放纵的做法。《史记·平准书》:"天下已平,高祖乃令贾人不得衣丝乘车,重租税以困辱之。"⑥《史记·货殖列传》:"汉兴,海内为一,开关梁,弛山泽之禁,是以富商大贾周流天下,交易之物莫不通,得其所欲。"⑦到了武帝中期,因财政匮乏,采取诸如算缗告缗、盐铁官营、均输平准等手段,转而又严厉抑商。元帝以后则实行重农轻商政策,对私

---

① 《史记》卷6《秦始皇本纪》,第245、252页。
② 《秦律杂抄》简39,陈伟主编:《秦简牍合集:释文注释修订本(壹)》,第176页。
③ 里耶秦简博物馆、出土文献与中国古代文明研究协同创新中心中国人民大学中心编著:《里耶秦简博物馆藏秦简》,第207页。
④ 陈伟主编:《里耶秦简牍校释》第1卷,第136、161页。
⑤ 晋文:《从商鞅变法到西汉前期抑商政策的转变》,《光明日报》,1985年2月13日,第3版。
⑥ 《史记》卷30《平准书》,第1418页。
⑦ 《史记》卷129《货殖列传》,第3261页。

营工商业不再严格管控。终东汉之世,除早期曾短暂实行"禁民二业"和均输、盐铁官营政策外,国家都把重农轻商作为基本国策。

治国重在治吏。秦汉时期,除了大权独揽的皇帝,从中央到地方各级大小官吏是经济管理的直接责任人。为了确保各项经济制度实施,并考核其业绩,从战国时期开始出现的上计制度成为经济管理制度的重心。

秦汉地方长官每年定期派计吏向中央汇报本地情况,相关文书称为"计簿",亦称"集簿",内容包括户口、垦田、赋役、治安和自然灾害等。经考核后,便可根据考核结果对各级官吏予以黜陟赏罚。这些分门别类的原始数据通常由乡、里统计,在县廷审核后编制为单项文书或多项文书,汇总为计簿呈郡(汉代为郡国);郡在此基础上编制郡的计簿,并于年终上报朝廷。以往因史料匮乏,对上计的具体内容往往语焉不详,近来公布的简牍则提供了许多鲜活材料。如长沙走马楼西汉简《都乡七年垦田租簿》和青岛土山屯西汉简《堂邑元寿二年要具簿》,前者是关于临湘县都乡土地情况及田租数额的单项文书,后者是关于堂邑县地理范围、户口、垦田、赋役等多项内容的统计文书。而此前公布的尹湾汉简《集簿》类文书,可谓西汉后期东海郡的完整计簿。总的来说,秦汉时期的上计制度大大加强了对地方尤其在财政方面的控制。

四、 秦汉经济制度的功能及局限

秦汉经济制度集中体现了当时社会的经济状况,在秦汉王朝的治国理政中发挥了重大作用。

一是基本适应秦汉生产力发展水平,有利于农、工、商业的协调发展,并为国家机器运转提供了庞大人力、物力和财力支持，为大一统国家的建立与发展提供了坚实的制度保障。如刘邦攻占秦都咸阳后，萧何"独先入收秦丞相御史律令图书藏之"，使"汉王所以具知天下阨塞，户口多少，强弱之处"。① 再如"关中之地，于天下三分之一，而人众不过什三；然量其富，什居其六"②，成为国家重心所在，也体现了长期重农的成果。可以毫不夸张地说，秦汉经济的繁荣与发达，尤其诸多治世如文景之治、昭宣中兴和光武中兴的形成，与经济制度的完善有直接关系。即便是开国或承平时期，这套庞杂而有序的经济制度也为国家提供了源源不断的财富。以西汉后期为例，仅人头税一项，"汉宣以来，百姓赋钱，一岁为四十余万万"③。反之，经济制度的破坏和经济的严重凋敝则导致国家治理能力的下降，甚或导致政权的崩溃。所谓"内兴功作，外攘夷狄，收泰半之赋，发闾左之戍。男子力耕不足粮饷，女子纺绩不足衣服"④，便生动刻画了秦二世而亡的原因。

二是秦汉经济制度作为整个国家制度体系的主要组成部分，不仅为大一统国家的治理提供物质基础，而且自身也体现了国家对经济领域的管控和治理能力。比如越来越完善的户籍制度，在郡县制普遍实施的背后便充分反映了各级官吏的执行能力，展现出强大的国家意志。一个引人注目的对比，就是两汉的户口统计基本可信，而后世分裂时期的户口统计则存在更多隐匿和阙载现象，可信度不高。再如鼓励生育政策，在国家宏观与微观层面干预下也明显达到了人口快速增殖的目的。但在社会动荡或鼎革之际，由于战乱、经济凋敝以及国

---

① 《史记》卷 53《萧相国世家》，第 2014 页。
② 《史记》卷 129《货殖列传》，第 3262 页。
③ （东汉）桓谭：《新论》卷中《谴非》，《全后汉文》卷 14，（清）严可均校辑：《全上古三代秦汉三国六朝文》，北京：中华书局 1958 年版，第 542 页下栏。
④ 《汉书》卷 24 上《食货志上》，第 1126 页。

家管控和治理能力的削弱,人口往往大量死亡与逃亡,以致"海内虚耗,户口减半"①。还有土地制度和赋税徭役制度,秦汉王朝在大多数时期都能按社会等级来占有土地,并让大多数农民和手工业者成为赋税徭役的主要承担者,较好地保证社会生产的延续,维持尊卑贵贱的经济秩序,也突显出很高的统治谋略和能力。诚如马克思所言:"强有力的政府和繁重的赋税是一回事。"②而重农政策的贯彻和上计制度的严格,更加体现出秦汉王朝的国家意志。从某种意义上说,秦汉经济制度的效率如何,实际上是整个国家治理能力的一个缩影。

三是秦汉王朝亦随着社会经济的发展变化,不断总结经验教训,不断改进和完善经济制度,以进一步提高治理能力。秦代方面的事例不多,较为引人注目的是,秦在狭乡的授田通常为一户百亩,甚或更少,但在地广人稀的地区,特别是在南方所谓"新地",比如洞庭郡,其授田似乎没有限额,而且税田的面积租率也较中原为低。这些做法符合因地制宜的原则,对安抚和稳定边远地区多有裨益。汉代经济制度的改进和完善表现突出。以土地政策为例,鉴于土地兼并加剧和小农不断破产,国家采取了多种方法缓解、改善农民的耕地问题,如开放山泽苑囿、假民公田、移民屯垦、限田、度田等。再如赋役制度,汉初有鉴于秦亡,实行轻徭薄赋政策,及至文景,更是大幅度地减免赋役,并基本延续到东汉末年。以田租为例,即便在经济比较落后的迁陵地区,秦代每亩田租已高达约 1 斗 3 升。③ 而根据最新公布的《堂邑元寿二年要具簿》,"定当收田四千六百七顷七十亩,租三万六千七百廿三石七升"(M147:

---

① 《汉书》卷7《昭帝纪》,第233页。
② 《马克思恩格斯选集》第1卷,北京:人民出版社2012年版,第766页。
③ 湖南省文物考古研究所编著:《里耶秦简(壹)》,北京:文物出版社2012年版,"前言",第4页。

25—1）①，在西汉末年经济比较发达的堂邑地区，每亩田租平均只有大约 8 升。在特殊时期，国家还颁布并调整救灾、救疫等荒政措施，以纾解民困，稳定社会。

当然，秦汉经济制度也存在很大局限。一方面，这套制度的设计首先是要满足统治阶级的利益，居于社会底层的农民和小手工业者只能大体维持生存。在这种完全不平等的土地占有和收入分配体系中，广大民众很容易处于生活窘迫甚或崩溃的边缘，一旦遇到天灾人祸，便会大量破产，或沦为奴婢、佃客，或成为流民、盗贼，更有丧命的可能。尽管基于维护统治秩序考虑，国家也会采取一些措施来缓解农民的土地问题，减轻农民的赋役负担，但并不能从根本上解决问题。在土地私有必然导致土地兼并的情况下，在大多数贪得无厌的权贵和富豪的疯狂攫取下，国家的经济秩序最终被大多乃至完全被破坏。这就从经济基础上摧毁了秦汉王朝。另一方面，具体执行秦汉经济政策的各级官吏也存在破坏规则、徇私舞弊、弄虚作假的现象。丞相匡衡的"专地盗土以自益"②，就是一个显例。上计造假的现象更为突出，宣帝便斥责郡国"上计簿，具文而已，务为欺谩，以避其课"③。类似问题还体现在简牍文书之中，比如郡、县、乡、里的两本账，比如垦田、户口的虚报，比如夸大或缩小、隐瞒灾害和疾疫的程度，比如扩大赋税徭役的减免人数等。这不仅提醒我们不可尽信简牍所载的官方记录，而且揭示了腐败必将损害国家制度的历史教训。

（原载《历史研究》2020 年第 3 期）

---

① 青岛市文物保护考古研究所、黄岛区博物馆：《山东青岛土山屯墓群四号封土与墓葬的发掘》，《考古学报》2019 年第 3 期。
②《汉书》卷 81《匡衡传》，第 3346 页。
③《汉书》卷 8《宣帝纪》，第 273 页。

从新出简牍看二十等爵制的起源、分层发展及其原理

——中国古代官僚政治社会构造研究之三

杨振红（南开大学）

[摘　要]　二十等爵制在战国秦汉社会转型中发挥了重要作用。传世文献记载二十等爵第九级五大夫与第八级公乘之间存在重要的分层,学界将五大夫以上称"官爵",以下称"民爵"。新出岳麓秦简和张家山汉简中却有"受爵者毋过大夫"等规定,表明秦统一时至汉初民爵的上限为大夫。民爵上限移至公乘应发生在汉文帝六年(前158年)左右。文帝在贾谊建议下进行广泛的制度改革,其中包括将中央列卿的秩级从二千石提高到中二千石以及将民爵上限提高到公乘,旨在加强中央集权,明确等级秩序。从左庶长到大庶长的爵层被称作"卿",大夫、不更爵的权益仍带有分层界标痕迹以及官民爵的界限经历了从低到高的变化等史实,可推测二十等爵制是与公卿大夫士内爵系统挂钩建立起来的,建立之初爵层的划分与之完全对应。随着赐爵的扩大,统治者为了保证足够的服役人口,不断调整民爵上限。战国后期将大夫爵下移至士位;汉文帝六年(前158年)左右,将官大夫到公乘爵全部纳入士位。官民爵分界自此稳定,直至三国。

[关键词]　二十等爵制;官民爵;卿大夫士;岳麓秦

简；张家山汉简

二十等爵制是周秦汉魏时期最重要的制度之一，在战国秦汉社会转型中扮演着重要角色。以往诸多学者对此作过研究，取得了丰硕成果。① 21世纪初，张家山汉简、里耶秦简、岳麓秦简等秦及汉初简牍的刊布，为这一问题的研究提供了新的契机。② 本文拟利用这些新资料，在以往研究的基础上，对二十等爵制官、民爵的分层变化进行讨论，并论及二十等爵制的起源及原理。

---

① 劳贞一：《释士与民爵》，《史学年报》第2卷第1期，1934年；吴景超：《西汉的阶级制度》，《清华学报》第10卷第3期，1935年；[日]栗原朋信：《両漢時代の官民爵に就いて（上）》，《史観》第22、23册合刊，1940年；[日]栗原朋信：《両漢時代の官民爵に就いて（下）》，《史観》第26、27册合刊，1941年；[日]守屋美都雄著，钱航、杨晓芬译：《中国古代的家族与国家》，第一章"从汉代爵制源流角度所见之商鞅爵制研究"，上海：上海古籍出版社2010年版，第3—51页；[日]西嶋定生著，武尚清译：《中国古代帝国的形成与结构——二十等爵制研究》，北京：中华书局2004年版，第1—571页；高敏：《试论商鞅的赐爵制度》，《郑州大学学报（哲学社会科学版）》1977年第3期；高敏：《论两汉赐爵制度的历史演变》，《文史哲》1978年第1期（两文修订后均收入其著《秦汉史论集》，郑州：中州书画社1982年版，第1—57页）；朱绍侯：《军功爵制试探》，《开封师院学报（哲学社会科学版）》1978年第1期；朱绍侯：《秦军功爵制简论》，《河南师大学报（社会科学版）》1979年第6期（两文后吸收张家山汉简公布以后的相关研究成果，增订收入其著《军功爵制考论》，北京：商务印书馆2008年版，第1—505页）；杜正胜：《编户齐民——传统政治社会结构之形成》，第八章"平民爵制与秦国的新社会"，台北：联经出版事业股份有限公司1990年版，第317—372页；等等。

② 李均明：《张家山汉简所反映的二十等爵制》，《中国史研究》2002年第2期；朱绍侯：《西汉初年军功爵制的等级划分——〈二年律令〉与军功爵制研究之一》，《河南大学学报（社会科学版）》2002年第5期，收入其著《军功爵制考论》，第233—241页；刘敏：《张家山汉简"小爵"臆释》，《中国史研究》2004年第3期；拙文：《秦汉官僚体系中的公卿大夫士爵位系统及其意义——中国古代官僚政治社会构造研究之一》，《文史哲》2008年第5期，收入拙著《出土简牍与秦汉社会（续编）》，桂林：广西师范大学出版社2015年版，第31—72页；阎步克：《从爵本位到官本位——秦汉官僚品位结构研究》，北京：生活·读书·新知三联书店2009年版，第1—341页；等等。

一、 关于官爵、民爵、吏爵等概念

二十等爵分官爵、民爵为清代钱大昭首次明确提出。钱大昭《汉书辨疑》卷九：

> （1）自公士至公乘，民之爵也，生以为禄位，死以为号谥。凡言赐民爵者即此。自五大夫至彻侯，则官之爵也。（2）《成帝纪》永始二年诏曰："吏民以义收食贫民，其百万以上，加赐爵右更，欲为吏补三百石。"是爵至十四级，与三百石吏相埒矣。准是以推，九级之五大夫，等比百石；十级之左庶长，等百石；十一级之右庶长，等比二百石；十二级之左更，等二百石；十三级之中更，等比三百石矣。故谓之官爵。①

其观点包括两部分：1. 二十等爵以公乘和五大夫为界分为两大层级，第一级公士至第八级公乘为民爵，第九级五大夫至第二十级彻侯为官爵；2. 官爵是可以"为吏"的爵级，吏的禄秩可以与爵位挂钩类比。他根据《成帝纪》永始二年（前15年）诏，"吏民"以义收食贫民，百万以上"加赐爵右更，欲为吏补三百石"，将第十四级右更爵与三百石吏挂钩对等，以此类推，第九级五大夫可以任比百石吏。因为可以"为吏"，所以称为"官爵"，这样实际上等于认为"吏"就是"官"。由于秦汉时期"官""吏"的概念与后代不同，且存在广义、狭义之分，故其"官爵"概念极易造成误解，事实上他本人对"吏"的理解就存在问题。例如，他在《汉书·元帝纪》永光二年（前42年）"赐

---

① （清）钱大昭：《汉书辨疑》卷九，清铜熨斗斋丛书本，中国基本古籍库电子版，笔者标点，下同。（1）（2）为笔者标注。

吏六百石以上爵五大夫，勤事吏二级，为父后者民①一级"②下注曰："爵自五大夫以上为官爵，故必六百石以上乃赐之。其勤事吏之二级，民爵也。"③其认为"勤事吏"为民爵的观点是错误的。"勤事吏"即勤恳工作的吏，是汉代考核官吏的名称之一。《汉书·宣帝纪》元康元年三月诏："赐勤事吏中二千石以下至六百石爵，自中郎吏④至五大夫，佐史以上二级，民一级。"⑤正如下文钱大昕的理解，这里的"勤事吏"是吏中二千石至佐史的修饰语，而不专指六百石以下吏，故其赐予的不一定是民爵。因此，永光二年（前42年）的"勤事吏"不是指六百石以下吏，而是指所有吏中被推荐为勤事吏者（详见下文）。

二十等爵以公乘、五大夫为界分为两大层级并非钱大昭的发现，自东汉以来便不断有学者论及。如东汉王充《论衡·谢短》："赐民爵八级，何法？"⑥东汉卫宏《汉旧仪》："五大夫，

---

① 此处的"民"应为"人"之误，应是颜师古注《汉书》时避唐太宗李世民讳，将"民"改为"人"，后人回改时误改。参见《汉书补注·武帝纪第六》"楼船将军杨仆坐失亡多，免为庶民"条王先谦补注："李慈铭曰：'民'当作'人'，它文无曰'免为庶民'者，盖缘小颜本避太宗讳，于《汉书》'民'字皆改作'人'，后人回改，此'人'字亦误改'民'耳。"（汉）班固撰，（清）王先谦补注，上海师范大学古籍整理研究所整理：《汉书补注·武帝纪第六》，上海：上海古籍出版社2019年版，第281—282页。此处的"民"也属于这种情况。

② 《汉书》卷9《元帝纪》，北京：中华书局1962年版，第287页。

③ （清）钱大昭：《汉书辨疑》卷二。从下条补注可知，至晚从北宋刘攽时起就误将"吏爵"理解为授予六百石以上者。

④ 王先谦补注："刘攽曰：'爵自中郎吏'文，误。盖本云'自中更至五大夫'，传者误以'更'为'吏'，遂衍出'郎'字。与民爵不过公乘，则赐吏爵自五大夫而上也。以中二千石爵中更，二千石亦当左更，真比同千石当右庶长，六百石则五大夫矣。寻本始元年诏文，则知此说是。苏舆曰：爵属上为句，自中更至五大夫，犹本始诏云自左更至五大夫也。"（汉）班固撰，（清）王先谦补注：《汉书补注·宣帝纪第八》，第356页。

⑤ 《汉书》卷8《宣帝纪》，第254页。

⑥ 黄晖：《论衡校释》卷12《谢短》，北京：中华书局1990年版，第572页。

九爵。赐爵九级为五大夫。以上次年德者为官长将率。"①三国曹魏刘劭《爵制》:"吏民爵不得过公乘者,得贳与子若同产。"②唐代李贤注《后汉书·明帝纪》明帝即位诏"爵过公乘,得移与子若同产、同产子":"汉制,赐爵自公士已上不得过公乘,故过者得移授也。同产,同母兄弟也。"③

钱大昭之兄钱大昕也曾论及公乘以下爵与五大夫以上爵的区别,他在《再答袁简斋书》中说:

> 蒙询秦汉赐爵及唐同三品之称,谨按:赐爵始于商鞅,以旌首功。汉时或以军功或以入粟、入钱得之,而赐民爵一级或二级、三级,史不绝书。大约公乘以下与齐民无异,五大夫以上始得复其身。民赐爵者至公乘而止,爵过公乘得移与子若同产、同产子,有罪得赎,贫者得卖与人……至五大夫以上,则以赐中二千石至六百石之勤事者及列侯嗣子。然考之《史》《汉》,自卜式、桑羊而外,书赐爵者寥寥,非无爵也,赐爵不足为荣,史家略而不书也。民爵不过公乘,而入粟之法行,则有至大庶长者,大庶长去关内侯一级耳。然鬻爵而不鬻官,官有员,爵无员,此晁错所谓出于口而无穷者也……④

① (汉)卫宏:《汉旧仪》卷下,(清)孙星衍等辑,周天游点校:《汉官六种》,北京:中华书局1990年版,第84页。

② (晋)司马彪:《续汉书·百官志五》刘昭注引,《后汉书》志第28,北京:中华书局1965年版,第3632页。

③ 《后汉书》卷2《明帝纪》,第96—97页。此类诏书还见于章帝即位诏(《后汉书》卷3《章帝纪》,第129页)、安帝元初元年(114年)改元诏(《后汉书》卷5《安帝纪》,第220页)、顺帝阳嘉元年(132年)立皇后诏(《后汉书》卷6《顺帝纪》,第259页)。

④ (清)钱大昕:《潜研堂文集》卷34,《潜研堂集》,清嘉庆十一年刻本,中国基本古籍库,笔者标点。另见吕友仁校点本《潜研堂集》,上海:上海古籍出版社1989年版,第614页。但其标点存在问题,如"爵过公乘得移与子若同产、同产子,有罪得赎",吕本作:"爵过公乘得移与子若同产,同产子有罪得赎。"

钱大昕对二十等爵及分层的论述较之钱大昭更为详细，侧重也有所不同。两人的共通之处是都认为二十等爵以公乘、五大夫为界分为两个层级。不同之处是：钱大昭从有爵者任吏的角度论述，根据汉成帝永始二年（前15年）赐爵右更可补三百石的诏令，推测五大夫可补比百石吏。他在最后总结说"故谓之官爵"，即他之所以将五大夫以上爵称为官爵，就是缘于五大夫以上爵可以"为吏"。他似乎将成帝永始二年（前15年）诏看成是通例，但这其实存在很大风险。① 钱大昕则是从以爵赐吏的角度论述，认为五大夫以上爵是赐给"六百石至中二千石"这些高官中的"勤事者"以及"列侯嗣子"，但未使用"官爵"概念。而且，他强调"入粟"拜爵是鬻爵，但汉代"鬻爵不鬻官"，也就是说爵并不等于官，并非有了爵位就可以自动转换为官职。这一点与钱大昭依据成帝永始二年（前15年）诏，认为五大夫以上爵可任吏的观点有很大不同。总体来看，钱大昕对二十等爵分层的认识相当准确到位。

钱大昭关于官爵、民爵的区分为其后的沈家本、王先谦所采纳。沈家本《汉律摭遗·具律三》按语称："《功臣表》公士凡三十一见……八公乘，凡二十七见。此民之爵也……自五

---

① 关于二十等爵与"为吏"的关系，史籍中材料较少，情况也较为复杂。如《韩非子·定法》载："商君之法曰：'斩一首者爵一级，欲为官者为五十石之官；斩二首者爵二级，欲为官者为百石之官。'官爵之迁与斩首之功相称也。"参见（清）王先慎撰，钟哲点校：《韩非子集解》卷17《定法》，北京：中华书局1998年版，第399页。据此，商鞅时法律规定，一级爵公士可任五十石官，二级爵上造可任百石官，与汉成帝永始二年（前15年）有更才可任三百石吏相距甚远。此外，《史记·平准书》载武帝后期，"法既益严，吏多废免。兵革数动，民多买复及五大夫，征发之士益鲜。于是千夫五大夫为吏，不欲者出马；故吏皆适令伐棘上林，作昆明池"。《史记》卷30《平准书》，北京：中华书局点校本修订本2014年版，第1723页。由此反推，在征发之士不少的情况下，千夫、五大夫以上爵应当是不用除为吏的，这对于我们理解秦汉时期"吏"的概念至关重要。限于篇幅的原因，笔者无法展开，这里只想强调，秦汉时期"官""吏""民"的概念、关系、地位都较为复杂，值得深入探讨。

大夫以上,官之爵也。凡言赐民爵者,公士至公乘。此皆秦制,而汉承之。"①王先谦《汉书补注》也在《百官公卿表》"爵"条下全文照录了钱大昭说。② 近代以来,日本的栗原朋信、守屋美都雄、西嶋定生,中国的蒙文通、陈直、俞伟超等均采用了官民爵概念,③官民爵概念也因此成为解构二十等爵制的术语,为学界广泛使用。但学者对于其概念的理解和界定存在很大不同。其中,西嶋定生的认识最为清晰准确,他曾专门对"官爵""民爵""吏爵"概念的含义等进行辨析。他说:

> (刘劭)把吏的最高爵限定到公乘,是不正确的。
>
> 以汉代制度为中心来看,此二十等爵中,自第一级的公士至第八级的公乘的爵位是给予一般庶民以及下级官

---

① (清)沈家本著,邓经元、骈宇骞点校:《历代刑法考·汉律摭遗》卷11《具律三》,北京:中华书局1985年版,第1582页。

② (汉)班固撰,(清)王先谦补注:《汉书补注·百官公卿表第七上》引,第904页。但另一方面,自古以来,许多饱学之士对二十等爵也不甚了了。如明代方以智《通雅·官制·爵禄》:"于文定言汉赐民爵不知其制。智按:……常见汉诏赐高年帛,又因宋赐民爵必以高年,乃始较然于汉诏所称民殆乡老或里长之谓乎? 犹今之耆民寿官也。其公乘以下,观高帝诏令诸吏善遇高爵,则公士等犹夫民耳,即汉诏所云久立吏前曾不为决也,特用以赎罪而已。"(明)方以智:《通雅》卷22《官制·爵禄》,北京:中国书店1990年版,第282页。笔者标点。清代袁枚《随园随笔》卷9《官职类·赐爵》:"方密之以为所赐者不过乡老、里长辈,虽曰民,非平民也。"参见王英志编纂校点:《袁枚全集新编》第13册,杭州:浙江古籍出版社2015年版,第153—154页。

③ [日]栗原朋信:《両漢時代の官民爵に就いて(上)》,《史観》第22、23册合刊;[日]栗原朋信:《両漢時代の官民爵に就いて(下)》,《史観》第26、27册合刊;[日]守屋美都雄著,钱航、杨晓芬译:《中国古代的家族与国家》,第一章"从汉代爵制源流角度所见之商鞅爵制研究",第4页;[日]西嶋定生著,武尚清译:《中国古代帝国的形成与结构——二十等爵制研究》,第84—149页;蒙文通:《儒学五论》,桂林:广西师范大学出版社2007年版,第111页(路明书店1944年初版);陈直:《九章算术著作的年代》,《西北大学学报(自然科学版)》1957年第1期;陈直:《秦汉爵制亭长上计吏三通考》,《西北大学学报(哲学社会科学版)》1979年第3期;俞伟超:《古史分期问题的考古学观察(一)》,《文物》1981年第5期。如守屋美都雄根据《商君书·境内》认为,商鞅爵制以是否食邑为标准,以五大夫("税邑三百家")和公乘为界区分为官、民爵,并推测五大夫以上是因军功受爵者,以下是因其他因素受爵者。

吏的;第九级的五大夫以上,秩六百石的官吏始得授与,一般庶民不授予五大夫以上的爵。

故为方便起见,今后把公乘以下的八等爵称为民爵(特授与吏者,称吏爵),五大夫以上之爵,称官爵。但这到底是为了方便的叫法,在当时并不是有民爵(或吏爵)之称呼;用当时语言若说官爵,则是指官与爵,或由官给予的爵,亦即爵位之总体内容,并不存在把五大夫以上的爵特称为官爵之例。因此,在以下进行研究时,所用的民爵(吏爵)、官爵之词,是各指公乘以下的爵与五大夫以上的爵。若说的是当时用法的官爵,随时指明。①

他所说刘劭"把吏的最高爵限定到公乘"是指前引刘劭《爵制》的下段话:"吏民爵不得过公乘者,得贳与子若同产。"②西嶋定生显然认为,汉代的吏以六百石为界分为高级官吏和下级官吏,民爵除赐予公乘以下民外,还赐予六百石以下(不含)下级官吏,官爵是赐予六百石以上(含)高级官吏的,吏爵是民爵中专门授予下级官吏的。他指出,将二十等爵分为官爵、民爵(吏爵)并不是汉代人的叫法,是后代人也是他自己为了分析二十等爵的分层结构而起的。西嶋定生的论说十分清晰到位。从史料来看,除刘劭所说"吏民爵"外,史料中确实见不到"吏爵"或"吏民爵"的说法,所有文例均是以"赐吏民爵""赐吏爵"的形式表现的。除了前引《汉书·宣帝纪》元康元年(前65年)三月条,如"赐吏爵"有:

1.《汉书·宣帝纪》神爵元年三月:"赐天下勤事吏

---

① [日]西嶋定生著,武尚清译:《中国古代帝国的形成与结构——二十等爵研究》,第70、84—85、88页。

② (晋)司马彪:《续汉书·百官志五》"关内侯"条刘昭注引,《后汉书》志第28,第3632页。

爵二级,民一级。"①

2.《汉纪·孝元皇帝纪》永光元年三月:"〔赐〕吏(赐)六百石以上爵五大夫,勤事吏爵二级,民一级。"②

3.《后汉书·章帝纪》元和二年五月诏:"其赐天下吏爵,人三级。"③

"赐吏民爵"有:

4.《汉纪·孝宣皇帝纪》本始元年:"五月,凤凰集胶东、千乘。赦天下。赐吏民爵。"

5.《汉纪·孝成皇帝纪》永始四年春正月:"赐云阳吏民爵。"④

6.《汉书·哀帝纪》绥和二年四月:"赐宗室王子有属者马各一驷,吏民爵。"⑤

可以看到,"赐吏爵"或"赐吏民爵"的意思是赐给吏或吏民爵位,"吏爵"和"吏民爵"不能连读为一个词。上述材料中,绝大多数为"吏"与"民"相对、并列,因此,"吏"应当指广义的中二千石以下至佐史的官吏。但上述材料中,也有少数限定了吏的范畴,如材料2限定为"吏六百石以上",这和前文所引《汉书·宣帝纪》元康元年(前65年)三月诏限定为"中二千石以下至六百石"范围相同。下列材料7也是类似例子。

7.《汉书·宣帝纪》载本始元年:"五月,凤凰集胶东、千乘。赦天下。赐吏二千石、诸侯相⑥下至中都官、

①《汉书》卷8《宣帝纪》,第259页。
②(汉)荀悦著,张烈点校:《汉纪·孝元皇帝纪中卷第二十二》,北京:中华书局2002年版,第382页。
③《后汉书》卷3《章帝纪》,第152页。
④分见(汉)荀悦著,张烈点校:《汉纪》各本纪,第296、324页。
⑤《汉书》卷11《哀帝纪》,第334页。
⑥此处,中华书局点校本以顿号断开,笔者认为不应断,故改。

宦吏、六百石爵①各有差，自左更至五大夫。赐天下民②爵各一级"。③

前半部分赐予的"中二千石、诸侯相"以下到"中都官、宦吏、六百石"的"吏"的范畴，和材料2以及《汉书·宣帝纪》元康元年（前65年）三月诏一致。那么，又该如何理解材料2下段的"勤事吏爵二级，民一级"？对此，同样涉及"勤事吏"的材料1可以提供线索。材料1的赐爵中，将天下民分为两部分：勤事吏和民。从逻辑上来说，未被推举为勤事吏的广大吏群体应当被归入"民"的范畴，他们虽然不能像勤事吏那样可以赐爵二级，但仍然应享有普通民赐爵一级的权利。如此来看，材料2的"勤事吏"是指既包括六百石以上也包括六百石以下的广义"吏"中被推举为"勤事"者，而"民"则指公乘以下者和六百石以下吏中未被推举为勤事吏者。

　　而且，若仔细分析的话，就会发现材料7《汉书》所记宣帝本始元年（前73年）五月赐爵事和材料4《汉纪》所记当为一事。《汉纪》记载简约，《汉书》中的"吏二千石、诸侯相下至中都官、宦吏、六百石"，《汉纪》简称为一个"吏"字，"天下民"则简称为"民"。《汉书》前半部分说要赐予吏六百石以上者爵，下半部分说要赐天下民爵，那么六百石以下吏是否也在赐爵范畴中？答案应当是肯定的。六百石以下吏是官吏的重要组成部分，是国家行政的重要践履者。大量史料表明吏是国家赐爵的主要对象，国家单独对吏赐予更多的爵级显然是为了激励吏"勤事"，没有理由将这个群体排除在外。所以，材料7未载的六百石以下吏也应包含在"天下民"之中。

---

① 此处，中华书局点校本以逗号断开，笔者认为不应断，故改。
② 中华书局标点本作"人"，笔者认为应为"民"，故改。理由如前注。
③ 《汉书》卷8《宣帝纪》，第242页。

汉代的"吏"概念有广义、狭义之分,广义的吏指佐史以上至中二千石乃至丞相的官吏,狭义的吏既可以指六百石以上高级官吏,也可以指六百石以下低级官吏,县的地方官吏又有长吏、少吏之别等等①,情况甚为复杂,常常需要参考语境加以区别。所以,西嶋定生特意指出刘劭"吏民爵不得过公乘者"的说法不够严谨,容易造成误解。从目前学界的研究来看,学界确实存在着对"吏"概念不加以辨析,片面理解为一个单一群体的情况,或者将其看成六百石以下官吏,与"民"构成社会下层群体——"吏民";或者将其理解为六百石以上官吏,把赐给六百石以上吏的"官爵"概念与词义不明的"吏爵"概念混淆在一起。例如有学者在讨论五大夫爵在军功爵中的历史定位时,将"官爵"等同于"吏爵""高爵",与"民爵"相对。举其文章开篇的一段文字:

> 因五大夫在汉初已经发展成高爵和"赐吏爵"的起点……但秦统一后,"五大夫"却突破常规,而晋升成陪同秦始皇出游的议政治大臣。这个演变对汉初五大夫成为吏爵起点,形成了举足轻重的影响。本文撰写虽是为说明春秋至秦始皇时期,五大夫在军功爵制中的历史演变,但五大夫所以能引发历史关切,乃是因其最终已演变成高爵和吏爵的起点。因此本文拟……以呈现出"五大夫"由春秋至秦统一后的历史发展内容,并导出其成为两汉官爵及吏爵起点之原因。②

可以看出,作者认为,五大夫以上爵既可以被称为"官爵",也

---

① 《汉书·百官公卿表上》:"县令、长,皆秦官,掌治其县。万户以上为令,秩千石至六百石。减万户为长,秩五百石至三百石。皆有丞、尉,秩四百石至二百石,是为长吏。百石以下有斗食、佐史之秩,是为少吏。"《汉书》卷19上《百官公卿表上》,第742页。

② 周美华:《春秋至秦统一后"五大夫"在军功爵中的历史定位(上)》,《许昌学院学报》2013年第1期。

可以被称为"吏爵""高爵"，它们都是一回事，而这些称呼的来源便在于惠帝时期"赐吏爵"的出现。

本文所使用的官民爵概念，是西嶋氏扬弃钱大昭、沈家本、王先谦等观点后所定义的概念：官爵指二十等爵第九级五大夫爵以上至第二十级彻侯，只能授予六百石以上（含）吏；民爵指第一级爵公士至第八级爵公乘，是授予六百石以下（不含）吏和普通民的爵层。

二、 秦汉时期官民爵分界线的变化

如前所述，自清代钱大昭以来，学界便普遍以官民爵概念来解构二十等爵制，认为秦汉时期二十等爵以第八级公乘和第九级五大夫为界分为两个层级，五大夫以上为官爵，五大夫以下为民爵。但也有学者关注到秦汉时固有的"高爵""长爵""下爵"等概念，以此作为探索二十等爵发展演变的线索。例如，陈直曾敏锐地观察到"高爵"存在秦制、汉制差别。他在《汉书·百官公卿表上》颜师古注"不更谓不与更卒之事"下按：

> 此语系本于《汉旧仪》，其实不然。汉代八级①爵以上，始不与徭役，《旧仪》所记，可能为秦制。敦煌、居延木简中，不更爵戍边者多不胜举，是其明证……又按：《高祖纪》五年诏有云："七大夫、公乘以上皆高爵也。"又曰："异日秦民爵公大夫以上，令丞与亢礼。"可见秦爵自第七级起，虽在民爵范围之内，但已甚觉光荣（七级曰公大夫，本文七大夫亦指公大夫而言）。②

---

① 按：此处应不含八级，从第九级计。其在《汉书·晁错传》"先为室屋具田器，乃募罪人及免徒复作令居之，不足募以丁奴婢赎罪，及输奴婢欲以拜爵者，不足乃募民之欲往者，皆赐高爵，复其家"下按："高爵谓九级起之官爵。"陈直：《汉书新证·爰盎晁错传第十九》，北京：中华书局 2008 年版，第 284 页。可以为证。
② 陈直：《汉书新证·百官公卿表第七上》，第 122—123 页。

在《汉书·高帝纪上》"令诸大夫曰,进不满千钱,坐之堂下"条下按:

> 大夫为秦第五级爵名,《本纪》五年有云:"亡爵及不满大夫者,皆赐爵为大夫。"盖秦时在民爵中,大夫即为高爵,故在宴会时,借为客之尊称,后来武帝试贤良策文,亦称对策者为子大夫。①

颜师古解释"不更"爵名的缘起是"不与更卒"事,陈直注意到,这与汉代五大夫以上才可以免除徭役的制度不同;以及《史记·高祖本纪》所载高祖五年(前202年)诏中,命给军吏卒无爵及爵不满大夫者皆赐爵大夫,并说秦时七大夫(公大夫)、公乘以上都属于高爵,"令丞与抗礼",这与汉代五大夫以上才为高爵不同,从而得出二十等爵存在秦制和汉制的时代差别。但他根据高祖五年(前202年)诏中仍称"秦民爵公大夫",认为大夫至公乘仍属于民爵。

高敏进一步根据文献中残留的蛛丝马迹,尝试复原秦汉时期高低爵界限不断上移的过程,认为:商鞅变法时,大夫爵可能是高爵的起点;不久提高到第六级"官大夫";秦王朝时上移到第七级爵"公大夫";汉高帝八年(前199年)提高到"公乘";惠帝即位后又上移至第九级爵五大夫;东汉明帝时规定赐民爵不得超过第八级爵公乘。② 高敏充分发掘史料,研究深入细致,具有启发意义,但其论述中也存在一些问题。例如,他将《商君书·境内》的下列记载作为商鞅变法时有高低爵之分的证据:

---

① 陈直:《汉书新证·高纪第一上》,第3—4页。按:《高帝纪》"令诸大夫曰"和武帝时称对策者"子大夫"均应取"公卿大夫士"意义上的大夫,而非二十等爵的第五级大夫爵。关于《高帝纪》"大夫"的含义,承孙闻博提示,特此感谢。
② 高敏:《秦汉史论集》,第20—22、24—25、41、43—44、52—55页。

其狱法，高爵訾下爵级。高爵能，无给有爵人隶仆。①

但学界对此句的理解存在争议，②关于其中的"下爵级"，"一说为降低犯罪者的爵级，一说是指爵位低的人"，③因此，这里的"高爵"到底是相对其下爵级而言的概念，还是具有分层意义的高低爵概念尚不能确定（笔者倾向第一种意见）。再如，高敏根据睡虎地秦简《传食律》"御史、卒人使者，食粺米半斗，酱驷（四）分升一，采（菜）羹，给之韭葱。其有爵者，自官士大夫以上，爵食之。使者（简179）之从者，食糲（粝）米半斗；仆，少半斗。传食律（简180）"，④认为商鞅变法后"可能提高到了以第六级爵'官大夫'为高爵的起点"⑤。然而，此律中的"官士大夫"到底是何意味尚不清楚，不能不加以辨析地随意以"官大夫"替换。⑥ 而且，从后来出土的张家山汉简等材料来看，二十等爵每个爵级所享有的名田宅、传食、赏赐、丧葬规格等具体

---

① 高亨：《商君书注译·境内》，北京：中华书局1974年版，第152页。
② 关于文中"訾"和"能"的解释，孙诒让曰："言使贵者訾量贱者所得之首级。""能，亦当为'罢'。言高爵有辜而罢，无得给有爵之人为隶仆，然则卑爵罢，给有爵人为隶仆矣。"（清）孙诒让著，雪克辑点：《籀廎遗著辑存·商子境内篇校释》，北京：中华书局2010年版，第469—470页。蒋礼鸿："訾亦量也。量其罪，贬其爵。"蒋礼鸿：《商君书锥指》卷5《境内》，北京：中华书局1986年版，第120页。高亨将此句译为："关于诉讼的法律，由爵位高的人审判爵位低、等级低的人的是非曲直。爵位高的人如果因故罢免，不要给予他有爵人的奴仆。"高亨：《商君书注译·境内》，第152页。
③ 徐莹注说：《商君书》，郑州：河南大学出版社2012年版，第222页。好并隆司持第一种看法（[日]好并隆司：《商君書研究》，广岛：溪水社1992年版，第319页），高敏则持第二种看法。
④ 陈伟主编：《秦简牍合集：释文注释修订本（壹）》，武汉：武汉大学出版社2016年版，第131页。
⑤ 高敏：《秦汉史论集》，第24—25页。
⑥ 高敏在前文分析时就较为谨慎："不过'官士大夫'相当于《境内篇》中的'大夫'呢，还是相当于'官大夫'？这一点不甚明白。如果相当于'大夫'，则《境内篇》中的第五级爵确是高爵的起点；如果相当于'官大夫'，则商鞅变法之后高爵的起点由第五级爵上升为第六级爵的变化。"高敏：《秦汉史论集》，第21页。

权益并不完全一致,有时属下,有时上挂,①因此,不能仅依据一条《传食律》就认为当时已经将高爵的起点提高到官大夫。其将高帝八年(前199年)令"爵非公乘以上毋得冠刘氏冠"②作为高爵起点提高至公乘的证据,将惠帝即位后令"太子御骖乘赐爵五大夫""爵五大夫、吏六百石以上及宦皇帝而知名者有罪当盗械者,皆颂系"③看成高爵上移至五大夫的证据,将东汉光武帝中元二年(157年)四月明帝诏"爵过公乘,得移与子若同产、同产子"④看成赐民爵不得超过公乘规定之始,都存在把个别规定、现象当成根本性、决定性因素,把文献中首次出现的史实制度等同于现实中制度首次出现的证据等问题。此外,秦汉文献中的高低爵概念与钱大昭等学者定义的官民爵概念是否能够完全契合,也需要先加以辨析。

21世纪初,随着张家山汉简的公布,学界对秦及汉初官民爵的分层问题出现了新的看法。李均明根据《二年律令·户律》"自五大夫以下,比地为伍"的律条,认为普通百姓应尽之义务五大夫皆须承担,社会地位显然与左庶长以上者有很大差别。而且,《户律》还规定"卿以上所自田户田,不租,不出顷刍",而五大夫不可免。因此,五大夫以下属编户民,当为民爵,与刘劭《爵制》所载不同。但在涉及具体权益时,大多属下,有时亦上挂。⑤朱绍侯认为,《二年律令》所反映的汉初军功爵分侯、卿(第十级至第十八级)、大夫、小爵四大等级,与刘劭《爵制》的四个等级基本吻合。所谓"民爵八级"是西汉中

① 参见李均明:《张家山汉简所反映的二十等爵制》,《中国史研究》2002年第2期。
② 《汉书》卷1下《高帝纪下》,第65页。
③ 《汉书》卷2《惠帝纪》,第85页。
④ 《后汉书》卷2《明帝纪》,第96页。
⑤ 李均明:《张家山汉简所反映的二十等爵制》,《中国史研究》2002年第2期。

期以后军功爵制轻滥的产物。① 凌文超在高敏意见的基础上认为，惠帝即位诏令使"变动中的高、低爵与相对稳定的以六百石为界标的上、下秩级相结合促使了官、民爵的形成"。② 孙闻博则认为，秦及汉初大夫、士爵分界仍应以大夫、不更处为宜。③

那么，秦汉时期官、民爵的区分到底起源于何时？ 其间是否发生过变化？ 其原理是什么呢？ 新出秦汉简牍材料为解决这一问题提供了新的可能。

张家山汉简《二年律令》中有两条材料与官民爵问题有关，但未引起学者充分注意：

> ……能产捕群盗一人若斩二人，操（拜）爵一级。其斩一人若爵过大夫及不当操（拜）爵者，皆购之如律……（简 148）

> ☒及（？）爵，与死事者之爵等，各加其故爵一级，盈大夫者食之。（简 373）④

简 148 规定，"产捕"群盗一人或者斩首二人可以拜爵一级，但如果只斩首一人，或者爵级超过了大夫，以及不应当拜爵这三种情况，就不拜爵而只给予赏金（"购"）。简 373 规定，一定情况下（因简文残断，具体情况不详）可在其原爵基础上提高一级，达到大夫级可以"食之"。这两条律的规定意味着大夫爵在当时是一个重要的分界级，一般情况下低级爵的人最高

---

① 朱绍侯：《西汉初年军功爵制的等级划分——〈二年律令〉与军功爵制研究之一》，《河南大学学报（社会科学版）》2002 年第 5 期。其观点后来有所修正。

② 凌文超：《汉初爵制结构的演变与官、民爵的形成》，《中国史研究》2012 年第 1 期。

③ 孙闻博：《二十等爵确立与秦汉爵制分层的发展》，《中国人民大学学报》2016 年第 1 期。

④ 分见张家山二四七号汉墓竹简整理小组编著：《张家山汉墓竹简（二四七号墓）》（释文修订本），北京：文物出版社 2006 年版，第 29、60 页。

只能到大夫,不得逾越成为官大夫。

新公布的《岳麓书院藏秦简(伍)》第二组一条廷卒乙令也发现了类似规定:

> 173/1849:·能捕以城邑反及智(知)而舍者一人,揲(拜)爵二级,赐钱五万;诇吏,吏捕得之,购钱五万。诸已反及与吏卒战而
>
> 缺简
>
> 174/1892:受爵者毋过大夫,⌐所□虽多□□□□□□□□□□□及不欲受爵,予购级万钱,当赐者,有(又)行
>
> 175/1684:其赐。　　　·廷卒乙廿一①

受爵者的爵级不能超过大夫。如果超过了,则不拜爵而给予赏金,一级一万钱。

"受爵者毋过大夫"以及爵过大夫者"购之""食之"的说法与刘劭《爵制》"吏民爵不得过公乘者,得贳与子若同产"的说法如出一辙,其意义当也一样。刘劭《爵制》所说"吏民爵不得过公乘",显然是为了限制处于庶民阶层的"吏民"跨入官爵阶层,让其维持在民爵阶层不动。如果两者的原理相同,那么,上述岳麓秦简和张家山汉简关于"受爵者毋过大夫"等的法律规定就意味着,秦统一前后至西汉初年的吕后二年(前186年),第五级大夫爵与第六级官大夫爵是一个重要的分水岭。

我们还可以从其他方面来佐证上述观点。其一,战国末至汉初,大夫与官大夫、公大夫的地位、权益有明显区别。《韩非子·内储说上七术》:吴起为魏侯西河之守,秦有小亭临境,

---

① 陈松长主编:《岳麓书院藏秦简(伍)》,上海:上海辞书出版社 2017 年版,第125—126 页。

吴起欲攻之，"乃下令曰：'明日且攻亭，有能先登者，仕之国大夫，赐之上田上宅。'人争趋之，于是攻亭，一朝而拔之"。①只有赐爵国大夫（即官大夫，见下文）而非大夫，对于战士才有吸引力。《史》《汉》所载刘邦在楚汉战争期间赐的爵位最低是官大夫。如《史记·樊哙列传》："高祖为沛公，以哙为舍人……与司马㽇战砀东，却敌，斩首十五级，赐爵国大夫。常从沛公击章邯军濮阳，攻城先登，斩首二十三级，赐爵列大夫……下户牖，破李由军，斩首十六级，赐上间爵。从攻围东郡守尉于成武，却敌，斩首十四级，捕虏十一人，赐爵五大夫。"国大夫，《集解》引文颖曰："即官大夫也。"《正义》："爵第六级也。"列大夫，《集解》引文颖曰："即公大夫，爵第七。"②《史记·曹相国世家》："高祖为沛公而初起也，参以中涓从……丰反为魏，攻之。赐爵七大夫……攻爰戚及亢父，先登。迁为五大夫。"③曹参的初赐爵位是第七级公大夫。《史记·夏侯婴列传》："上降沛一日，高祖为沛公，赐婴爵七大夫，以为太仆。"④夏侯婴任列卿官太仆，但赐爵只有公大夫。

其二，秦"大夫"不入"君子"之列。《岳麓书院藏秦简（肆）》的下条律文表明，秦时存在"君子"与"大夫"的界限：

> 210/1396：置吏律曰：县除小佐毋（无）秩者，各除其县中，皆择除不更以下到士五（伍）史者为佐，不足，益除君子子、大夫子、小爵

> 211/1367：及公卒、士五（伍）子年十八岁以上备员，其新黔首勿强，年过六十者勿以为佐∟。人属弟、人复子

---

① （清）王先慎撰，钟哲点校：《韩非子集解》卷9《内储说上七术》，北京：中华书局1998年版，第230页。

② 《史记》卷95《樊郦滕灌列传·樊哙》，第3215—3216页。

③ 《史记》卷54《曹相国世家》，第2455—2456页。

④ 《史记》卷95《樊郦滕灌列传·夏侯婴》，第3229页。

欲为佐吏①

根据君子子、大夫子、小爵、公卒士伍子的排列,可知大夫的地位低于"君子",无法纳入君子之列。

其三,至晚汉文帝时,五大夫是享受复除的起始爵,公乘则是服徭戍劳役的最高爵级。《汉书·食货志上》载汉文帝时晁错上书:

> 今令民有车骑马一匹者,复卒三人。车骑者,天下武备也,故为复卒……粟者,王者大用,政之本务。令民入粟受爵至五大夫以上,乃复一人耳,此其与骑马之功相去远矣。②

五大夫爵以上可以"复卒"一人,所谓"复卒"就是复除作为正卒的徭、戍役。③ 下文又载汉武帝开始北伐匈奴后:

> 兵革数动,民多买复及五大夫、千夫,征发之士益鲜。于是除千夫、五大夫为吏,不欲者出马;故吏皆适(谪)令伐棘上林,作昆明池。④

当时屡屡兴发兵役,百姓为了不当兵打仗,故"多买复及五大夫",以致可以征发的士兵都很少。它意味着到了五大夫爵,就可以免除本人的兵役,而公乘以下则不能享受这一优惠。这种情况一直延续到三国吴时没有改变,故三国吴简吏民籍

---

① 陈松长主编:《岳麓书院藏秦简(肆)》,上海:上海辞书出版社 2015 年版,第137—138 页。

②《汉书》卷 24 上《食货志上》,第 1133—1134 页。

③ 参见拙文:《徭、戍为秦汉正卒基本义务说——更卒之役不是"徭"》,《中华文史论丛》2010 年第 1 期,收入拙著:《出土简牍与秦汉社会(续编)》,第 181—209 页。

④《汉书》卷 24 下《食货志下》,第 1165 页。《史记》卷 30《平准书》(第 1723 页)文字略有不同。

的最高爵级仍是公乘。①

但新出秦简及张家山汉简则表明，秦及汉初大夫爵是分界爵级，是一般徭戍等劳役征发的上限。《岳麓书院藏秦简（肆）》所载戍律规定：

> 188/1267：·戍律曰：城塞陛郭多阤（决）坏不脩，徒隶少不足治，以闲时岁一兴大夫以下至弟子、复子无复不复，各旬

> 189/1273：以缮之。尽旬不足以索（索）缮之，言不足用积徒数属所尉，毋敢令公士、公卒、士五（伍）为它事，必与缮城塞。②

修缮城塞陛障征发的人员是"大夫以下至弟子、复子无复不复"，亦即大夫以下爵及其弟子、复子无论是否复除都需要服修缮城塞壁障的劳役，将官大夫和大夫严格区分开来，官大夫及以上爵级不需要服此类劳役。

再如，张家山汉简《二年律令》简411—415是有关发传送、载粟等劳役的规定：

> 发传送，县官车牛不足，令大夫以下有訾（赀）者，以訾（赀）共出车牛；及益，令其毋訾（赀）者与共出牛食，约载具。吏及宦皇帝者不（简411）与给传送事。委输传送，重车、重负日行五十里，空车七十里，徒行八十里。免老、小、未傅者、女子及诸有除者，县道勿（简412）致繇（徭）使。节（即）载粟，乃发公大夫以下子未傅年十五以上者。补缮邑院，除道桥，穿波（陂）池，治沟渠，堑奴苑，

---

① 参见拙文：《吴简中的吏、吏民与汉魏时期官、吏的分野——中国古代官僚政治社会构造研究之二》，《史学月刊》2012年第1期，收入拙著：《出土简牍与秦汉社会（续编）》，第73—103页。

② 陈松长主编：《岳麓书院藏秦简（肆）》，第130页。

自公大夫以下(简 413)□□□,勿以为繇(徭)。市垣道桥,令市人不敬者为之。县弩春秋射各旬五日,以当繇(徭)。戍有余及少者,隤后年。兴(简 414)传(?)送(?)为□□□□及发繇(徭)戍不以次,若擅兴车牛,及繇(徭)不当繇(徭)使者,罚金各四两。(简 415)①

此律规定,征发"传送"劳役时,如果公家的车牛不足,就令大夫以下有资产者根据资产的多少出车牛等贵重物品,没有资产的人则负担牛食等便宜物品的费用,免老、小、未傅者、女子等则不在徭使之列,则大夫是此类劳役征发对象的上限。"载粟"的劳役可以征发公大夫以下年满十五岁以上尚未傅籍的儿子。根据《二年律令》的傅籍规定,"不为后而傅者","公乘、公大夫子二人为上造,它子为公士"(简 359—360);"疾死置后者","公大夫后子为大夫"(简 367—368)。② 由此或可推测,之所以规定"公大夫以下子未傅年十五以上者"要服载粟的劳役,就是因为即便是公大夫的后子,傅籍后其爵位也不超过大夫,仍属民爵范畴,故需服徭戍劳役。

其四,张家山汉简表明,汉初吕后二年(前 186 年)时,大夫享受名田宅的数量与官大夫为两个层级。《二年律令》把从半刑徒的司寇、隐官至关内侯名田宅的数量分七个阶梯:1. 司寇、隐官至上造,分别可名有 0.5、1、1.5、2 顷、宅,以 0.5 为级差;2. 簪褭至大夫,分别可名有 3、4、5 顷、宅,以 1 为级差;3. 官大夫至公大夫,分别可名有 7、9 顷、宅,以 2 为级差;

① 释文在彭浩、陈伟、[日]工藤元男主编《二年律令与奏谳书——张家山二四七号汉墓出土法律文献释读》(上海:上海古籍出版社 2007 年版,第 248 页)基础上有所修改。参见拙文:《徭、戍为秦汉正卒基本义务说——更卒之役不是"徭"》,《中华文史论丛》2010 年第 1 期。

② 分见张家山二四七号汉墓竹简整理小组编著:《张家山汉墓竹简(二四七号墓)》(释文修订本),第 58—59 页。

4. 公乘,可名有 20 顷、宅;5. 五大夫,可名有 25 顷、宅;6. 左庶长至大庶长,分别可名有 74、76、78、80、82、84、86、88、90 顷、宅,以 2 为级差;7. 关内侯,可名有 95 顷、宅。① 虽然不能与爵制的分层完全对等,但仍有一定联系。例如从第十级左庶长到第十八级大庶长卿爵的级差是一致的。簪袅、不更和大夫则为一个阶梯,至官大夫、公大夫跃升为另一个阶梯,与公乘差距更大,表明大夫与官大夫以上存在级差。

其五,大夫在享受传食、赏赐等待遇时,也与官大夫分属两个层级。《二年律令》:

> 使非吏,食从者,卿以上比千石,五大夫以下到官大夫比五百石,大夫以下比二百石;吏皆以实从者食之……（简 236—237）

> 赐不为吏及宦皇帝者,关内侯以上比二千石,卿比千石,五大夫比八百石,公乘比六百石,公大夫、官大夫比五百石,大夫比三百石,不更比有秩,簪袅比斗食,上造、公士比佐史……（简 291—292）②

享受传食时,五大夫以下到官大夫为一个层级,大夫以下为一个层级;享受"赐"时,公大夫、官大夫为一个层级,大夫自为一个层级。

但是,正如以往学者所论,张家山汉简中二十等爵所享受的待遇呈现着非常复杂的情形。③《二年律令》中大夫的待遇

---

① 参见拙文:《秦汉"名田宅制"说———从张家山汉简看战国秦汉的土地制度》,《中国史研究》2003 年第 3 期,收入拙著:《出土简牍与秦汉社会》,桂林:广西师范大学出版社 2009 年版,第 126—129 页。

② 分见张家山二四七号汉墓竹简整理小组编著:《张家山汉墓竹简（二四七号墓）》(释文修订本),第 40、49 页。

③ 参见李均明:《张家山汉简所反映的二十等爵制》,《中国史研究》2002 年第 2 期;等等。

也存在上挂情形：

> 大夫以上【年】九十，不更九十一，簪裹九十二，上造九十三，公士九十四，公卒、士五（伍）九十五以上者，禀鬻米月一石。（简354）

> 大夫以上年七十，不更七十一，簪裹七十二，上造七十三，公士七十四，公卒、士五（伍）七十五，皆受仗（杖）。（简355）

> 大夫以上年五十八，不更六十二，簪裹六十三，上造六十四，公士六十五，公卒以下六十六，皆为免老。（简356）

> 不更年五十八，簪裹五十九，上造六十，公士六十一，公卒、士五（伍）六十二，皆为睆老。（简357）

> 不为后而傅者，关内侯子二人为不更，它子为簪裹；卿子二人为不更，它子为上造；五大夫子二人为簪裹，（简359）它子为上造；公乘、公大夫子二人为上造，它子为公士；官大夫及大夫子为公士；不更至上造子为公卒。（简360）

> 不更以下子年廿岁，大夫以上至五大夫子及小爵不更以下至上造年廿二岁，卿以上子及小爵大夫以上年廿四岁，皆傅之。公士、（简364）公卒及士五（伍）、司寇、隐官子，皆为士五（伍）。畴官各从其父畴，有学师者学之。（简365）①

禀鬻米、受杖和免老等规定中，以大夫为限，大夫以上者为一个层级，以下者逐级不同。不为后而傅者，公乘、公大夫为一个层级，官大夫与大夫为一个层级。傅籍时，不更以下为一个

---

① 彭浩、陈伟、[日]工藤元男主编：《二年律令与奏谳书——张家山二四七号汉墓出土法律文献释读》，第230—234页。

层级，大夫至五大夫为一个层级。这些规定恐是以往制度遗存（详见下文），在秦及汉初并非影响身份地位的决定性因素。

这样，汉高帝五年（前202年）在打败项羽、结束楚汉战争后所下五月诏也可以得到合理解释。《汉书·高帝纪下》载：

> 帝乃西都洛阳。夏五月，兵皆罢归家。诏曰："军吏卒会赦，其亡罪而亡爵及不满大夫者，皆赐爵为大夫。故大夫以上赐爵各一级，其七大夫以上，皆令食邑，非七大夫以下，皆复其身及户，勿事。"又曰："七大夫、公乘以上，皆高爵也。诸侯子及从军归者，甚多高爵，吾数诏吏先与田宅，及所当求于吏者，亟与。爵或人君，上所尊礼，久立吏前，曾不为决，甚亡谓也。异日秦民爵公大夫以上，令丞与亢礼。今吾于爵非轻也，吏独安取此！且法以有功劳行田宅，今小吏未尝从军者多满，而有功者顾不得，背公立私，守尉长吏教训甚不善。其令诸吏善遇高爵，称吾意。且廉问，有不如吾诏者，以重论之。"

颜师古注：

> 公大夫也，爵第七，故谓之七大夫。①

之所以赐给无爵或爵不满大夫的军吏卒大夫爵，而原为大夫爵者加赐一级等，就是因为大夫爵是民爵的上限。通过此次赐爵，普通军吏卒可获得民爵的最高爵，而原为大夫爵的军吏卒则可进入另一个阶层。

《二年律令》规定"自五大夫以下，比地为伍，以辨券②为

---

① 《汉书》卷1下《高帝纪下》，第54—55页。如前所述，陈直已经注意到这一史料。
② 《张家山汉墓竹简（二四七号墓）》《释文修订本》此处作"券"，《二年律令与奏谳书——张家山二四七号汉墓出土法律文献释读》作"□"。此从前者。

信,居处相察,出入相司"(简 305)①仅仅是表示,当时自五大夫以下都被编入什伍中,是编户,但编户与民爵的概念并不等同。秦王朝及汉初的编户包括五大夫爵以下至无爵的公卒、士伍、庶人,乃至半刑徒的司寇、隐官;而民爵只包括一级爵公士至五级爵大夫,不包括无爵的公卒、士伍、庶人以及半刑徒的司寇、隐官。此外,西汉中后期以后,连关内侯都被纳入编户中。《盐铁论·周秦》御史曰:

> 故今自关内侯以下,比地于伍,居家相察,出入相司,父不教子,兄不正弟,舍是谁责乎?②

然此时官民爵的分界如前所述在五大夫与公乘之间。这个例子可以反证编户的分界与官民爵的分界不同。

如前所述,汉高帝五年(前 202 年)五月诏和吕后二年(前186 年)的《二年律令》中,官民爵的分界尚在官大夫与大夫之间,但是到汉文帝晁错上书时已改为五大夫、公乘之间,因此,汉代官民爵分界的移动就应当发生在这期间。那么具体是哪年? 又因何而改呢?

三、 汉文帝对位秩爵体系的改革

笔者曾结合张家山汉简和传世文献论证,文帝于六年(前174 年)至十二年(前 168 年)期间,曾在贾谊的建议下进行过一次大规模的官秩改革,将中央列卿的秩级从二千石提高到中二千石,以区别于诸侯列卿和中央的上大夫。③ 从其他迹

---

① 张家山二四七号汉墓竹简整理小组编著:《张家山汉墓竹简(二四七号墓)》(释文修订本),第 51 页。
② 王利器校注:《盐铁论校注(定本)》卷 10《周秦》,北京:中华书局 1992 年版,第584 页。
③ 拙文:《秦汉官僚体系中的公卿大夫士爵位系统及其意义——中国古代官僚政治社会构造研究之一》,《文史哲》2008 年第 5 期。

象看,文帝在贾谊建议下所进行的改革远不止官秩,还包括官民爵界限的上移。

《史记·贾生列传》载,汉文帝"初立",召贾谊为博士,"超迁,一岁中至太中大夫":

> 贾生以为汉兴至孝文二十余年,天下和洽,而固当改正朔,易服色,法制度,定官名,兴礼乐,乃悉草具其事仪法,色尚黄,数用五,为官名,悉更秦之法。孝文帝初即位,谦让未遑也。诸律令所更定,及列侯悉就国,其说皆自贾生发之。于是天子议以为贾生任公卿之位。绛、灌、东阳侯、冯敬之属尽害之,乃短贾生曰:"雒阳之人,年少初学,专欲擅权,纷乱诸事。"于是天子后亦疏之,不用其议,乃以贾生为长沙王太傅。①

《汉书·贾谊传》记载有所不同:

> 谊以为汉兴二十余年,天下和洽,宜当改正朔,易服色制度,定官名,兴礼乐。乃草具其仪法,色上黄,数用五,为官名悉更,奏之。文帝谦让未皇也。然诸法令所更定,及列侯就国,其说皆谊发之。②

《史记》的"法制度"可以理解为是效法古制,《汉书》删掉"法"字,与"易服色"合为一句,则没有了此意。《史记》"为官名,悉更秦之法"句,《汉书》将"秦"改为"奏",去掉"法"字,应是怀疑《史记》把"奏"误作"秦"字。《史记》中的"律令"改为了"法令",范围更宽。两者孰是,不可遽论。但可以确定的是,汉文帝在贾谊建议下确实对法令制度进行了大规模改革,并令列侯就国。只是"改正朔,易服色",将汉当时奉行的水德

①《史记》卷84《贾生列传》,第3021页。
②《汉书》卷48《贾谊传》,第2222页。

改为土德等建议没有被文帝采纳。以往我们因周勃事迹,对"令列侯就国"事印象深刻①,但对"诸法令更定"之事则因材料较少,理解不深。现在随着简牍资料的出土,我们可以更深入地探讨这一问题。

《汉书·食货志上》载:

> 文帝即位,躬修俭节,思安百姓。时民近战国,皆背本趋末,贾谊说上曰:"筦子曰'仓廪实而知礼节'……夫积贮者,天下之大命也……"于是上感(贾)谊言,始开籍田,躬耕以劝百姓。晁错复说上曰:"……令民入粟受爵至五大夫以上,乃复一人耳,此其与骑马之功相去远矣……"于是文帝从错之言,令民入粟边,六百石爵上造,稍增至四千石为五大夫,万二千石为大庶长,各以多少级数为差。错复奏言:"陛下幸使天下入粟塞下以拜爵,甚大惠也。窃恐塞卒之食不足用大漊天下粟。边食足以支五岁,可令入粟郡县矣;足支一岁以上,可时赦,勿收农民租。如此,德泽加于万民,民俞勤农。时有军役,若遭水旱,民不困乏,天下安宁;岁孰且美,则民大富乐矣。"上复从其言,乃下诏赐民十二年租税之半。明年,遂除民田之租税。②

据此可以大致梳理出一条文帝在贾谊建议下进行改革的时间线:

根据《史》《汉》本纪的记载,文帝二年(前178年)在贾谊建议下首开籍田礼。③ 其后,晁错上《论贵粟疏》,文帝采纳了

---

① 参见陈苏镇:《汉文帝"易侯邑"及"令列侯之国"考辨》,《历史研究》2005年第5期。此承邹水杰先生提示,特此致谢。
②《汉书》卷24上《食货志上》,第1127—1135页。
③《史记·孝文本纪》:"(二年)正月,上曰:'农,天下之本,其开籍田,朕亲率耕,以给宗庙粢盛。'"《史记》卷10《孝文本纪》,第536页。《汉书》卷4《文帝纪》(第117页)文字略有不同。

他的建议,令人粟拜爵。晁错又上疏建议国库粮食足以支配一年以上时,可免除农民的田租。这一建议又为文帝所采纳,于十二年(前168年)免除当年一半租税,十三年(前167年)全部免除。① 因此,晁错上《论贵粟疏》当在文帝十二年(前168年)之前至少一年,即文帝十一年(前169年)以前。贾谊后来做了梁怀王揖太傅,揖死于文帝十年(前170年)②,贾谊一年多以后亦即文帝十一年(前169年)也因悲伤过度而死。③ 因此可以进一步确定,文帝在贾谊建议下所进行的改革当在文帝元年(前179年)至文帝十一年(前169年)之间。

除文帝二年(前178年)首开籍田礼外,《汉书·文帝纪》载文帝四年(前176年)秋九月"作顾成庙"。颜师古注引应劭曰:

> 文帝自为庙,制度卑狭,若顾望而成,犹文王灵台不日成之,故曰顾成。贾谊曰:"因顾成之庙,为天下太宗,与汉无极。"④

应劭所引贾谊言在贾谊《新书·数宁》中有详细记载:

> 射猎之娱与安危之机,孰急也? 臣闻之:自禹以下五百岁而汤起,自汤已下五百余年而武王起。故圣王之起,大以五百为纪。自武王已下过五百岁矣,圣王不起,何怪矣。及秦始皇帝似是而卒非也,终于无状。及今,天下集于陛下,臣观宽大知通,窃曰足以操乱业,握危势,若今之贤也。明通以足,天纪又当,天宜请陛下为之矣……古

---

① 《汉书·文帝纪》:"(十二年三月)诏曰:'其赐农民今年租税之半。'"《汉书》卷4《文帝纪》,第124页。
② 《汉书》卷14《诸侯王表》,第406页。
③ 《史记·贾生列传》:"居数年,怀王骑,堕马而死,无后。贾生自伤为傅无状,哭泣岁余,亦死。"《史记》卷84《屈原贾生列传·贾生》,第3034页。
④ 《汉书》卷4《文帝纪》,第121页。

者,五帝皆逾百岁,以此言信之。因王为明帝,股肱为明臣,名誉之美,垂无穷耳。"祖有功,宗有德。"始取天下为功,始治天下为德。因顾成之庙,为天下太宗,承天下太祖,与汉长无极耳。因卑不疑尊,贱不逾贵,尊卑贵贱,明若白黑,则天下之众不疑眩耳。因经纪本于天地,政法倚于四时,后世无变故,无易常,袭迹而长久耳。臣窃以为建久安之势,成长治之业,以承祖庙,以奉六亲,至孝也;以宰天下,以治群生,神民咸亿,社稷久享,至仁也;立经陈纪,轻重周得,后可以为万世法程,后虽有愚幼不肖之嗣,犹得蒙业而安,至明也。寿并五帝,泽施至远,于陛下何损哉! 以陛下之明通,因使少知治体者得佐下风,致此治非有难也。陛下何不一为之,及其可素陈于前,愿幸无忽。①

由此可知,文帝是在贾谊建议下建立顾成庙,意为汉文帝为天下太宗,治天下,期待汉王朝的统治可以永远延续下去,"长无极"。

《史记·孝文本纪》:

> 孝文帝从代来,即位二十三年,宫室苑囿狗马服御无所增益,有不便,辄弛以利民……上常衣绨衣,所幸慎夫人,令衣不得曳地,帏帐不得文绣,以示敦朴,为天下先。

裴骃《集解》引如淳曰:"贾谊云'身衣皂绨'。"②《汉书·文帝纪》"赞"则称"身衣弋绨"。颜师古注引如淳曰:"弋,皂也。贾谊曰'身衣皂绨'。"③"衣绨衣"或"身衣弋绨"的做法也源

---

① (汉)贾谊撰,阎振益、钟夏校注:《新书校注》卷1《数宁》,北京:中华书局2000年版,第30—31页。
② 《史记》卷10《孝文本纪》,第547—548页。
③ 《汉书》卷4《文帝纪》,第134—135页。

自贾谊。《新书·孽产子》：

> 民卖产子，得为之绣衣、编经履、偏诸缘，入之闲中，是古者天子后之服也，后之所以庙而不以燕也，而众庶得以衣孽妾。白縠之表，薄纨之里，緁以偏诸，美者黼绣，是古者天子之服也，今贵富人大贾者丧资，若兄弟召客者得以被墙。古者以天下奉一帝一后而节适，今贵人大贾屋壁得为帝服，贾妇优倡下贱产子得为后饰，然而天下不屈者，殆未有也。且主帝之身，自衣皂绨，而靡贾侈贵，墙得被绣；帝以衣其贱，后以缘其领，孽妾以缘其履，此臣之所谓踕也。①

贾谊说古者天子"自衣皂绨""衣其贱"，"后以缘其领"，穿得很简朴。这应当就是汉文帝穿"绨衣"（皂绨）、慎夫人"衣不得曳地"的原因，即向古天子看齐。

此外，皇帝坐宣室听大臣忏悔的制度当也是在贾谊的建议下建立的。《史记·贾生列传》载贾谊被贬为长沙王太傅三年作《鵩鸟赋》：

> 后岁余，贾生征见。孝文帝方受厘，坐宣室。上因感鬼神事，而问鬼神之本。贾生因具道所以然之状。②

《新书·阶级》：

> 故古者，礼不及庶人，刑不至君子，所以厉宠臣之节也。古者大臣有坐不廉而废者，不谓曰不廉，曰"簠簋不饰"；坐秽污姑妇姊姨母，男女无别者，不谓污秽，曰"帷箔不修"；坐罢软不胜任者，不谓罢软，曰"下官不职"。故

---

① （汉）贾谊撰，阎振益、钟夏校注：《新书校注》卷3《孽产子》，第107页。
② 《史记》卷84《屈原贾生列传·贾生》，第3033页。此事也见于《汉书》卷48《贾谊传》，第2230页。

贵大臣定有其罪矣,犹未斥然至以呼之也,尚迁就而为之
讳也。故其在大谴大何之域者,闻谴何则白冠厘缨,盘水
加剑,造请室而请其罪耳,上弗使执缚系引而行也。其中
罪者,闻命而自弛,上不使人颈盩而加也。其有大罪者,
闻令则北面再拜,跪而自裁。上不使人捽抑而刑也,曰:
"子大夫自有过耳,吾遇子有礼矣。"遇之有礼,故群臣自
憙;厉以廉耻,故人务节行。上设廉耻礼义以遇其臣,而
群臣不以节行而报其上者,即非人类也。①

祠官祝厘的礼仪也应当与此有关。《史记·孝文本纪》载文帝
十四年(前166年)春,文帝诏曰:

> 朕获执牺牲珪币以事上帝宗庙,十四年于今,历日县
> 长,以不敏不明而久抚临天下,朕甚自愧。其广增诸祀墠
> 场珪币。昔先王远施不求其报,望祀不祈其福,右贤左
> 戚,先民后己,至明之极也。今吾闻祠官祝厘,皆归福朕
> 躬,不为百姓,朕甚愧之。夫以朕不德,而躬享独美其福,
> 百姓不与焉,是重吾不德。其令祠官致敬,毋有所祈。

《集解》引如淳曰:"厘,福也。《贾谊传》'受厘坐宣室'。"②

由此可以看到,文帝在贾谊建议下所进行的改革举措涉
及范围极广。以上只是见诸史籍记载者,还有许多未见记载
者。最典型的就是文帝在贾谊建议下进行的官秩改革。张家
山汉简《二年律令·秩律》载吕后二年(前186年)时御史大
夫、廷尉至奉常等中央列卿的秩级均为二千石:

> ·御史大夫,廷尉,内史,典客,中尉,车骑尉,大(太)

---

① (汉)贾谊撰,阎振益、钟夏校注:《新书校注》卷2《阶级》,第81—82页。
② 《史记》卷10《孝文本纪》,第543页。此事也见于《汉书》卷4《文帝纪》,第
　126页。

仆,长信詹事,少府令,备塞都尉,郡守、尉、衔〈卫〉将军,
衔〈卫〉尉,汉(简440)中大夫令,汉郎中,奉常,秩各二千
石……(简441)①

这当是继承秦制而来。但《汉书·百官公卿表》等传世文献所
载上述职官绝大部分都是中二千石,它意味着汉代曾发生过
一次重大官秩改革,却未被《史》《汉》等传世文献所记载。本
文第三部分曾论证此改革发生在汉文帝六年(前174年)至十
二年(前168年)之间②,现在可根据上述考察,进一步缩小至
文帝六年(前174年)至十一年(前169年)[由于贾谊后来被
贬为长沙王和梁王太傅,因此可进一步推测改革的时间可能
在文帝六年(前174年)左右],也是在贾谊建议下进行的,改
革的内容不限于官秩,而是一次广泛涉及位秩爵体系即官僚
政治社会结构的全面大调整,其中一个重要的内容就是将官
民爵的分界线从官大夫、大夫之间上移到五大夫、公乘之间。

从现存贾谊的著作、言论来看,其思想最核心的主干就是
加强皇帝和中央集权,明确尊卑贵贱等级制度。这在其著《新
书》中表现得十分充分。他强调明尊卑贵贱等级的重要性
时说:

因卑不疑尊,贱不逾贵,尊卑贵贱,明若白黑,则天下
之众不疑眩耳。

《学礼》曰:“……帝入北学,上贵而尊爵,则贵贱有
等而下不逾矣……此五学既成于上,则百姓黎民化辑于
下矣。”

---

① 彭浩、陈伟、[日]工藤元男主编:《二年律令与奏谳书——张家山二四七号汉墓
出土法律文献释读》,第258页。
② 参见拙文:《秦汉官僚体系中的公卿大夫士爵位系统及其意义——中国古代官
僚政治社会构造研究之一》,《文史哲》2008年第5期。

> 礼者,所以固国家,定社稷,使君无失其民者也。主
> 主臣臣,礼之正也;威德在君,礼之分也;尊卑大小,强弱
> 有位,礼之数也。礼,天子爱天下,诸侯爱境内,大夫爱官
> 属,士庶各爱其家,失爱不仁,过爱不义。故礼者,所以守
> 尊卑之经、强弱之称者也。①

他认为能够规范社会贵贱、尊卑的方法就是"礼",具体体现在
等级、势力、衣服、号令上:

> 所持以别贵贱明尊卑者,等级、势力、衣服、号令
> 也……君臣同伦,异等同服,则上恶能不眩于其下?②

> 制服之道,取至适至和以予民,至美至神进之帝。奇
> 服文章,以等上下而差贵贱。是以高下异,则名号异,则
> 权力异,则事势异,则旗章异,则符瑞异,则礼宠异,则秩
> 禄异,则冠履异,则衣带异,则环珮异,则车马异,则妻妾
> 异,则泽厚异,则宫室异,则床席异,则器皿异,则食饮异,
> 则祭祀异,则死丧异。故高则此品周高,下则此品周下。
> 加人者品此临之,埤人者品此承之。迁则品此者进,绌则
> 品此者损。贵周丰,贱周谦;贵贱有级,服位有等。等级
> 既设,各处其检,人循其度。擅退则让,上僭则诛。建法
> 以习之,设官以牧之。是以天下见其服而知贵贱,望其章
> 而知其势,使人定其心,各著其目。③

而贾谊据以整齐制度的标本就是二十等爵制和官僚制赖以衍
生发展的所谓内爵制④:

---

① 以上分见(汉)贾谊撰,阎振益、钟夏校注:《新书校注》卷1《数宁》、卷5《保
傅》、卷6《礼》,第30—31、184、214页。

② (汉)贾谊撰,阎振益、钟夏校注:《新书校注》卷1《等齐》,第47页。

③ (汉)贾谊撰,阎振益、钟夏校注:《新书校注》卷1《服疑》,第53页。

④ 参见拙文:《秦汉官僚体系中的公卿大夫士爵位系统及其意义——中国古代官
僚政治社会构造研究之一》,《文史哲》2008年第5期。

先王知壅蔽之伤国也，故置公卿大夫士，以饰法设刑而天下治。①

天子之于其下也，加五等已往，则以为臣例；臣之于下也，加五等已往，则以为仆。仆则亦臣礼也，然称仆不敢称臣者，尊天子，避嫌疑也。②

故古者圣王制为列等，内有公卿大夫士，外有公侯伯子男，然后有官师小吏，施及庶人，等级分明，而天子加焉，故其尊不可及也。③

《史记·日者列传》还记载：

宋忠为中大夫，贾谊为博士，同日俱出洗沐，相从论议，诵易先王圣人之道术，究遍人情，相视而叹。贾谊曰："吾闻古之圣人，不居朝廷，必在卜医之中。今吾已见三公九卿朝士大夫，皆可知矣。试之卜数中以观采。"④

仔细搜检一下史料就会发现一个有趣的现象，贾谊之前，《史》《汉》中不见"公卿大夫士"和"三公九卿"等提法，自贾谊开始才普遍起来。这应当不是巧合，而与贾谊的大力倡导特别是汉文帝所进行的位秩爵体系改革有密切关系。

从现存文献来看，早在秦时就建立了宦者显大夫与六百石、六百石与五大夫及"宦皇帝而知名者"的挂钩关系。如：

---

① （汉）贾谊撰，阎振益、钟夏校注：《新书校注》卷1《过秦下》，第16页。
② （汉）贾谊撰，阎振益、钟夏校注：《新书校注》卷1《服疑》，第53页。阎振益、钟夏注："五等，《礼记·王制》：'王者之制禄爵，公、侯、伯、子、男凡五等。诸侯之上大夫卿、下大夫、上士、中士、下士凡五等。'疏：'诸侯之下，北面之臣，有上大夫卿，有下大夫，有上士，有中士，有下士，凡五等。不以王朝之臣而以诸侯臣者，王朝之臣本是事王，不在其数。'"（汉）贾谊撰，阎振益、钟夏校注：《新书校注》卷1《服疑》，第54页。按：从下句"臣之于下也，加五等已往，则以为仆"来看，上句的"五等"应指内爵公卿大夫士。
③ （汉）贾谊撰，阎振益、钟夏校注：《新书校注》卷2《阶级》，第80页。
④ 《史记》卷127《日者列传》，第3908页。

睡虎地秦简《法律答问》:"可(何)谓'宦者显大夫?'宦及智(知)于王,及六百石吏以上,皆为'显大夫'。"(简191)①

《汉书·惠帝纪》:"爵五大夫、吏六百石以上及宦皇帝而知名者有罪当盗械者,皆颂系。"②

所谓"显大夫"就是大夫位中之尊者。但如前文所述,文帝改革以前,二十等爵的大夫到五大夫爵与位、秩的关系较为混乱,经常出现上挂或属下的情况。而且,更重要的是秦汉以来赐爵逐渐频繁,如果依然将官民爵维持在官大夫、大夫之间,官大夫以上即可免除主要赋役的话,国家的劳役(徭役、兵役)和赋税征发就会面临很大困难。而且,以贾谊的理想主义来看,这种混乱也不是一个太宗盛世所应有,所以他力主改革,重新划定位秩爵的关系:一方面提高中央列卿的秩级为中二千石,以区别郡守尉和诸侯国相,加强中央集权;一方面提高官民爵的界限,将五大夫爵作为大夫位的起始爵,将公乘以下都归入民爵。

四、 二十等爵制的起源:以卿大夫爵位系统为标本

在秦汉简牍材料大量出土以前,传世文献关于二十等爵制的系统记载主要见于以下三种文献:《汉书·百官公卿表》及颜师古注、卫宏《汉旧仪》、刘劭《爵制》。但三者所记不仅详略不同,内容方面也有很大差异。其中一个重要的差异就是关于二十等爵的制度设计是否与公卿大夫士的内爵系统有关。《汉书·百官公卿表上》记述较为简略,未提及与内爵的

---

① 睡虎地秦墓竹简整理小组编:《睡虎地秦墓竹简》,北京:文物出版社 1990 年版,第 139 页。
②《汉书》卷 2《惠帝纪》,第 85 页。

关系：

> 爵：一级曰公士，二上造，三簪袅，四不更，五大夫，六官大夫，七公大夫，八公乘，九五大夫，十左庶长，十一右庶长，十二左更，十三中更，十四右更，十五少上造，十六大上造，十七驷车庶长，十八大庶长，十九关内侯，二十彻侯。皆秦制，以赏功劳。彻侯金印紫绶，避武帝讳，曰通侯，或曰列侯，改所食国令长名相，又有家丞、门大夫、庶子。

但颜师古注则有两条涉及：

> 公士，"言有爵命，异于士卒，故称公士也"。上造，"造，成也，言有成命于上也"。簪袅，"以组带马曰袅。簪袅者，言饰此马也"。不更，"言不豫更卒之事也"。大夫，"列位从大夫"。官、公大夫，"加官、公者，示稍尊也"。公乘，"言其得乘公家之车也"。五大夫，"大夫之尊也"。左、右庶长，"庶长，言为众列之长也"。左、中、右更，"更言主领更卒，部其役使也"。上、大上造，师古曰："言皆主上造之士也。"驷车庶长，"言乘驷马之车而为众长也"。大庶长，"又更尊也"。关内侯，"言有侯号而居京畿，无国邑"。彻侯，"言其爵位上通于天子"。[1]

其所说大夫"列位从大夫"显然是指内爵公卿大夫士的大夫位，五大夫为"大夫之尊"当指从大夫到五大夫的"大夫"层爵级。

卫宏《汉旧仪》卷下：

> 古者诸侯治民。周以上千八百诸侯，其长伯为君，次

---

[1]《汉书》卷19上《百官公卿表上》，第739—740页。

仲、叔、季为卿大夫,支属为士、庶子,皆世官位。至秦始皇帝灭诸侯为郡县,不世官,守、相、令、长以他姓相代,去世卿大夫士。

汉承秦爵二十等,以赐天下。爵者,禄位也。公士,一爵。赐一级为公士,谓为国君列士也。上造,二爵。赐爵二级为上造,上造乘兵车也。簪袅,三爵。赐爵三级为簪袅。不更,四爵。赐爵四级为不更,不更主一车四马。大夫,五爵。赐五级为大夫,大夫主一车,属三十六人。官大夫,六爵。赐爵六级为官大夫,官大夫领车马。公大夫,七爵。赐爵七级为公大夫,公大夫领行伍兵。公乘,八爵。赐爵八级为公乘,与国君同车。五大夫,九爵。赐爵九级为五大夫。以上次年德者为官长将率。秦制爵等,生以为禄位,死以为号谥。左庶长,十爵。右庶长,十一爵。左更,十二爵。中更,十三爵。右更,十四爵。少上造,十五爵。大上造,十六爵。驷车庶长,十七爵。大庶长,十八爵。侯,十九爵。列侯,二十爵。①

说周治民采取分封、世官制,分君、卿大夫、士庶子。秦始皇统一后,废除世官卿大夫士,而以不世袭的郡县守、相、令、长制代之。在解说二十等爵爵名时,也基本上没谈到与内爵的关系。

只有曹魏刘劭《爵制》在论及二十等爵制的起源时,明确提出二十等爵是以内爵的卿大夫士为模本构建起来的:

《春秋传》有庶长鲍。商君为政,备其法品为十八级,合关内侯、列侯凡二十等,其制因古义。古者天子寄军政于六卿,居则以田,警则以战,所谓入使治之,出使长之,素信者与众相得也。故启伐有扈,乃召六卿,大夫之在军

---

① (汉)卫宏:《汉旧仪》卷下,(清)孙星衍等辑,周天游点校:《汉官六种》,第83—86页。

为将者也。及周之六卿，亦以居军，在国也则以比长、闾胥、族师、党正、州长、卿大夫为称，其在军也则以卒伍、司马、将军为号，所以异在国之名也。秦依古制，其在军赐爵为等级，其帅人皆更卒也，有功赐爵，则在军吏之例。自一爵以上至不更四等，皆士也。大夫以上至五大夫五等，比大夫也。九等，依九命之义也。自左庶长以上至大庶长，九卿之义也。关内侯者，依古圻内子男之义也。秦都山西，以关内为王畿，故曰关内侯也。列侯者，依古列国诸侯之义也。然则卿大夫士下之品，皆放古，比朝之制而异其名，亦所以殊军国也。古者以车战，兵车一乘，步卒七十二人，分翼左右。车，大夫在左，御者处中，勇士居右，凡七十五人。一爵曰公士者，步卒之有爵为公士者。二爵曰上造。造，成也。古者成士升于司徒曰造士，虽依此名，皆步卒也。三爵曰簪裹，御驷马者。要裹，古之名马也。驾驷马者其形似簪，故曰簪裹也。四爵曰不更。不更者，为车右，不复与凡更卒同也。五爵曰大夫。大夫者，在车左者也。六爵为官大夫，七爵为公大夫，八爵为公乘，九爵为五大夫，皆军吏也。吏民爵不得过公乘者，得贳与子若同产。然则公乘者，军吏之爵最高者也。虽非临战，得公卒车，故曰公乘也。十爵为左庶长，十一爵为右庶长，十二爵为左更，十三爵为中更，十四爵为右更，十五爵为少上造，十六爵为大上造，十七爵为驷车庶长，十八爵为大庶长，十九爵为关内侯，二十爵为列侯。自左庶长已上至大庶长，皆卿大夫，皆军将也。所将皆庶人、更卒也，故以庶更为名。大庶长即大将军也，左右庶长即左右偏裨将军也。①

---

① （晋）司马彪：《续汉书·百官志五》刘昭注引，《后汉书》志第28，第3631—3632页。

他说：二十等爵制的起源很早，春秋时就有，商鞅变法时只是将其完备为十八级，加上两个侯级为二十等。古代实行军政合一的制度，但行政与军队采用不同的官名体系。秦模仿古制，在军中实行二十等爵制，用以赏赐军功，其等级划分完全与内爵相对应：一级公士至四级不更为"士"，五级大夫至九级五大夫比"大夫"，十级左庶长至十八级大庶长比"九卿"。这些品级和古代一样可以"比朝之制"，只是名称不同，其目的是区别军队和国家体制。

然而，由于材料太少，加之学界过去深受卫宏《汉旧仪》等说法的影响，认为"卿大夫士"是先秦世官制，因此多将刘劭《爵制》关于二十等爵挂钩卿大夫士的说法看成托古的表现。现在随着张家山汉简的出土，我们了解到吕后二年（前186年）律令中仍将左庶长到大庶长的九个爵级称作"卿"，这部分印证了刘劭《爵制》的说法，表明刘劭《爵制》并非无稽之谈，而有切实的历史依据。但秦及汉初简牍中的大夫、士级，如前所述，情况比较复杂，与刘劭《爵制》的说法不合。本文前两节通过考证证明，秦统一前后至汉初官民爵的界限在官大夫与大夫之间，汉文帝时期改为五大夫与公乘之间，但调整只涉及大夫、士位，而不涉及卿位。官民爵界限的调整必然导致相关爵级地位和权益的变化，比如调整前，官大夫至公乘的地位明显高出大夫以下一个层级，但调整后，官大夫至公乘的地位从本质上和大夫以下是一样的，纵使在某些具体权益上有所不同。此外尤为重要的是，官民爵界限调整到五大夫与公乘之间后，五大夫爵与六百石秩、大夫位挂钩就完全契合，而不存在其他复杂情形了。

如果秦汉时期官民爵的分界线处在不断调整且是上移的过程中，那么，我们就有理由相信刘劭《爵制》关于二十等爵起源的论述，即：二十等爵制，准确地说是十八等爵制最初是以

"卿大夫士"的内爵系统为标本并且通过与其挂钩建立起来的。在设立之初，带有"大夫"爵名的第五级大夫至第九级五大夫，其地位相当于朝廷中的大夫位，禄秩六百石至千石的官吏，也正因为如此，其爵名才从"大夫"起到"五大夫"止。也就是说，在那个时期，十八等爵的爵名与其政治社会地位是名实相符的。但随着十八等爵尤其是五大夫以下爵越赐越多，而国家必须维持社会上层（贵族）与庶民的比例，避免社会上层占比过多而导致服役人口过少等问题，因此才不断调整官民爵的分界线：第一步是将第五级大夫爵从大夫位拉下来，纳入士位，这一步应在战国后期完成；第二步则将第六级官大夫至第八级公乘爵全部从大夫位拉下来，纳入士位，这一步则是在汉文帝时期实现的。在现有资料下，我们可以部分地证明这一观点。

首先，我们在现有文献中仍然可以看到第四级爵不更处于士级的上限与大夫级分界的痕迹，它主要表现在以下几个方面：

（一）置吏、除吏、推举里典、老等方面

《岳麓书院藏秦简（肆）》第二组 142—146 简《尉卒律》规定，里典、老应首先以年长、无害的公卒、士伍担任，如果没有合适的人选，才以有爵者担任，但上限是不更，本着从低至高的原则任用：

142/1373：●尉卒律曰：里自卅户以上置典、老各一人。不盈卅户以下，便利，令与其旁里共典、老，其不便者，予之典

143/1405：而勿予老。公大夫以上擅启门者附其旁里，旁里典、老坐之。凵置典、老，必里相谁（推），以其里公卒、士五（伍）年长而毋（无）害

144/1291:者为典、老,毋(无)长者令它里年长者。

为它里典、老,毋以公士及毋敢以丁者,丁者为典、老,赘
尉、尉史、士吏主

145/1293:者各一甲,丞、令、令史各一盾∟。毋(无)
爵者不足,以公士,县毋命为典、老者,以不更以下,先以
下爵。其或复,未当事

146/1235:戍,不复而不能自给者,令不更以下无复
不复,更为典、老。①

同出《岳麓书院藏秦简(肆)》第二组简 207—209 也规定,除
有秩吏,若"害(宪)盗",允许除不更以下到士伍者:

207/1272:置吏律曰:县除有秩吏,各除其县中。其
欲除它县人及有谒置人为县令、都官长、丞、尉、有秩吏,
能任

208/1245:者,许之∟。县及都官啬夫其免徒而欲解
其所任者,许之。新啬夫弗能任,免之,县以攻(功)令任
除有秩吏∟。

209/1247:任者免徒,令其新啬夫任,弗任,免。害
(宪)盗,除不更以下到士五(伍),许之。②

前引《岳麓书院藏秦简(肆)》第二组简 210—211《置吏律》规
定,"县除小佐毋(无)秩者,各除其县中,皆择除不更以下到
士五(伍)史者",也是以不更为上限。

(二)徭、戍等劳役方面

同出《岳麓书院藏秦简(肆)》第二组简 151—153 规定补
缮邑院等劳役征发不更以下的人:

---

① 陈松长主编:《岳麓书院藏秦简(肆)》,第 115—116 页。
② 陈松长主编:《岳麓书院藏秦简(肆)》,第 136—137 页。

151/1255：●繇（繇）律曰：补缮邑院、除田道桥、穿汲〈波（陂）〉池、渐（堑）奴苑，皆县黔首利殹（也），自不更以下及都官及诸除有为

152/1371：殹（也），及八更，其院老而皆不直（值）更者，皆为之，冗宦及冗官者，勿与。除邮道、桥、驼〈驰〉道，行外者，令从户

153/1381：□□徒为之，勿以为繇（繇）。①

同出《岳麓书院藏秦简（肆）》第二组简253—255表明"繇戍"的征发对象是不更以下者：

253/1305：繇（繇）律曰：发繇（繇），自不更以下繇（繇）戍，自一日以上尽券书，及署于牒，将阳倍（背）事者亦署之，不从令及繇（繇）不当

254/1355：券书，券书之，赀乡啬夫、吏主者各一甲，丞、令、令史各一盾。繇（繇）多员少员，積（隤）计后年繇（繇）戍数。发吏力足以均繇（繇）日，

255/1313：尽岁弗均，乡啬夫、吏及令史、尉史主者赀各二甲，左罷（迁）。令、尉、丞繇（繇）已盈员弗请而擅发者赀二甲，免。②

里耶秦简中也有相关史料表明当时服繇者最高的爵位就是不更：

卅五年九月丁亥朔乙卯，贰春乡守辨敢言Ⅰ之：上不更以下繇（繇）计二牒。敢言之。Ⅱ8—1539③

下列材料中具体内容不详，但仍可以看出是以不更以下至公

---

① 陈松长主编：《岳麓书院藏秦简（肆）》，第118页。
② 陈松长主编：《岳麓书院藏秦简（肆）》，第152页。
③ 陈伟主编：《里耶秦简牍校释》第1卷，武汉：武汉大学出版社2012年版，第353页。

卒、士伍、庶人为一个群体:

> 不更以下七十七人,其少半当被者廿六人。　　迁
> 陵。9—92①

张家山汉简《二年律令》简 309 规定宿门令不更以下轮番担任:

> □□□□令不更以下更宿门。(309 简)②

《二年律令》中只有不更以下才有睆老:

> 不更年五十八,簪褭五十九,上造六十,公士六十一,
> 公卒、士五(伍)六十二,皆为睆老。(357 简)③

(三)传食、赏赐等待遇方面

睡虎地秦简《传食律》简 181 中不更以下到谋人属于一个档次:

> 不更以下到谋人,粺米一斗,酱半升,采(菜)羹,刍稿
> 各半石。·宦奄如不更。传食律(181 简)④

(四)傅籍方面

如前所引《二年律令》简 359—360 规定,"不为后而傅者",关内侯子、卿子中二人可以为不更,五大夫子二人为簪褭,公乘、公大夫子二人为上造,官大夫及大夫子为公士,不更至上造子为公卒。其一,只有关内侯和卿除后子之外的两个儿子可以傅籍为不更,显然不更是一个重要的分层爵。其二,

---

① 陈伟主编:《里耶秦简牍校释》第 2 卷,武汉:武汉大学出版社 2018 年版,第 66 页。
② 彭浩、陈伟、[日]工藤元男主编:《二年律令与奏谳书——张家山二四七号汉墓出土法律文献释读》,第 216 页。
③ 彭浩、陈伟、[日]工藤元男主编:《二年律令与奏谳书——张家山二四七号汉墓出土法律文献释读》,第 232 页。
④ 睡虎地秦墓竹简整理小组编:《睡虎地秦墓竹简》,第 60 页。

不更至上造子为公卒,又与大夫以上区别开来。简364则规定,不更以下子傅籍的起始年龄是廿岁,而大夫以上至五大夫及小爵不更以下至上造傅籍的起始年龄是年廿二岁,不更与大夫严格区别开来。此外,关于因病死亡而置后,简367—368规定:

> 疾死置后者,彻侯后子为彻侯,其毋(无)适(嫡)子,以孺子 子 、 良 人 子。关内侯后子为关内侯,卿 侯〈后〉子为公乘, 五 大 夫 后子为公大夫,公乘后子为官(367简)大夫,公大夫后子为大夫,官大夫后子为不更,大夫后子为簪裹,不更后子为上造,簪裹后子为公士,其毋(无)适(嫡)子,以下妻子、偏妻子。(368简)①

官大夫后子为不更,而不更的后子则为上造。如前所述官大夫、不更、上造均具有分层意义。

刘劭《爵制》说:"秦依古制,其在军赐爵为等级,其帅人皆更卒也,有功赐爵,则在军吏之例。自一爵以上至不更四等,皆士也。""自左庶长已上至大庶长,皆卿大夫,皆军将也。所将皆庶人、更卒也,故以庶更为名。"军队的士兵由庶人、更卒组成。"古者以车战,兵车一乘,步卒七十二人,分翼左右。车,大夫在左,御者处中,勇士居右,凡七十五人。"公士、上造均为步卒,簪裹可以驾驭驷马的战车,而不更"为车右","不复与凡更卒同也"。《汉书·百官公卿表》序颜师古注也说不更之名源于"不豫更卒之事"之意。更卒是基层战士,"更"为轮番更代的意思,"不更"虽属于士、卒,但地位与簪裹以下者

---

① 彭浩、陈伟、[日]工藤元男主编:《二年律令与奏谳书——张家山二四七号汉墓出土法律文献释读》,第235页。

不同,可以不用承担一般更卒的义务。①

　　其次,睡虎地秦简《日书》中还保留着大夫位的说法,表明当时大夫爵层与大夫位分离的情况至少是不明显的。睡虎地秦简《日书甲种·星》:

> 牵牛,可祠及行,吉。不可杀牛。以结者,不择(释)。以入〔牛〕,老一,生子,为大夫。(76 正壹)②

这里的大夫应当是指大夫位。正因为大夫以上的人与普通的百姓不同,所以人们占卜时希望生子能当上大夫。睡虎地秦简《日书甲种·马禖》:

> 祝曰:"先牧日丙,马禖合神。"·东乡(向)南乡(向)各一【马】□□□□□中土,以为马禖,穿壁直中,中三腏,(156 背/11 反)四厩行:"大夫欤次席,今日良日,肥豚清酒美白粱,到主君所……(157 背/10 反)……"③

这里的大夫也应指内爵的大夫位。同出于一墓的律令简和《日书》中的"大夫"所指却不同,应与《日书》具有稳定性、成书后少有改动有关。但这些恰好能准确反映大夫在先秦社会中的地位。故秦在建立二十等爵时将大夫层爵与大夫位挂钩就是理所当然之事。

　　由于《商君书》所反映的爵制以及传世文献和出土资料所反映的秦及汉初爵制问题过于复杂,笔者拟专门论考。

---

① 孙闻博也引用了《二年律令》的资料(包括简 149、309、354—357、364)论证不更的分层意义。孙闻博:《二十等爵确立与秦汉爵制分层的发展》,《中国人民大学学报》2016 年第 1 期。另见其文:《秦及汉初"徭"的内涵与组织管理——兼论"月为更卒"的性质》,《中国经济史研究》2015 年第 5 期。但其关于秦和汉初大夫、士爵分界仍在大夫、不更处的结论与笔者不同。

② 陈伟主编:《秦简牍合集:释文注释修订本(贰)》,武汉:武汉大学出版社 2016 年版,第 364、497 页。

③ 陈伟主编:《秦简牍合集:释文注释修订本(贰)》,第 474 页。

五、 结语

古代中国在从宗法分封制国家发展到统一的专制主义中央集权郡县制国家的过程中,二十等爵制扮演了重要的角色。然而,由于传世文献史料的阙如,我们对于二十等爵制的产生、发展过程已不甚了了。幸运的是,20 世纪 70 年代以来睡虎地、里耶、岳麓书院等秦简和张家山等汉简资料的出土和发现,为我们提供了全新的宝贵资料。

传世文献表明汉代二十等爵存在官民爵的划分,五大夫以上为官爵,公乘以下为民爵,民爵者原则上不能升格为官爵,即刘劭《爵制》所谓"吏民爵不得过公乘者,得贳与子若同产"。但是,张家山汉简《二年律令》简 148 "爵过大夫……购之如律"、简 373 "盈大夫者食之"以及岳麓秦简 174/1892 "受爵者毋过大夫"的法律规定,则意味着秦及汉初民爵的上限为第五级大夫爵,大夫爵是吏民不可逾越的界限。其他材料可以佐证这一判断,例如,秦及汉初修缮城塞陛障、"发传送"等劳役均由大夫爵以下者负担;"大夫"不入"君子"之列;在名田宅、享受传食、接受赏赐等待遇时,大夫爵也与官大夫以上存在明显的分界。

《汉书·食货志上》所载汉文帝时晁错上书"令民入粟受爵至五大夫以上,乃复一人耳",表明当时情况发生变化,官爵的起始爵已经升级为五大夫。那么,何时开始变化、如何变化、变化的目的是什么呢？诸多迹象表明,文帝初年在贾谊的建议下曾进行过一次广泛涉及位秩爵体系即官僚政治社会结构的全面改革。《史记·贾生列传》其实对此有记载:"贾生以为汉兴至孝文二十余年,天下和洽,而固当改正朔,易服色,法制度,定官名,兴礼乐,乃悉草具其事仪法,色尚黄,数用五,为官名,悉更秦之法。孝文帝初即位,谦让未遑也。诸律令所更定,及列侯悉就国,其说皆自贾生发之。"以往我们仅仅注意到"孝文帝初即位,谦让未遑也"这句话,以为文帝对于贾谊的建议均采取"谦让未遑"的态度,但事实并非如此简单。文帝"谦让未遑"的应主要是"改正朔,易服色""色尚黄,数用五",即改水德为土德,但其他方面仍大量采纳贾谊的建议,所以才有了后文"诸律令所更定,及列侯悉就国,其说皆自贾生发之"的说法,以致以周勃、灌婴为代表的保守派大臣批评贾谊"纷乱诸事"。文帝在贾谊建议下所进行的改革,除了见诸史籍的开籍田礼、作顾成庙、文帝称太宗、衣绨衣、坐宣室受厘等,还有许多未见诸史料。新近因张家山汉简的刊布才为我们所知晓的官秩改革就是一个典型例证。文帝在贾谊建议下,将大部分中央列卿的秩级从二千石提高到中二千石,以区别于诸侯列卿和中央的上大夫,这一重大改革就完全不见于传世文献。本文则力图证明改革还包括另一项重要内容,即将官民爵的分界线从官大夫、大夫之间上移到五大夫、公乘之间。可以看到,"颇通诸子百家之书"的贾谊深受古典思想的影响,而其利用古典思想整齐、改革汉家制度的目的则是加强皇帝和中央集权,明确尊卑贵贱等级制度。

当我们清楚了官民爵的分界经历了从官大夫、大夫到五大夫、公乘之间的变化,结合秦汉时期卿位自始至终都维持在左庶长到大庶长层级,与刘劭《爵制》所说卿爵层一致,以及秦及汉初简牍中大夫、不更所具有的明显的分层界标痕迹,我们有理由推测,二十等爵制,准确地说是其前身十八等爵制,是与内爵的最早形态——卿大夫士系统挂钩建立起来的。其建立之初,卿对应左庶长到大庶长级,大夫对应大夫至五大夫级,士对应公士到不更级,十八等爵按卿大夫士进行分层并命名,名实相符,所谓官民爵的分界就是大夫层爵与士层爵的分界,在第五级大夫爵与第四级不更爵之间。但随着赐爵的广泛,拥有爵级的人越来越多,统治者为了维持官民爵的比例,保证足够的服役人口,便需要调整官民爵的界限。根据目前的材料,我们大体知道从商鞅变法到汉文帝至少经历了两次调整:一次发生在战国后期,将第五级大夫爵从大夫位拉下来,纳入士位;一次发生在汉文帝六年(前174年)左右,将第六级官大夫至第八级公乘爵全部从大夫位拉下来,纳入士位。此后官民爵的分界便稳定下来,直到三国时期。官民爵分界的上移不仅意味着公乘以下爵级地位的下降,也意味着二十等爵制本身在秦汉官僚政治社会中的意义衰减。

(原载《史学月刊》2021年第1期)

论秦汉田税征收方式及其变化过程

李恒全(南京师范大学)　许　欣(南京师范大学)

[摘　要] 秦至西汉前期存在着"税田"和"税产"两种田税的计算方法。此两种田税的计算方法,反映着同一种田税的征收方式,即在一定的税率下,田税按农作物的实际产量征收。而实际产量每年是不同的,因此,田税是按实际产量征收的浮动税。西汉后期,田税的计算方法发生了变化,但田税仍然是按实际产量征收。东汉章帝时,进一步完善了应税田地的统计制度,但并没有改变田税的征收方式。从岳麓书院藏秦简《数》和张家山汉简《算数书》的相关例题看,在田税的计算和征收中,并不涉及亩产量的问题,而在现有文献中也没有发现标准亩产量和田租定额的证据,说明秦汉田税不是定额税。按土地面积征收的田税和刍稾税,与按户征收的户赋和户刍,是性质完全不同的两类税,每户都征收相同数量田税的情况是不存在的,因此,秦汉田税并非按户征收。东汉末,田税征收方式发生了重大变化,由按实际产量征收的浮动税变成了亩收固定数额的定额税。

[关键词] 秦汉;田税;浮动税;简牍

在秦汉时期,田税,又称为田租,是政府对土地所有者征收的重要税种,是国家政治权力在经济上的体现。对秦汉田税的征收方式,传统的看法主要有三种。一是浮动税说。此种观点认为,田税征收的方法,是按每年收获量的一定比例征收。① 二是定额税说。此种观点认为,田税征收的办法,是以设定的标准亩产量,按照规定的税率确定固定数额的租税,再按每户土地的亩数征收田税。② 三是田亩与产量相结合征收说。此种观点主张,在征收田税的过程中,需要政府估计田亩单产,再按每亩单产以规定的税率计算征收,这样,田亩与产量二者的结合,在每亩产量这一点上获得了统一。③ 这些开拓性的成果为秦汉田税征收方式问题的研究奠定了基础。然而,由于史料稀少,这些研究基本停留于定性阶段,其结论也往往带有很大的推测性。

近年来,随着龙岗秦简、张家山汉简、岳麓书院藏秦简、里耶秦简等一批简牍的公布,关于秦汉田税征收方式问题的研究取得了新进展。杨振红认为,"取程"或"程租"即测算得到一斗田租的田亩步数,是秦及西汉初期田租征收的制度。④ 张金光认为,秦自商鞅变法后,田租应是结合产量,按照一定租率,校定出一个常数,作为固定租额,也就是说,基本上是实行定额租制。⑤ 于振波认为,秦征收田租,是在粮食收获之前

---

① 参见劳榦:《秦汉史》,台北:中华文化出版事业委员会1955年版,第135页。
② 参见韩连琪:《汉代的田租口赋和徭役》,《文史哲》1956年第7期;安作璋:《汉史初探》,上海:上海人民出版社1957年版,第129页;杜绍顺:《汉代田税征收方法辨析》,《中国史研究》1985年第3期;林甘泉、童超:《中国封建土地制度史》第1卷,北京:中国社会科学出版社1990年版,第357—358页;柳春藩:《秦汉的赋税徭役制度》,《秦汉魏晋经济制度研究》,哈尔滨:黑龙江人民出版社1993年版,第159—181页。
③ 参见高敏:《秦汉赋税制度考释》,《秦汉史论集》,郑州:中州书画社1982年版,第62—65页;黄今言:《秦汉赋役制度研究》,南昌:江西教育出版社1988年版,第81页。
④ 参见杨振红:《从新出简牍看秦汉时期的田租征收》,武汉大学简帛研究中心编:《简帛》第3辑,上海:上海古籍出版社2008年版,第331—342页。
⑤ 参见张金光:《秦制研究》,上海:上海古籍出版社2004年版,第192页。

按照规定的比例从各户田地中划出一定数量的"税田","税田"上的收获物作为"田租"全部上缴。① 臧知非认为,秦、西汉田税的计算和征收,分为禾、刍、稿三种基本形态,均按户征收。② 这些研究将秦汉田税征收制度的认识推进到了一个新的高度。③ 但由于材料公布在时间上的差异,较早的研究无法看到较晚公布的材料等情况,这些研究又存在着这样几个问题:其一,把"税田"作为实体(实实在在的地块)的观点,与客观存在的"取程""误券"等情况相矛盾。其二,田税按户征收的观点,与新材料所显示的田税按实有土地面积征收相矛盾;其三,从"取程"等相关材料看,每年征收田税时都要计算产量,这与定额租制的说法是矛盾的。这些问题的存在又影响到对秦汉田税征收制度的发展过程的认识。

本文拟以上述问题为重点,在学界已有研究成果的基础上,对秦汉田税征收方式问题作综合性的考察,不当之处,请学界同仁指正。

一、 "税田"和"税产"——田税的两种计算方法

在已公布的张家山汉简《算数书》和岳麓书院藏秦简《数》中有一些关于"税田"的习题。

> 税田　税田廿四步,八步一斗,租三斗。今误券三斗一升,问几何步一斗。得曰:七步卅七〈一〉分步廿三而一

① 参见于振波:《秦简所见田租的征收》,《湖南大学学报(社会科学版)》2012 年第 5 期。

② 参见臧知非:《说"税田":秦汉田税征收方式的历史考察》,《历史研究》2015 年第 3 期。

③ 相关的研究主要还有,肖灿:《从〈数〉的"舆(與)田"、"税田"算题看秦田地租税制度》,《湖南大学学报(社会科学版)》2010 年第 4 期;彭浩:《谈秦汉数书中的"舆田"及相关问题》,武汉大学简帛研究中心编:《简帛》第 6 辑,上海:上海古籍出版社 2011 年版,第 21—28 页。

斗。术（術）曰：三斗一升者为法，（简 68）十税田【为覆
（实）】，令如法一步。（简 69）①

禾兑（税）田卌步，五步一斗，租八斗，今误券九斗，问
几可（何）步一斗？得曰：四步九分步四而一斗。述（術）
曰：兑（税）田为覆（实），九斗（简 0982）为法，除，覆（实）
如法一步。（简 0945）②

今枲兑（税）田十六步，大枲高五尺，五步一束，租五
斤。今误券一两，欲叕步数，问几可（何）一束？得曰：四
步八十一分七十（简 0788）六一束。欲复之，复置一束两
数以乘兑（税）田，而令以一为八十一为覆（实），亦【令所
叕步一为八十一，不分者，从之以为】（简 0775）法，覆
（实）如法一两。（简 0984）③

在上述简文中，"禾税田"是指种植谷物的"税田"，"枲税田"
是指种植枲的"税田"。枲，称"枲麻"，古人用以织褐编履。

租误券。田多若少，耤令田十亩，税田二百卌步，三
步一斗，租八石。·今误券多五斗，欲益田。其述（術）
曰：以八石五斗为八百。（简 0939）④

禾舆田十一亩，【兑】（税）二百六十四步，五步半步
一斗，租四石八斗，其述（術）曰：倍二【百六十四步
为】……▢。（简 1654）⑤

在第一条简文中，"税田"为"二百卌步"，即 1 亩，占总土地面

① 张家山二四七号汉墓竹简整理小组编著：《张家山汉墓竹简（二四七号墓）》
（释文修订本），北京：文物出版社 2006 年版，第 141 页。
② 朱汉民、陈松长主编：《岳麓书院藏秦简（贰）》，上海：上海辞书出版社 2011 年
版，第 39 页。
③ 朱汉民、陈松长主编：《岳麓书院藏秦简（贰）》，第 48 页。
④ 朱汉民、陈松长主编：《岳麓书院藏秦简（贰）》，第 38 页。
⑤ 朱汉民、陈松长主编：《岳麓书院藏秦简（贰）》，第 53 页。

积 10 亩的十分之一。"税田"交纳的田租 8 石,显然,这 8 石田租是"税田"的全部产量。"税田"交纳的 8 石田租,是"田十亩"应交纳的田租,占"田十亩"总产量的十分之一。第二条简文中,"税田"为 264 平方步,占总土地面积 11 亩(合 2 640平方步)的十分之一。"税田"交纳的田租 4 石 8 斗,是其全部产量,占"田十一亩"总产量的十分之一。

从这两条材料可以看出,"税田"是总土地面积的一部分,其所纳的田租是其全部产量,"税田"所纳的田租,是总土地面积应交纳的田租。可见,"税田"是用以纳税的土地面积。在这两条秦简中,田租都是"禾",可知,秦谷物的田租率为十分之一,即"什一之税"。

在上述简文中,还提到了"舆田"。在张家山汉简《算数书》和岳麓书院藏秦简《数》中,涉及"舆田"的材料有多处。

> 租吴(误)券　田一亩租之十步一斗,凡租二石四斗。今误券二石五斗,欲益耎其步数,问益耎几何。曰:九步五分步三而一斗。术(術)(简 96)曰:以误券为法,以舆田为实。(简 97)①

> 臬舆田五十步,大臬高八尺,六步一束,租一斤六两五朱(铢)三分朱(铢)一。(简 0890)②

> 细臬舆田十二步大半步,高七尺,四步一束,租十两八朱(铢)有(又)十五分朱(铢)四。(简 0837)③

---

① 张家山二四七号汉墓竹简整理小组编著:《张家山汉墓竹简(二四七号墓)》(释文修订本),第 145 页。在此道算题中,整理小组释"舆田"为"舆田"。彭浩认为,"舆"当为"舆","舆田"当为"舆田"。参见彭浩:《谈秦汉数书中的"舆田"及相关问题》,武汉大学简帛研究中心编:《简帛》第 6 辑,第 21—28 页。今从彭说。下文所引的张家山汉简《算数书》中"误券"一题的"舆田"也当为"舆田"。

② 朱汉民、陈松长主编:《岳麓书院藏秦简(贰)》,第 43 页。

③ 朱汉民、陈松长主编:《岳麓书院藏秦简(贰)》,第 46 页。

　　　　　枲舆田七步半步,中枲高七尺,八步一束,租二两十
　　　五朱(铢)。(简0826)①

这些材料中的"舆田",有的是种植谷物的,有的则是种植枲
的。"舆",本义为车厢,可引申为载、记载。"舆田"是指登记
在图、册上的土地。从上述简文看,"舆田"都属缴纳田租的土
地。因此"舆田"的性质是应纳税之田。而"税田"是"舆田"
中用以纳税的土地,其本身当然也是"舆田"。

　　在新出简牍中,有一些关于"取程""取禾程""取枲程"的
例题。

　　　　　取程,禾田五步一斗,今干之为九升,问几可(何)步
　　　一斗?曰:五步九分步五而一斗。(简0955)②

　　　　　取禾程述(术),以所已干为法,以生者乘田步数为
　　　实,(实)如法一步。(简0887)③

　　　　　取枲程十步三韦(围)束一,今干之廿八寸,问几何步
　　　一束。术(術)曰:干自乘为法,生自乘有(又)以生一束
　　　步数乘之为(简91)实,实如法得十一步有(又)九十八分
　　　步卅七而一束。(简92)④

在此三道习题中,"程",测量、计量。"生",指刚收割的湿禾
或湿枲;"干",指去掉水分,达到收仓标准的干禾或干枲。据
题意可知,"取程",即取得标准,就是测算农作物的单位产量
的面积;"取禾秤",就是测算谷物的单位产量的面积,一般以
一斗多少平方步作为标准;"取枲程",就是测算枲的单位产量

---

① 朱汉民、陈松长主编:《岳麓书院藏秦简(贰)》,第45页。
② 朱汉民、陈松长主编:《岳麓书院藏秦简(贰)》,第34页。
③ 朱汉民、陈松长主编:《岳麓书院藏秦简(贰)》,第33页。
④ 张家山二四七号汉墓竹简整理小组编著:《张家山汉墓竹简(二四七号墓)》
　(释文修订本),第145页。

的面积,一般以一束多少平方步作为标准。

"取程"即测算农作物的单位产量的面积,其作用和我们通常理解的单位面积的产量(单产)是相同的,是衡量土地生长能力和农作物生产水平的重要指标。"取程"是计算总产量和田租的基础,是征收田租的第一步。

岳麓书院藏秦简《为吏治官及黔首》简 0002 + 1581:"部佐行田……度稼得租。"①这个"度稼"就是取程。"度稼"与"得租"相连,正表明"取程"与田租征收的关系。张家山汉简《二年律令·户律》"代户、贸卖田宅,乡部、田啬夫、吏留弗为定籍,盈一日,罚金各二两"(简 322)②可知,"乡"又称"乡部"。"部佐"就是乡佐,负责全乡赋税的征收。《续汉书·百官志》:"又有乡佐,属乡,主民收赋税。"③因此,"取程"当是乡佐的职责范围。

那么,"取程"的适用范围有多大,是一个乡,还是一个里呢? 我们认为,"取程"的适用范围是一个里而不是一个乡,作如是论断的理由是,作为最基层组织的里,其土地相对集中,民户聚居在一起,彼此较为了解,在这个范围内"取程",便于操作和比较。其做法大概是每年在庄稼成熟时,根据土地肥瘠和庄稼长势的不同,选取几个具有代表性的地块,在收割后测算各自的"程"即单位产量的面积,这几个"程"就是一个里中不同类型土地的"程",以此为标准计算各户农作物的产量和田租数。这种计算结果,与各户农作物真实的产量和田租数可能会有一些差距,但相差应该有限,基本能反映各户农作

---

① 朱汉民、陈松长主编:《岳麓书院藏秦简(壹)》,上海:上海辞书出版社 2010 年版,第 112—113 页。
② 张家山二四七号汉墓竹简整理小组编著:《张家山汉墓竹简(二四七号墓)》(释文修订本),第 53 页。
③ 《后汉书》附《续汉书》第 28《百官志五》,北京:中华书局 1965 年版,第 3624 页。

物实际的产量和田租数。许慎《五经异义》："汉制收租，田有上中下。"①故推测，在一个里中，根据土质肥瘠不同，一般是将田地分为上、中、下三等，相应地农作物也分别取上、中、下三个"程"。

张家山汉简《算数书》和岳麓书院藏秦简《数》中还有关于"误券"的例题。

> 禾兑（税）田卌步，五步一斗，租八斗，今误券九斗，问几可（何）步一斗？得曰：四步九分步四而一斗。述（术）曰：兑（税）田为实，九斗（简0982）为法，除，实如法一步。（简0945）②

> 误券　租禾误券者，术（术）曰：毋升者直（置）税田数以为实，而以券斗为一，以石为十，并以为法，如法得一步。其券有【斗】者，直（置）與（简93）田步数以为实，而以券斗为一，以石为十，并以为法，如法得一步。其券有升者，直（置）與田步数以为实，而以（简94）券之升为一，以斗为十，并为法，如·【法】得一步。（简95）③

"券"，券书，即田租券。秦汉的券书一般是一式三份，故推测田租券也是一式三份。这三份券书，一份留于农户，一份在乡部，还有一份当上交负责登记田租籍的县府有关部门，备案存档。"误券"，指租券所列租数与应收租数有误。

这两道例题是以"税田"的方法计算田租而产生的"误券"，田租券所列的租数，就是"税田"的产量。据题意可知，误券的计算，都是以"税田"的面积除以田租券所列的租数，而

① 陈寿祺：《五经异义疏证》，顾廷龙主编：《续修四库全书》第171册，上海：上海古籍出版社2002年版，第4页。
② 朱汉民、陈松长主编：《岳麓书院藏秦简（贰）》，第39页。
③ 张家山二四七号汉墓竹简整理小组编著：《张家山汉墓竹简（二四七号墓）》（释文修订本），第145页。

得出单位田租的面积,也是单位产量的面积。这实际是"取程"的一般算法。由于"误券"所列的田租数是错误的,其所求得的"程"即单位产量的面积,当然也是错误的数字。那么,这种计算的意义何在呢?田租券发出后,当具有法律效力,一般难以改动,特别是上交县府的一份,更不可轻易修改。因此,当出现租券数与应收租数差异的"误券"时,补救办法是按租券上的错误数额征收田租,待下次或来年再次征收田租时补差。这样,"误券"的租数,实际就变成了实收的租数。"误券"所求得的"程"(单位产量的面积),虽然是错误的,但田租确实又是按照这个标准征收的,是实收的"程",故需计算出并补登在农户及乡部所持有的田租券上。这样,农户及乡部所持有的田租券上,就有两个"程"(单位产量的面积),一个是应收的,一个是实收的,以备下次或来年补差。

在井田制末期,由于"公田不治"①,各诸侯国陆续打破"公田"与"私田"的界限,将土地分配给个体家庭,共耕"公田"形式的"什一而藉",为"履亩而税"所代替。此时,如果以在农户的土地上划出每年位置固定不变的"税田"进行征税,其和井田制下共耕"公田"的征税办法大同小异,不久必然会出现"税田不治"的后果。因此,可以断定,秦汉的"税田"不是在农户的土地上划出的位置固定不变的地块。同时,农作物从成熟到收割脱粒,再到晾晒和运输,直至产品进入官仓,其间环节过多,官府难以监督,无法保证每个农户"税田"上收获的用以纳税的粮食都进入官仓,因此,"税田"也不可能是每年在农作物成熟之时临时划出的地块。

因此,我们认为,"税田"并非真正在农户应纳税的土地上划出的实实在在的地块,而是在计算田租时,以应纳税的土地

①《汉书》卷 24 上《食货志上》,北京:中华书局 1962 年版,第 1124 页。

总面积,乘以规定的税率,所得出的土地面积数,它是仅存在于计算过程中的一个数字概念,而非实物形态。"税田"面积除以"程"即单位产量的面积,就得出应纳的田租数。因此,"税田"是田租的一种计算方法。

从岳麓书院藏秦简《数》看,除了"税田"的田租计算方法,还存在另一种田税的计算方法:

> 为枲生田,以一束两数为法,以一束步数乘十五,以两数乘之为实,实如法一步。(简0952)①

此题是,已知一束枲的产量、一束步数、枲田租的数量,求枲田的面积。② 其运算公式:枲田的面积 =（一束步数 × 15 × 枲田租的数量）÷ 一束枲的产量。此公式可变为:枲田租的数量 =（枲田的面积 ÷ 一束步数 × 一束枲的产量）÷ 15。而"枲田的面积 ÷ 一束步数 × 一束枲的产量",就是枲田的总产量。此题中的"一束步数",是枲的"程"即单位产量的面积,枲"程"是计算总产量的基础。

此题中,枲田租的数量等于枲田总产量除以 15,表明秦枲田的税率为十五分之一,与秦谷物十分之一的税率是不同的。枲田租的数量等于枲田总产量除以 15,或者说枲田租的数量等于枲田总产量乘以十五分之一,还表明此种田租的计算方法是以总产量乘以税率得出的。这明显不同于"税田"的计算方法,我们暂称之为"税产"的田税计算方法。

在枲田租的计算中,一束枲的产量是计算的重要环节。

---

① 朱汉民、陈松长主编:《岳麓书院藏秦简(贰)》,第52页。

② 张家山汉简《算数书·取枲程》:"取枲程十步三韦(围)束一。"张家山二四七号汉墓竹简整理小组编著:《张家山汉墓竹简(二四七号墓)》(释文修订本),第145页。可知,一束等于3围。围,李颐注《庄子·人世间》之"絜之百围"曰:"径尺为围。"(清)王先谦:《庄子集释》,北京:中华书局1987年版,第41页。可知,一束的直径等于3尺。

岳麓书院藏秦简有一束枲产量的计算方法：

> 大枲田三步大半步，高五尺，（尺）五两，三步半步一
> 束，租一两十七朱（铢）廿一分朱（铢）十九。（简0888）①

> 细枲田一步少半步，高七尺，（尺）七两，五步半步一
> 束，租十九束〈朱〉（铢）百六十五分朱（铢）一。（简
> 0844）②

所谓"（尺）五两"，是说一束大枲高度一尺，其产量是5两。
"（尺）七两"，是说一束细枲高度一尺，其产量是7两。岳麓
书院藏秦简《数》："租枲述（术）曰：置舆田数，大枲也，五之，
中枲也，六之，细枲也，七之，以高乘之为实，左置十五，以一束
步数乘十五为法，如法一两，不盈两者，以一为廿四，乘之，如
法一朱（铢），不盈朱（铢）者，以法命分。"（简1743、1744）③此
简文中的大枲"五之"，即大枲"尺五两"；细枲"七之"，即细枲
"尺七两"。同理，中枲"六之"，即中枲"尺六两"，是说一束中
枲，高度一尺，其产量是6两。一束高度一尺的大枲、中枲、细
枲的产量，分别与高相乘，就是一束大枲、中枲、细枲的产量。

> 枲【舆】田六步，大枲高六尺，七步一束，租一两十七
> 朱（铢）七分朱（铢）一。（简0835）④

> 枲舆田七步半步，中枲高七尺，八步一束，租二两十
> 五朱（铢）。（简0826）⑤

此二题，都是已知枲田的面积、枲的高度、一束步数（枲
"程"），求枲田的租数。由于一束高度为一尺的枲的产量是

---

① 朱汉民、陈松长主编：《岳麓书院藏秦简（贰）》，第44页。
② 朱汉民、陈松长主编：《岳麓书院藏秦简（贰）》，第46页。
③ 朱汉民、陈松长主编：《岳麓书院藏秦简（贰）》，第42页。
④ 朱汉民、陈松长主编：《岳麓书院藏秦简（贰）》，第43页。
⑤ 朱汉民、陈松长主编：《岳麓书院藏秦简（贰）》，第45页。

固定的,即大枲 5 两、中枲 6 两、细枲 7 两,根据枲田十五分之一的税率,枲田租的数量 = 枲田的面积 ÷ 一束步数 × (一尺枲的产量 × 高) ÷ 15。显然,此二题所求的田租数也是以总产量乘以税率得出的。

总之,从新出简牍看,"税田"是田租的一种计算方法,是在计算田租时,以应纳税的土地总面积,乘以规定的税率,所得出的土地面积数,其产量是全部应纳税土地应缴纳的田租。"税田"并非在农户应纳税的土地上划出的实实在在的地块,而是仅存在于计算过程中的一个数字概念,非实物形态。同时,还存在"税产"的田租计算方法,即以应纳税土地的总产量,乘以规定的税率,所得出的就是应缴纳的田租数。而"取程"是田租计算的基础。

二、 田税是按实际产量征收的浮动税

田税的计算方法,是指田税数量的计算过程和方法。田税的征收方式,是指田税征收的基本原则及方法。田税的计算方法体现着田税征收方式的基本原则。从新出简牍看,秦汉存在"税田"和"税产"两种田税的计算方法,但这两种田税的计算方法,都体现着同一种田税的征收方式,即在一定税率的条件下,按实际产量征收田税。

"税田"的计算方法,是从应纳税的总土地面积中,按规定的税率,计算出"税田"的面积,再将"税田"的面积除以"程"即单位产量的面积,就得到"税田"的产量,也即应交纳的田租数。"税产"的计算方法,是以应纳税的总土地面积除以"程",得出应纳税总土地面积的总产量①,总产量再乘以规定

---

① 枲田租的"税产"计算方法,是以应纳税的总土地面积除以"程",还需再乘以一束枲的产量,才能得出应纳税总土地面积的总产量。

的税率,就是所要交纳的田租数。

从计算过程可以看出,总产量和田租数是按规定的税率,由"程"与土地面积两个因素共同计算出的结果。"取程"是测算农作物单位产量的面积,其作用相当于测算农作物单位面积的产量(单产)。里与里之间所测算的农作物的"程"是不同的,在里的内部,因土地质量和庄稼长势的不同所测算的农作物的"程"也是不同的,但其原则均要求精确。

> 禾兑(税)田卌步,五步一斗,租八斗,今误券九斗,问几可(何)步一斗? 得曰:四步九分步四而一斗。述(術)曰:兑(税)田为实,九斗(简0982)为法,除,实如法一步。(简0945)①

> 租禾。税田廿四步,六步一斗,租四斗,今误券五斗一升,欲奥☐(简0817)☐【步数】,几可(何)步一斗? 曰:四步五十一分步卅六「一斗」其(简1939)以所券租数为法,即直(置)奥田步數,如法而一步,不盈步者,以法命之。(简0816)②

在这两道习题中,均是求取"误券"情况下的"程"。"误券"情况下的"程",是实收的"程"。求取"误券"情况下的"程",其目的是与应收的"程"进行比较,以对错误进行纠正,反映了"取程"要求精确的原则。"取程"精确是后续计算的基础。

> 禾兑(税)田卌步,五步一斗,租八斗,今误券九斗,问几可(何)步一斗? 得曰:四步九分步四而一斗。述(術)曰:兑(税)田为实,九斗(简0982)为法,除,实如法一步。(简0945)③

---

① 朱汉民、陈松长主编:《岳麓书院藏秦简(贰)》,第39页。
② 朱汉民、陈松长主编:《岳麓书院藏秦简(贰)》,第40页。
③ 朱汉民、陈松长主编:《岳麓书院藏秦简(贰)》,第39页。

　　枲舆田七步半步，中枲高七尺，八步一束，租二两十五朱（铢）。（简0826）①

　　细枲舆田十二步大半步，高七尺，四步一束，租十两八朱（铢）有（又）十五分朱（铢）四。（简0837）②

　　枲舆田九步少半步，【细】枲高丈一尺，三步少半步一束，租十四两八朱（铢）廿五分朱（铢）廿四。（简0475）③

在这些习题中，所计算的土地面积均精确到步，甚至精确到"半步""大半步""小半步"等，可见纳税的土地面积是按实有土地面积计算的。

　　"程"和土地面积的测算力求精确，其后关于总产量和应纳田租数的计算结果自然也是精确的。由此可以看出，秦汉田税是按实际产量征收的。"税产"的计算方法，是按规定的税率，对总产量进行分割，得出要交纳的田租数。"税田"的计算方法，是按规定的税率，对应纳税的总土地面积进行分割，得出"税田"的面积，其产量就是应交纳的田租数，这实际也是对总产量进行分割的一种形式。这两种计算方法，都体现着田税按实际产量征收的方式。

　　"取程"是每年农作物成熟时都要进行的活动，一个里中每年所取得的"程"都是不一样的。这决定了计算出的农作物产量每年都是不同的，每年所要交纳的田租数自然也是不同的。因此，秦汉田租是按实际产量征收的浮动税。

　　田税按农作物的实际产量征收，是与秦汉时期资财税的税收原则相一致的。就税收对象来说，秦汉赋税大体可以分为二大类：第一类是按户、口征收，如户赋、户刍、口赋、算赋

---

① 朱汉民、陈松长主编：《岳麓书院藏秦简（贰）》，第45页。
② 朱汉民、陈松长主编：《岳麓书院藏秦简（贰）》，第46页。
③ 朱汉民、陈松长主编：《岳麓书院藏秦简（贰）》，第47页。

等;第二类是按资财征收,如田租、关税、市租、缗钱税、牲畜税等。

《汉书·食货志》载贡禹曰:"疾其末者绝其本,宜罢采珠玉金银铸钱之官,毋复以为币,除其贩卖租珠之律。"颜师古注曰:"租珠,谓计其所卖物价,平其锱珠而收租也。"①

《汉书·食货志》:"工匠医巫卜祝及它方技商贩贾人坐肆列里区谒舍,皆各自占所为于其在所之县官,除其本,计其利,十一分之,而以其一为贡。"②

张家山汉简《算数书》之《狐出关》:"狐、狸、犬出关,租百一十一钱。犬谓狸、狸谓狐:而皮倍我,出租当倍戈(裁)。问出各几何。得曰:犬出十五钱七分【钱】六,(简34)狸出卅一钱【七】分【钱】五,狐出六十三钱【七】分【钱】三。(简35)"③

《汉书·食货志》:"诸贾人末作贳贷卖买,居邑贮积诸物,及商以取利者,虽无市籍,各以其物自占,率缗钱二千而算一。诸作有租及铸,率缗钱四千算一。非吏比者、三老、北边骑士,轺车一算;商贾人轺车二算;船五丈以上一算。"④

《汉书·翟方进传》:"奏请一切增赋,税城郭堧及园田,过更,算马牛羊。"张晏注:"牛马羊头数出税,算千输二十也。"⑤

市租、关税、缗钱税、牲畜税等以资财为纳税对象的税种,其原则是根据资财本身所具有的实际数量或价值量征纳,多者多征,少者少征。这种基本的合理性原则显然已为秦汉人民熟知。而田租作为资财税的一种,按农作物的实际产量征

---

① 《汉书》卷24下《食货志下》,第1176—1177页。
② 《汉书》卷24下《食货志下》,第1181页。
③ 张家山二四七号汉墓竹简整理小组编著:《张家山汉墓竹简(二四七号墓)》(释文修订本),第136页。
④ 《汉书》卷24下《食货志下》,第1166—1167页。
⑤ 《汉书》卷84《翟方进传》,第3423—3424页。

收,正是对这种合理性原则的运用。

主张秦汉田税为定额税的观点认为,田租征收的办法,是以设定的标准亩产量,按照规定的税率确定固定数额的租税,再按每户土地的亩数征收田租。其主要根据是《盐铁论·未通》中御史与文学的一段对话。

> 御史曰:"古者,制田百步为亩,民井田而耕,什而籍一。义先公而后己,民臣之职也。先帝哀怜百姓之愁苦,衣食不足,制田二百四十步而一亩,率三十而税一。堕民不务田作,饥寒及己,固其理也。其不耕而欲播,不种而欲获,盐、铁又何过乎?"
>
> 文学曰:"什一而籍,民之力也。丰耗美恶,与民共之。民勤,己不独衍;民衍,己不独勤。故曰:'什一者,天下之中正也。'田虽三十而以顷亩出税,乐岁粒米狼戾而寡取之,凶年饥馑而必求足。加之以口赋更繇之役,率一人之作,中分其功。农夫悉其所得,或假贷而益之。是以百姓疾耕力作,而饥寒遂及己也。筑城者先厚其基而后求其高,畜民者先厚其业而后求其赡。《论语》曰:'百姓足,君孰与不足乎?'"①

在这段对话中,御史与文学对田税问题展开了激烈的辩论,文学认为,汉代在田税征收上存在着"乐岁粒米狼戾而寡取之,凶年饥馑而必求足"的缺点。

定额税论者认为,从"乐岁粒米狼戾而寡取之,凶年饥馑而必求足"之语,说明田租的征收存在着一个固定的税额,这个固定的税额是由标准亩产量,按照规定的税率换算而来的,而标准亩产量,是"校数岁之中以为常",即根据每亩历年的通

---

① 王利器:《盐铁论校注》,天津:天津古籍出版社1983年版,第190页。

常平均产量确定的。① 所谓"校数岁之中以为常"之说,出自《孟子·滕文公上》。

> 孟子曰:"……夏后氏五十而贡,殷人七十而助,周人百亩而彻,其实皆什一也。彻者,彻也;助者,藉也。龙子曰:'治地莫善于助,莫不善于贡。'贡者,校数岁之中以为常。乐岁,粒米狼戾,多取之而不为虐,则寡取之;凶年,粪其田而不足,则必取盈焉。为民父母,使民盻盻然,将终岁勤动,不得以养其父母,又称贷而益之,使老稚转乎沟壑,恶在其为民父母也? 夫世禄,腾固行之矣。《诗》云:'雨我公田,遂及我私。'惟助为有公田。由此观之,虽周亦助也。"②

对孟子这段话提到的"贡",学界通常认为,龙子所说的"贡",不同于夏代的"贡"。③ 龙子为何时人,古传不详。但《尚书大传·甫刑》:"子张曰:'尧、舜之王,一人不刑而天下治,何则? 教诚而爱深也,今一夫而被此五刑。子龙子曰:未可谓能为《书》。'孔子曰:'不然也,五刑有此教。'"④《孔丛子·论书》:"子张问曰:'尧舜之世,一人不刑而天下治,何则? 以教诚而

---

① 根据《汉书·食货志》所载晁错所说"百亩之收,不过百石",韩连琪认为,汉代标准亩产为一石,田租的征收量,除汉初实行的"什五而税一",剥削量较景帝后的三十税一加重一倍外,其每亩的征收量均为三升。参见韩连琪:《汉代的田租口赋和徭役》,《文史哲》1956 年第 7 期。于琨奇认为,汉代粮食平均亩产量为二石,在三十税一的情况下,汉代每亩田税征收量为四大升。参见于琨奇:《战国秦汉小农经济研究》,北京:商务印书馆 2012 年版,第 95 页。周国林认为,汉代中等水平的亩产量为三石,实行三十税一之制时,每亩租额不会低于一斗。参见周国林:《汉代亩租额稽核》,《中国社会经济史研究》1989 年第2 期。

② (汉)赵岐注,(宋)孙奭疏:《孟子注疏》,上海:上海古籍出版社 1990 年版,第 92 页。

③ 参见金景芳:《论井田制度》,济南:齐鲁书社 1982 年版,第 32 页;徐喜辰:《井田制度研究》,长春:吉林人民出版社 1984 年版,第 47 页;吴慧:《井田制考索》,北京:农业出版社 1985 年版,第 172 页。

④ (汉)伏胜撰,(汉)郑玄注:《尚书大传》,北京:中华书局 1985 年版,第 108 页。

爱深也。龙子以为一夫而被以五刑，敢问何谓？'子曰：'不然，五刑所以佐教也。龙子未可谓能为《书》也。'"①由此可知，龙子的生辰时代，应不晚于孔子，当为春秋中晚期人。②

龙子所云的"贡"，做法是"校数岁之中以为常"，其缺点是"乐岁，粒米狼戾，多取之而不为虐，则寡取之；凶年，粪其田而不足，则必取盈焉"。

龙子所说的"贡"，应是"履亩而税"的一种。春秋中期，井田制开始变革，原共耕"公田"形式的"什一而藉"，逐渐被"履亩而税"即按土地面积征税所代替。但"履亩而税"也有多种形式，齐国实行的"相地而衰征"和楚国实行的"量入修赋"，都属于变"什一而藉"为"履亩而税"③，但"相地而衰征"即根据土地好坏贫瘠征收不同的赋税，"量入修赋"即根据土地的不同情况和产品的不同种类和数量来征收赋税，显然都不同于"贡"。故推测，龙子所谓的"贡"，即使在春秋时期存在过，也不具有普遍性。

鉴于史料缺乏，战国时期是否实行过"贡"这种税法，不得而知。但从孟子混淆了夏之"贡"与龙子之"贡"，且指出"贡"法是在夏代而非战国，可知，孟子并没有见到或听到战国实行过龙子所说的"贡"法。

秦在商鞅变法后，废除了井田制，也实行了"履亩而税"。《商君书·垦令》云"訾粟而税"④，即根据粟的产量征税。显然，秦田税的征收不同于龙子所说的"贡"法。

---

① （汉）孔鲋：《孔丛子》，北京：中华书局1985年版，第8页。
② 龙子所说的"贡"，应是春秋中期井田制开始变革后实行的税法，此时，井田制下的"什一而藉"逐渐被"履亩而税"所代替，而"贡"应是"履亩而税"的一种。龙子既知道"履亩而税"，又不晚于孔子的时代，故推知龙子当为春秋中晚期人。
③ 参见徐喜辰：《井田制度研究》，第186—191页。
④ （战国）商鞅：《商君书》，上海：上海古籍出版社1989年版，第4页。

从上文所引的《盐铁论·未通》中御史与文学的对话可以看出,在文学看来,汉实行的也是"履亩而税",即所谓的"以顷亩出税",其田税征收存在"乐岁粒米狼戾而寡取之,凶年饥馑而必求足"的缺点。龙子所说的"贡",即"校数岁之中以为常",其缺点是"乐岁,粒米狼戾,多取之而不为虐,则寡取之;凶年,粪其田而不足,则必取盈焉"。此二者的缺点在表述上很相似。这使得学者往往认为,汉代田税征收中"乐岁粒米狼戾而寡取之,凶年饥馑而必求足"的缺点,也与"校数岁之中以为常"有关。但事实上,在御史与文学的对话中,并无"校数岁之中以为常"之语,这只能说明汉代田税征收中不存在"校数岁之中以为常"的情况。那么,应该如何理解文学所说的"乐岁粒米狼戾而寡取之,凶年饥馑而必求足"呢?通读《盐铁论·未通》中御史与文学的对话不难看出,文学所言的"田虽三十而以顷亩出税,乐岁粒米狼戾而寡取之,凶年饥馑而必求足"之语,前后存在因果关系,是"田虽三十而以顷亩出税"导致了"乐岁粒米狼戾而寡取之,凶年饥馑而必求足"的缺点。在文学看来,田租率虽然是"三十税一",但由于是"履亩而税",就出现了这样的结果,即丰年的税率可以高一些,但田税仍然按"三十税一"征收,凶年的税率本来可以低一些,但田税依然按"三十税一"征收,也就是说,文学批评的是"履亩而税"下的定率制。因此,龙子所说的"贡"法和汉代田税征收,在缺点上虽然相似,各自的原因却是不同的。当然,文学对田制和税法的认识带有强烈的主观倾向,他们推崇井田制下的"什一而藉",否定"履亩而税",其批评不免失之客观,而显得牵强。

晁错复说上曰:"……今农夫五口之家,其服役者不下二人,其能耕者不过百亩,百亩之收不过百石。"[1]

---

[1]《汉书》卷 24 上《食货志上》,第 1130—1132 页。

此条材料中的"百亩之收，不过百石"，通常被认为是标准亩产量存在的又一根据。实际上，晁错所说的这段话，是以汉代较为常见的五口之家的收支情况为例，说明汉代农家的经济状况。汉代农家并非都只有五口，也不都只有百亩土地，只是五口之家、百亩之地较为常见而已。"百亩之收，不过百石"，即亩产量为一石，显然，并非所有的土地都是亩产一石，只是亩产一石较为常见罢了。从文献记载看，汉代粮食亩产量大小不一，差别甚大，分别有一石、二石、三石、四石、十石等。[1] 从晁错的这段话，看不出把"亩产一石"作为标准亩产量的涵义。

在现有史料中，找不到存在标准亩产量的证据，也找不到存在田租定额的证据。从张家山汉简《算数书》和岳麓书院藏秦简《数》的相关例题看，在田税的计算和征收中，主要牵涉"取程"、土地面积和税率三个因素，而"取程"是测算农作物单位产量的面积，一般以一斗多少平方步（或一束多少平方步）为标准，并不涉及亩产量的问题。这说明，秦汉田税的征收不是定额制的。里耶秦简载有亩租"一斗三升九百一十三分升二"[2]。此种带有复杂分数的数字，显然是田税征收后进行运算的结果，而不是田税征收前制定的定额标准。

臧知非认为，秦、西汉田税是按照当时的行政体制，由中央制定统一数量标准，根据地域情况分解给郡，郡分解给县，县分解给乡，郡与郡、县与县的标准并不相同，县是一级财政单位，一个县的标准是统一的，乡是具体完税单位，乡吏的任务就是根据税率、采用"税田"方式确定各家各户应税数量，而后平均"以户数婴之"以满足设定的田税标准，因各乡垦田和庄稼生长有别，产量不一，所以用调整"税田"比例的方式，既

---

[1] 参见于琨奇：《战国秦汉小农经济研究》，第 56—57 页。

[2] 湖南省文物考古研究所编著：《里耶秦简（壹）》，北京：文物出版社 2012 年版，第 4 页。

满足户均田税数的需要，又反映各乡垦田情况；谷物、刍、稾均按户征收。① 对这一论断，我们认为，还需进一步讨论。

第一，从史料上看，并未发现秦汉田税征收是由中央向地方层层分解数量的证据。

秦汉的田税征收，主要由基层组织负责。户曹为县一级主管田租征收的部门。里耶秦简 8—488：“户曹记录：乡户计、徭计、器计、租质计、田提封计、漆计、鞫计。凡七计。”②所谓“租质计”，即统计租税总数，其中应包括田租。啬夫、乡佐为乡一级负责田税征收的官吏。《汉书·百官公卿表》：“十亭一乡，乡有三老、有秩、啬夫、游徼。三老掌教化。啬夫职听讼，收赋税。”③《续汉书·百官志》：“又有乡佐，属乡，主民收赋税。”④基层组织负责田税征收，依据国家相关法律规定和政策行事。田税征收的法律规定和政策具有稳定性，除非发生税率变更或因特殊情况减免，一般不会变动。这些法律规定和政策，是全国各地都要遵照执行的标准。

从文献材料和逻辑看，似乎并不存在“中央制定统一数量标准，根据地域情况分解给郡，郡分解给县，县分解给乡，郡与郡、县与县的标准并不相同”的情况。首先，在田税征收前，不存在中央对田租的征收制定总量指标，即中央制定统一数量标准的情况。田租征收的法律规定和政策都是早已形成的，除发生严重自然灾害的个别地区由中央批准减免外，其他地区都要依照相关规定征收，因此，田税征收前中央无须制定统一的数量标准，也无法制定统一的数量标准。其次，若中央制

① 臧知非：《说“税田”：秦汉田税征收方式的历史考察》，《历史研究》2015 年第3 期。
② 湖南省文物考古研究所编著：《里耶秦简（壹）》，第 167 页。
③《汉书》卷 19 上《百官公卿表上》，第 742 页。
④《后汉书》附《续汉书》第 28《百官志五》，第 3624 页。

定统一数量标准，再向下层层分解，其数量必然与实际情况存在一定差距，这只会干扰相关法律规定和政策的执行，使既已存在的"什税一""什五税一"或"三十税一"的税率失去意义。最后，秦汉时期，在每年田税征收后，县级政府都要将户口、垦田、租税等资料汇总，形成县级"上计簿"，呈送于郡。《续汉书·百官志》："秋冬集课，上计于所属郡国。"胡广注曰："秋冬岁尽，各计县户口垦田，钱谷入出，盗贼多少，上其集簿。"①然后由郡汇总成郡级上计簿，呈送于中央政府。"上计"是中央政府对全国田税进行总量计算的重要途径，也是唯一的途径。

第二，秦汉既存在按土地面积征收的田税、刍稿税，也存在按户征收的"户赋""户刍"，从性质上说，前者是土地税，后者是"户税"，而田税并非按户征收是很明显的。

田税按户征收，或者说"户均田税数"，无非是说，不管地多地少，每户都征收相同数量的田税。这对全国来说是不可能的，即使对一县或一乡来说也是不符合实际的。

首先，若"户均田税数"，每户都征收相同数量的田税，使法定的"什税一""什五税一"或"三十税一"成为摆设，失去了存在的意义。

其次，若田税按户征收，在每户土地中确定"税田"的数量就没有必要了，因为可以根据应纳税的土地总面积和税率，确定一县或一乡的"税田"的总面积，"税田"的总面积乘以平均亩产量，即得出一县或一乡的田税总量，田税总量除以总户数，就是每户应缴纳的田税数。再者，如果真像假设的田税由"中央制定统一数量标准，根据地域情况分解给郡，郡分解给县，县分解给乡"，那么，县或乡连计算"税田"的总面积都不

---

① 《后汉书》附《续汉书》第28《百官志五》，第3623页。

需要了,直接拿被上级分配的田税数,除以总户数,就是每户应缴纳的田税数了。

再次,如果田税按户征收,还会出现地少者比无地者的境况更遭的情况。假设亩产为一石,每户应纳田税三石,则有田一百亩者纳田税三石,有田三亩者也要纳税三石。有田三亩者土地上的全部收成都要用来纳税,还要倒贴种子、肥料和人工,有田少于三亩者的收成不够缴纳田租,还需额外筹集粮食以补足田税。而一般来说,没有土地者是不需要缴纳田税的。这样,有地者的处境还不如无地者。

这些显然都不符合史料所反映的历史实际。实际上,秦汉按户征收的"户税"和按土地征收的土地税,是同时存在的。

> 卅四年启陵乡见户当出户赋者志:见户廿八户,当出茧十斤八两。①
>
> 户刍钱六十四,卅五年□。②
>
> 卿以下,五月户出赋十六钱,十月户出刍一石,足其县用,余以入顷刍律入钱。③

这三条简文是关于"户赋"和"户刍"的征收。在第一条简文中,"卅四"年为秦始皇三十四年(前213年),此为秦迁陵县启陵乡二十八户所交纳的"户赋"账簿,总数为十斤八两蚕茧,每户交纳蚕茧六两。第二条简文为秦始皇三十五年(前212年)迁陵县部分民户缴纳的"户刍"账簿,共六十四钱。这两条材料说明,秦已经征收"户赋"和"户刍",且"户赋"可以折

---

① 湖南省文物考古研究所编著:《里耶秦简(壹)》,第37页。

② 湖南省文物考古研究所编著:《里耶秦简(壹)》,第62页。

③ 张家山二四七号汉墓竹简整理小组编著:《张家山汉墓竹简(二四七号墓)》(释文修订本),第43页。

纳为实物征收，"户刍"可以折纳为钱征收。第三条简文为汉初征收"户赋"和"户刍"的法律规定，规定卿以下，每年每户缴纳"户赋"十六钱、"户刍"一石。从简文可以看出，"户赋"和"户刍"的特征是以户为单位，按户征收。

而田税作为土地税中最重要的税种，是按土地面积和产量征收，这从张家山汉简《算数书》和岳麓书院藏秦简《数》的相关例题是能明显看出来的。此外，刍稿也存在按土地征收的情况。

> 入顷刍稿，以其受田之数，无垦不垦，顷入刍三石、稿二石。①

> 入顷刍稿，顷入刍三石，上郡地恶，顷入二石，稿皆二石。令各入其岁所有，毋入陈，不从令者罚黄金四两。收（简240）入刍稿，县各度一岁用刍稿，足其县用，其余令顷入五十五钱以当刍稿。刍一石当十五钱，稿一石当五钱。（简241）②

这两条简文是关于按土地面积征收刍稿税的规定。这种按土地面积征收的刍稿税，与按户征收的"户刍"，在性质上是截然不同的，前者是土地税，后者是"户税"。

湖北江陵凤凰山十号汉墓出土的6号木牍释文曰：

> 平里户刍廿七石，
>
> 田刍四石三斗七升，
>
> 凡卅一石三斗七升。
>
> 八斗为钱，

---

① 睡虎地秦墓竹简整理小组编：《睡虎地秦墓竹简》，北京：文物出版社1978年版，第27—28页。

② 张家山二四七号汉墓竹简整理小组编著：《张家山汉墓竹简（二四七号墓）》（释文修订本），第41页。

六石当稟，

定廿四石六斗九升当□。

田稟二石二斗四升半，

刍为稟十二石，

凡十四石二斗八升半。

稿上户刍十三石，

田刍一石六斗六升，

凡十四石六斗六升。

二斗为钱，

一石当稟，

定十三石四斗六升给当□。

田稟八斗三升，

刍为稟二石，

凡二石八斗三升。①

此条木牍所载的是西汉文景时期平里、稿上两地刍稟征收的账簿。"田刍"和"田稟"，是按土地面积征收的刍稟税，是土地税；"户刍"，是按户征收的"户税"。

可见，按土地面积征收的田税、刍稟税，与按户征收的户赋、户刍，是性质完全不同的两类税，其区别是很明显的。秦汉田税并不是按户征收，而是按实际产量征收的。

三、 秦汉田税征收制度的变化

秦汉田税是按实际产量征收的浮动税，浮动的原因是每年的实际产量都是变化的。田租的税率是相对稳定的，但对整个秦汉时期来说，不同时期的田租率又是不同的。

从上文可知，秦臬租的税率是十五分之一；谷物的税率是

---

① 裘锡圭：《湖北江陵凤凰山十号汉墓出土简牍考释》，《文物》1974 年第 7 期。

十分之一，即"什一之税"。① 里耶秦简 8—1519：

> 迁陵卅五年垦田舆五十二顷九十五亩税田□顷□□
>
> 户百五十二租六百七十七石率之亩一石五
>
> 户婴四石四斗五升奇不率六斗（正）
>
> 启田九顷十亩租九十七石六斗六百七十七石
>
> 都田十七顷五十一亩租二百卅一石
>
> 贰田廿六顷卅四亩租三百卅九石三
>
> 凡田七十顷卅二亩·租凡九百一十（背）②

此文书是秦始皇三十五年（前 212 年）迁陵县下辖的启陵、都乡、贰春三个乡所征收田租的账簿。从账簿看，田租所征对象是迁陵县的 152 户农户。交纳田租的农户仅 152 户，对于一个县来说，似乎少了点，但并不脱离实际。迁陵地区为楚故地。里耶秦简 8—757："今迁陵廿五年为县，廿九年田廿六年尽廿八年当田，司空厌等失弗令田。"③秦始皇二十五年（前 222 年），"王翦遂定荆江南地"④。迁陵在这一年设县，当是秦灭楚后重新规划政区的结果。在此之前，迁陵长期处于秦楚对峙的边境线上，战争频繁，不适合人们的安居乐业。而且迁陵处于山地、丘陵地区，耕地较少，交通不便，难以容纳过多

---

① 北大秦简《算书》中有些习题显示，"税田"面积占总纳税土地面积的"十二分之一"。参见韩巍：《北大秦简中的数学文献》，《文物》2012 年第 6 期；韩巍：《北大秦简〈算书〉土地面积类算题初识》，武汉大学简帛研究中心编：《简帛》第 8 辑，上海：上海古籍出版社 2013 年版；杨博：《北大藏秦简〈田书〉初识》，《北京大学学报（哲学社会科学版）》2017 年第 5 期。这些习题并没有说明征税的内容为何种农作物，因此不能断定秦谷物征收还存在"十二分之一"的税率。

② 湖南省文物考古研究所编著：《里耶秦简（壹）》，第 75 页。

③ 湖南省文物考古研究所编著：《里耶秦简（壹）》，第 49 页。

④ 《史记》卷 6《秦始皇本纪》，北京：中华书局 1959 年版，第 234 页。

人口。里耶秦简9—1706＋9—1740："廿九年迁陵见户百六十六。"①"见户"，即现户，统计时实有的户数。可知，秦始皇二十九年（前218年）的编户数为166户。里耶秦简还有关于"积户"的记载。如里耶秦简8—552："卅二年迁陵积户五万五千五卅四。"②"积户"是一年内每天实际户数的相加之和，并不是某时点的编户数。③ 荆州纪南镇松柏1号汉墓出土的《南郡元年户口簿》记载了汉武帝时期南郡下辖的县、侯国的人口数，其中安陆2 220人、州陵2 091人、显陵1 608人。④ 按五口之家计算，则安陆为444户，州陵418户，显陵321户。秦时此三县的户数当更低。可见，一个县仅数百户，并不稀奇。《汉官仪》亦曰："三边始孝武皇帝所开，县户数百而或为令。"⑤因此，里耶秦简8—1519所载的秦始皇三十五年（前212年）迁陵县交纳田租的农户为152户，合乎迁陵地区的实际情况。⑥

在此文书中，"垦田舆"，即登记在田租簿上的垦田，也就是应纳税的垦田。"税田□顷□□"未释出，但据"租六百七十七石率之亩一石五"，可知税田应为4顷51亩。"垦田舆"为52顷95亩，是秦始皇三十五年（前212年）迁陵县152户应纳税的所有垦田，而不仅是新垦田。做出这样的论断，主要基于两点考虑。其一，"率之亩一石五"，即平均亩产量为一石五，与《汉书·食货志》李悝所说的"岁收亩一石半"相当，且

---

① 陈伟：《里耶秦简所见秦代行政与算术》，简帛网 http://www.bsm.org.cn/show_article.php？id＝1986，2014年2月4日。

② 湖南省文物考古研究所编著：《里耶秦简（壹）》，第39页。

③ 参见王伟、孔兆华：《"积户"与"见户"：里耶秦简所见迁陵编户数量》，《四川文物》2014年第2期。

④ 参见彭浩：《读松柏出土的四枚西汉木牍》，武汉大学简帛研究中心编：《简帛》第4辑，上海：上海古籍出版社2009年版，第333—343页。

⑤ （清）孙星衍等辑，周天游点校：《汉官六种》，北京：中华书局1990年版，第153页。

⑥ 除编户外，迁陵地区还存在官吏、戍卒、居赀赎债者和徒隶等人员。

大于《汉书·食货志》晁错所说的"亩产一石"。而新垦田亩产量一般较低，远小于熟田的亩产量。其二，152户的应税田为52顷95亩，每户垦田平均约34.8亩。① 这个数字虽然不高，但比有的地区已高出一截。江陵凤凰山十号汉墓出土的《郑里廪簿》载有郑里的户数和垦田数，25户共有垦田617亩，户均24.7亩。② 迁陵比郑里的户均亩数高出10亩多。

税田为4顷51亩，应纳税的舆田为52顷95亩，二者百分比为 $451 \div 5295 \times 100\% = 8.52\%$ ，没有达到十分之一。以此类推，可知启陵乡税田占应纳税舆田比率为 $(97.6 \div 1.5) \div 910 \times 100\% = 7.15\%$ ，都乡税田占应纳税舆田比率 $(241 \div 1.5) \div 1751 \times 100\% = 9.18\%$ ，贰春乡税田占应纳税舆田比率 $(339.3 \div 1.5) \div 2634 \times 100\% = 8.59\%$ ，也都没有达到十分之一。税田与应纳税的土地总面积之比没有达到十分之一的原因，主要是存在二类不交田税的耕地。第一，因无力垦种，或错失农时，而导致抛荒的耕地。第二，绝收之田。《商君书·垦令》云"訾粟而税"，即纳税的条件是訾粟。这两类土地因抛荒或绝收，而无粟可訾，当然就不能交税了。抛荒或绝收的土地，不交纳田租，就没有必要计算其"税田"的面积了，但这些土地的性质没有变，仍然是应纳税的土地，只是本次田税不交纳而已，故仍计算在应纳税之田的总数之内。这样，税田与应纳税的土地总面积之比不到十分之一，也就不足为奇了。

汉初，因战争破坏，经济凋敝，刘邦实行了"什五税一"的

---

① 除私田外，迁陵地区还存在公田。里耶秦简8—755＋8—756＋8—757＋8—758＋8—759："卅四年六月甲午朔乙卯，洞庭守礼谓迁陵丞：丞言徒隶不田……七月甲子朔癸酉，洞庭叚（假）守绎追迁陵。歇手。·以沅阳印行事。"湖南省文物考古研究所编著：《里耶秦简（壹）》，第49页。此文书乃洞庭郡守礼发给所属迁陵县丞，对督责徒隶垦田不力的司空厌等人进行处罚的公文，其所涉及的垦田即为公田。

② 裘锡圭：《湖北江陵凤凰山十号汉墓出土简牍考释》，《文物》1974年第7期。

田租率。①汉景帝元年（前156年）五月，"令田半租"②。这个"半租"，是在"什五税一"的基础上又减半征收，即实行"三十税一"的田租率。此后，"三十税一"的田租率成为汉代定制。

从张家山汉简《算数书》和岳麓书院藏秦简《数》可知，秦至汉初田租的计算方法主要有"税田"和"税产"两种。"税田"是以应纳税的土地总面积，乘以规定的税率，得出的土地面积数再除以"程"（单位产量的面积），即是应交纳的田租数。"税产"是以应纳税的土地总面积除以"程"（单位产量的面积），得出应纳税土地的总产量，再乘以规定的税率，即是应交纳的田租数。但这种田租的计算方法在西汉后期似乎发生了变化。《九章算术·衰分》有关于"收粟"的例题，其文如下：

> 今有田一亩，收粟六升太半升。今有田一顷二十六亩一百五十九步，问收粟几何？答曰：八斛四斗四升一十二分升之五。术曰：以亩二百四十步为法，以六升太半升乘今有田积步为实，实如法得粟数。③

一亩地仅收粟"六又三分之二升"，此数量不可能是产量，也不可能是地租，只能是田租，因此，这是关于田租征收的例题。④"六又三分之二升"，有无可能是政府规定的田租定额呢？假设存在亩收若干的田租定额，从逻辑上说，这个定额一般是整

①《汉书·惠帝纪》邓展注："汉家初十五税一，俭于周十税一也。中间废，今复之也。"说明汉惠帝即位之前，田租率曾实行过"什一之税"。《汉书》卷2《惠帝纪》，第87页。
②《汉书》卷5《景帝纪》，第140页。
③（魏晋）刘徽注，（唐）李淳风注释：《九章算术》，北京：中华书局1985年版，第44页。
④参见宋杰：《〈九章算术〉与汉代社会经济》，北京：首都师范大学出版社1994年版，第117—118页。

数,或是便于计算的数字,而不会带有除不尽的分数,因此,"六又三分之二升"不可能是政府规定的田租定额。

此题的计算方法是,先求得一平方步应交纳的田租数,即单位面积的田租数,再乘以总的土地面积,得出应交纳的田租总数。此题田租的计算方法不同于秦至西汉前期。秦至西汉前期的"取程",是测算谷物的单位产量的面积,以一斗多少平方步作为标准,而此题则是先求得谷物的单位面积的产量,以一平方步多少斛作为标准。同时,此题中也没有"税田"的提法,《九章算术》的其他例题也没有提到"税田"。这可能意味着田租的计算方法在西汉后期出现了变化。① 当然,田租的计算方法变化了,并不意味着田租的征收方式发生了变化,此例题的计算仍然是以实有土地面积为基础,而亩收田租六又三分之二升,显然是以亩产量乘以税率得来的,因此,此题仍然反映着按实际产量征收田租的方式。

《后汉书·循吏列传·秦彭》:

> (秦彭)建初元年,迁山阳太守……兴起稻田数千顷,每于农月,亲度顷亩,分别肥瘠,差为三品,各立文簿,藏之乡县。于是奸吏踟蹰,无所容诈。彭乃上言,宜令天下

---

① 关于《九章算术》的成书年代,目前学界还存在不同意见。有的学者认为成书于西汉末。参见郭书春:《古代世界数学泰斗刘徽》,济南:山东科学技术出版社1992年版,第98—102页;宋杰:《〈九章算术〉与汉代社会经济》,第175页。有的学者认为成书于东汉初。参见钱宝琮:《算经十书》,北京:中华书局1963年版,第84页。有的学者认为成书于西汉中期。参见陈直:《九章算术著作的年代》,《西北大学学报(自然科学版)》1957年第1期。本文赞同成书于西汉末期。又,此例题的计量单位出现了"斛"。就"石""斛"的应用来说,汉昭帝之前都用"石",汉宣帝到东汉光武帝时期是"石""斛"并用,东汉明帝、章帝以后就唯用"斛"了。参见高维刚:《汉代的"石"与"斛"及其大小——兼论汉代人口食粮与亩产量》,《四川教育学院学报》1991年第2期。因此,推测此例题出现的时间当在汉宣帝至西汉末期。

齐同其制。诏书以其所立条式,班令三府,并下州郡。①

根据此条记载,有学者认为,从此,田地分作三等,田租各有定额就成了通行全国的制度。② 而另有学者认为,田地分作三等,田租各有定额,在西汉就已经存在,秦彭只是建立了"条式",防止奸吏舞弊渔利。③ 这两种观点都是在定额租观点的前提下进行讨论的。对此,我们的看法不尽相同。

首先,从逻辑上讲,田地的肥瘠是相对的,一个区域的上田在另一个区域可能只是中田,甚至是下田,因此,不可能存在全国统一的上田、中田和下田的标准。

其次,从张家山汉简《算数书》和岳麓书院藏秦简《数》的相关例题看,"取程"是测算农作物单位产量的面积,"税田"和"税产"是计算田租的两种方法,都没涉及亩产量的问题。这说明,全国统一的上田、中田和下田的标准亩产量是不存在的,当然也不存在与之对应的全国统一的田租定额。

再次,根据土质肥瘠不同,将田地分成上、中、下三等,在秦、西汉时期已实行,不过是在里的范围内进行比较和分类的结果。田地的上、中、下三等,决定了"取程"也出现上、中、下三等,这成为每户计算产量和田税的基础。秦、西汉对田地的分等和土地面积的测算,主要是由乡里基层组织负责。《续汉书·百官志》谓乡官之职责"皆主知民善恶,为役先后,知民贫

---

① 《后汉书》卷76《循吏列传·秦彭》,第2467页。
② 参见马大英:《汉代财政史》,北京:中国财政经济出版社1983年版,第33页;[日]吉田虎雄:《两汉租税の研究》,东京:大阪屋号书店1942年版,第18—19页。
③ 参见杜绍顺:《汉代田税征收方法辨析》,《中国史研究》1985年第3期;宋杰:《〈九章算术〉与汉代社会经济》,第121页;[日]米田贤次郎著,姜镇庆译:《汉代田租查定法管见》,中国社会科学院历史研究所战国秦汉史研究室编:《简牍研究译丛》第2辑,北京:中国社会科学出版社1987年版,第272—294页;[日]山田胜芳:《秦汉财政收入の研究》,东京:汲古书院1993年版,第79—81页。

富,为赋多少,平其差品"①。所谓"平其差品",应该就是给田地分等。由乡里基层官吏负责对田地的分等和土地面积的计算,容易出现奸吏舞弊的情况。秦彭为了避免这种情况,"亲度顷亩",并亲自"分别肥瘠,差为三品",然后形成"文簿",分别存档于县、乡。这种做法得到汉章帝的认可,并下诏推广全国。显然,"度顷亩"和"分别肥瘠,差为三品"是早已有之,而秦彭是亲自核实,并形成"文簿"。因此,秦彭的做法,并不是改变了田税的征收方式,而是完善了应税田地的统计制度。

到东汉末,田租征收方式发生了重大变化。《三国志·魏书·武帝纪》:"河北罹袁氏之难,其令无出今年租赋。"裴松之注引王沉《魏书》所载曹操令:"其收田租亩四升,户出绢二匹、绵二斤而已,他不得擅兴发。"②明确规定了田租征收实行定额租制,定额标准为每亩四升。

孙权统治的地区也发生了类似的变化。长沙走马楼三国吴简有大量关于田租征收的材料,现略举二例如下:

> 公田丘男子孙职,佃田四町,凡廿九亩。其十九亩旱田,亩收布六寸六分。定收十亩,亩收米一斛二斗,为米十二斛。亩收布二尺。其米十二斛,四年十二月九日付仓吏李金。凡为布三丈二尺五寸四分,五年二月廿日付库吏番有。其旱田亩收钱卅七,其熟田亩收钱七十。凡为钱一千三百卅,四年二月廿九日付库吏番有。嘉禾五年三月十日,田户经用曹史赵野、张惕、陈通校。③
>
> 石下丘男子烝颉,田十町,凡十三亩,皆二年常限。

---

① 《后汉书》附《续汉书》第28《百官志五》,第3624页。
② 《三国志》卷1《魏书·武帝纪》,北京:中华书局1959年版,第26页。
③ 长沙市文物考古研究所、中国文物研究所、北京大学历史系走马楼简牍整理组编著:《长沙走马楼三国吴简·嘉禾吏民田家莂》,北京:文物出版社1999年版,第89页。

其十一亩旱败不收,亩收布六寸六分。定收二亩,亩收税米一斛二斗,为米二斛四斗。亩收布二尺。其米二斛四斗,四年十二月一日付仓吏郑黑。凡为布一丈二寸六分,准入米五斗七升,四年十二月三日付仓吏郑黑。其旱田亩收钱卅七,其熟田亩收钱 七 十 。凡为钱三百……钱,准入米□斗五升,四年十二月二日付仓吏郑黑。嘉禾五年三月十日,田户经用曹史赵野、张惕、陈通校。[1]

从这两则材料可以看出,孙吴田租征收也实行定额租制,二年常限田是"亩收税米一斛二斗",而旱灾绝收的田不收田税。绝收之田,不收田税,应是继承了秦汉的传统。

秦汉田租的征收方式到东汉末发生了重大变化,由按实际产量征收的浮动税变成了定额税,原因可能是多方面的,其中重要一条是,按实际产量征收的浮动税,其征收过程比较复杂,步骤较多,需要耗费较大的人力,而定额租制则简单得多,可以节约人力,东汉末处于割据的时代,统治者将大量人力用于战争,从事赋税征收等行政事务的人力不足,也就只能采取这种简便易行的田税征收方式了。

四、 小结

从岳麓书院藏秦简、里耶秦简、张家山汉简等新出简牍看,秦至西汉前期存在着"税田"和"税产"两种田税的计算方法。"税田",就是在计算田租时,以应纳税的土地总面积,乘以规定的税率,所得出的土地面积数,其产量是全部应纳税土地应缴纳的田租。"税田"并非在农户应纳税的土地上划出的实实在在的地块,而是仅存在于计算过程中的一个数字概念,

---

① 长沙市文物考古研究所、中国文物研究所、北京大学历史系走马楼简牍整理组编著:《长沙走马楼三国吴简·嘉禾吏民田家莂》,第97页。

而非实物形态。"税产"，即以应纳税土地的总产量，乘以规定的税率，所得出的就是应缴纳的田租数。

"取程"，即测算农作物的单位产量的面积，谷物一般以一斗多少平方步作为标准，而枲一般以一束多少平方步作为标准。"取程"的作用和通常理解的单位面积的产量（单产）是相同的，是衡量土地生长能力和农作物生产水平的重要指标。一般来说，"取程"的有效范围是一个里而不是一个乡，因为作为最基层组织的里，其土地相对集中，民户聚居在一起，彼此较为了解，在这个范围内"取程"，便于操作和比较。其做法大概是每年在庄稼成熟时，根据土地肥瘠和庄稼长势的不同，选取几个具有代表性的地块，在收割后测算各自的"程"即单位产量的面积，这几个"程"就是一个里中不同类型土地的"程"，以此为标准计算各户农作物的产量和田租数。"税田"的面积除以"程"即单位产量的面积，就得到"税田"的产量，也即应交纳的田租数。这种计算结果，与各户农作物真实的产量和田租数可能会有一些差距，但相差应该有限，基本能反映各户农作物实际的产量和田租数。在一个里中，根据土质肥瘠不同，一般是将田地分为上、中、下三等，相应地农作物也分别取上、中、下三个"程"。"取程"是计算总产量和田租的基础，是征收田租的第一步。

田税的计算方法，是指田税数量的计算过程和方法。田税的征收方式，是指田税征收的基本原则及方法。田税的计算方法体现着田税征收方式的基本原则。从新出简牍看，秦至西汉前期存在着"税田"和"税产"两种田税的计算方法，但这两种田税的计算方法，都体现着同一种田税的征收方式，即在一定税率的条件下，按实际产量征收田税。

从张家山汉简《算数书》和岳麓书院藏秦简《数》相关算题的计算过程可以看出，总产量和田租数是按规定的税率，由

"程"与土地面积两个因素共同计算出的结果。在里与里之间所测算的农作物的"程"是不同的;在里的内部,因土地质量和庄稼长势的不同所测算的农作物的"程"也是不同的,但其原则均要求精确。而所计算的土地面积均精确到步,甚至精确到"半步""大半步""小半步"等,可见纳税的土地面积是按实有土地面积计算的。

"程"和土地面积的测算力求精确,其后关于总产量和应纳田租数的计算结果自然也是精确的。由此可以看出,秦至西汉前期田税是按实际产量征收的。"税产"的计算方法,是按规定的税率,对总产量进行分割,得出要交纳的田租数。"税田"的计算方法,是按规定的税率,对应纳税的总土地面积进行分割,得出"税田"的面积,其产量就是应交纳的田租数,这实际也是对总产量进行分割的一种形式。这两种计算方法,都体现着田税按实际产量征收的方式。

"取程"是每年农作物成熟时都要进行的活动,一个里中每年所取得的"程"都是不一样的。这决定了计算出的农作物产量每年都是不同的,每年所要交纳的田租数自然也是不同的。因此,秦至西汉前期,田租是按实际产量征收的浮动税。

主张秦汉田税为定额税的观点认为,田租征收的办法,是以设定的标准亩产量,按照规定的税率确定固定数额的租税,再按每户土地的亩数征收田租。然而,在现存的史料中,既找不到存在标准亩产量的证据,也找不到存在田租定额的证据。从张家山汉简《算数书》和岳麓书院藏秦简《数》的相关例题看,在田税的计算和征收中,主要牵涉"取程"、土地面积和税率三个因素,而"取程"是测算农作物单位产量的面积,一般以一斗多少平方步(或一束多少平方步)为标准,并不涉及亩产量的问题。这说明,秦汉田税的征收不是定额制的。

秦汉存在按土地面积征收的田税、刍稾税,也存在按户征收的"户赋""户刍"，从性质上说，前者是土地税，后者是"户税"。按土地面积征收的田税和刍稾税，与按户征收的户赋和户刍，是性质完全不同的两类税，每户都征收相同数量田税的情况是不存在的，因此，秦汉田税并非按户征收。

秦汉田税是按实际产量征收的浮动税，浮动的原因是每年的实际产量都是变化的。田租的税率是相对稳定的，但对整个秦汉时期来说，不同时期的田租率又是不同的。

秦时，枲租的税率是十五分之一，谷物的税率是十分之一，即"什一之税"。汉初，刘邦实行了"什五税一"的田租率。汉景帝元年（前156年），实行了"三十税一"的田租率。此后，"三十税一"的田租率成为汉代定制。

从张家山汉简《算数书》和岳麓书院藏秦简《数》可知，秦至汉初田租的计算方法主要有"税田"和"税产"两种。但这种田租的计算方法在西汉后期似乎发生了变化。《九章算术·衰分》"收粟"的例题，是先求得一平方步应交纳的田租数，即单位面积的田租数，再乘以总的土地面积，得出应交纳的田租总数。此题田租的计算方法不同于秦至西汉前期。秦至西汉前期的"取程"，是测算谷物的单位产量的面积，以一斗多少平方步作为标准，而此题则是先求得谷物的单位面积的产量，以一平方步多少斛作为标准。同时，此题中也没有"税田"的提法，《九章算术》的其他例题也没有提到"税田"。这可能意味着田租的计算方法在西汉后期出现了变化。当然，田租的计算方法变化了，并不意味着田租的征收方式发生了变化，此例题的计算仍然是以实有土地面积为基础，因此，此题仍然反映着按实际产量征收田租的方式。

《后汉书·循吏列传·秦彭》记载东汉章帝时山阳太守秦彭在征收田税时，"各立文簿，藏之乡县"，完善了田税的征收制度。由于乡里基层官吏对田地进行分等和计算土地面积时,容易出现舞弊的情况,秦彭为了避免这种情况,"亲度顷亩",并亲自"分别肥瘠,差为三品",然后形成"文簿",分别存档于县、乡。秦彭的做法,并不是改变了田税的征收方式,而是完善了应税田地的统计制度。

总之,秦汉时期的田税征收,在田税的计算方法和税率上前后是有所变化的,但田税的征收方式并无本质的变化,都是以实有土地面积为基础,按实际产量征收的浮动税。由于按实际产量征收的浮动税,其征收过程比较复杂,步骤较多,需要耗费较大的人力,而定额租制则简单得多,可以节约人力,因此,东汉末曹操和孙权先后改变了田税的征收方式,由按实际产量征收的浮动税变成了定额税。

(原载《史学月刊》2022 年第 3 期)

悬泉汉简养老简与汉代养老问题

袁延胜(郑州大学)

[摘 要] 汉以孝治天下,尊养老者,多次颁布养老诏令,建立了优抚老人的养老制度。汉代的养老制度以老人年龄大小为依据,分别给予赐杖、赐米、赋役减免等优待。新公布的悬泉汉简养老简是汉代养老制度的真实反映。该简明确记载了各年龄段老人,即70—79岁、80—89岁、90岁以上老人享受的不同优待,使我们对汉代养老制度中的年龄分层有了更清晰的认识。两汉时期的养老政策有一个逐渐变化的过程。悬泉汉简养老简的年代是西汉成帝时期,该简记载的老人优待情况,是西汉后期养老制度的反映。

[关键词] 悬泉汉简;养老制度;汉代;受鬻法

汉代继承先秦尚齿尊老的习俗,颁布了不少尊奉高年的诏令,逐步形成汉代的养老制度。但由于史书记载的简略,我们对养老制度的具体细节还缺乏认识。最近出版的《悬泉汉简(壹)》中公布了一枚养老简,该简记载70岁以上老人享受的不同优待,为我们研究汉代的养老问题提供了新材料,有助于深化对汉代养老制度中不同年龄段老人权益问题的认识。该简内容如下:

民年七十以上二百廿七人　其卅六人受米,十四人
复子孙

百六十七人受杖(Ⅰ90DXT0111②:20)①

关于汉代的养老问题,颇受学界重视,业已取得了不少成果。② 该简公布前后,学者在论述王杖制度和养老政策时有所提及③,但并没有对该简内容做深入分析。该简记载的 70 岁以上老人 227 人中,46 人"受米",14 人"复子孙",167 人"受杖",这种分类统计老人享受优待的简文第一次见到,内涵丰富,也提出了一些新问题,如这 227 名 70 岁以上老人享有的权益为什么不一样? 他们享有不同权益的依据是什么? 这反映了汉代什么时期的养老制度? 有鉴于此,本文试从解析这枚简文的内容出发,结合汉代养老诏令,对该简中反映的养老问题,做一探讨。不当之处,敬请指正!

---

① 甘肃简牍博物馆等编:《悬泉汉简(壹)》,上海:中西书局 2019 年版,彩色图版第 90 页、红外线图版第 394 页。

② 陈直:《甘肃武威磨咀子汉墓出土王杖十简通考》,《考古》1961 年第 3 期;武威县博物馆:《武威新出土王杖诏令册》,甘肃省文物工作队、甘肃博物馆编:《汉简研究文集》,兰州:甘肃人民出版社 1984 年版,第 34—61 页;刘德增:《汉代养老述论》,《山东师大学报(社会科学版)》1988 年第 6 期;张鹤泉:《西汉养老制度简论》,《学习与探索》1992 年第 6 期;臧知非:《"王杖诏书"与汉代养老制度》,《史林》2002 年第 2 期;魏燕利:《汉代"王杖制"新探》,《许昌学院学报》2005 年第 1 期;朱红林:《汉代"七十赐杖"制度及相关问题考辨——张家山汉简〈傅律〉初探》,《东南文化》2006 年第 4 期;赵凯:《西汉"受鬻法"探论》,《中国史研究》2007 年第 4 期;郭浩:《汉代王杖制度若干问题考辨》,《史学集刊》2008 年第 3 期;郭浩:《汉文帝"养老令"考辨》,《合肥师范学院学报》2010 年第 4 期;赵凯:《〈汉书·文帝纪〉"养老令"新考》,《南都学坛》2011 年第 6 期;张书海:《论汉代养老制度》,硕士学位论文,西北师范大学,2013 年;王毅:《两汉养老制度研究》,硕士学位论文,山西师范大学,2020 年。

③ 张俊民:《对出土文物资料中"节"的考察》,陈建明主编:《湖南省博物馆馆刊》第 9 辑,长沙:岳麓书社 2013 年版,第 176 页;马智全:《王杖制度与汉代养老的多样化政策》,西北师范大学历史文化学院等编:《简牍学研究》第 10 辑,兰州:甘肃人民出版社 2020 年版,第 86—87 页。

一、养老简的年代与属县

悬泉汉简这枚养老简没有具体年代，也没有具体的地域范围，需要我们做一探讨。

对于该简的年代，我们可以参照同探方的纪年简做一推测。该简位于 T0111 探方第 2 层，该层共出土 134 枚汉简，其中纪年简 17 枚。T0111 号探方共分 3 层，其中第 1 层、第 3 层中还有数枚纪年简，现一并列表如下（按年代顺序）①：

表1　T0111 号探方纪年简中的年代

序号	皇帝	年代	简号
1	汉宣帝	五凤二年（前 56 年）闰八月	I 90DXT0111③:2
2		黄龙元年（前 49 年）五月	I 90DXT0111③:3A
3	汉元帝	永光三年（前 41 年）正月	I 90DXT0111②:3
4		永光五年（前 39 年）三月	I 90DXT0111②:28
5		建昭二年（前 37 年）十二月	I 90DXT0111②:2
6	汉成帝	建始二年（前 31 年）十二月	I 90DXT0111②:97
7		河平元年（前 28 年）五月	I 90DXT0111②:34
8		河平二年（前 27 年）十一月	I 90DXT0111②:10
9		河平四年（前 25 年）正月	I 90DXT0111②:65
10		阳朔元年（前 24 年）五月	I 90DXT0111②:27
11		阳朔二年（前 23 年）三月	I 90DXT0111②:5
12		阳朔四年（前 21 年）九月	I 90DXT0111①:1
13		阳朔四年（前 21 年）十月	I 90DXT0111②:110
14		鸿嘉三年（前 18 年）六月	I 90DXT0111②:39
15		永始元年（前 16 年）十二月	I 90DXT0111②:29

① 该探方中还有散简 39 枚，其中有 4 枚纪年简，因为是筛出来的残简，没有明确地层，就不再列入表中。

序号	皇帝	年代	简号
16	汉成帝	永始四年（前 13 年）九月	Ⅰ90DXT0111②:31
17		元延元年（前 12 年）正月	Ⅰ90DXT0111②:131A
18		绥和元年（前 8 年）九月	Ⅰ90DXT0111②:81+108
19	哀帝	建平二年（前 5 年）六月	Ⅰ90DXT0111②:6
20		建平五年（前 2 年）正月	Ⅰ90DXT0111②:106+114

从列表中可以看出，第 2 层中的 17 枚纪年简主要分布在汉元帝（3 枚）、汉成帝（12 枚）、汉哀帝（2 枚）三朝，因此这枚养老简的年代很可能是汉元帝至汉哀帝时期的。该探方第 1 层的一枚纪年简为汉成帝的阳朔四年（前 21 年），第 3 层的两枚纪年简分别是汉宣帝的五凤二年（前 56 年）和黄龙元年（前 49 年），第 2 层纪年简的年代基本位于第 1 层和第 3 层年代的中间，这是符合考古地层学中文化层的分布规律的。结合该探方三层中纪年简的年代，第 2 层中这枚养老简年代不会早于宣帝，不会晚于哀帝，而从第 2 层 17 枚纪年简中汉成帝时期占比最大（有 12 枚）来看，这枚养老简的年代是汉成帝时期的可能性最大。12 枚成帝纪年简中涉及汉成帝的 7 个年号，其中涉及河平、阳朔年号的简多一些（有 7 枚），那么，养老简是成帝早期河平、阳朔年间的可能性更大一些。

如果这枚养老简是汉成帝时期的，那么他是汉成帝时期什么地方的养老数字呢？是郡还是县的呢？

先说郡。1997 年尹湾汉墓出土的《集簿》中记载有汉成帝后期东海郡的高龄人口数，尽管没有记载 70 岁以上老人的数量，但记载了 80 岁以上、90 岁以上及 70 岁以上受杖者的人口数，其中"年八十以上三万三千八百七十一""年九十以上万一千六百七十人,年七十以上受杖二千八百廿三人"①,这些数字都远超悬泉汉简养老简中"民年七十以上二百廿七人""百六十七人受杖"的数据。因此,从常理判断,养老简中的养老数字不是郡一级的统计数字。

再说县。尽管现在还没有汉代某县具体养老人口数的记载,但有县级"免老"数的记载,可以作为参考。如荆州市松柏 1 号汉墓 35 号木牍中的"南郡免老簿"记载:"巫免老二百七十八人;秭归免老二百卌六人;夷道免老六十六人;夷陵免老卌二人;醴阳免老六十一人;孱陵免老九十七人;州陵免老七十四人;沙羡免老九十二人;安陆免老六十七人;宜成免老二百卅二人;临沮免老三百卅一人;显陵免老廿人;江陵免老五百卅八人;襄平侯中庐免老百六十二人;邔侯国免老二百六十七人;便侯国免老二百五十人;轪侯国免老百三十八人·凡免老二千九百六十六人。"②"南郡免老簿"明确记载了西汉时期南郡所属 17 个县、道、侯国的"免老"人数共 2 966 人,平均每县 174 人,比较接近养老简中的227 人。特别是秭归免老 246 人,宜成免老 232 人,与养老简中的 227 人更接近。因此,养老简中的老人数量应该是某一个县的统计数字。

那么会是哪个县呢?我们还要回到养老简所在的 T0111探方来看。该探方除了"县泉啬夫""县泉置啬夫""县泉置"的记载,出现的县名主要有三个,即"效谷"(简 I 90DXT0111②:21、I 90DXT0111②:26AB、I 90DXT0111②:110)、"觻得"(简 I 90DXT0111②:128)、"淮阳"(简 I 90DXT0111②:128),

---

① 连云港市博物馆等编:《尹湾汉墓简牍》,北京:中华书局 1997 年版,第 78 页。
② 荆州博物馆:《湖北荆州纪南松柏汉墓发掘简报》,《文物》2008 年第 4 期。

其中"效谷"出现三次,而且悬泉置属于效谷县所辖①,则养老简中的人口数最有可能是敦煌郡效谷县的老人数。而且养老简所在探方第 2 层中恰好有一枚 74 岁老人的户籍简:

■ 大穰里户人上造李音年七十四　　☒（Ⅰ90DXT0111②:71）②

而大穰里属于效谷县,如:

出荪 七十石　　　　　　　鸿嘉四年二月辛卯县泉啬

夫敝付效谷大穰里鞠长☒

直钱千七百八十五　　（Ⅰ90DXT0110①:83）③

☒置啬夫　付效谷大穰里丘庆

（Ⅰ90DXT0109S:212）④

效谷县大穰里户人李音 74 岁,不但是 T0111 探方中唯一,也是《悬泉汉简(壹)》中唯一记载 70 岁以上老人的户籍简。尽管该简后面残断,判断不出该简是否与养老简中统计 70 岁以上的人口有关,但也不排除这种可能性。

该探方中还有不少属于效谷县地方政务的简文,如:"☒益光里吴君已田卅亩☒"(简Ⅰ90DXT0111①:2A)⑤,"出垦田五十一亩,粟小石七十石直钱二千七百,建始二年十二月少内

---

① 悬泉汉简:☒年二月癸未,效谷县泉置啬夫谭敢言之:敦煌送厨者从置五人助置□□☒(简Ⅰ90DXT0112②:59),见甘肃简牍博物馆等编:《悬泉汉简(壹)》,彩色图版第 139 页、红外线图版第 443 页。

② 甘肃简牍博物馆等编:《悬泉汉简(壹)》,彩色图版第 97 页、红外线图版第 401 页。

③ 甘肃简牍博物馆等编:《悬泉汉简(壹)》,彩色图版第 63 页、红外线图版第 367 页。

④ 甘肃简牍博物馆等编:《悬泉汉简(壹)》,彩色图版第 42 页、红外线图版第 346 页。"穰"原释为"穄",据图版改。

⑤ 甘肃简牍博物馆等编:《悬泉汉简(壹)》,彩色图版第 86 页、红外线图版第 390 页。

啬夫辅付寿亲里董彭"（Ⅰ90DXT0111②:97）①。简文中记载的益光里、寿亲里都属于效谷县所辖。②

从这些零星的有关效谷县政务简文来看,养老简应该是该县行政文书的一部分。具体而言,该枚养老简记载的 70 岁以上高龄人口数可能是西汉成帝时期敦煌郡效谷县某年的老人数。

二、养老简中高年人口辨析

悬泉汉简养老简是一份西汉养老具体做法的重要文书。养老简记载的 227 名老人,按照享受优待的不同而分为"受米""复子孙""受杖"三种情况,而这三种优待措施又互相不交叉。对此,马智全先生说:"由这种格式可知悬泉汉简记载的尊老政策,167 人受王杖与 46 人受米及 14 人复子孙是并列的养老政策,也就是说受王杖者不受米、不复子孙,受米者不受王杖、不复子孙,复子孙者不受王杖不受米。可见,汉代的养老体现出鲜明的多样化特色。"③马智全从这枚简的格式和养老的多样化解读,固然不错,但造成这 227 名老人不同优待的原因和依据是什么,该文并未分析。我们认为,造成不同老人享受不同优待的依据是年龄,这既符合古人尚齿的习俗,也符合对不同年龄段老人施以不同优待的政策。

下面就按照简文记载的顺序,逐一分析享受不同待遇老人的年龄段。

（一）"其卅六人受米"。养老简"其卅六人受米"中的

---

① 甘肃简牍博物馆等编:《悬泉汉简（壹）》,彩色图版第 101 页、红外线图版第 405 页。

② 张俊民:《悬泉汉简所见西汉效谷县的"里"名》,《敦煌研究》2012 年第 6 期。

③ 马智全:《王杖制度与汉代养老的多样化政策》,西北师范大学历史文化学院等编:《简牍学研究》第 10 辑,第 87 页。

"受米",应指官府授予的粟米。而老人"受米"的记载,可以追溯到吕后时期。张家山汉简《二年律令·傅律》载:"大夫以上[年]九十,不更九十一,簪袅九十二,上造九十三,公士九十四,公卒、士五(伍)九十五以上者,禀鬻米月一石。"(简354)①《傅律》明确记载90岁以上老人享受"受米"的优待,但受粥米者的年龄,依据爵位高低而有差异,其中五等爵大夫及以上者为90岁,公卒、士伍无爵者为95岁。又,武帝建元元年(前140年)夏四月己巳,诏曰:"民年九十以上,已有受鬻法。"②颜师古注曰:"给米粟以为糜鬻。"从汉武帝诏书得知,西汉时期官府定期向90岁以上老人提供粟米以熬粥养生,这项福利制度被称为"受鬻法",而90岁以上老人正是"受鬻法"的受惠者。③ 从《二年律令·傅律》看,吕后时期"受鬻法"老人的年龄标准因爵位不同而有异,但到汉武帝时期,附加的爵位条件可能已经取消或失效④,统一为90岁以上了。而在汉文帝元年(前179年)的"养老令"中也提到"当禀鬻米者"⑤之语,指应当领受粥米的老人,亦即"受鬻法"的福利对象。⑥

尽管根据《二年律令》、汉文帝、汉武帝时期的养老令,高年受米的对象是90岁以上的高龄老人,但同时也出现了对80岁以上的老人赐米之举。《史记·孝文本纪》载文帝元年(前

---

① 张家山二四七号汉墓竹简整理小组编著:《张家山汉墓竹简(二四七号墓)》(释文修订本),北京:文物出版社2006年版,第57页。
② 《汉书》卷6《武帝纪》,北京:中华书局1962年版,第156页。
③ 赵凯:《西汉"受鬻法"探论》,《中国史研究》2007年第4期;赵凯:《尹湾汉简的一组"养老"统计数字》,《中国社会科学报》,2009年9月10日,第5版。
④ 朱红林:《汉代"七十赐杖"制度及相关问题考辨——张家山汉简〈傅律〉初探》,《东南文化》2006年第4期;赵凯:《西汉"受鬻法"探论》,《中国史研究》2007年第4期。
⑤ 《汉书》卷4《文帝纪》,第113页。
⑥ 赵凯:《西汉"受鬻法"探论》,《中国史研究》2007年第4期。

179 年）立皇后，"赐天下鳏寡孤独穷困及年八十已上、孤儿九岁已下布帛米肉各有数"①。此诏书的内容，《汉书》记载得更为详细。《汉书·文帝纪》载文帝元年（前 179 年）三月"养老令"："'老者非帛不暖，非肉不饱。今岁首，不时使人存问长老，又无布帛酒肉之赐，将何以佐天下子孙孝养其亲？今闻吏禀当受鬻者，或以陈粟，岂称养老之意哉！具为令。'有司请令县道，年八十已上，赐米人月一石，肉二十斤，酒五斗。其九十已上，又赐帛人二匹，絮三斤。赐物及当禀鬻米者，长吏阅视，丞若尉致。不满九十，啬夫、令史致。二千石遣都吏循行，不称者督之。刑者及有罪耐以上，不用此令。"②文帝养老诏中明确提到年 80 岁以上"赐米人月一石，肉二十斤，酒五斗"。汉武帝元狩元年（前 122 年）夏四月立皇太子，而"遣谒者巡行天下，存问致赐"，其中赐"八十以上米，人三石"③，也提到了赐 80 岁以上老人米。

从以上记载看，确实存在 80 岁以上老人赐米的情况，但这都是在汉文帝立皇后、汉武帝立太子的特殊情况下给予的赏赐。即便如此，我们也看到了原本 90 岁以上老人享有的"禀鬻米"制度，有向 80 岁下移的趋势。汉武帝以后养老政策如何变化，史书没有记载，我们不得而知。但到了东汉时期，"禀鬻米"年龄标准已经下移到 70 岁了。④ 东汉的行"糜粥"，实际上是向老人发放粥米。这在考古资料上也有体现，如四川德阳画像砖、四川彭县画像砖、河南荥阳彩绘陶仓楼正面平

---

① 《史记》卷 10《孝文本纪》，北京：中华书局 2014 年修订本，第 533 页。
② 《汉书》卷 4《文帝纪》，第 113 页。
③ 《汉书》卷 6《武帝纪》，第 174 页。
④ 朱红林说："到东汉时，赐廪米的年龄也被进一步降低。《续汉书·礼仪志》表明，东汉 70 岁者就赐给廪米了。"见朱红林：《汉代"七十赐杖"制度及相关问题考辨——张家山汉简〈傅律〉初探》，《东南文化》2006 年第 4 期。

座、四川成都东汉画像石上都有"养老图"①,生动再现了地方官吏向持有王杖的高龄老人施授粥米的情况。这些"养老图"中老人的年龄,应该是70岁以上。

对于给予高龄老人禀鬻米年龄的变化,赵凯做了总结。他认为从西汉初年到汉武帝时期,老人受米的年龄下限始终是90岁。但西汉后期,这一制度可能已经失效。到了东汉时期,"受鬻法"流变为《月令》中的中秋"行糜粥"制,受米资格由90岁放宽至70岁,发放时间固定在每年八月,发放数量则由每月一石大幅减少。②

从赵凯所论来看,在汉武帝之后高年受米的年龄应该发生了变化,但何时发生变化还不清楚。而悬泉汉简养老简的出土,可能就弥补了这个缺环。从第一部分可知,该养老简的年代是西汉后期,则这个受米年龄的变化应该发生在这一时期。因为养老简表明,这一时期高年受米的年龄可能是80岁。简文"其卌六人受米"中受米的46人,应该是指80岁以上老人,而不是指90岁以上老人。因为这46人如果是90岁以上老人的话,就与后面"十四人复子孙"的简文相矛盾。一是从常理上说,80岁以上老人应该多于90岁以上老人,如此则80岁以上46人,90岁以上14人就符合高龄人口分布规律。二是简文中的"复子孙"应是90岁以上老人才有的权益(详见下面论述)。

养老简中46名80岁以上老人受米,反映了西汉后期老人受米年龄已经从90岁以上变为80岁以上,这是西汉高龄养老制度的一个重要变化。

---

① 有关"养老图"的论述,见赵凯:《西汉"受鬻法"探论》,《中国史研究》2007年第4期。
② 赵凯:《西汉"受鬻法"探论》,《中国史研究》2007年第4期。

（二）"十四人复子孙"。"复子孙"中的"复"应指免除之意。张家山汉简《二年律令》中有《复律》，秦汉文献中也多有"复不事""复其身""复其民""复无所与""复除"等用语。而"复子孙"则与养老有关。前引汉文帝元年（前179年）的"养老令"中提到了赐物而没有提到对高龄老人的复除，这是不全面的。实际上文帝的养老诏令中还包含复除的内容。《汉书·贾山传》载贾山在汉文帝时说：

> 陛下即位，亲自勉以厚天下，损食膳，不听乐，减外徭卫卒，止岁贡；省厩马以赋县传，去诸苑以赋农夫，出帛十万余匹以振贫民；礼高年，九十者一子不事，八十者二算不事；赐天下男子爵，大臣皆至公卿；发御府金赐大臣宗族，亡不被泽者；赦罪人，怜其亡发，赐之巾，怜其衣赭书其背，父子兄弟相见也而赐之衣。平狱缓刑，天下莫不说喜。是以元年膏雨降，五谷登，此天之所以相陛下也。①

这段话以"陛下即位"开头，以"是以元年膏雨降，五谷登"结束，中间说的都是汉文帝元年（前179年）之事，其中"礼高年，九十者一子不事，八十者二算不事"应该与文帝元年（前179年）三月的养老诏令有关，是养老内容的一部分。对于这句话，颜师古注曰："一子不事，蠲其赋役。二算不事，免二口之算赋也。"②就是说，90岁以上老人可以免除一个儿子的赋役（应该是徭役），80岁以上老人可以免除两个人的算赋。这虽然没有达到《礼记·王制》所言的"八十者，一子不从政；九十者，其家不从政"③的理想状态，但汉文帝已经从赋役方面优抚高龄老人，还是值得肯定的。

---

① 《汉书》卷51《贾山传》，第2335页。
② 《汉书》卷51《贾山传》，第2336页。
③ （元）陈澔注：《礼记》，上海：上海古籍出版社1987年版，第80页。

汉武帝继位之初,继续强调了对高龄老人的优抚政策。《汉书·武帝纪》载建元元年(前 140 年):

> 春二月,赦天下,赐民爵一级。年八十复二算,九十复甲卒。①

张晏注曰:"二算,复二口之算也。复甲卒,不豫革车之赋也。"对比汉文帝养老诏令内容,汉武帝养老政策似乎变化不大,如对 80 岁以上复算,文帝诏书的表述为"八十者二算不事",武帝诏为"年八十复二算",二者意思相同。但对 90 岁以上老人的复除政策,表述则不同,即汉武帝把文帝"九十者一子不事"变为"九十复甲卒",复的内容发生了变化,把文帝时期的"一子不事",即免除一个儿子的徭役,变为"复甲卒",即免除儿子的兵役②,优待力度加大了。但具体"复甲卒"几人没有说,可能仍是指免除一子而言。如果按照《礼记·王制》"九十者,其家不从政"的说法,也可能包括家中的所有儿子。但不管怎么说,汉武帝对 90 岁以上老人的优待力度加大了。

到了建元元年(前 140 年)四月,汉武帝颁布养老诏令,对 90 岁以上老人的养老政策进一步调整。《汉书·武帝纪》载夏四月己巳诏:

> 古之立教,乡里以齿,朝廷以爵,扶世导民,莫善于德。然则于乡里先者艾,奉高年,古之道也。今天下孝子顺孙愿自竭尽以承其亲,外迫公事,内乏资财,是以孝心

悬泉汉简养老简与汉代养老问题

---

① 《汉书》卷 6《武帝纪》,第 156 页。
② 甲卒,应指服兵役的士卒。《汉书》卷 19 上《百官公卿表上》:"郡尉,秦官,掌佐守典武职甲卒,秩比二千石。有丞,秩皆六百石。景帝中二年更名都尉。"(第 742 页)《汉书》卷 61《李广利传》:"益发戍甲卒十八万酒泉、张掖北,置居延、休屠以卫酒泉。"(第 2700 页)王彦辉认为:从史书记载而论,甲卒即"带甲"士卒,指野战部队。它对应的只能是材官骑士。王彦辉:《论秦汉时期的正卒与材官骑士》,《历史研究》2015 年第 4 期。

阙焉。朕甚哀之。民年九十以上，已有受鬻法（师古曰：
"给米粟以为糜鬻。"），为复子若孙，令得身帅妻妾遂其
供养之事。①

对于"为复子若孙，令得身帅妻妾遂其供养之事"一句，颜师古
注曰："若者，豫及之辞也。有子即复子，无子即复孙也。"②
《汉书补注》引沈钦韩曰："汉最重复除，故民爵不得过公乘，
以五大夫当复除也。前此文景虽申养老之典，未有复卒之令。
然至九十而复其子孙，则邀恩者尚鲜。至唐而老者给侍之恩
稍宽。"③沈钦韩认为这次诏书中的复子孙，是指"复卒之令"，
即复其兵役。从汉武帝的诏书来看，此时对 90 岁以上老人除
"受鬻法"外，在赋役的减免上，已经由"子"扩大到"孙"，让这
些子孙在家侍奉高龄老人。而"复"的内容，可能仍是"甲
卒"，即免除儿子或者孙子的兵役。

从汉武帝之后，未见朝廷再发布新的养老诏令，则汉武帝
养老诏令中年 90 岁以上老人"为复子若孙"的内容，应该就是
悬泉汉简养老简中"十四人复子孙"的律令依据。换句话说，
养老简"复子孙"的 14 人，应该是指 90 岁以上的老人。

既然汉武帝养老诏书中，90 岁以上老人既享有"受鬻法"
还享有"复子孙"的优待，那"受鬻法"为什么在悬泉汉简养老
简中没有体现出来？这里存在的一种可能是：90 岁以上老
人仍然享有"禀鬻米"的待遇，这是定制，因此不需要特别提及。
而"复子孙"是一种荣耀，也是 90 岁以上老人特有的福利，因
此需要特别提及。同理，对 80 岁以上老人而言，"年八十复二
算"，是个定制，故不需要特别提及。而"受米"之所以被提

---

① 《汉书》卷 6《武帝纪》，第 156 页。
② 《汉书》卷 6《武帝纪》，第 157 页。
③ （清）王先谦：《汉书补注》，北京：中华书局 1983 年版，第 84 页。

及,可能是因为原来只有90岁以上老人享有的制度,现在80岁以上老人也可以享有了,故需特别提及。

（三）"百六十七人受杖"。养老简中"百六十七人受杖"中的"受杖"者,应是指70岁以上老人。而赐老人王杖的制度,在西汉早期已经实行。张家山汉简《二年律令·傅律》:

> 大夫以上年七十,不更七十一,簪袅七十二,上造七十三,公士七十四,公卒、士五（伍）七十五,皆受仗（杖）。(355简)①

据简文,西汉前期老人受王杖的年龄,根据有无爵位以及爵位的高低而有差异,其中五等爵大夫及以上者为70岁,公卒、士伍无爵者为75岁。但随着时间的推移和爵制的轻滥,受王杖的爵位条件可能慢慢失效,而演变成70岁就可以受王杖。武威磨嘴子十八号汉墓出土的"王杖十简"载有宣帝"本始二年"（前72年）诏和成帝"建始二年"（前31年）诏,记载了七十受王杖制度。其中成帝"建始二年"（前31年）诏曰:

> 制诏御史曰:年七十受王杖者,比六百石,入官廷不趋,犯罪耐以上,毋二尺告劾。有敢征召、侵辱者,比大逆不道。建始二年九月甲辰下。②

武威磨嘴子汉墓《王杖诏书令》也有七十受王杖的条文:

> 制诏御史:年七十以上,杖王杖,比六百石,入官府不趋。吏民有敢殴辱者,逆不道,弃市。③

---

① 张家山二四七号汉墓竹简整理小组编著:《张家山汉墓竹简（二四七号墓）》（释文修订本）,第57页。
② 中国简牍集成编辑委员会编:《中国简牍集成（标注本）》第4册,兰州:敦煌文艺出版社2001年版,第199页。
③ 中国简牍集成编辑委员会编:《中国简牍集成（标注本）》第4册,第206—207页。

这些诏令,都提到了高年授王杖问题。成帝"建始二年"(前31年)诏已明确"年七十受王杖者",即70岁即可授王杖。而且从"王杖十简"记载的"河平元年,汝南西陵县昌里先,年七十受王杖"①来看,70岁授王杖已经在社会中贯彻实施,而且似乎并没有爵位等限制性条件。

"王杖十简"和《王杖诏书令》中记载的诏令以及王杖主案例的年代有:本始二年(前72年)、建始元年(前32年)、建始二年(前31年)、河平元年(前28年)、元延三年(前10年)、元始五年(5年)、永平十五年(72年),时间跨度从西汉宣帝到东汉明帝,这说明70岁受王杖是西汉中后期的制度性规定,是普遍的做法。悬泉汉简养老简时代可能是成帝时期的,执行的可能是成帝"建始二年"(前31年)诏的规定。养老简中"受杖"的"百六十七人",应该是指70岁以上的老人。

总之,养老简中70岁以上老人优待内容,实际上揭示了养老政策中的年龄分层原则,朝廷按照老人年龄段的不同而给予不同的优待。具体到养老简,就是把老人分为70岁以上、80岁以上、90岁以上三个年龄段,这三个年龄段具体优待为:70—79岁"受杖"、80—89岁"受米"、90岁以上"复子孙",而且这三个年龄段的人数互不交叉。② 三个年龄段的人数不交叉,并不代表待遇不交叉,如80岁以上的老人仍持有王杖,享有王杖主的权益。按照养老简的年代,这项分年龄段享受不同优待的制度应该是汉成帝时期的养老制度。

---

① 中国简牍集成编辑委员会编:《中国简牍集成(标注本)》第4册,第199页。
② 养老简中70岁以上老人227人,其中"受米"46人,"复子孙"14人,"受杖"167人,这四组数字是总计和分计的关系,后三项的分计是并列关系,三项分计数总和恰好是227人。

三、 养老简与《集簿》中的高年人口

与养老简时代接近,而且也是按三个年龄段记载老人情况的是尹湾汉墓木牍《集簿》中东海郡的一组人口数据[①]:

> 年八十以上三万三千八百七十一,六岁以下廿六万二千五百八十八,凡廿九万六千四百五十九。(16 行)

> 年九十以上万一千六百七十人,年七十以上受杖二千八百廿三人,凡万四千四百九十三,多前七百一十八。(17 行)[②]

《集簿》中记载的人口,虽然不像养老简那样集中记载 70 岁以上的老人,但还是分散记载了不同年龄段的老人,而且也是按 70 岁以上、80 岁以上、90 岁以上三个年龄段统计的。除去人口数据中 6 岁以下的人口数,《集簿》中老人年龄段统计的顺序也与养老简基本一致,即按 80 岁以上、90 岁以上、70 岁以上的顺序书写。这应该不是偶然的巧合,而可能是当时的统计制度,或者统计惯例。

对尹湾汉墓木牍《集簿》中高龄人口研究,在高龄人口的数量、受王杖者的数量及条件等问题,都存在一些不同的看法,而养老简的出土,则为解决这些争论问题提供了新资料,同时也进一步印证了本文第二部分的一些推论。

(一)高年人口的数量问题。尹湾汉简《集簿》记载"年八十以上三万三千八百七十一""年九十以上万一千六百七十人"。对于 80 岁以上老人 33 871 人是否包含 90 岁以上的 11 670 人的问题,学者有不同的理解。高敏先生说:"此段讲

---

① 对于《集簿》的年代,整理小组认为"是成帝晚年(最可能是元延年间)之物"。见连云港市博物馆等编:《尹湾汉墓简牍·前言》,第 4 页。

② 连云港市博物馆等编:《尹湾汉墓简牍》,第 78 页。

的是东海郡内各年龄段的人口数。这里虽未讲八十至九十段的人口数，但以八十以上的 33 871，减去九十以上 11 670 人，即知八十至九十的人口为 22 201 人。"①高大伦尽管没有明确论述，但在"80 岁以上人口在总人口中所占比例"列表中是按 80 岁以上人口包含 90 岁以上人口计算的。② 此外，臧知非、魏燕利也是认为 80 岁以上人口是包含 90 岁以上人口的。③

但从养老简中"受米""复子孙""受杖"分别对应 80 岁以上、90 岁以上、70 岁以上的老人，及其单项人口数量之和与 70 岁以上老人总数一致来看，三个年龄段的人口数互不交叉。也就是说，养老简中的 80 岁以上、90 岁以上、70 岁以上老人分别指的是 80—89 岁、90 岁以上、70—79 岁者。如果按照这个推断，则《集簿》中的"年八十以上三万三千八百七十一"应指 80—89 岁老人 33 871 口，"年九十以上万一千六百七十人"应指 90—99 岁老人 11 670 口，80 岁以上的老人数并不包含 90 岁以上的老人数。同理，《集簿》"年七十以上受杖二千八百廿三人"中的"年七十以上"应是指 70—79 岁的老人。

这个说法是否可靠，还可以从二者的人口比例得到验证。据前所述，养老简中 80 岁以上"受米"者 46 人，90 岁以上"复子孙"者 14 人，则 90 岁以上老人占 80 岁以上老人的比例为（14÷46）×100%≈30.4%。而尹湾汉简《集簿》中 90 岁以上老人占 80 岁以上老人的比例为（11 670÷33 871）×100%≈34.5%。二者的比例尽管并不相同，这可能与地域不同、年代

---

① 高敏：《〈集簿〉的释读、质疑与意义探讨——读尹湾汉简札记之二》，《史学月刊》1997 年第 5 期。

② 高大伦：《尹湾汉墓木牍〈集簿〉中户口统计资料研究》，《历史研究》1998 年第 5 期。

③ 臧知非：《"王杖诏书"与汉代养老制度》，《史林》2002 年第 2 期；魏燕利：《汉代"王杖制"新探》，《许昌学院学报》2005 年第 1 期。

不同有关①,但数值还是非常接近的。这进一步验证了我们所言《集簿》中80岁以上的老人数并不包含90岁以上的老人数的推断。

（二）70岁以上受王杖数量问题。《集簿》70岁以上受杖2 823人,受杖的人数远低于80岁以上和90岁以上的老人数,就引发了关于受杖人数、条件等问题的讨论。

对于《集簿》中受杖人数,高大伦先生和臧知非先生认为是东海郡拥有王杖的总人数②,邢义田先生倾向于认为是本年度受杖人数③。郭浩也持相似观点,认为是东海郡当年度新授王杖的人数,而非东海郡持杖总数。④ 张文婷认为《集簿》中的受杖者只是70岁以上老者中的一部分。⑤ 高敏先生则认为2 823人为70—89岁之间的受杖人数。⑥

对于受杖的范围与条件,学者认为年龄并不是唯一的条件,应该还有其他限制性条件。高大伦先生说:"我们推测年七十以上要受王杖,还应满足诸如有一定数量的财产、经历、爵位,在地方上有较高的威望和良好的操行,以及无犯罪记录

---

① 从年代上说,养老简可能是汉成帝早期的,尹湾汉简《集簿》则是汉成帝元延年间的,二者年代接近,但并不完全一致。从地域上说,养老简是敦煌郡效谷县的,《集簿》则是东海郡的,二者地域差别明显。

② 高大伦说:"这是全部现有受杖人数2 823人,而非本年度受杖人数。"见高大伦:《尹湾汉墓木牍〈集簿〉中户口统计资料研究》,《历史研究》1998年第5期。臧知非先生说:"这儿的'受杖'即授王杖的老人共有二千八百二十三人,而不是一年授予王杖的年七十以上的老人数。"见臧知非:《"王杖诏书"与汉代养老制度》,《史林》2002年第2期。

③ 邢义田:《从尹湾出土简牍看汉代的"种树"与"养老"》,《天下一家:皇帝、官僚与社会》,北京:中华书局2011年版,第564页。

④ 郭浩:《汉代王杖制度若干问题考辨》,《史学集刊》2008年第3期。

⑤ 张文婷:《论汉代王杖制度》,硕士学位论文,湖北省社会科学院,2017年,第52页。

⑥ 高敏:《〈集簿〉的释读、质疑与意义探讨——读尹湾汉简札记之二》,《史学月刊》1997年第5期。

等条件方能获得。"①臧知非先生认为"并非所有七十岁以上的人都授予王杖，而只是挑选其中的一少部分人授予；这被授予王杖的二千八百二十三人更不仅仅是七十岁，而是包括了八十、九十不同年龄段的人"。"这些杖主就是那些里父老和乡县三老这一特殊阶层。"②郭浩则认为大部分王杖主应为70岁以上的普通百姓。③

根据悬泉汉简养老简 70 岁以上 227 人、受杖 167 人看，养老简中受杖者应该是指所有 70—79 岁的老人，这与尹湾汉墓木牍《集簿》只记载一部分受杖者不同。如果养老简中 167人受杖者，是敦煌郡效谷县所有 70—79 岁的老人的话，则表明正如"王杖十简"和《王杖诏书令》所载的那样，当时授王杖的对象是面向所有 70 岁以上百姓的。如果此推论成立，则尹湾汉简《集簿》中年 70 岁以上受杖的 2 823 人，可能并不是东海郡全部的受杖人数，而且这些受杖者的年龄应该是 70—79岁，并不包括 80 岁、90 岁以上的老人。至于《集簿》中记载的2 823 人，是否如郭浩所认为的是东海郡当年度新授王杖的人数，还是在什么特殊条件下的受杖人数，目前还不清楚，但起码与养老简中记载的受杖者统计口径并不相同。由此来看，对受杖人数的记载，还需区别对待。

（三）养老简受杖人数的探讨。从《集簿》和养老简来看，记载的受杖人数并没有包括 70 岁以上所有的老人④，其原因值得思考。王杖十简已经明确年 70 岁就可以授王杖，而且这

---

① 高大伦：《尹湾汉墓木牍〈集簿〉中户口统计资料研究》，《历史研究》1998 年第5 期。
② 臧知非：《"王杖诏书"与汉代养老制度》，《史林》2002 年第 2 期。
③ 郭浩：《汉代王杖制度若干问题考辨》，《史学集刊》2008 年第 3 期。
④ 张俊民：《对出土文物资料中"节"的考察》，陈建明主编：《湖南省博物馆刊》第 9 辑，第 176 页；马智全：《王杖制度与汉代养老的多样化政策》，西北师范大学历史文化学院等编：《简牍学研究》第 10 辑，第 86 页。

个授予,可能是一次性授予,终身享有王杖主的权益。王杖十
简"王杖不鲜明,得更缮治之"①,表明王杖如果有损坏而能修
缮的,就不再授予新的王杖。70 岁老人授予王杖,如果王杖不
损坏的话,就可以继续用到 80 岁、90 岁。既然 80 岁以上的老
人都有王杖,那么养老简在统计受杖人数时为什么不包含在
内? 这可能是因为王杖是他们早已享有的福利,因此不需要
特别提及。

养老简统计受杖人数,可能与不同年龄段享有的优待有
关。前引汉文帝、汉武帝的养老诏书中,在赐米、赐帛以及免
除算赋、兵役等对象中,都是指 80、90 岁以上的老人,70 岁的
老人并不在考虑之列。那么 70 岁老人享受什么优待呢? 那
就是受王杖,以及享受王杖带来的一系列权益,如"年七十受
王杖者,比六百石,入官廷不趋,犯罪耐以上,毋二尺告劾。有
敢征召、侵辱者,比大逆不道"②,"年七十以上,人所尊敬也。
非首、杀伤人,毋告劾,它毋所坐"③,"高年赐王杖,上有鸠,使
百姓望见之,比于节;吏民有敢骂詈、殴辱者,(大)逆不道;得
出入官府节弟,行驰道中;列肆贾市,毋租,比山东复"④。从
诏书内容来看,朝廷给予王杖主很多的权益,但这些权益多是
政治、法律优待,实质性的优待有限。如赋予王杖主"入官廷
不趋""得出入官府""行驰道中"的政治权益,一般情况下王
杖主是不会到官府、驰道去享受这种政治礼遇的。再如"非
首、杀伤人,毋告劾,它毋所坐"等法律优待,对于气血衰弱的
老人来说,一般情况下也是不会犯罪的。当然诏书中还有经

---

① 中国简牍集成编辑委员会编:《中国简牍集成(标注本)》第4册,第199页。
② 中国简牍集成编辑委员会编:《中国简牍集成(标注本)》第4册,第199页。
③ 中国简牍集成编辑委员会编:《中国简牍集成(标注本)》第4册,第203页。
④ 中国简牍集成编辑委员会编:《中国简牍集成(标注本)》第4册,第204—
　205页。

济上"列肆贾市,毋租,比山东复"的优待,但对于 70 岁以上的老人来讲,"列肆贾市"机会应该也不多。除了那些政治、法律、经济等优待性措施,余下的就是"有敢征召、侵辱者,比大逆不道"等保护性措施了。从王杖十简和《王杖诏书令》册记载的地方小吏及百姓殴打、侮辱王杖主的案例来看,这些对王杖主人身保护的令文,在地方上并没有得到很好的贯彻执行。因此,从王杖诏令来看,朝廷除了授予 70 岁以上老人王杖,朝廷并没有什么利益损失,授王杖更多的是一种尊老敬老的象征。

与 70 岁以上受杖老人享受的是看不见的各种"权益"相比,80 岁以上、90 岁以上老人得到的是实实在在的"受米""复子孙"的好处,是"看得见"的福利。换句话说,80 岁以上、90 岁以上老人享有的福利已经高于 70 岁以上受杖老人,已经属于更高一个等次了。因此,官府在统计 70 岁以上高龄人口时,就按不同年龄段应该享受的最高待遇来统计。但这些早在 70 岁时就被授予王杖的 80 岁以上、90 岁以上老人,他们仍然享有王杖主的政治、法律等优待。

四、 养老简与汉代高年养老制度

汉代很重视老人问题。对于老人的年龄划分,也很精细。张家山汉简《傅律》中就有免老、睆老的划分①,前引汉文帝、武帝养老诏令、王杖十简等诏令,以及尹湾汉墓木牍《集簿》中则有耆艾、耆老、老眊、高年、年七十以上、年八十以上、年九十以上等不同称谓和年龄段的划分。学者指出,汉代养老,大致可以分为两种类型,"一种是徭役免老,另一种则是养高年老",徭役免

---

① 张家山二四七号汉墓竹简整理小组编著:《张家山汉墓竹简(二四七号墓)》(释文修订本),第 57 页。

老一般是指对过 56 岁或者 60 岁的人免除徭役,"养高年老,则是西汉国家更高层次的养老方式"。西汉"高年"是指 70 岁以上的老人,"国家对达到这一年龄标准的老人,不仅赐以王杖,而且还要附加一些物资上的赏赐"①。养老简中的 70 岁以上的老人,就属于高年老人,养老简中"受米""复子孙""受杖"都是高年养老的具体实施措施。如文中第二部分所述,汉代的高年养老制度前后是有变化的,但到底是什么时候变化的、是如何变化的,目前只有一个大致的轮廓。结合养老简,笔者尝试从养老制度的角度对这个变化做一推测和梳理。

从《二年律令·傅律》、汉文帝"养老令"、汉武帝"养老令"以及武威汉简"王杖十简"、《王杖诏书令》等来看,汉朝对高年老人的养老,主要分为两种形式,一种是制度性的,如年九十享受的"受鬻法",年七十受王杖等,一种是临时性的赐物,如赏赐米、帛、肉、酒等。在这两种形式中,临时性的赐物可遇而不可求,带有一定偶然性,而养老制度作为一项制度无疑最具稳定性,是高年养老的保障。

汉代养老制度中主要有三项内容:王杖制度、高年复除、"受鬻法"。其中王杖制度的史料较多,演变的轨迹较为清晰。从张家山汉简《二年律令·傅律》,到武威"王杖十简"、《王杖诏书令》,我们看到西汉授杖年龄从吕后时期有爵位限制的 70 岁至 75 岁,到汉成帝建始二年(前 31 年)时统一为 70 岁。此后到东汉,授杖年龄一直稳定在 70 岁。②

高年复除制度也比较稳定。在汉武帝建元年间确定为年八十复算,九十复子孙甲卒后,该制度的实施不断见诸出土简

---

① 张鹤泉:《西汉养老制度简论》,《学习与探索》1992 年第 6 期。
②《周礼·秋官·伊耆氏》"共王之齿杖。"郑玄注:"王之所以赐老者之杖。郑司农云:谓年七十当以王命受杖者,今时亦命之为王杖。"(清)阮元校刻:《十三经注疏》,北京:中华书局 1980 年影印本,第 890 页。

牍。安徽天长汉墓木牍《算簿》有复算的记载,其中可能包含有八十复算的内容。① 肩水金关汉简和走马楼吴简中有八十复算的简文:"□姊大女须年八十一免☑"(72ECC:57)②、"宗妻大女妾年卅二算一八十一复"(壹·2971)、"子公乘宗廿四算一八十□复"(壹·2993)、"素寡妇大女思年卅六算一八十可复"(壹·3322)③。肩水金关记载的"八十一免",这里的"免"应该是免除、复除之意,具体是指免除算赋。走马楼吴简明确记载因家中有80岁以上老人而"复"算赋。三国孙吴的不少制度是承袭东汉而来,则八十复算的制度应该是其中之一。对于九十复甲卒,简例不多。长沙东牌楼东汉简有"区益子公乘朱年卌□算卒,九十复"(简80)④的简文。王素认为汉代有"算卒"之制,此处的"卒"指"甲卒","算卒"是指"算甲卒","算卒九十"后注的"复"字,自然是指"复卒",也就是"复甲卒"。⑤

---

① 袁延胜:《天长纪庄木牍〈算簿〉与汉代算赋问题》,《中国史研究》2008 年第 2 期。天长纪庄汉墓的年代,发掘者推断"为西汉中期偏早。"见天长市文物管理所、天长市博物馆:《安徽天长西汉墓发掘简报》,《文物》2006 年第 11 期。

② 甘肃简牍保护研究中心等编:《肩水金关汉简(伍)》下册,上海:中西书局 2016 年版,第 136 页。

③ 长沙市文物考古研究所、中国文物研究所、北京大学历史系走马楼简牍整理组编著:《长沙走马楼三国吴简·竹简(壹)》,北京:文物出版社 2003 年版,第 955—956、964 页。

④ 长沙市文物考古研究所、中国文物研究所编:《长沙东牌楼东汉简牍》,北京:文物出版社 2006 年版,第 107 页。

⑤ 王素:《长沙东牌楼东汉简牍选释》,《文物》2005 年第 12 期。裘锡圭认为"算卒"应是收更赋的意思;黄今言认为"算卒"似应为"更卒";张荣强则认为"算卒"当是指"算"(算赋)、"卒"(兵役)两种赋役名目;凌文超认为"算卒"应是征收算赋和更赋的意思。分见裘锡圭:《读〈长沙东牌楼 7 号古井(J7) 发掘简报〉等文小记》,《裘锡圭学术文集》第 2 卷,上海:复旦大学出版社 2012 年版,第 523—529 页;黄今言:《〈长沙东牌楼东汉简牍〉释读的几个问题》,《中国社会经济史研究》2008 年第 2 期;张荣强:《长沙东牌楼东汉"户籍简"补说》,《中国史研究》2008 年第 4 期;凌文超:《汉晋赋役制度识小》,武汉大学简帛研究中心:《简帛》第 6 辑,上海:上海古籍出版社 2011 年版,第 483—487 页。此外,臧知非认为"算事"中的"算"是动词,核定登记的意思,而不是算赋。见臧知非:《"算赋"生成与汉代徭役货币化》,《历史研究》2017 年第 4 期。

简文中"区益"应该是户主,应是 90 岁老人的儿子,可能已经 60 岁以上,达到了免老的年龄,而"区益"的儿子"朱"四十多岁,正是服役的年龄,"朱"因家中爷爷 90 岁而免除兵役。这枚东汉简正是九十复子孙兵役的证明。另外,长沙尚德街东汉简记载"诏书:九十以上,为复子若孙一人"(简 84)①,该简时代为汉灵帝光和四年(181 年),但简文内容与西汉武帝建元元年(前 140 年)四月诏书的内容一致,表明对 90 岁以上老人"复子孙"的政策一直延续到东汉后期。

总之,从以上简牍资料看,汉武帝时对 80 岁以上、90 岁以上高龄老人的复除制度一直延续到东汉、三国时期。但养老简中未记载八十复算的内容,可能如前文推测的那样,因为是众所周知的定制,因此就没有提及。

汉代养老制度中变化大的可能就是"受鬻法"。从汉武帝建元元年(前 140 年)诏书"民年九十以上,已有受鬻法"②可知,"受鬻法"的年龄标准在汉武帝早期还是 90 岁以上,而且这个年龄标准一直延续到元狩元年(前 122 年)。该年四月丁卯立皇太子,诏曰:

> 朕嘉孝弟力田,哀夫老眊孤寡鳏独或匮于衣食,甚怜愍焉。其遣谒者巡行天下,存问致赐。曰:"皇帝使谒者赐县三老、孝者帛,人五匹;乡三老、弟者、力田帛,人三匹;年九十以上及鳏寡孤独帛,人二匹,絮三斤;八十以上米,人三石。有冤失职,使者以闻。县乡即赐,毋赘聚。"③

---

① 长沙市文物考古研究所编:《长沙尚德街东汉简牍》,长沙:岳麓书社 2016 年版,第 220 页。
②《汉书》卷 6《武帝纪》,第 156 页。
③《汉书》卷 6《武帝纪》,第 174 页。

诏书中"老眊"，颜师古注曰："眊，古耄字。八十曰耄。耄，老称也。"①主要是指 80 岁以上老人，这些老人"或匮于衣食"，于是朝廷赐给 90 岁以上老人帛二匹，絮三斤，用以制衣，赐 80岁以上老人每人米三石，用以饮食。诏书中为什么没有赐 90岁以上老人米呢？最大的可能就是 90 岁以上老人有"受鬻法"，已经享有每月一石鬻米的优待。也就是说，诏书中"八十以上米，人三石"，是临时的赏赐，而不是制度性的规定。这说明，"受鬻法"中对 90 岁以上老人禀鬻米制度在元狩元年（前122 年）还在执行。

汉武帝元狩元年（前 122 年）之后，再未见八十以上赐米②、九十以上赐帛的记载，但有不分年龄段赐"高年帛"的记载。据统计，从汉宣帝到汉平帝，先后有 14 次这样的记载。③如宣帝地节三年（前 67 年）春三月诏："鳏寡孤独高年贫困之民，朕所怜也。前下诏假公田，货种、食。其加赐鳏寡孤独高年帛。二千石严教吏谨视遇，毋令失职。"④元康二年（前 64年）三月"以凤皇甘露降集，赐天下吏爵二级，民一级，女子百户牛酒，鳏寡孤独高年帛"⑤。这里被赐帛的"高年"，应包括

---

① 《汉书》卷 6《武帝纪》，第 175 页。

② 武帝元封二年（前 109 年）有赐"孤独高年米"的记载。该年武帝还祠泰山，并亲临黄河进行瓠子堵口，然后"赦所过徒，赐孤独高年米，人四石"。《汉书》卷6《武帝纪》，第 193 页。这次赐米的对象是"孤独高年"，这里的"孤独高年"似应点断为"孤、独、高年"，但这里的"高年"是指武帝"所过"地区的老人，还是包括所有高龄老人，还不能确定。而且这里的高年，也没有明确年龄段。但从常理判断，似应包括 80 岁以上的老人。

③ 赐高年帛的年份有：宣帝地节三年（前 67 年）、元康二年（前 64 年）、元康三年（前 63 年）、神爵元年（前 61 年）、神爵四年（前 58 年）、五凤三年（前 55 年）、甘露二年（前 52 年），元帝初元四年（前 45 年）、永光元年（前 43 年）正月、永光元年（前 43 年）三月、永光二年（前 42 年），成帝鸿嘉元年（前 20 年）、永始四年（前 13 年），平帝元始四年（4 年）。内容分别见《汉书》各帝纪。

④ 《汉书》卷 8《宣帝纪》，第 248 页。

⑤ 《汉书》卷 8《宣帝纪》，第 255 页。

赐帛,原本就不是高年养老的制度化规定,但汉文帝养老诏、汉武帝养老诏中,都有 90 岁以上赐帛、80 岁以上赐米的"惯例",这样赐帛就成了区分 80—89 岁、90 岁以上的一个重要标志物(当然武帝诏书中也赐"鳏寡孤独"帛)。汉武帝元狩年间以后,这种"惯例"不见了,代之而起的是没有差别的赐"高年帛"之举。这样就把原来专属于 90 岁以上老人的福利下移到 80 岁。

赐帛对象的扩大,可能与汉武帝提倡儒学后,社会对"老"的认识有关。汉昭帝盐铁会议上,对于养亲尽孝问题,丞相史就提出 70 岁衣帛的观点:"八十曰耋,七十曰耄。耄,食非肉不饱,衣非帛不暖。故孝子曰甘毳以养口,轻暖以养体。"②表现出了对 80 岁老人的特别关注。而这种关注,可能会导致养老政策的变化,如赐帛从 80 岁开始。当然这种赐帛对象的变化较为容易,只需把赏赐对象从 90 岁下移到 80 岁即可。

随着赐帛对象的下移,那么原来专属于 90 岁以上老人才有的禀鬻米制度,是否也可以下移到 80 岁? 如果禀鬻米年龄下移,那怎么区别 80 岁、90 岁年龄段优待的差别? 这在年龄越大,所受优待应该越高的养老思维里,是需要解决的一个问题。也就是说,朝廷一方面要把养老福利的覆盖面扩大,另一方面还要对不同年龄段有所区别,同时还要考虑财政的承受能力,这确实是一个复杂的问题。

---

① 元封元年(前 110 年),武帝封泰山后"行所巡至,博、奉高、蛇丘、历城、梁父,民田租逋赋贷,已除。加年七十以上孤寡帛,人二匹"。《汉书》卷 6《武帝纪》,第 191 页。这次赐帛的对象比较特殊,是对"行所巡至"的数县之内、年七十以上且孤寡者赐帛,是对特殊地区特殊对象的赏赐,而非制度性的改变,与八十岁以上高年赐帛并不矛盾。

② 《盐铁论》卷 5《孝养》,王利器校注:《盐铁论校注(定本)》,北京:中华书局 1992 年版,第 308 页。

众所周知,汉武帝中后期,财政已经出现危机①,如果把禀鬻米的覆盖面扩大,财政可能无法承受。但如果禀鬻米覆盖面不扩大,又显示不出"皇恩浩荡"。那既不增加财政负担,又能扩大覆盖面的办法,可能就是"稀释"福利的内容。赵凯注意到了汉文帝养老诏令中"赐米人月一石"的政策,认为按照这个标准,尹湾汉墓木牍《集簿》中 11 670 名 90 岁以上老人应授予的米,就占到东海郡当年谷物支出的三分之一左右。因此,他认为"受鬻法"可能在成帝时期已经失效,或者说已经发生了很大变化。② 赵凯的计算还没有加上 80 岁以上老人,如果按照养老简给 80 岁以上老人"受米"的制度,把 80 岁以上的 33 871 人加上,当年东海郡的谷物支出还不够支付这些老人。这当然是不可能的。唯一的解释,就是"受鬻法"制度在西汉中后期发生了变化。这个变化,可能就如赵凯所说的由仲秋"行糜粥"制取代"受鬻法",即对老人的禀米由月度福利变为年度福利。③ 赵凯的观点给我们很大的启示,那就是"受鬻法"如果在武帝后期发生变化,那最大的可能就是把每月禀米一石,变为一年禀米一石,而且把禀米年龄标准下移到80 岁。这样表面上享受禀米的群体增加了,但朝廷的支出反而减少了。

昭帝时的盐铁会议上,贤良文学指出:"孝武皇帝攘九夷,平百越,师旅数起,粮食不足。故立田官,置钱,入谷射官,救急赡不给。今陛下继大功之勤,养劳倦之民,此用廪鬻之时;公卿宜思所以安集百姓,致利除害,辅明主以仁义,修润洪业

---

① 武帝元狩、元鼎年间由于征伐四夷、关东水灾等,已经出现了财政危机。具体论述见杨生民:《汉武帝传》,北京:人民出版社 2001 年版,第 93—98 页。

② 赵凯:《西汉"受鬻法"探论》,《中国史研究》2007 年第 4 期。

③ 赵凯:《西汉"受鬻法"探论》,《中国史研究》2007 年第 4 期。但赵凯认为仲秋"行糜粥"制很可能是从东汉明帝开始的,这可能还需要商榷。

之道。明主即位以来,六年于兹,公卿无请减除不急之官,省罢机利之人。人权县太久,民良望于上。"①其中的"糜鬻",即为"糜粥",王利器注:"糜粥,所以养衰老",并以禀粥米制度为解。② 从贤良文学所言的武帝后期"粮食不足",以及昭帝即位后"此用糜鬻之时""公卿宜思所以安集百姓""民良望于上"之语来看,武帝后期至昭帝时期,禀鬻米制度可能已经发生了变化。

这种养老制度的变化,可能在汉成帝初年得以重新定型。武威"王杖十简"建始二年(前 31 年)九月甲辰诏"年七十受王杖"制的确定,应该是西汉后期养老制度成型的标志之一。成帝早期财政情况良好③,因此在汉成帝建始二年(前 31 年),朝廷按照减轻财政负担并对不同年龄段高龄老人有所区别的思路,确定了不同年龄段的养老福利制度:90 岁以上老人除了享受禀鬻米制度,还享受"复子孙",即免除子孙兵役的优待;80 岁以上老人除了享受复算的制度,还享受"受米"的优待;70 岁以上老人享受"受王杖"的优待。悬泉汉简养老简的内容,正是对形成于汉成帝时期养老制度的体现。

任何制度都是不断变化的,到了东汉时期,"受米"的对象由 80 岁下移到了 70 岁。《续汉书·礼仪志中》:"仲秋之月,县道皆案户比民。年始七十者,授之以王杖,餔之糜粥。八十九十,礼有加赐。"④汉章帝章和元年(87 年):"秋,令是月养衰老,授几杖,行糜粥饮食。其赐高年二人共布帛各一匹,以

---

① 《盐铁论》卷1《复古》,王利器校注:《盐铁论校注(定本)》,第 79 页。

② 《盐铁论》卷1《复古》注 35,王利器校注:《盐铁论校注(定本)》,第 87 页。

③ 《汉书》卷 24 上《食货志上》载:"成帝时,天下亡兵革之事,号为安乐,然俗奢侈,不以畜聚为意。"(第1142 页)

④ (晋)司马彪:《续汉书·礼仪志中》,《后汉书》志 5《礼仪中》,北京:中华书局 1965 年版,第3124 页。

为醴酪。"①东汉在 70 岁授王杖的同时,也赐予一定数量的粥米。从"八十九十,礼有加赐"一语来看,仲秋之月对 80 岁、90 岁老人发放粥米,标准可能会比 70 岁的老人高一些,同时还有布帛的赏赐。

东汉这种"授几杖,行糜粥饮食"的良法美意,在现实生活中却常常遭遇执行走样的尴尬。安帝元初四年(117 年)曾下诏说:"其武吏以威暴下,文吏妄行苛刻,乡吏因公生奸,为百姓所患苦者,有司显明其罚。又《月令》'仲秋养衰老,授几杖,行糜粥'。方今案比之时,郡县多不奉行。虽有糜粥,糠秕相半,长吏怠事,莫有躬亲,甚违诏书养老之意。其务崇仁恕,赈护寡独,称朕意焉。"②养老制度的落实,还要靠各级官吏的认真执行。但从朝廷的本意来看,对高龄老人的优待政策还是值得肯定的。

从前面高年复除所引的简文多为东汉简、三国吴简来看,东汉养老制度中还包括八十岁老人复算、九十岁老人复子孙兵役的内容。这与七十受杖,仲秋八月受粥米,共同构成了东汉高年养老的制度。此时,养老简中八十岁"受米"制度已经不见,原有的复算制度则凸显出来。从长时段来看,汉代高年养老制度中变化最大的就是"受鬻法",享有粥米的年龄从汉初的九十岁以上,到西汉后期的八十岁,再到东汉的七十岁,这种变化,既是养老思想影响的结果,也是朝廷应对现实需要而调整政策的结果。悬泉汉简养老简中记载的老人待遇正是汉代高年养老制度变化过程中的一个反映。

(原载《史学月刊》2021 年第 11 期)

---

① 《后汉书》卷 3《章帝纪》,第 157 页。汉明帝永平二年(59 年)三月尽管尊养三老五更,举行养老礼,但未见行糜粥之制。
② 《后汉书》卷 5《安帝纪》,第 227 页。

秦及汉初简牍中的"外妻"

孙玉荣(山东理工大学)

[摘　要]"外妻"初见于睡虎地秦简,指隶臣"外妻",新出《岳麓书院藏秦简(伍)》中又有"奴外妻"。"外妻"之"外"指妻与夫的身份存在良与贱、庶与奴的差异。隶臣"外妻"特指隶臣自由民身份的妻。秦及汉初"隶臣"的性质可按来源不同分为"刑徒"和"官奴婢",有"外妻"者身份一般为"刑徒"。隶臣"外妻"需提供隶臣"从事公"时的衣服,后改为"冗作"而官府"勿稟食"。隶臣家庭有一定财产,其经济来源为从事商业及雇佣劳动等。隶臣"外妻"所生子女承袭出生时其父的身份。"奴外妻"特指私家奴的自由民身份的妻。私家奴与"外妻"在身份上虽有奴庶之别,但私家奴对"外妻"有夫权和家长权。奴与"外妻"的婚生子女身份从父,但奴对子女无父权。"外妻"现象是秦及汉初"良贱为婚""庶奴为婚"的一种反映。

[关键词]外妻;隶臣;私家奴;奴庶为婚

"外妻"初见于睡虎地秦墓竹简,特指"隶臣"自由民身份的妻。囿于资料,目前学界对"外妻"身份的研究较为有限,仅有朱红林先生《试说睡虎地秦简中的"外妻"》一文对隶臣"外妻"身份进行了专门论述。① 随着《岳麓书院藏秦简(叁、肆、伍)》等出土文献的陆续公布,我们发现,"外妻"并非"隶臣"之妻的特定称谓,私家奴亦可有"外妻"。本文即结合新出文献,对秦及汉初简牍中的"外妻"身份及相关问题作进一步探讨。

一、隶臣"外妻"身份辨析

睡虎地秦墓竹简中记载的"外妻"是"隶臣"妻的一种特殊情况,即丈夫是"隶臣",妻的身份为自由民。② 睡虎地秦简对"外妻"的直接记载主要见于《秦律十八种·司空律》和《法律答问》。

(1)睡虎地秦墓竹简《秦律十八种·司空律》:

隶臣妾、城旦舂之司寇、居赀赎责(债)戮(系)城旦舂者,勿责衣食;其与城旦舂作者,衣食之如城旦舂。隶臣有妻,妻更及有外妻者,责衣。人奴妾戮(系)城旦舂,貣(贷)衣食公,日未备而死者,出其衣食。③

(2)睡虎地秦墓竹简《法律答问》:

"隶臣将城旦,亡之,完为城旦,收其外妻、子。子小未可别,令从母为收。"·可(何)谓"从母为收"?人固买

① 朱红林:《试说睡虎地秦简中的"外妻"》,张德芳主编:《甘肃省第二届简牍学国际学术研讨会论文集》,上海:上海古籍出版社2012年版,第493—501页。
② 对"外妻"之"外"的解读,学界主要有两种观点。其一,"外妻"的身份是自由人,"外"是相对于"隶臣"不自由的身份而言。其二,"外妻"之"外"是相对于"隶臣"的居住地而言。分别参见李力:《"隶臣妾"身份再研究》,北京:中国法制出版社2007年版,第414—415页;朱红林:《试说睡虎地秦简中的"外妻"》,张德芳主编:《甘肃省第二届简牍学国际学术研讨会论文集》,第493页。两种观点的不同在于"外"是相对于身份还是居住地而言,在"外妻"的身份为"自由民"这一点上,两者并无异议。
③ 睡虎地秦墓竹简整理小组编:《睡虎地秦墓竹简》,北京:文物出版社1978年版,第87页。

（卖），子小不可别，弗买（卖）子母谓殴（也）。①

整理者认为，简（1）中"有外妻，指其妻身分自由"，该律可译为："隶臣妾、城旦舂之司寇，或以劳役抵偿赀赎债务而被拘系服城旦舂劳役的人，不收取衣食；凡参加城旦舂劳作的，按城旦舂标准给予衣食。隶臣有妻，妻是更隶妾及自由人的，应收取衣服。私家男女奴隶被拘系服城旦舂劳役的，由官府借予衣食，其劳作日数未满而死，注销其衣食不必偿还。"②对于简（2），整理者认为，其中"收，指收孥。外妻、子，指隶臣之原未被收其身分仍为自由人的妻、子"③，并将该律翻译为："'隶臣监领城旦，城旦逃亡，应将隶臣完为城旦，并没收其在外面的妻、子。如其子年小，不能分离，可命从母为收。'什么叫'从母为收'？意思是人肯定要卖，但其子年小，不能分离，不要单卖孩子的母亲。"④上述两条律文从不同侧面反映出隶臣的婚姻、家庭经济财产和依律为"收"情况下隶臣"外妻、子"的身份等问题，以下分别进行探讨。

先看隶臣的婚姻问题。虽然关于"隶臣"的身份学界仍存在争议⑤，但从目前所见史料来看，"隶臣有妻"是一个普遍现象。

（3）睡虎地秦墓竹简《秦律十八种·属邦》：

道官相输隶臣妾、收人，必署其已禀年日月，受衣未

---

① 睡虎地秦墓竹简整理小组编：《睡虎地秦墓竹简》，第 201 页。

② 睡虎地秦墓竹简整理小组编：《睡虎地秦墓竹简》，第 88 页。

③ 睡虎地秦墓竹简整理小组编：《睡虎地秦墓竹简》，第 201 页。

④ 睡虎地秦墓竹简整理小组编：《睡虎地秦墓竹简》，第 202 页。

⑤ 学界对"隶臣妾"身份的认识大致有"官奴说""刑徒说"和"刑徒和官奴说"三种观点。主张"刑徒说"者主要有林剑鸣、张金光等先生；持"官奴婢说"者以高恒、高敏和刘汉东等先生为代表；"刑徒和官奴说"则以施伟青、杨升南、杨振红等先生为代表。具体综述参阅李力：《"隶臣妾"身份再研究》，第 134—220 页。

受,有妻毋(无)有。受者以律续食衣之。①

基于此律,高敏先生认为:"秦律把有无妻室作为登记的内容之一,公开承认'隶臣妾'可以有其家室。"②关于隶臣之妻的身份,朱红林先生认为有"外妻""妻更"(即"更隶妾")和"隶妾"三种情况。其中"外妻"是自由民,"更隶妾"是轮番更代到官府服役的隶妾,而第三种情况,当隶臣之妻为隶妾时,由于"隶臣妾是可以随便买卖的,夫妻二人沦为隶臣和隶妾之后,婚姻关系实际上已不存在了"③。朱先生所论第三种情况中"隶臣妾是可以随便买卖"的观点,似当是基于简(2)中"人固买(卖)"而得出结论。但"隶臣妾"是否可以被"随便买卖",似乎仍是一个值得进一步探讨的问题,这一问题将在下文进行论述。

再看隶臣的家庭经济财产问题。从简(1)所规定"隶臣有妻,妻更及有外妻者,责衣"来看,隶臣如有妻,且妻是更隶妾或外妻的,其妻需提供隶臣劳役期间的衣服,官府不再供给衣服,秦律《金布律》亦证明了这一点。

(4) 睡虎地秦墓竹简《秦律十八种·金布律》:

> 稟衣者,隶臣、府隶之毋(无)妻者及城旦,冬人百一十钱,夏五十五钱;其小者冬七十七钱,夏卅四钱。春冬人五十五钱,夏卅四钱;其小者冬卅四钱,夏卅三钱。隶臣妾之老及小不能自衣者,如春衣。·亡、不仁其主及官者,衣如隶臣妾。④

---

① 睡虎地秦墓竹简整理小组编:《睡虎地秦墓竹简》,第110页。

② 高敏:《云梦秦简初探(增订本)》,郑州:河南人民出版社1981年版,第68—69页。

③ 参见朱红林:《试说睡虎地秦简中的"外妻"》,张德芳主编:《甘肃省第二届简牍学国际学术研讨会论文集》,第493—501页。

④ 睡虎地秦墓竹简整理小组编:《睡虎地秦墓竹简》,第67—68页。

秦法规定,"禀衣"对象仅为"隶臣无妻"及"隶臣妾之老及小不能自衣"者,隶臣家庭,至少是妻为"更隶妾"或"外妻"的隶臣家庭,既然要提供隶臣劳役期间的衣服,那么就应当有一定的家庭财产。张金光先生认为:"有些刑徒,特别是轻刑徒,其家属及财产并不被籍没入公,而是归其家属,但并不归罪犯本人。在夫妻单方面成为刑徒的情况下,原来的财产作为历史遗产是留给其家属的。"①"轻刑徒"即指隶臣,隶臣原有家庭的财产予以保留归其妻所有,应是隶臣外妻"责衣"的经济来源之一。

官府役使隶臣及其"外妻"的方式并非一成不变。与简(1)中"隶臣有妻,妻更及有外妻者,责衣"的规定相较,岳麓书院藏秦简所载相关法律发生了变化。

(5)《岳麓书院藏秦简(肆)》简268—270:

> 隶臣妾、城旦舂之司寇居赀赎责(债)、毄(系)城旦舂者,勿责衣食。其与城旦舂作者,衣食之如城旦舂。人奴婢毄(系)城旦舂,贲衣食县官,日未【备】而死者,出其衣食。②

经比对可发现,简(5)在简(1)的基础上将"人奴妾"换成"人奴婢","公"换成"县官",除缺少"隶臣有妻,妻更及有外妻者,责衣"一句外,二者内容基本相同,显然简(5)是在简(1)的基础上修订而成,简(5)律文的书写年代明显晚于简(1)。这说明在岳麓书院藏秦简所载秦律实施的年代,"隶臣有妻,妻更及有外妻者,责衣"的规定可能已被取消。但值得注意的

---

① 张金光:《秦制研究》,上海:上海古籍出版社2004年版,第548页。
② 陈松长主编:《岳麓书院藏秦简(肆)》,上海:上海辞书出版社2015年版,第157页。断读系笔者参考陈伟主编《秦简牍合集:释文注释修订本(壹)》(武汉:武汉大学出版社2016年版,第117页)简142改。

是,隶臣之"外妻"虽不必再提供隶臣的衣服,却需要向官府提供其他形式的义务劳作。

（6）《岳麓书院藏秦简（肆）》简266—267:

> 黔首为隶臣、城旦、城旦司寇、鬼新（薪）妻而内作者,皆勿稟食。①

岳麓秦简整理小组注曰:"内作:'内'当为'冗'之讹,'冗作'指为官府零散服役。《汉书·食货志》:'其不能出布者,冗作,县官衣食之。'"②简（6）规定,当隶臣、城旦、城旦司寇、鬼新（薪）之妻为黔首时,其妻要为官府零散服役,但与平民"冗作,县官衣食之"的待遇相比,官府不对"黔首为隶臣、城旦、城旦司寇、鬼新（薪）妻"者提供稟食,这实际上是无偿役使。而从《汉书·食货志》"其不能出布者,冗作"的规定来看,冗作是因为"不能出布",因此,黔首为隶臣妻"冗作"而"勿稟食",亦可看作"隶臣有妻,妻更及有外妻者,责衣"的变相形式。并且,简（6）亦反映出,有"外妻"者可能并非只有"隶臣",包括"隶臣、城旦、城旦司寇、鬼新（薪）"在内的刑徒都可以有黔首身份的妻,她们应亦均可称为"外妻"。③ 里耶秦简亦记载了官府将祭祀先农后剩余的祭品"余彻酒"等卖给"隶臣","仓是佐狗"将祭祀后剩下的"食七斗""羊头一足四""豚肉一斗半""肉汁二斗""酒一斗

----

① 陈松长主编:《岳麓书院藏秦简（肆）》,第156页。
② 陈松长主编:《岳麓书院藏秦简（肆）》,第175页。
③ 根据张家山汉墓竹简《二年律令·收律》简174—175"罪人完城旦舂、鬼薪以上,及坐奸府（腐）者,皆收其妻、子、财、田宅。其子有妻、夫,若为户、有爵,及年十七以上,若为人妻而弃、寡者,皆勿收。坐奸、略妻及伤其妻以收,毋收其妻"的规定,因犯罪被处完城旦舂或鬼薪白粲刑以上的人,及因犯奸罪被处腐刑的人（"其子有妻、夫,若为户、有爵,及年十七以上,若为人妻而弃、寡者"除外）,都附加"收",只有当其妻为受害者时才可免于被"收"。张家山二四七号汉墓竹简整理小组编著:《张家山汉墓竹简（二四七号墓）》（释文修订本）,北京:文物出版社2006年版,第32页。简（6）中城旦、鬼薪等之妻为黔首,可能是这种情况。

半"等物品分别以钱若干卖与"城旦赫""城旦取"等。① 那么,作为刑徒"外妻"的黔首,在冗作时自备衣食的支出,以及隶臣、城旦购买祭祀剩余物品所需的费用从何而来呢?

关于隶臣家庭的经济来源,秦律规定:"隶臣妾其从事公,隶臣月禾二石,隶妾一石半;其不从事,勿禀……隶臣田者,以二月月禀二石半石,到九月尽而止其半石。"②即隶臣妾只有在"从事公"期间才能获得禀食,隶臣"从事公"的劳动包括"田"作和其他杂役,"田"作相比其他可在二月至九月每月加禀食半石。其他杂役,可能包括传送文书、缉捕罪犯、勘验侦查、"将城旦舂"、仆、养等。关于服役方式,隶妾有所谓"冗隶妾""更隶妾"等多种情况。其中"冗隶妾"是长期从事官府劳作的隶妾,"更隶妾"则是部分时间为官府服役的隶妾,秦律规定除非紧急事项,一般不召集更隶妾。"更隶妾"不在"总冗"期间亦不能从官府获得供应。虽然秦时隶臣的劳役方式目前尚未见明确记载,是否有与"更隶妾"相对应的"更隶臣"亦不得而知,但从上述隶臣妾"其不从事,勿禀"以及"隶臣妾有亡公器、畜生者,以其日月减其衣食,毋过三分取一,其所亡众,计之,终岁衣食不蹉以稍赏(偿),令居之"③来看,"隶臣妾除'从事公'外,还有自由支配时间为自己劳动"④。那么在不"从事公"期间,隶臣妾的经济来源是什么呢?岳麓书院藏秦简为我们提供了相关信息。《岳麓书院藏秦简(叁)》所载"芮盗卖公列地案"中的"隶臣更"从事商业活动,不仅自由出入市场,而且一度承租了贩卖棺材的"公空列"。⑤《岳麓

---

① 湖南省文物考古研究所编著:《里耶发掘报告》,长沙:岳麓书社 2007 年版,第194—195 页。

② 睡虎地秦墓竹简整理小组编:《睡虎地秦墓竹简》,第 49 页。

③ 睡虎地秦墓竹简整理小组编:《睡虎地秦墓竹简》,第 60 页。

④ 韩树峰:《秦汉徒刑散论》,《历史研究》2005 年第 3 期,第 42 页。

⑤ 朱汉民、陈松长主编:《岳麓书院藏秦简(叁)》,上海:上海辞书出版社 2013 年版,第 129—137 页。

书院藏秦简（伍）》亦有包括隶臣妾在内的徒隶通过被雇佣而获得经济收入的记载。

（7）《岳麓书院藏秦简（伍）》简210—211：

·禁毋敢为旁钱，为旁【钱】者，赀二甲而废。县官可以为作【务产钱者，免，为上计如 律 。徒隶挽稟以輓日之庸（佣）吏（事）收钱为取就（僦），不为旁钱。①

"徒隶"在睡虎地秦简、里耶秦简和张家山汉简中皆有出现，虽然目前学界对其身份存在争议②，但"隶臣妾"属于"徒隶"则无疑问。简（7）中的"庸吏"即"佣事"，指受雇佣从事劳役；"就（僦）"，《史记·平准书》《索隐》引服虔云："雇载云僦。"③律文规定，除官府拨付的俸禄之外，各级官吏不得以公谋私获得其他收入，即"旁钱"。徒隶受雇佣从事拉车运输稟食等劳役，可按日数获得报酬，不为"旁钱"。可见雇佣取钱是包括隶臣妾在内的徒隶的经济来源之一。

接下来，考察依律为"收"情况下隶臣"外妻、子"的身份问题。整理者认为，简（2）中的"外妻、子，指隶臣之原未被收其身份仍为自由人的妻、子"④，说明此处"隶臣"的身份应因本人犯罪而获，因为"收"是犯罪者家属被没入官府的称谓。睡虎地秦简中有许多因本人犯罪而为"隶臣妾"者，原因有盗食官府祭品、盗钱、"以剑及兵刃"伤人等。⑤ 张家山汉简《二

---

① 陈松长主编：《岳麓书院藏秦简（伍）》，上海：上海辞书出版社2017年版，第138页。
② 学界主要观点的介绍和辨析详见下文。
③《史记》卷30《平准书》，北京：中华书局1959年版，第1441页。
④ 睡虎地秦墓竹简整理小组编：《睡虎地秦墓竹简》，第201页。
⑤ 参见睡虎地秦墓竹简："公祠未闋，盗其具，当赀以下耐为隶臣。""士五（伍）甲盗，以得时直（值）臧（赃），臧（赃）直（值）百一十，吏弗直（值），狱鞫乃直（值）臧（赃），臧（赃）直（值）过六百六十，黥甲为城旦，问甲及吏可（何）论？当耐为隶臣，吏为失刑罪。""捕赀审，即端以剑及兵刃刺杀之，可（何）论？杀之，完为城旦；伤之，耐为隶臣。"睡虎地秦墓竹简整理小组编：《睡虎地秦墓竹简》，第161、166、204页。

年律令·收律》简 174 规定:"罪人完城旦春、鬼薪以上,及坐奸府(腐)者,皆收其妻、子、财、田宅。"①"隶臣"因犯罪程度较轻不收其妻、子。简(2)规定,隶臣因罪完为城旦,其自由人身份的妻、子亦被没入官府。成为"收人"的原隶臣"外妻、子"会被官府卖掉,因此律文将"从母为收"释为"人固买(卖),子小不可别,弗买(卖)子母"。参照《二年律令·金布律》简435:"诸收人,皆入以为隶臣妾"②,"收人"其实应是"隶臣妾"的来源之一。

值得注意的是,通过"收"等方式为"隶臣妾"者与因本人犯罪而为"隶臣妾"者的身份性质截然不同。简(3)"道官收相输隶臣妾、收人,必署其已稟年日月,受衣未受,有妻毋(无)有"的规定将"隶臣妾"与"收人"并列,即已说明二者的不同。"收人"专指因家属犯罪被牵连而没入官府者,如简(2)中隶臣犯罪完为城旦,其自由人身份的妻、子亦被没入官,称为"收孥";又如《法律答问》所规定"夫有罪,妻先告,不收"③;《二年律令·收律》简 176 亦规定"夫有罪,妻告之,除于收及论;妻有罪,夫告之,亦除其夫罪"④,反证如夫犯了附加收的重罪而妻不先告,妻要为官府所"收"。"收人"与因本人犯罪而成为"隶臣妾"者的身份区别在《二年律令》中亦有多处体现。

(8) 张家山汉墓竹简《二年律令·亡律》简 165:

> 隶臣妾、收人亡,盈卒岁,毄(系)城旦春六岁;不盈卒岁,毄(系)三岁。自出殹,笞百。其去毄(系)三岁亡,毄

---

① 张家山二四七号汉墓竹简整理小组编著:《张家山汉墓竹简(二四七号墓)》(释文修订本),第 32 页。
② 张家山二四七号汉墓竹简整理小组编著:《张家山汉墓竹简(二四七号墓)》(释文修订本),第 68 页。
③ 睡虎地秦墓竹简整理小组编:《睡虎地秦墓竹简》,第 224 页。
④ 张家山二四七号汉墓竹简整理小组编著:《张家山汉墓竹简(二四七号墓)》(释文修订本),第 32 页。

（系）六岁；去毄（系）六岁亡，完为城旦舂。①

（9）张家山汉墓竹简《二年律令·亡律》简170—171：

诸舍亡人及罪人亡者，不智（知）其亡，盈五日以上，所舍 罪 当 黥 ☒ 赎 耐 ； 完 城 旦 舂 以 下 到 耐 罪 ， 及 亡 收 、 隶 臣 妾 、 奴 婢及亡盈十二月以上，赎耐。②

（10）张家山汉墓竹简《二年律令·钱律》简204—205：

捕盗铸钱及佐者死罪一人，予爵一级。其欲以免除罪人者，许之。捕一人，免除死罪一人，若城旦舂、鬼薪白粲二人，隶臣妾、收人、司空三人以为庶人。③

上述简（8）、（9）、（10）均将"隶臣妾"与"收人"并列，而非以"隶臣妾"统称之，说明二者不同。关于"收人"的性质，《史记·蒙恬列传》注引《索隐》曰："（赵高）父犯宫刑，妻子没为官奴婢，妻后野合所生子皆承赵姓"④，对照《二年律令·收律》简174"罪人完城旦舂、鬼薪以上，及坐奸府（腐）者，皆收其妻、子、财、田宅"的规定，赵高之父犯宫刑，即为"坐奸腐者"，其妻按律当"收"。根据《二年律令·金布律》简435"诸收人，皆入以为隶臣妾"的规定，"收人"是"隶臣妾"来源的一种，但从赵高母被收后成为"官奴婢"来看，"收人"的性质可能亦是"官奴婢"。《史记·商君列传》"事末利及怠而贫者，

---

① 张家山二四七号汉墓竹简整理小组编著：《张家山汉墓竹简（二四七号墓）》（释文修订本），第31页。

② 张家山二四七号汉墓竹简整理小组编著：《张家山汉墓竹简（二四七号墓）》（释文修订本），第31页。

③ 张家山二四七号汉墓竹简整理小组编著：《张家山汉墓竹简（二四七号墓）》（释文修订本），第36页。

④ 《史记》卷88《蒙恬列传》，第2566页。

举以为收孥"注引《索隐》曰:"懈怠不事事之人而贫者,则纠举而收录其妻子,没为官奴婢。"①可见,被"收孥"者没为"官奴婢"。《史记·孝文帝本纪》亦载,孝文帝十三年(前167年)五月,齐太仓令淳于公有罪当刑,诏狱逮徙系长安。其少女缇萦上书自愿"没入为官婢,赎父刑罪"②。缇萦愿被官府收为"官婢",以赎其父之刑,亦说明因"收"而为"隶臣妾"者的身份实际上是"官奴婢"。

"隶臣妾"来源复杂,有耐罪犯者、收人、降寇及隶臣妾子女等,性质各异,总体而言可分为刑徒和奴隶。关于隶臣妾中刑徒和奴隶的区别,正如李力先生所指出的,"隶臣妾"有两个含义:一是刑徒名称,另一是官奴隶名称;因本人犯罪而成为"隶臣妾"者是刑徒,由于其他原因而成为"隶臣妾"者是官奴隶③;亦如杨升南先生所言:"在秦简中两种身分的'隶臣妾'由于它们的名称相同,何者为奴隶何者为刑徒,骤视似不易区别,但是我们只要把握了奴隶和刑徒,是能够区别的。在来源上,刑徒的来源是本人犯罪而被判处为有一定期限的人。奴隶则不同,其来源要复杂得多。"④因家属犯罪被牵连籍没而被官府所"收"者,应是"官奴婢"的来源之一。⑤正如冨谷至先生所言,"在文献中'收'或'收孥'行为确实有将罪人家族没入官府变成官奴婢的意思"⑥。

秦及汉初简牍中的"徒隶"与"刑徒""奴隶"以及"隶臣

---

① 《史记》卷68《商君列传》,第2230—2231页。

② 《史记》卷10《孝文帝本纪》,第427—428页。

③ 李力:《亦谈"隶臣妾"与秦代的刑罚制度》,《法学研究》1984年第3期。

④ 杨升南:《云梦秦简中"隶臣妾"的身分和战国时秦国的社会性质》,《郑州大学学报(哲学社会科学版)》1987年第2期。

⑤ 据高敏先生总结,秦时"奴隶"主要有六个来源,参见高敏:《关于〈秦律〉中的隶臣妾问题质疑》,收入氏著:《云梦秦简初探(增订本)》,第91—108页。

⑥ 〔日〕冨谷至著,柴生芳、朱恒晔译:《秦汉刑罚制度研究》,桂林:广西师范大学出版社2006年版,第146页。

妾"的身份密切相关。通过对传世文献中"徒隶"的研究，俞伟超先生指出："'徒隶'连用，汉代屡见，指刑徒与奴婢。"①杨升南先生也认为："徒指刑徒，隶指奴隶。"②里耶秦简中亦有"徒隶"的记载。简6—7载："敢言之：前日言当为徒隶买衣及予吏益仆。"③《里耶秦简牍校释》第1卷对其中"徒隶"身份的解释，主要依据李学勤和李力两位先生的观点：李学勤先生结合里耶秦简16—5④认为，"徒隶"就是隶臣妾、城旦舂和鬼薪白粲。⑤ 李力先生则认为，在此确实用"徒隶"来指"隶臣妾、城旦舂、鬼薪白粲"，但并不能因此而断定"徒隶"就是"隶臣妾、城旦舂、鬼薪白粲"的省称，或者说"徒"是指"城旦舂、鬼薪白粲"，"隶"是指"隶臣妾"。里耶秦简所见"徒隶"一词是一个泛称，既可以指奴隶，也可以指刑徒"隶臣妾、城旦舂、鬼薪白粲"。⑥贾丽英先生也认为"徒隶"是一个泛称，"不同的时代、不同的语境中，其所指对象并不完全相同"⑦。以上

---

① 俞伟超：《古史分期问题的考古学观察（二）》，《文物》1981年第6期。

② 杨升南：《云梦秦简中"隶臣妾"的身分和战国时秦国的社会性质》，《郑州大学学报（哲学社会科学版）》1987年第2期。

③ 陈伟主编：《里耶秦简牍校释》第1卷，武汉：武汉大学出版社2012年版，第20页。

④ 里耶秦简16—5："廿七年二月丙子朔庚寅，洞庭守礼谓县嗇夫卒史嘉、叚（假）卒史穀、属尉。今日：传送委输，必先悉行城旦舂、隶臣妾、居赀赎责（债）；急事不可留，乃兴繇（徭）。今洞庭兵输内史及巴、南郡、苍梧，输甲兵当传者多节传之。必先悉行乘城卒、隶臣妾、城旦舂、鬼薪、白粲、居赀赎责（债）、司寇、隐官、践更县者。田时殹（也），不欲兴黔首。嘉、穀、尉各谨案所部县卒、徒隶、居赀赎责（债）、司寇、隐官、践更县者簿，有可令传甲兵，县弗令传之而兴黔首，兴黔首可省弗省少而多兴者，辄劾移县，县亟以律令具论。当坐者言名夬（决）泰守府。"里耶秦简博物馆、出土文献与中国古代文明研究协同创新中心中国人民大学中心编著：《里耶秦简博物馆藏秦简》，上海：中西书局2016年版，第207页。

⑤ 李学勤：《初读里耶秦简》，《文物》2003年第1期。

⑥ 参见李力：《论"徒隶"的身份——从出土里耶秦简入手》，中国文物研究所编：《出土文献研究》第8辑，上海：上海古籍出版社2007年版，第36页。

⑦ 贾丽英：《里耶秦简所见徒隶身份及监管官署》，卜宪群、杨振红主编：《简帛研究二〇一三》，桂林：广西师范大学出版社2014年版，第72页。

论争主要在于对"徒"和"隶"的解释不同,关于"徒隶"的身份则主要可概括为两种观点:其一,"徒隶"是"刑徒"和"奴隶";其二,"徒隶"就是隶臣妾、城旦舂和鬼薪白粲。这两种观点其实并不矛盾。因为徒隶中的"城旦舂、鬼薪白粲"是刑徒无疑,但"隶臣妾"则既包括因本人犯罪而判处为"隶臣妾"者(性质为"刑徒"),又包括因家属犯罪被牵连籍没而被官府收为"隶臣妾"者及所生小隶臣妾(性质为"官奴婢")。由此,"徒隶"也就既包含刑徒(包括隶臣妾、城旦舂和鬼薪白粲),又包含奴隶(官奴婢性质的隶臣妾)。另外,里耶秦简 8—16:"廿九年尽岁田官徒薄(簿)廷。"《里耶秦简牍校释》云:"徒,身份用语。从'徒簿'、'作徒簿'中所列人员看,'徒'包括城旦舂、鬼薪白粲等刑徒和隶臣妾,似与'徒隶'无异,或是'徒隶'的简称。"[1]其中"'徒'包括城旦舂、鬼薪白粲等刑徒和隶臣妾"的表述,说明"隶臣妾"的身份并不完全是"刑徒",这亦从一个侧面证明,"隶臣妾"应是包括刑徒和官奴婢两种不同的身份。

关于官府对徒隶的管理,学者通过对里耶秦简中作徒相关簿籍的研究,认为隶臣妾、鬼薪白粲、城旦舂等徒隶分属仓和司空等不同管理机构,分工情况可归纳为:仓主要掌管隶臣、隶妾、大隶臣、大隶妾、小隶臣,也就是说隶臣妾都由仓来管理。司空主要掌握隶妾系舂、城旦、丈城旦、舂、司空居赀、居赀、赎债、鬼薪、白粲、小城旦、隶妾居赀、小舂。[2] 里耶秦简 8—495:"仓课志:畜彘鸡狗产子课,畜彘鸡狗死亡课,徒隶死亡课,徒隶产子课,作务产钱课,徒隶行縣(繇)课,畜雁死亡

---

① 陈伟主编:《里耶秦简牍校释》第 1 卷,第 31—32 页。

② 参见高震寰:《从〈里耶秦简〉(壹)"作徒簿"管窥秦代刑徒制度》,中国文化遗产研究院编:《出土文献研究》第 12 辑,上海:中西书局 2013 年版,第 136 页;贾丽英:《里耶秦简所见徒隶身份及监管官署》,卜宪群、杨振红主编:《简帛研究二○一三》,第 81 页;沈刚:《〈里耶秦简〉(壹)所见作徒管理问题探讨》,《史学月刊》2015 年第 2 期等。

课,畜鸬产子课·凡☐"①其中"徒隶产子课"属于"仓课志",而在仓中服役的徒隶身份一般为隶臣妾,因此,"这个'徒隶'可能仅指隶妾"②,其所产子身份为小隶臣妾。并且,"从与徒隶课并列的诸项目对比看,徒隶被看成是'仓'所掌财产的一部分"③,虽然目前尚无资料明确显示仓所管理隶臣妾的具体来源,但从其财产属性,我们有理由推测其身份是官奴婢。

如上所述,隶臣妾在不"从事公"期间有一定的时间和人身自由。并且,隶臣可从事缉捕盗贼、勘验侦查等工作。如睡虎地秦墓竹简《封诊式》《告子》《贼死》《经死》爱书中的"牢隶臣",《穴盗》《出子》爱书中的隶臣,《岳麓书院藏秦简(叁)》"讞、妢刑杀人案"中的"隶臣哀","田与市和奸案"中的"隶臣毋智"等。据《岳麓书院藏秦简(伍)》简176"·隶臣捕道徼外来为间者一人,免为司寇",简179"·隶臣捕道故徼外来诱而舍者一人,免为司寇"④,隶臣可通过捕道徼外"来为间者"和"来诱而舍者"而"免为司寇",说明这些隶臣的身份是"刑徒",与里耶秦简"仓课志"中财产性质的隶臣妾、小隶臣妾等的官奴婢身份明显不同。同为刑徒的隶臣妾与城旦春、鬼薪白粲亦存在较大差异,主要体现在司法权力、免罪、家属处理、财产等方面。⑤ 其中家属处理的差别与本文主旨密切相关。隶臣妾妻、子不必没收为奴,只有在犯罪完为城旦后才没收妻、子,而被判为城旦春、鬼薪白粲者,多数情况下家属

① 陈伟主编:《里耶秦简牍校释》第1卷,第169页。
② 贾丽英:《里耶秦简所见徒隶身份及监管官署》,卜宪群、杨振红主编:《简帛研究二〇一三》,第72页。
③ 沈刚:《〈里耶秦简〉(壹)所见作徒管理问题探讨》,《史学月刊》2015年第2期。
④ 陈松长主编:《岳麓书院藏秦简(伍)》,第126—127页。
⑤ 韩树峰:《秦汉徒刑散论》,《历史研究》2005年第3期。

被没收为奴①，这是刑徒性质的隶臣以及少数城旦、鬼薪有"外妻"的基础。

朱红林先生提出"隶臣妾是可以随便买卖的，夫妻二人沦为隶臣和隶妾之后，婚姻关系实际上已经就不存在了"②，这在作为妻的"隶妾"是"官奴婢"性质的"收人"时是成立的。高恒先生认为，秦简中被收者可以由官府卖掉，这就说明被收者是一种官奴婢，只不过在秦简中未见有律文直接说明被收的人也称为隶臣、妾。但从其他有关规定中，可以看出这种人就是隶臣、妾的一种。③ 张家山汉简《二年律令·金布律》简435"诸收人，皆入以为隶臣妾"则证明，"收人"即为"隶臣妾"，而"由官府卖出的徒隶只能是被收孥的隶臣妾"④。"收人"被卖具有真正的商品买卖性质，如简（2）所反映的隶臣外妻、子因隶臣犯罪而被没入官，并随时可由官府出卖，只是在其子年幼的情况下"从母为收"。官奴婢性质的"隶臣"随时可能被赏赐给私人，其情形与"收人"被卖类似。如《法律答问》规定的"有投书，勿发，见辄燔之；能捕者购隶臣二人，毄（繋）投书者鞠审谳之"⑤，"购"意为"赏赐"，即能捕获投匿名信者，可获赐两名官奴婢。高敏、刘汉东两位先生据此指出："这种以'隶臣妾'充赏的作法，实际上，也等于是一种奴隶的

---

① 对于子女来说，只有已婚、独立为户、有爵位和年龄十七岁以上四种情况才可免收为奴。妻子则只有在被丈夫抛弃或者独居的情况下才可免收为奴。妇女如为"偏妻"，或者独居不与家人属同一户籍，犯罪时没收其田宅、财产，但其子女不必没收为奴婢。韩树峰：《秦汉徒刑散论》，《历史研究》2005年第3期。

② 参见朱红林：《试说睡虎地秦简中的"外妻"》，张德芳主编：《甘肃省第二届简牍学国际学术研讨会论文集》，第497页。

③ 高恒：《秦律中"隶臣妾"问题的探讨——兼批四人帮的法家"爱人民"的谬论》，《文物》1977年第7期。

④ 张俊：《从秦简看秦代奴隶买卖问题》，《许昌学院学报》2015年第4期。

⑤ 睡虎地秦墓竹简整理小组编：《睡虎地秦墓竹简》，第174页。

卖买。"①《二年律令·亡律》简 161 更加清楚地说明了这一点："主入购县官，其主不欲取者，入奴婢县官，【县】官购之。"②其中"主入购县官"之"购"应释为"赏赐"，"【县】官购之"之"购"则意为"购买"，即主人因功获得官府赏赐官奴婢为私奴婢，但主人不欲领取，则可将本应领取的奴婢卖与官府。再如张家山汉墓竹简《奏谳书》例 17 所载秦王元年（前 246 年）和二年（前 245 年）"黥城旦讲乞鞫"案中，名为"讲"的乐人因误判"黥为城旦舂"后经申诉得到平反。"讲"之妻、子亦被官府所收并卖为奴，在"讲"平反时由官府出钱赎回。③但如果所卖"隶臣妾"的性质为"刑徒"，情况或许就没有这么简单了。虽然里耶秦简中数次出现"买徒隶"④的记载，但据王彦辉先生研究，其中"所谓'以朔日上所买徒隶数守府'的'买'当读为'卖'，两者在简牍资料中往往通用"⑤，即官府将"徒隶"卖到民间。但这种"卖"并非随意为之，而是有特定条件。其一，由"收孥"而来的"徒隶"（官奴婢性质的隶臣妾）可以买卖，上文已论。其二，当"徒隶"的性质为"刑徒"时，是不得被"随便买卖"的。如王焕林先生所言："由于鬼薪、白粲、

---

① 高敏、刘汉东：《秦简"隶臣妾"确为奴隶说——兼与林剑鸣先生商榷》，《学术月刊》1984 年第 9 期。

② 彭浩、陈伟、［日］工藤元男主编：《二年律令与奏谳书——张家山二四七号汉墓出土法律文献释读》，上海：上海古籍出版社 2007 年版，第 155 页。

③ 张家山二四七号汉墓竹简整理小组编著：《张家山汉墓竹简（二四七号墓）》（释文修订本），第 100—102 页。

④ 参见里耶秦简 8—664＋8—1053＋8—2167：卅二年九月甲戌朔朔日，迁陵守丞都敢⊿以朔日上所买徒隶数守府。·问之敢言之。⊿；里耶秦简 8—154：卅三年二月壬寅朔朔日，迁陵守丞都敢言之：令曰恒以朔日上所买徒隶数。·问之，毋当令者，敢言之。陈伟主编：《里耶秦简牍校释》第 1 卷，第 197、93 页。里耶秦简 9—1406：廿九年少内⊿买徒隶用钱三万三千□⊿少内根、佐之主。⊿。陈伟主编：《里耶秦简牍校释》第 2 卷，武汉：武汉大学出版社 2018 年版，第 300 页。

⑤ 具体论证参见王彦辉：《论秦及汉初身份秩序中的"庶人"》，《历史研究》2018 年第 4 期。

城旦春等刑徒不能买卖,故此处仅指隶臣、隶妾两类奴隶。"①
王健先生也指出,从秦律看,连坐被收的隶臣妾与犯罪判刑的
隶臣妾有些处置上的差别,能够出卖的是连坐被收的隶臣
妾。② 据《岳麓书院藏秦简(肆)》秦律规定,刑徒性质的隶臣
妾只有"老、痹(癃)病、毋(无)赖不能作者"才可被卖与"其
亲、所智(知)"者③,说是"卖",实际具有赎免性质,而其他刑
徒性质的隶臣妾是不得被"随便买卖"的。

　　同理,作为自由民女子(外妻)丈夫的刑徒性质的"隶
臣",亦不可被官府随便买卖。另外,《岳麓书院藏秦简》还有
如下记载。

　　(11)《岳麓书院藏秦简(伍)》简9—11:

　　　　☑【言及】坐与私邑私家为不善,若为为不善以有辠
　　者,尽输其收妻子、奴婢材官、左材官作,终身作远穷山,
　　毋得去。议:诸隶臣、城旦、城旦司寇、鬼薪坐此物以有辠
　　当收者,其妻子虽隶臣妾、城旦、城旦司寇、春、白粲殹
　　(也),皆轮〈输〉材官、左材官作,如令。④

该简表明,法律承认"隶臣、城旦、城旦司寇、鬼薪"等男性刑徒
与"隶妾、春、白粲"等女性刑徒之间的婚姻。因此,前揭"夫
妻二人沦为隶臣和隶妾之后,婚姻关系实际上已不存在"的论
断在隶臣妾的身份为刑徒时不能成立。

　　与此紧密相关的是隶臣家庭所生子女的身份问题。隶臣
妾的身份具有传承性,当夫妻皆为官奴婢性质的隶臣妾时,其子

① 王焕林:《里耶秦简校诂》,北京:中国文联出版社2007年版,第46页。
② 王健:《从里耶秦简看秦代官府买徒隶问题(论纲)》,陕西省秦俑学研究会、秦
　始皇兵马俑博物馆:《秦俑博物馆开馆三十周年秦俑学第七届年会国际学术研
　讨会论文集》,西安:三秦出版社2010年版,第473页。
③ 陈松长主编:《岳麓书院藏秦简(肆)》,第213—214页。
④ 陈松长主编:《岳麓书院藏秦简(伍)》,第41—42页。

女皆为隶臣妾。睡虎地秦简中存在大量的"小隶臣""小隶妾"，里耶秦简8—495"仓课志"中的"徒隶产子课"（实际是"隶妾产子课"）也证明了这一点。① 但是，在隶臣性质为刑徒，其妻为自由人时，子女身份则复杂得多。《法律答问》记载了一个隶臣妻在隶臣死后否认其子为"隶臣子"的案例。

（12）睡虎地秦墓竹简《法律答问》：

> 女子为隶臣妻，有子焉，今隶臣死，女子北其子，以为非隶臣子殹（也），问女子论可（何）殹（也）？ 或黥颜頯为隶妾，或曰完，完之当殹（也）。②

官奴婢性质的隶臣妾身份具有传承性，但作为刑徒性质的隶臣则可能有"外妻、子"——非隶臣妾身份的妻和子。简（12）中的"隶臣妻"之所以有机会否认其子"隶臣子"的身份，是因为其子的生存境况有别于官奴婢性质的"小隶臣妾"，即从小并非生活于官府，而是具有一定的人身自由。从犯罪与刑罚的角度来看，"完"或"耐"为"隶臣妾"既非连坐之重罪，也不附加"收"。因此，犯罪而判为"隶臣"者，其妻、子仍保有原来的身份，有别于已为隶臣而又生子的情况。但从简（12）来看，即使隶臣之"外妻、子"不是隶臣妾，亦不得隐瞒其夫、其父是隶臣的事实，"识劫娩案"中娩原为私家女奴"妾"，即使后被免为庶人，在户籍上仍需注明其身份为"免妾"。刑徒身份的隶臣之"子"虽不是隶臣妾，但必须在其户籍注明为"隶臣子"，因为"隶臣子"在某些方面不享有父母皆为平民者的权利，这实际是一种身份歧视。

（13）《岳麓书院藏秦简（肆）》简212—214：

> 置吏律曰：有辠以毄（迁）者及赎耐以上居官有辠以

---

① 陈伟主编：《里耶秦简牍校释》第1卷，第169页。
② 睡虎地秦墓竹简整理小组编：《睡虎地秦墓竹简》，第225页。

废者,虏、收人、人奴、群耐子,免者、赎子,辄傅其计籍。
其有除以为冗佐、佐吏、县匠、牢监、牡马、簪袅者,毋许,
及不得为租。君子、虏、收人、人奴、群耐子,免者、赎子,
其前卅年五月除者勿免,免者勿复用。①

该律规定,"虏、收人、人奴、群耐子,免者、赎子"等有过犯罪记
录者的子女需"傅其计籍",不得担任"冗佐、佐吏、县匠、牢
监、牡马、簪袅"等职事吏,亦"不得为租"。秦代的"耐"即"去
须鬓"。由于初犯判为城旦舂者既可施加肉刑也可施加耐刑,
为突出与肉刑的对比,将"耐"为城旦舂称为"完城旦舂"。但
初犯判鬼薪白粲、隶臣妾、司寇等城旦舂以下刑罚者则一般施
加耐刑而不施加肉刑,遂径称为"耐鬼薪白粲""耐隶臣妾"
"耐司寇"。②"群耐子"即指各类受耐刑者之子女,包括"隶臣
子"。即法律禁止包括隶臣子在内的"虏、收人、人奴、群耐子,
免者、赎子"担任某些职事的官吏,这或许也就是简(12)中的
隶臣妻隐藏其子的"隶臣子"身份而受惩处的原因。

在秦代,隶臣妾的身份可以通过多种途径改变,那么,在
此时,其子女的身份如何确定呢? 对此,岳麓秦简所载《傅律》
有如下规定:

(14)《岳麓书院藏秦简(肆)》简 160—162:

·傅律曰:隶臣以庶人为妻,若羣(群)司寇、隶臣妻
怀子,其夫免若冗以免、已拜免,子乃产,皆如其已免吏
(事)之子。女子怀夫子而有辠,耐隶妾以上,狱已断而产
子,子为隶臣妾,其狱未断而产子,子各如其夫吏(事)子。
收人怀夫子以收,已赎为庶人,后产子,子为庶人。③

---

① 陈松长主编:《岳麓书院藏秦简(肆)》,第 138—139 页,部分标点为笔者所改。
② 韩树峰:《秦汉律令中的完刑》,《中国史研究》2003 年第 4 期。
③ 陈松长主编:《岳麓书院藏秦简(肆)》,第 121 页。

其中，"免吏（事）"指免除所当"事"于国的各种劳役，即隶臣之"外妻"怀孕期间，如隶臣因冗边、归爵等免为庶人，后其妻产子，则其子随其父获免后的身份傅籍。这亦反证，在男子身为隶臣期间，"外妻"所生子女身份亦随其父为隶臣妾。这与简（12）中男子在成为隶臣前与女子所生子女身份不为隶臣妾可互证。但若自由民女子（简称"民女"，下同）怀孕期间因本人犯罪"耐"为隶妾，判决后才产子，则其子女随其母身份为隶臣妾。而若在"狱未断"（女子身份仍为自由民）期间产子，则其子女身份随其夫。女子怀孕后被"收"，其子女身份以孩子出生时其母的身份为准。可见，在母为自由民时，子女与出生时父亲的身份一致；一旦女子沦为隶妾（不管是因本人犯罪而为"刑徒"，还是因"收"为"官奴婢"），其子女身份都与出生时母亲的身份相同，为小隶臣妾。此时隶妾子女已成为国家的财产，而与其父脱离亲子关系，所以即使怀孕的"收人"（"官奴婢"性质的隶妾）在"赎为庶人"后才产子，子亦随母为庶人。这与简（2）所载"从母为收"形成互证。以上论述皆说明，民女所生子女身份随父，父家长权居于重要地位，但国家对"隶臣妾"子女的人身所有权高于其父的家长权。

二、"奴外妻"身份辨析

随着《岳麓书院藏秦简（伍）》的公布，我们发现"外妻"并非特指"隶臣"等刑徒之自由民身份的妻，"奴"亦可有"外妻"。

（15）《岳麓书院藏秦简（伍）》简203—204：

【自】[今]以来，殴泰父母，弃市，臧䚢畀之，黥为城旦舂。殴主母，黥为城旦舂，臧䚢畀之，完为城旦舂。殴威公，完为【舂，臧】䚢畀之，耐为隶妾。奴外妻如妇。殴兄、姊、叚（假）母，耐为隶臣妾，隶訽晋之，赎黥。①

从其中"奴外妻如妇"的规定来看，"外妻"亦可指"奴"之妻，是奴之妻的一种特殊情况。众所周知，"奴"与"隶臣"的身份存在明显差别。从目前文献来看，"隶臣妾"身份经历了由"刑徒""官奴隶"的混合体到"刑徒"的单一称谓的发展轨迹②，"奴"则专指"私家男性奴隶"。"臣妾""奴妾"与"奴婢"是秦汉简牍中指称私家奴隶的用语。秦人最初称私家奴隶为"臣妾""奴妾"，直至始皇二十八年（前 219 年），至迟在始皇三十二年（前 215 年）以后，改称为"奴婢"，并为汉人沿用。③自此之后，私家奴隶男称"奴"，女称"婢"，如张家山汉简《二年律令与奏谳书》对《二年律令·贼律》简 30"奴婢敺（殴）庶人以上，黥颜，畀主"所作按语："奴婢"之"奴"，指男性家奴；"婢"，指女性家奴。④ 可见，称之为"奴"者，无疑指私家男性奴隶。那么，岳麓书院藏秦简所言"奴外妻"是什么身份呢？

要了解"奴外妻"的身份，关键是理解"外妻"之"外"的含义。从睡虎地秦简整理者对简（1）和简（2）中隶臣"外妻"的解释和译文可以得出两点认识：其一，"外妻"的身份是自由人，其"外"是相对于"隶臣"非自由人的身份而言，即妻的身份异于夫；其二，"外妻"之"外"是相对于"隶臣"的居住地而言，其"外妻、子"是"在外面"的自由民。对于第一点，应无异议。而对于第二点，李力和朱红林两位先生作了进一步论述。李力先生认为，"外"在此是与"内"相对而言的。"隶臣"因犯

---

① 陈松长主编：《岳麓书院藏秦简（伍）》，第 135—136 页。
② 李力：《"隶臣妾"身份再研究》，第 3 页。
③ 陈伟：《从"臣妾"、"奴妾"到"奴婢"》，简帛网 2017 年 1 月 27 日，http://www.bsm.org.cn/show_article.php? id＝2715。
④ 彭浩、陈伟、［日］工藤元男主编：《二年律令与奏谳书——张家山二四七号汉墓出土法律文献释读》，第 102 页。

罪被拘禁在狱中,此为"内";其妻、子未受其牵连而被收孥,此为"外"。① 朱红林先生则根据《二年律令·户律》简307"隶臣妾、城旦舂、鬼薪白粲家室居民里中者,以亡论之"②的规定认为,"外妻"之"外"是"相对于隶臣的居住区而言,隶臣的妻子如果是身份自由的编户齐民,按照法律就不能和隶臣住在一起,故称'外'"。"外妻"之"外"应与"隶臣"与编户齐民的居住地不同有关。③ 但是,有"外妻"的"隶臣"身份应为刑徒。而作为刑徒的隶臣为官府服役的方式,可能是以"更"或"冗"的方式为官府提供无偿劳役。如此,李力先生以是否"因犯罪被拘禁在狱中"为标准划分"内"与"外"的观点便有些欠妥了。同样,朱红林先生"外妻"之"外"应与"隶臣"与编户齐民的居住地不同有关的观点,若用来解释简(15)中的"奴外妻"之"外",似乎也有些牵强。本文认为,"外妻"之"外"不管是其夫为"隶臣"还是"奴",都是针对其妻的身份而言,即作为丈夫的男子的身份为"隶臣"或"奴",而作为其妻的女子的身份是"自由民",两者身份存在差异,故称之为"外"。

众所周知,秦是中国古代法家思想居于主导地位的时期,"法治"④是国家社会治理的基本方式。但从简(15)对殴打、侮辱、詈骂泰父母、主母、威公、兄、姊、叚(假)母等不同身份者

---

① 李力:《"隶臣妾"身份再研究》,第414—415页。

② 张家山二四七号汉墓竹简整理小组编著:《张家山汉墓竹简(二四七号墓)》(释文修订本),第51页。

③ 朱红林:《试说睡虎地秦简中的"外妻"》,张德芳主编:《甘肃省第二届简牍学国际学术研讨会论文集》,第493—494页。

④ 本文中"法治"是指基于法家思想,主张按照军功、事功决定身份地位高下,以"刑无等级"(蒋礼鸿:《商君书锥指》卷4《赏刑第十七》,北京:中华书局1986年版,第101页),"不别亲疏,不殊贵贱,一断于法"(《史记》卷130《太史公自序》,第3291页),"奉法齐一"为特征的社会治理方式。

所进行的不同惩处来看,以儒家思想为基础的"礼治"①社会
治理方式在秦律中也有体现。②"威公",张家山汉简整理小
组释曰:"威,婆母,《广雅·释亲》:'姑谓之威'。"③王贵元据
《二年律令》云:"威为丈夫的母亲,公为丈夫的父亲,'威公'
正与'父母'相应。……《礼记·内则》:'子事父母……妇事
舅姑。'舅姑即公婆。亦可为证。"④与"威公"相对者应为
"妇"。简(15)中"殴威公,完为【舂,畀】詾畀之,耐为隶妾"应
是省略了主语"妇"。《二年律令·贼律》简40"妇贼伤、殴詈
夫之泰父母、父母、主母、后母,皆弃市"⑤可参照。简(15)这

① 本文中"礼治"是指基于儒家思想,主张社会按宗法血缘身份划分等级,以"别
贵贱""序尊卑""明礼差等"为特征的社会治理方式。
② 秦始皇三十七年(前210年)《会稽山刻石》云:"饰省宣义,有子而嫁,倍死不
贞。防隔内外,禁止淫泆,男女絜诚。夫为寄豭,杀之无罪,男秉义程。妻为逃
嫁,子不得母,咸化廉清。"《史记》卷6《秦始皇本纪》,第262页。《日知录》论
曰:"秦之任刑虽过,而其坊民正俗之意固未始异于三王也。汉兴以来,承用秦
法以至今日者多矣,世之儒者言及于秦,即以为亡国之法,亦未之深考乎?"
(清)顾炎武著,(清)黄汝成集释,栾保群、吕宗力校点:《日知录集释(全校
本)》卷13《秦纪会稽山刻石》,上海:上海古籍出版社2006年版,第751页。
认为秦治国虽以"法治"为主,但对社会习俗的规范则多采用"礼治"手段。
《岳麓书院藏秦简(伍)》中亦有劝勉百姓孝顺父母,友爱兄弟姐妹,尊敬老人,
率人为善的规定,简199:"·黔首或事父母孝,事兄姊忠敬,亲弟(悌)兹(慈)
爱,居邑里长老,衞(率)黔首为善,有如此者,牒书☐。"陈松长主编:《岳麓书院
藏秦简(伍)》,第134页。标点断句据李美娟《〈岳麓书院藏秦简(伍)〉札记》
(简帛网2018年5月19日,http://www.bsm.org.cn/show_article.php? id =
3115)有所改动。今人对这一观点亦有较多论述,如孙家洲认为战国、秦、西汉
早期立法的指导思想虽是法家思想,但"秦律中已有儒家思想因素存在,西汉
时期儒家因素日益增强",东汉时儒家才取代法家成为指导思想。参见孙家
洲:《试论战国、秦、汉时期立法指导思想的演变》,《杭州师院学报(社会科学
版)》1986年第1期。持此意见的还有崔永东(见氏著《简帛文献与古代法文
化》,武汉:湖北教育出版社2003年版,第212—266页)等。
③ 张家山二四七号汉墓竹简整理小组编著:《张家山汉墓竹简(二四七号墓)》
(释文修订本),第27页。
④ 王贵元:《张家山汉简与〈说文解字〉合证——〈说文解字校笺〉补遗》,《古汉语
研究》2004年第2期。
⑤ 张家山二四七号汉墓竹简整理小组编著:《张家山汉墓竹简(二四七号墓)》
(释文修订本),第14页。

一规定的目的在于规范"舅姑"与"妇"（即公婆与儿媳）间的关系,确立和维护舅姑与子妇间建立在尊卑名分基础上的家庭伦理秩序。又规定"奴外妻如妇",即民为奴妻亦应尊敬奴之父母,不得有殴打、侮辱、詈骂行为,否则亦按同于庶民的标准处理。与秦律"殴威公,完为【春,舂】詢詈之,耐为隶妾"相比,汉律"妇贼伤、殴詈夫之……父母……皆弃市"的规定更为严苛,说明汉初比秦更加强化舅姑相对于子妇在伦理上的尊位。舅姑相对于子妇的尊位基于父对子的"父权"和夫对妇的"夫权",秦汉法律的相关规定,一定程度上反映出早在秦汉时期,"父权"与"夫权"即已对女性有了较强的控制力。秦汉律以法律的形式构建了一个尊卑、贵贱、长幼、亲疏有序的等级社会,一定程度上是用"法治"的形式实施了"礼治"的内容。

在秦及汉初,良奴分界尚不十分严峻,良奴通婚较为常见,私家奴与民女通婚的现象在史料中亦有所反映。① 当然,奴娶民女为妻（以下简称为"奴娶民妻"）可能有多种情况。其一,男子在娶民女为妻之前即已为奴。如《史记·鲁仲连列传》有"臧获"之称,《集解》引《方言》曰:"荆、淮、海、岱、燕、齐之间骂奴曰臧,骂婢曰获。"②司马迁《报任少卿书》亦有"臧获婢妾"③之语,《汉书·司马迁传》注引应劭曰:"扬雄《方言》云:'海岱之间,骂奴曰臧,骂婢曰获。燕之北郊,民而聓婢谓之臧,女而妇奴谓之获。'"④"聓"同"婿"。由此可见,虽各地方言中"臧"与"获"所指身份不同,但确实存在"民而聓

---

① 由于中国古代是男权社会,史书书写的主体和客体均一般以男性为中心,故所见史料中自由民男子以婢为妻妾者较多,而奴娶民妻的记载则相对较少,这更大程度上反映的是记录者的主观倾向。法律作为规范人与人之间关系的尺度,或许更能从不同侧面反映出历史真实。
②《史记》卷83《鲁仲连列传》,第2468页。
③《汉书》卷62《司马迁传》,北京:中华书局1962年版,第2733页。
④《汉书》卷62《司马迁传》,第2735页。

（婿）婢""女而妇奴"的情况。又如汉成帝时宠臣张放之奴强略民妻："奴从者支属并乘权势为暴虐,至求吏妻不得,杀其夫。"①其二,自由民男子在与平民女子成婚后因各种原因沦为私家奴。如西汉初年诸侯并起,又遇饥荒,"人相食,死者过半","高祖乃令民得卖子"②,"民以饥饿自卖为人奴婢者"③不可胜数。与此同时,官府又"急政暴赋,赋敛不时",致"有者半价而卖,亡者取倍称之息,于是有卖田宅鬻子孙以偿责者矣"④。栾布亦曾"为人所略卖,为奴于燕"⑤。这些因饥饿而自卖为奴,因偿债而卖子孙为奴,或者因被人略买而产生的奴婢,其父母及妻应皆仍为自由民,这可能是简(5)所载"奴外妻"的一种情况。

秦汉法律对"奴娶民妻"问题也有涉及。

(16)《岳麓书院藏秦简(肆)》简89—90:

> 奴亡,以庶人以上为妻,婢亡,为司寇以上妻,黥奴婢颜（颜）頯,畀其主。以其子为隶臣妾,奴妻欲去,许之。⑥

其中奴以庶人以上为妻之所以违法,是因为奴为亡人,而根据秦及汉初的法律,与亡人结婚是违法的。⑦ 据简(16)推测,如

---

①《汉书》卷59《张汤传》,第2655页。

②《汉书》卷24上《食货志上》,第1127页。

③《汉书》卷1下《高帝纪下》,第54页。

④《汉书》卷24上《食货志上》,第1132页。

⑤《史记》卷100《栾布列传》,第2733页。

⑥陈松长主编:《岳麓书院藏秦简(肆)》,第68页。

⑦相关法律参见睡虎地秦墓竹简《法律答问》:"女子甲去夫亡,男子乙亦阑亡,相夫妻,甲弗告请(情),居二岁,生子,乃告请(情),乙即弗弃,而得,论可(何)殹(也)? 当黥城旦舂。""甲取(娶)人亡妻以为妻,不智(知)亡,有子焉,今得,问安置其子? 当畀。或入公,入公异是。"睡虎地秦墓竹简整理小组编:《睡虎地秦墓竹简》,第223页。张家山汉简《二年律令·亡律》简169:"取(娶)人妻及亡人以为妻,及为亡人妻,取(娶)及所取(娶),为谋(媒)者,智(知)其请(情),皆黥以为城旦舂。张家山二四七号汉墓竹简整理小组编著:《张家山汉墓竹简(二四七号墓)》(释文修订本),第31页。

私家奴不是"亡人"，娶民为妻则应当合法。

（17）张家山汉墓竹简《二年律令·杂律》简188：

> 民为奴妻而有子，子畀奴主；主婢奸，若为它家奴妻，有子，子畀婢主，皆为奴婢。①

（18）张家山汉墓竹简《二年律令·收律》简180：

> 奴有罪，毋收其妻子为奴婢者。有告劾未遝死，收之。匿收，与盗同法。②

（19）张家山汉墓竹简《二年律令·杂律》简190：

> 奴取（娶）主、主之母及主妻、子以为妻，若与奸，弃市，而耐其女子以为隶妾。其强与奸，除所强。③

简（17）"民为奴妻"和简（18）"奴有罪，毋收其妻子为奴婢者"的规定分别直接和间接证明了"奴外妻"的存在。简（18）规定，奴犯罪时不牵连其同为奴婢的妻与子，但同时反证，如奴妻为"外妻"，则仍需依律为"收"，这反映出奴对"外妻"仍有夫权和家长权。简（19）则是对"奴娶民妻"一种特殊情况的规定。由于奴与其主、主之母、主妻、子的婚姻违法，故不称为"婚"而称为"奸"。律文中的"与奸"类似于"和奸"，即在奴主等女子同意的情况下为婚。该律规定，奴与其主等民女为妻，如婚姻的缔结征得其主等民女同意，则处奴弃市，奴主等民女耐为隶妾。如系强迫为婚，则免除对其主等民女的处罚。该律更大程度上是在维护奴与主之间的"主奴名分"，而非禁

---

① 张家山二四七号汉墓竹简整理小组编著：《张家山汉墓竹简（二四七号墓）》（释文修订本），第34页。

② 张家山二四七号汉墓竹简整理小组编著：《张家山汉墓竹简（二四七号墓）》（释文修订本），第32页。

③ 张家山二四七号汉墓竹简整理小组编著：《张家山汉墓竹简（二四七号墓）》（释文修订本），第34页。

止奴娶民妻,亦说明当时应存在奴以其主、主之母、主妻、子等自由民为妻的情形(虽然是违法的)。

再看"奴外妻"所生子女的身份问题。简(16)对奴为亡人而娶民妻所生子女的身份进行了界定,由于奴婢逃亡为犯罪,而国家又要维护奴主对奴的人身所有权,故只能"以其子为隶臣妾,奴妻欲去,许之"。简(17)规定,汉初合法婚姻所生育的子女身份从父,父为奴,则子女亦为奴,并且"子畀奴主"。简(16)(17)亦反映出,既然奴婢本身已同资财,那么,"奴"的"父权"亦被主人对其的人身所有权吸收。睡虎地秦简《法律答问》"人奴擅杀子,城旦黥之,畀主""人奴妾治(笞)子,子以骳死,黥颜頯,畀主"①的规定也证明了这一点。上述法律皆说明,在"父权"与奴主对奴的人身所有权发生矛盾和冲突时,国家会优先维护主人对奴婢的人身所有权,"父权""夫权"居于相对次要的地位。

三、 结语

综上所论,凡言"外妻"者,无论是"隶臣外妻"还是"奴外妻",皆指向夫与妻身份的不对等。隶臣从属于国家(即"公家"),而"奴"从属于"私家",二者是"公"与"私"领域非自由人的代表。因此,"隶臣外妻"与"奴外妻",即刑徒、私家奴与民女为婚,可视为整个秦汉社会"良贱为婚""庶奴为婚"现象的一种反映,这是秦汉婚姻有别于前朝后世的一个显著特征,而这一特征又建立在当时的社会结构之上。从先秦到秦汉,社会结构经历了一个由封闭到流动的过程。商周春秋时期建立在宗法血缘基础上的五等爵制将社会各阶层固定在各自的位置上,世卿世禄、身份世袭的"封闭性"是其主要特征,奴隶

---

① 睡虎地秦墓竹简整理小组编:《睡虎地秦墓竹简》,第 183 页。

阶层亦被凝固在社会的最底层。战国至秦汉时期，随着二十等爵制的建立，世卿世禄的身份世袭制度趋于崩溃，建立在军功、事功基础上的身份制度使得社会各阶层处于流动之中。"流动性"和"非凝固性"是秦汉时期社会结构的主要特征，良贱制度亦处于一种开放的状态，奴婢阶层可通过多种途径改变身份。隶臣妾可通过归爵、戍边、赎、诏免等方式改变自己或者亲属的身份①，私家奴亦可通过主人放免、自赎或国家诏免等渠道成为庶人②，良贱、庶奴界限并非如后世般犹如天隔。社会身份的流动性为"良贱为婚""庶奴为婚"提供了基础，"外妻"也许就是秦及汉初社会阶层结构的一个注解。

（原载《史学月刊》2020年第3期）

---

① 参见睡虎地秦简《秦律十八种》之《军爵律》："欲归爵二级以免亲父母为隶臣妾者一人，及隶臣斩首为公士，谒归公士而免故妻隶妾一人者，许之，免以为庶人。工隶臣斩首及人为斩首以免者，皆令为工。其不完者，以为隐官工。"《司空律》："百姓有母及同牲（生）为隶妾，非适（谪）罪殴（也）而欲为冗边五岁，毋赏（偿）兴日，以免一人为庶人，许之。·或赎罢（迁），欲入钱者，日八钱。"《仓律》："隶臣欲以人丁粼者二人赎，许之。其老当免老、小高五尺以下及隶妾欲以丁粼者一人赎，许之。赎者皆以男子，以其赎为隶臣。女子操敧红及服者，不得赎。边县者，复数其县。"睡虎地秦墓竹简整理小组编：《睡虎地秦墓竹简》，第93、91、53—54页。《北京大学藏西汉竹书》简16—17："王死而胡亥立，即杀其兄夫（扶）胥（苏）、中尉恬。大赦（赦）罪人，而免隶臣高以为郎中令。"朱凤瀚主编：《北京大学藏西汉竹书〔叁〕》下，上海：上海古籍出版社2015年版，第190页。

② 放免奴婢，参见张家山汉简《二年律令》简162："奴婢为善而主欲免者，许之，奴命曰私属，婢为庶人。"张家山二四七号汉墓竹简整理小组编著：《张家山汉墓竹简（二四七号墓）》（释文修订本），第30页；奴婢自赎，参见《汉书·地理志》："相盗者男没入为其家奴，女子为婢，欲自赎者，人五十万。"《汉书》卷28下《地理志下》，第1658页；国家诏免，可参见《汉书·高帝纪》："民以饥饿自卖为人奴婢者，皆免为庶人。"《汉书》卷1下《高帝纪下》，第54页。

秦及汉初简牍中的"寡"

——以爵位、户籍、经济生活为中心

孙玉荣(山东理工大学)

[摘　要]简牍对秦及汉初的"寡"在爵位、户籍、经济生活等方面皆有反映。"寡"可有爵,"大夫寡""上造寡""关内侯寡"等是"袭"或继承其亡夫爵位的有爵者。"寡"可"为户",并有权继承其夫、子的财产,但同时受到一定限制。官府对有"寡"家庭在徭役征发、户籍"分异"、养老等方面有一定照顾。"寡"可通过开垦荒田、种植农桑、纺织等获得生活资料,亦可通过工商信贷获得经济利益,并有代表家庭向官府登记财产(占赀)和纳税的义务。"寡"如犯"赀"罪,需交纳"赀钱",亦可根据规定享有"复"的优待。上述政策的实施,与两性社会分工差异和特殊历史背景下男性的大量非正常死亡,国家扩大赋役征课范围,以及奖励军功,保障军队战斗力等因素相关。

[关键词]寡;爵位;户主;"赀";"复"

"寡"的本义是"少",与"众"相对,《说文解字》曰:"寡,少也。"①引申用于婚姻状态有孤单之意。先秦时期,"寡"并

---

① (汉)许慎撰,(宋)徐铉校定:《说文解字》,北京:中华书局2013年版,第148页。

不限定为丧夫女子,丧妻男子亦称为"寡"①。战国时期,"寡"开始作为丧夫未再嫁女性身份的专用称谓。② 西汉初期,"寡"专指寡妇逐渐明确。③ 本文所论之"寡"专指夫亡未再嫁的女子。囿于资料,目前对秦汉时期"寡"身份的探讨多散见于妇女史、家庭史、社会史的研究,专题研究极少。④ 对秦汉

① 如《左传·襄公二十七年》载:"齐崔杼生成及强而寡。娶东郭姜,生明。"杨伯峻编著:《春秋左传注(修订本)》,北京:中华书局1990年版,第1136—1137页。《墨子·辞过》云:"宫无拘女,故天下无寡夫。内无拘女,外无寡夫,故天下之民众。当今之君,其蓄私也,大国拘女累千,小国累百,是以天下之男多寡无妻,女多拘无夫。男女失时,故民少。"吴毓江撰,孙启治点校:《墨子校注》卷1《辞过》,北京:中华书局2006年版,第48页。睡虎地秦简《日书》乙种简255:"丙亡,为间者不寡夫乃寡妇,其室在西方,疵而在耳,乃折齿。"陈伟主编:《秦简牍合集:释文注释修订本(贰)》,武汉:武汉大学出版社2016年版,第529页。
②《管子·入国篇》:"凡国都皆有掌媒。丈夫无妻曰鳏,妇人无夫曰寡,取鳏寡而合和之,予田宅而家宅之。"黎翔凤撰,梁运华整理:《管子校注》卷18《入国》,北京:中华书局2004年版,第1034页。开始明确按男女性别分开称为"鳏"与"寡","寡"特指"寡妇"。
③ 虽岳麓秦简《徭律》、张家山汉简《二年律令·户律》中亦有"寡夫""寡子"身份,但无明确限定而仅言"寡"者,皆专指"寡妇"。张家山汉简《二年律令·置后律》简376:"死,其寡有遗腹者,须遗腹产,乃以律为置爵、户后。"其注释云"寡,寡妇";简379—380:"死毋子男代户,令父若母,毋父母令妻,毋妻令女,毋女令孙,毋孙令耳孙,毋耳孙令大父母,毋大父母令同产子代户。同产子代户,必同居数。弃妻子不得与后妻子争后。"张家山二四七号汉墓竹简整理小组编著:《张家山汉墓竹简(二四七号墓)》(释文修订本),北京:文物出版社2006年版,第60页。上述"寡"身份出现在法律条文中,证明从汉初开始,用于婚姻状态而无明确限定的"寡"已固定指"妇人无夫"者的身份,"寡"与"寡妇"同义,皆指夫亡而未再嫁的女子。
④ 目前所见专题研究成果仅苏俊林《简牍所见秦及汉初"有爵寡"考论》(《中国史研究》2019年第2期),该文认为秦及汉初简牍中的"'有爵寡'应为'有爵者之寡',即有爵者的寡妇,而不是'有爵且寡',即自己拥有爵位的寡妇"。部分研究从长时段的角度对"寡"的身份进行论述。董家遵《从汉到宋寡妇再嫁习俗考》和聂崇岐《女子再嫁问题的历史演变》两文(均收入鲍家麟著:《中国妇女史论集》,台北:牧童出版社1979年版)以传世文献为基础,从再嫁的视角对"寡妇"问题进行了论述。张天慧《秦汉魏晋寡妇探论》(硕士学位论文,香港中文大学,2005年)综合运用张家山汉简、长沙走马楼三国吴简等出土文献和传世文献,考察了从秦汉到魏晋寡妇的生活。其他相关成果主要有:李解民《汉代婚姻家庭另类形态的法律依据》(卜宪群、杨振红主编:《简帛研究二〇〇四》,桂林:广西师范大学出版社2006年版,第224—233页) (转下页)

时期的寡妇传世文献多有记载①，其中对"寡妇"的称呼有"寡""贞妇"和"孝妇"。"贞"指"贞节"，即为亡夫守贞，夫死不嫁，"孝"指"孝亲"，即在为夫守节的同时，侍养舅姑，为夫家尽孝。"贞妇"和"孝妇"的称谓和内容皆指向其德行。但除此之外，"寡"的生活有更为丰富的内容。"寡"或"寡妇"不只是个体生理生命被分割出来的一环，而且是在人际互动中经由彼此生命对照而形成的一种"社会身份"。它既是一个人生阶段，又是一个身份;既是婚姻状态(守寡/守节)的反映，又是家庭状况(寡居)的投射。② 张家山汉简、里耶秦简、岳麓秦简等的相继出土和公布，为秦及汉初"寡"身份的研究提供了新的资料。因此，本文即在前人研究基础上，结合新出简牍，对"寡"的爵位、户籍、经济生活等进行考察，以期对秦及汉初"寡"的身份有更为全面的认识。

(接上页)论述了寡为户后时的田宅授予问题。刘敏《秦汉时期的"赐民爵"及小爵》和朱绍侯《〈秦汉时期的"赐民爵"及"小爵"〉读后——兼论汉代爵制与妇女的关系》(皆载于《史学月刊》2009 年第 11 期)认为，秦汉时期的寡妻可以继承丈夫的爵位。薛洪波《战国秦汉时代女性财产权问题再考察》(《中国经济史研究》2018 年第 1 期)则论及了秦汉时期"寡"的财产权。

① 如《史记·货殖列传》载:"巴寡妇清，其先得丹穴，而擅其利数世，家亦不訾。清，寡妇也，能守其业，用财自卫，不见侵犯。秦皇帝以为贞妇而客之，为筑女怀清台。"《史记》卷 129《货殖列传》，北京:中华书局 1982 年版，第 3260 页。《史记·司马相如列传》载:"是时卓王孙有女文君新寡。"《史记》卷 117《司马相如列传》，第 3000 页。《汉书·于定国传》载:"东海有孝妇，少寡，亡子，养姑甚谨，姑欲嫁之，终不肯。姑谓邻人曰:'孝妇事我勤苦，哀其亡子守寡。'"《汉书》卷 71《于定国传》，北京:中华书局 1962 年版，第 3041 页。《汉书·原涉传》注云:"陈孝者，其夫当行，戒属孝妇曰:'幸有老母，吾若不来，汝善养吾母。'孝妇曰:'诺。'夫果死，孝妇养姑愈谨。其父母将取嫁之，孝妇固欲自杀，父母惧而不取，遂使养姑。淮阳太守以闻，朝廷高其义，赐黄金四十斤，复之终身。号曰孝妇。"《汉书》卷 92《原涉传》注，第 3715 页。

② 张天慧:《秦汉魏晋寡妇探论》，硕士学位论文，香港中文大学，2005 年，第 3、22 页。

一、"寡"的爵位问题

"爵位"是秦及汉初二十等爵制下个人社会身份的重要标志。睡虎地秦简、里耶秦简、岳麓秦简、张家山汉简和江陵高台18号汉墓木牍等出土文献为我们研究"寡"与爵位的关系提供了条件。

出土文献中最早关于"寡"的记载见于睡虎地秦简《法律答问》："大夫寡,当伍及人不当? 不当。"整理者注云："寡,少。伍,《汉书·外戚传》注:'犹列也。'意即合编为伍。推测当时因大夫系高爵,所以不与一般百姓为伍。"①但是,里耶秦简证明"寡"应非"少"之意,而是一种身份。里耶秦简 8—1236 + 8—1791:"今见一邑二里:大夫七户,大夫寡二户,大夫子三户,不更五户,□□四户,上造十二户,公士二户,从廿六户。"②简 8—19:"□□二户。大夫一户。大夫寡三户。不更一户。小上造三户。小公士一户。士五(伍)七户。□司寇一[户]。□小男子□□。大女子□□·凡廿五□。"③简 8—2231 + 9—2335:"十三户,上造寡一户,公士四户,从百四户。元年入不更一户、上造六户,从十二□。"④这些材料说明"大夫寡""上造寡"与"大夫""大夫子""上造""小上造"一样,同是户的一种。里耶秦简 8—1623"南里户人大夫寡茄"⑤中"大夫寡"为户人,可证明上述"大夫寡"某户,"上造寡"某户,应是"大夫寡""上造寡"为户主的户的数量。因此,"大夫寡"("上造寡")作为一种自然身份,"当是大夫(上造)死后留下

---

① 睡虎地秦墓竹简整理小组编:《睡虎地秦墓竹简》,北京:文物出版社 1978 年版,第 217 页。
② 陈伟主编:《里耶秦简牍校释》第 1 卷,武汉:武汉大学出版社 2012 年版,第 297 页。
③ 陈伟主编:《里耶秦简牍校释》第 1 卷,第 32—33 页。
④ 陈伟主编:《里耶秦简牍校释》第 2 卷,武汉:武汉大学出版社 2018 年版,第 475 页。
⑤ 陈伟主编:《里耶秦简牍校释》第 1 卷,第 370 页。

的遗孀"①。除秦简中的"大夫寡""上造寡"外,汉简中还有"新安户人大女燕,关内侯寡"②"□阳关内侯寡大女精"③,"关内侯寡"的性质应与"大夫寡""上造寡"类似。

关于有爵者的编户问题,张家山汉简《二年律令·户律》简305"自五大夫以下,比地为伍,以辨 券 为信,居处相察,出入相司"④,说明在汉初低于五大夫爵者为户主的家庭,要按地域编入"伍""比地为伍",承担什伍之间相司察的义务。睡虎地秦简实行于战国秦,张家山汉简实行于汉初,在秦及汉初的二十等爵制中,"大夫"为第五级爵,"五大夫"为第九级爵,"五大夫"的爵级高于"大夫"。据《法律答问》"大夫寡,当伍及人不当?不当",在战国秦,"大夫寡"不编入伍。而在汉初"大夫"之爵低于"五大夫",故"大夫"之遗孀,即"大夫寡"无论降级继承、平级承袭"大夫"的爵位还是沿袭其夫的待遇,均应低于五大夫,"大夫寡"为户应"比地为伍",自然"当伍及人"。由此证明,"大夫"爵的待遇在秦时高于汉初。其实,从西汉初期至后期,同等爵位的待遇仍有不断降低的趋势。《盐铁论·周秦》载御史曰:"故今自关内侯以下,比地于伍,居家相察,出入相司。"⑤原本汉初五大夫以上之有爵者尚不须纳入邻里什伍,到盐铁会议出现的昭帝时代,关内侯以下皆尽纳入。这意味着汉廷对地方的控制力在汉初百余年中日益加

---

① 陈伟主编:《秦简牍合集:释文注释修订本(壹)》,武汉:武汉大学出版社 2016年版,第 241 页。

② 湖北省荆州博物馆编著:《荆州高台秦汉墓:宜黄公路荆州段田野考古报告之一》,北京:科学出版社 2000 年版,第 227 页。

③ 释文据刘国胜:《读西汉丧葬文书札记》,《江汉考古》2011 年第 3 期。

④ 张家山二四七号汉墓竹简整理小组编著:《张家山汉墓竹简(二四七号墓)》(释文修订本),第 51 页。

⑤ 王利器校注:《盐铁论校注》卷 10《周秦》,北京:中华书局 2015 年版,第648 页。

强,也反映了在爵的赏赐和买卖变得泛滥之后爵本身的贬值。①

作为自然身份,"上造寡""大夫寡""关内侯寡"是上造、大夫、关内侯等有爵者死后留下的遗孀当无异议,但作为社会身份,"大夫寡""上造寡""关内侯寡"是继承了亡夫的爵位,还是沿袭了亡夫爵位的待遇则存在争论。"寡"的爵位与"女爵"问题密切相关,学界对于秦及汉初的女子是否有爵亦存在争议。

关于先秦至汉初的女子可否有爵,传统观点认为"妇人无爵"。儒家经学认为夫与妻的关系是女子爵位问题的基础,而"夫尊妻卑"及此基础上的"夫妻齐体"是儒家夫妻关系的准则。《礼记·杂记》云:"凡妇人,从其夫之爵位。"郑玄注:"妇人无专制,生礼死事,以夫为尊卑。"②《礼记·郊特牲》云:"共牢而食,同尊卑也。故妇人无爵,从夫之爵,坐以夫之齿。"③《白虎通义·爵》对"妇人无爵"作了进一步阐释——"妇人无爵何? 阴卑无外事。是以有三从之义:未嫁从父,既嫁从夫,夫死从子。故夫尊于朝,妻荣于室,随夫之行。故《礼·郊特牲》曰:'妇人无爵,坐以夫之齿。'《礼》曰:'生无爵,死无谥。'"④据此,以西嶋定生为代表的学者认为秦汉时期的占爵者是包括小男在内的编户良民男子,妇人是无爵的。⑤ 但部分学者不同意这一观点。李解民引用《周礼·春官宗伯》序官

---

① 参见朱绍侯:《军功爵制研究(增订版)》,北京:商务印书馆2017年版,第118—125页。

② (清)孙希旦撰,沈啸寰、王星贤点校:《礼记集解》卷40《杂记上》,北京:中华书局1989年版,第1067页。

③ (清)孙希旦撰,沈啸寰、王星贤点校:《礼记集解》卷26《郊特牲》,第710页。

④ (清)陈立撰,吴则虞点校:《白虎通疏证》卷1《爵》,北京:中华书局1994年版,第21—22页。

⑤ [日]西嶋定生著,武尚清译:《中国古代帝国的形成与结构——二十等爵制研究》,北京:中华书局2004年版,第435—439页。

所云"内宗,凡内女之有爵者。外宗,凡外女之有爵者"①,并引证《史记·高祖功臣侯者年表》《史记·吕太后本纪》《史记·孝文本纪》《汉书·萧何传》所载阴安侯顷王后,林光侯吕媭,酂侯萧何夫人等事例②,认为"'内女之有爵者'、'外女之有爵者',存在于西汉初期,已是不争的事实"③。

如果说传世文献所载女子有爵者的身份尚有其特殊性,简牍材料则从另一侧面为此问题提供了佐证。早期资料主要见于张家山汉简。《二年律令·置后律》简 369—371 和简 386 分别对"死事者"的爵位承袭和夫亡"寡为户后"时的爵位继承作了规定。简 369—371 规定:"□□□□为县官有为也,以其故死若伤二旬中死,皆为死事者,令子男袭其爵。毋爵者,其后为公士。毋子男以女,毋女以父,毋父以母,毋母以男同产,毋男同产以女同产,毋女同产以妻。诸死事当置后,毋父母、妻子、同产者,以大父,毋大父以大母与同居数者。"④简 386 规定:"寡为户后,予田宅,比子为后者爵。"⑤因资料限制,

---

① (汉)郑玄注,(唐)贾公彦疏:《周礼注疏》卷 17《春官宗伯》,(清)阮元校刻:《十三经注疏》,北京:中华书局 1980 年版,第 753 页。

② 《史记·高祖功臣侯者年表》载:高祖六年(前 201 年),(鲁侯涓)死事,母代侯。《集解》徐广曰:"《汉书》云鲁侯涓,涓死无子,封母疵。"《史记》卷 18《高祖功臣侯者年表》,第 918 页。《史记·孝文本纪》载大臣拥立代王继位为帝上言,云:"臣谨请(与)阴安侯列侯顷王后与……议曰",《集解》引苏林曰,阴安侯"高帝兄伯妻羹颉侯信母,丘嫂也";引徐广曰,列侯顷王后"代顷王刘仲之妻";引如淳曰"顷王后封阴安侯,时吕媭为林光侯,萧何夫人亦为酂侯"。《史记》卷 10《孝文本纪》,第 415—416 页。除此之外,封侯的女性还有樊哙妻吕媭和萧何夫人。《史记·吕太后本纪》《索隐》韦昭云:"樊哙妻,封林光侯。"《史记》卷 9《吕太后本纪》,第 404 页。《汉书·萧何传》亦云:"高后乃封何夫人同为酂侯。"《汉书》卷 39《萧何传》,第 2012 页。

③ 参见李解民:《汉代婚姻家庭另类形态的法律依据》,卜宪群、杨振红主编:《简帛研究二〇〇四》,第 228—229 页。

④ 张家山二四七号汉墓竹简整理小组编著:《张家山汉墓竹简(二四七号墓)》(释文修订本),第 59 页。

⑤ 张家山二四七号汉墓竹简整理小组编著:《张家山汉墓竹简(二四七号墓)》(释文修订本),第 61 页。

当时学界对上述简牍的理解存在争议,有学者认为,这反映出包括寡妇在内的女子具有爵位承袭权,但亦有学者将其与"女子比其夫爵"相联系,认为应理解为寡为户后比照男性后子继承爵位者享受待遇。① 关于"上造寡""大夫寡""关内侯寡"等身份和待遇的论争亦与上述类似,焦点在于究竟是寡妇占有爵位,还是参照亡夫爵位享受待遇。② 后出《岳麓书院藏秦简(肆)》简135—138则为上述问题的辨析提供了新的依据。

> ·尉卒律曰:黔首将阳及诸亡者,已有奔书及亡毋(无)奔书盈三月者,辄筋〈削〉爵以为士五(伍),有爵寡,以为毋(无)爵寡,其小爵及公士以上,子年盈十八岁以上,亦筋〈削〉小爵。爵而傅及公士以上子皆籍以为士五(伍)。乡官辄上奔书县廷,廷传臧(藏)狱,狱史月案计日,盈三月即辟问乡官,不出者,辄以令论,削其爵,皆校计之。③

"爵寡",岳麓书院藏秦简整理者参考《里耶秦简》"大夫寡三户",《张家山汉简·二年律令·置后律》"寡为户后,予田宅,

① 持"爵位承袭"论者主要是刘敏、朱绍侯、张朝阳等,参见刘敏《秦汉时期的"赐民爵"及小爵》和朱绍侯《〈秦汉时期的"赐民爵"及"小爵"〉读后——兼论汉代爵制与妇女的关系》,皆载于《史学月刊》2009年第11期;张朝阳:《论汉初名田宅制度的一个问题:按爵位继承旧户田宅?》,《中国农史》2013年第4期。持"享受待遇"论者主要是王彦辉、于洪涛等,参见王彦辉:《〈二年律令·置后律〉中的若干问题》,《古籍整理研究学刊》2005年第6期;于洪涛:《里耶秦简文书简分类整理与研究》,博士学位论文,吉林大学,2017年,第31页。

② 于洪涛认为,"大夫寡"并非爵位名称,而是"拥有大夫爵位死者的遗孀,享有等同于大夫爵位的基本待遇"。于洪涛:《里耶秦简文书简分类整理与研究》,博士学位论文,吉林大学,2017年,第37页。苏俊林亦认为:"作为有爵者的'寡妇',记录亡夫爵位是因为可凭此爵位享受相应的政治经济权利。"苏俊林:《简牍所见寡及汉初"有爵寡"考论》,《中国史研究》2019年第2期。但张朝阳则认为,"汉代女性有资格拥有爵位,并且'大女燕'既是寡妇又是户主,所以将'关内侯寡'理解为拥有该爵位的寡妇更妥当些"。张朝阳:《论汉初名田宅制度的一个问题:按爵位继承旧户田宅?》,《中国农史》2013年第4期。

③ 陈松长主编:《岳麓书院藏秦简(肆)》,上海:上海辞书出版社2015年版,第112—113页。

比子为后者爵"，将其释为"继承先夫爵位的妇人"①。上述秦《尉卒律》对有各种爵位者违律的削爵情况进行了规定，黔首如有"将阳及诸亡""已有奔书及亡毋（无）奔书盈三月"等行为，皆处削爵，而"爵"又区分为"爵""爵寡""小爵"等，律文将"爵""爵寡""小爵"并列，其处理结果分别为"筋〈削〉爵以为士五""以为毋（无）爵寡""削小爵"。即"有爵寡，以为毋（无）爵寡"的规定说明"爵寡"如有上述违律行为，则削爵寡"以为毋（无）爵寡"。因此，这说明"爵寡"与"爵""小爵"一样，是爵的一种，即"大夫寡"是一种爵位，而非只是"享有等同于大夫爵位的基本待遇"。"关内侯寡""上造寡"的性质亦当类似。以里耶秦简所见迁陵县户籍资料来说，其登记户主信息的格式为"籍贯＋户人＋爵级身份＋某"，其中的"爵级身份"项已知的有大夫、大夫寡、不更、上造、公士、士伍、大女子、司寇，未成年为户主者称大夫子、小上造、小公士、小男子。② 其中除"司寇"为刑徒，"小男子""大女子"为无爵者外，"大夫寡"与其他"爵"和"小爵"并列，亦可证明上述观点。

另外，《二年律令·置后律》简 372"女子比其夫爵"的适用范围似应理解为有爵之夫在世时女子参照夫的爵位享受待遇。里耶秦简载秦律规定："上造、上造妻以上有罪，其当刑及当城旦舂，耐以为鬼薪白粲。其当【耐罪各】以其耐致耐之。其有赎罪各以其赎读论之。"（8—775＋8—805＋8—884＋9—615＋9—2302）③《二年律令·具律》简 83"公士、公士妻及□□行年七十以上，若年不盈十七岁，有罪当刑者，皆完之"亦可参照。即"上造妻""公士妻"有罪，可参照其夫"上造""公士"的待遇减轻处罚。这与《二年律令·户律》简 345"为人妻

---

① 陈松长主编：《岳麓书院藏秦简（肆）》，第 164 页。
② 参见王彦辉：《论秦及汉初身份秩序中的"庶人"》，《历史研究》2018 年第 4 期。
③ 陈伟主编：《里耶秦简牍校释》第 2 卷，第 164 页。

者不得为户"①的规定类似,即"为人妻者"在丈夫在世时"不得为户",不适用于夫亡为"寡"的情况。

由此可见,秦及汉初包括"寡"在内的女性具有"袭"和继承爵位的权利,"上造寡""大夫寡""关内侯寡"的自然身份是大夫、上造、关内侯等有爵者的遗孀,其社会身份则是在夫亡后"袭"或继承其夫爵的有爵者。

二、 "寡"的户籍问题

"户籍"是秦及汉初编户齐民体制下国家对个体进行管理和控制的主要途径。国家对"寡"的管理,亦通过户籍来实现,而财产继承又与户籍密切相关。

为"户人"(户主)是秦及汉初"寡"户籍的一种情况,亦是"女户"的形式之一。《史记·货殖列传》中受到秦始皇礼遇的"巴寡妇清"即是其例证,前引"大夫寡""上造寡""关内侯寡"亦是其反映。另外,里耶秦简中存在寡为户主的明证,如简8—1623"南里户人大夫寡茄"②;简9—567"东成户人大夫寡晏"③等。除此,那些未写明是"寡"的女性户主也不能排除是寡的可能,如里耶秦简8—237"南里户人大女子分☐,子小男子☐☐"④,"户人"身份的"大女子分"有"子小男子",说明大女子分可能是"寡为户后"的情况。⑤ 另外,简8—1546"阳

① 张家山二四七号汉墓竹简整理小组编著:《张家山汉墓竹简(二四七号墓)》(释文修订本),第56页。
② 陈伟主编:《里耶秦简牍校释》第1卷,第370页
③ 陈伟主编:《里耶秦简牍校释》第2卷,第157页。
④ 陈伟主编:《里耶秦简牍校释》第1卷,第120页。
⑤ 亦存在"大女子分"是偏妻为户,"子小男子☐"是户籍在大女子分名下的"偏妻子",或者是寡妇招赘为户主的可能。参见孙玉荣:《张家山汉简中的"偏妻"身份考辨》,《社会科学》(上海)2018年第11期。

里户人大女子婴"①,简 9—43"高里户人大女子杜衡"②,简
9—1474"高里户人大女子嬛"③中的"户人大女子"亦不排除
是无爵男子之"寡"的可能。④

　　秦及汉初法律对寡在"为后""代户"和财产继承等方面
的权利有所规定。⑤ 张家山汉简《奏谳书》案 21 中有:"故律
曰:死夫(?)以男为后。毋男以父母,毋父母以妻,毋妻以子女
为后。"⑥虽然案件的发生和"故律"实施的时间存在争议⑦,
或曰秦代,或曰汉初,但将其限定在秦及汉初当无误。"故律"
规定,男性户主死后,置后和财产继承的次序是子男—父—
母—妻—女。为"父之寡妻"的母和己之寡妻都具有为后的资

---

① 陈伟主编:《里耶秦简牍校释》第 1 卷,第 355 页。

② 陈伟主编:《里耶秦简牍校释》第 2 卷,第 50 页。

③ 陈伟主编:《里耶秦简牍校释》第 2 卷,第 316 页。

④ 也有可能是寡妇招赘为户主或其他情况。

⑤ 邢义田认为,"置后"和"代户"是性质不尽相同的两件事。"置后"基本上是百
　　姓家内的事,关系财产和爵位的继承等等;"代户"则是指由谁代为户长,承担
　　起国家编户的一切权利、义务和法律上的连带责任(但不包括爵)。就国家而
　　言,"家"之血脉或可断绝,编户之"户"却在任何情况下都要尽可能维持。参
　　见邢义田:《秦或西汉初和奸案中所见的亲属伦理关系》,《天下一家:皇帝、官
　　僚与社会》,北京:中华书局 2011 年版,第 495 页。

⑥ 张家山二四七号汉墓竹简整理小组编著:《张家山汉墓竹简(二四七号墓)》
　　(释文修订本),第 108 页。

⑦ 李学勤以秦无廷尉正一官和廷尉正应避始皇之名讳为由,认为此案发生在汉
　　初。参见李学勤:《〈奏谳书〉解说(下)》,《文物》1995 年第 3 期。彭浩认为此
　　案发生在秦代,简文中的"故律"指的是秦律。参见彭浩:《谈〈奏谳书〉中秦代
　　和东周时期的案例》,《文物》1995 年第 3 期。陈治国对李学勤和彭浩的观点
　　进行了批判、取舍,认为案件发生的时间要早于文书形成的时间,文书中引用
　　的"故律"和"律"中的法律条文都是秦时的法律,但到了汉初进行《奏谳书》的
　　编订时,由于萧何对秦律做了改订,"故律"中的律文已经被废止。因此,在文
　　书中特意注明其为"故律",而其他的律文由于被汉律所沿用,成为当时的通行
　　法律,故被标为"律"。所以,他把案件发生的时间定为秦,文书的形成时间定
　　为汉初。参见陈治国:《张家山汉简〈奏谳书〉"杜泸女子甲和奸"案年代探
　　析》,《中国历史文物》2009 年第 5 期。邢义田则认为和奸案"属秦或汉初都有
　　可能","实不易做更细的断代","故律曰"的"故"字有可能承前简文字而是
　　"因而"之意。参见邢义田:《秦或西汉初和奸案中所见的亲属伦理关系》,《天
　　下一家:皇帝、官僚与社会》,第 490、494 页。

格,进而可以继承家产。张家山汉简亦对户主亡后"代户"以及确定"户后"的次序作了规定。《二年律令·置后律》简379—380:"死毋子男代户,令父若母,毋父母令寡,毋寡令女,毋女令孙,毋孙令耳孙,毋耳孙令大父母,毋大父母令同产子代户。同产子代户,必同居数。弃妻子不得与后妻子争后。"①即男性户主死后,"代户"的顺序为子男—父—母—寡—女—孙—耳孙—大父母—同产子(必同居数)。从"弃妻子不得与后妻子争后"的规定可以看出,"代户"的过程同时也是"置(户)后"的过程。对照张家山汉简《奏谳书》案21中"故律"和《二年律令·置后律》,"寡"在"置后""代户"和财产继承中的位次相同,即在子男、父、母之后而在女、孙等其他之前,居第四。上引里耶秦简9—567"东成户人大夫寡晏☐,子小女子女巳☐,子小女子不唯☐"②亦可为此提供佐证。大夫寡晏为户主,子小女子女巳、不唯为其户下成员,说明"寡(妻)"的位次先于"女"。户主继承实际上也是财产、地位等相关待遇的继承。如果《二年律令·置后律》简370—380中"同产子"之前的可为"户后"者皆不存在,那么,女户主的"女同产"可能亦有机会继承财产。《淮南子·览冥训》注云:"齐之寡妇,无子不嫁,事姑谨敬。姑无男有女,女利母财,令母嫁妇,妇益不肯。"③从一个侧面反映出在无子男、父的情况下,寡母代户,如寡母去世,依次可由寡妻代户,但若寡妻改嫁,又无其他可代户者,则可由"女同产"继承财产,便是"女利母财,令母嫁妇"的原因所在。如果男性户主亡时尚有"遗腹

① 张家山二四七号汉墓竹简整理小组编著:《张家山汉墓竹简(二四七号墓)》(释文修订本),第60页。
② 陈伟主编:《里耶秦简牍校释》第2卷,第157页。
③ 何宁:《淮南子集释》卷6《览冥训》高诱注,北京:中华书局1998年版,第444页。

子",则须待遗腹子出生之后,再按法定顺序确定爵后和户后,即《二年律令·置后律》简 376 所规定:"死,其寡有遗腹者,须遗腹产,乃以律为置爵、户后。"①

"寡"除上述"寡妻"身份外,还有作为子妇和母亲的"寡",她们也有权承袭其子的户主身份。《二年律令·户律》简 337—339:"孙为户,与大父母居……孙死,其母而代为户。"②孙去世后,按《置后律》"死毋子男代户,令父若母,毋父母令寡,毋寡令女……"的继承顺序,如孙无子男和父,则由其母(孙父之"寡妻",孙之"寡母")依法继承户主。

汉初法律亦对寡为户主时授予田宅的标准及对寡为户时的约束作了明确规定。《二年律令·置后律》简 386—387:

> 寡为户后,予田宅,比子为后者爵。其不当为户后,而欲为户以受杀田宅,许以庶人予田宅。毋子,其夫;夫毋子,其夫而代为户。夫同产及子有与同居数者,令毋贸卖田宅及入赘。其出为人妻若死,令以次代户。③

由于此律较复杂,在此分三部分进行论述。

1. 寡为户后,予田宅,比子为后者爵。其不当为户后,而欲为户以受杀田宅,许以庶人予田宅。

学界对其中寡"立户"授予田宅的标准基本无分歧,即如"寡"为合法继承人以"户后"身份"立户",可按子为继承人的标准授予田宅。如"寡"不是"户后"而想立户,亦允许,但只给予无爵庶人标准的田宅。

---

① 张家山二四七号汉墓竹简整理小组编著:《张家山汉墓竹简(二四七号墓)》(释文修订本),第 60 页。
② 张家山二四七号汉墓竹简整理小组编著:《张家山汉墓竹简(二四七号墓)》(释文修订本),第 55 页。
③ 张家山二四七号汉墓竹简整理小组编著:《张家山汉墓竹简(二四七号墓)》(释文修订本),第 61 页。

2. 毋子，其夫；夫毋子，其夫而代为户。

该规定的解读存在较大争议。李解民认为"毋子，其夫；夫毋子，其夫而代为户"的话费解，或有讹误衍脱；疑第一个"其夫"之后脱"子"字，大概在讲寡妇去世后的继承人次序子为（当指与前夫所生之子）—夫【子】（当指与后夫所生之子）—夫（当指后夫）。① 薛洪波则认为："寡为户主，法律允许其招赘婿，但寡死后对所承袭的夫家财产就失去了拥有权。对于这些财产该如何再继承，法律进行了详细的规范。"这一规定针对的即是这种情况。由于"如果前夫有儿子，按照'死毋子男代户，令父若母，毋父母令寡，毋寡令女'的继承顺序，寡不可能成为户主"，所以"毋子，其夫"中的"子"应指前夫的女儿，"夫毋子"中的子，是指寡与赘婿所生子女。所以寡死后，与前夫和赘婿都没有子女继承户主的情况下，赘婿方可代户。因此，户主和财产继承的顺序是前夫女儿—与赘婿所生之子女—赘婿。② 根据逻辑关系，薛洪波之论可从。

3. 夫同产及子有与同居数者，令毋贸卖田宅及入赘。其出为人妻若死，令以次代户。

这是对寡妇当户主的一些限制：在夫之同产或同产子与其同居的情况下，寡妇不能变卖田宅和入赘；如果寡妇要再嫁或去世，户主的身份就要按法定顺序被顶替。《二年律令·户律》也有类似规定，简337—339："孙为户，与大父母居，养之不善，令孙且外居，令大父母居其室，食其田，使其奴婢，勿贸卖。孙死，其母而代为户。令毋敢遂（逐）夫父母及入赘，及道外取其子财。"③"孙之

① 李解民：《汉代婚姻家庭另类形态的法律依据》，卜宪群、杨振红主编：《简帛研究二〇〇四》，第230页。
② 薛洪波：《战国秦汉时代女性财产权问题再考察》，《中国经济史研究》2018年第1期，第8页。
③ 张家山二四七号汉墓竹简整理小组编著：《张家山汉墓竹简（二四七号墓）》（释文修订本），第55页。

母"在家庭内的身份是子妇,但同时也是孙之父的寡妻,因此,其身份亦是"寡"。虽然作为子妇的寡"代为户",并取得了对田宅等的财产权,但国家为保证老人的赡养,明确规定作为"寡"的子妇不得驱逐"夫父母"(舅姑),也不得招赘入家,更不能用其他方式转移其子(实际也是夫家)的家产。

秦代寡妇改嫁时前夫家财产的归属,新出《岳麓书院藏秦简(伍)》简1—7规定:

> ·廿六年十二月戊寅以来……有子者,毋得以其前夫、前夫子之财嫁及入姨夫及予后夫、后夫子及予所与奸者,犯令及受者,皆与盗同灋。母更嫁,子敢以其财予母之后夫、后夫子者,弃市,其受者,与盗同灋。前令予及以嫁入姨夫而今有见存者环(还)之……令到盈六月而弗环(还)……者,皆与盗同灋。虽不身相予而以它巧詐(诈)相予者,以相受予论之。有后夫者不得告皋其前夫子……女子寡,有子及毋子而欲毋稼(嫁)者,许之。①

虽学界对其中的"入姨夫"存在争议②,但大体都与前夫死后

---

① 陈松长主编:《岳麓书院藏秦简(伍)》,上海:上海辞书出版社2017年版,第39—41页。

② 岳麓书院藏秦简整理者注:入,交、交纳。《说文》:"入,内也。"姨夫,妻之姐妹的丈夫。入姨夫,即交给姨夫。陈松长主编:《岳麓书院藏秦简(伍)》,第73页。何有祖认为,此处"入姨夫"之"入"与"入赘"意义相同。何有祖:《〈岳麓书院秦简(伍)〉读记》,简帛网2018年3月10日,http://www.bsm.org.cn/show_article.php? id=3004。张以静指出,"入"为"入赘"之意,"入姨夫"之"姨"泛指"妇女",主要指"离异"或者"夫死更嫁"的妇女。"入姨夫",释为"妇女招婿入赘为后夫"。张以静:《读〈岳麓书院藏秦简(伍)〉札记一则》,简帛网2018年3月27日,http://www.bsm.org.cn/show_article.php? id=3036。刘楚煜则认为"把'入'释为'入赘'是合理的,'入赘'的对象是'姨夫','姨夫'应当是专指一类男性。'姨夫'是一个'偏正结构'的词语,'姨'是修饰语,'夫'是中心语。……'姨夫'应当专指在秦代经济落后的情况下那些'难以独立生活、贫穷无能,不得不依靠寡妇生活的人'"。刘楚煜:《初读〈岳麓书院藏秦简(伍)〉札记二则》,简帛网2018年4月24日,http://www.bsm.org.cn/show_article.php? id=3063。

其寡妻招赘相关。本条法律的大致意思是：有子夫亡为寡的妇女①，如要改嫁，改嫁时不能带走前夫、前夫子的财产，改嫁后也不得将前夫、前夫子的财产交给后夫、后夫子；不得以前夫、前夫子的财产招赘，如招赘，不得将前夫、前夫子的财产交给赘婿。不得把前夫、前夫子的财产交给与己通奸者。有上述行为的寡妇和接受财产者，皆以盗窃论处。如果母亲改嫁②，前夫子将自己的财产交给母之后夫、后夫子者处以弃市，接受财产者以盗窃论处。在本令发布之前，已将前夫、前夫子的财产交给后夫、后夫子或招赘交给赘婿的，财产尚存的应归还给前夫、前夫子。本令发布之后超过六个月还不归还的，以盗窃论处。以诈巧手段而非亲自交予财产的，也以亲自交予论处。有后夫的妇女不得告罪前夫之子。女子夫亡为寡，不论是否有子，不愿改嫁的，皆许可。从该令的内容可见，自秦始皇廿六年（前221年）十二月戊寅以后，有子而寡的妇女如改嫁或招赘，不得以任何形式将前夫、前夫子的财产交给后夫、后夫子、赘婿、通奸者等，如有违令，寡妇、接受财产者以及主动给予财产的前夫子都将受到惩处。这说明在该律实施时的秦代，有子改嫁的寡妇对前夫、前夫子的财产无占有和支配权。

《史记·商君列传》记商鞅曰："始秦戎翟之教，父子无别，同室而居。今我更制其教，而为其男女之别，大筑冀阙，营如鲁卫矣。子观我治秦也，孰与五羖大夫贤？"③上述秦令似亦与改革旧俗有关，"带有浓厚的移风易俗色彩"④。秦始皇

---

① 本律的适用对象应包括离婚妇女和夫亡为寡的妇女，但本文仅讨论后者。
② 应包括与父离婚的母亲和父亡为寡的母亲，本文只讨论后者。
③《史记》卷68《商君列传》，第2234页。
④ 武汉高校读简会：《〈岳麓书院藏秦简（伍）〉研读记录（二）》，简帛网2018年6月24日，http://www.bsm.org.cn/show_article.php? id=3178。

三十七年(前210年)《会稽刻石》亦有类似限制寡妇改嫁的规定:"饰省宣义,有子而嫁,倍死不贞。防隔内外,禁止淫泆,男女絜诚……妻为逃嫁,子不得母,咸化廉清。"①上述种种,皆是秦强化父权和夫权,重构家庭伦理关系的表现。顾炎武评论《会稽刻石》曰:"秦之任刑虽过,而其坊民正俗之意固未始异于三王也。汉兴以来,承用秦法以至今日者多矣,世之儒者言及于秦,即以为亡国之法,亦未之深考乎?"②众所周知,秦是中国古代法家思想居于主导地位的时期,"任刑"的"法治"是国家社会治理的基本方式,但"其坊民正俗之意固未始异于三王",以儒家思想为基础的"礼治"方式在法律和社会习俗治理方面亦有体现,这一定程度上是用"法治"的形式实施了"礼治"的内容。

对于出嫁前在父家继承户主身份和财产,出嫁后又夫亡为寡的女子的财产,《二年律令·置后律》简384规定:"女子为户毋后而出嫁者,令夫以妻田宅盈其田宅。宅不比,弗得。其弃妻,及夫死,妻得复取以为户。"③即女子为户而后出嫁,如夫家与女子田宅相邻,则将女子田宅并入夫家,但若夫亡,则女子(寡)可取回其原有田宅,重新自立为户。

国家对有"寡"家庭在徭役征发上有一定照顾。《岳麓书院藏秦简(肆)》所载《徭律》简156—159规定:

> ·縣(徭)律曰:发縣(徭),兴有爵以下到人弟子、复子,必先请属所执灋,郡各请其守,皆言所为及用积徒数,勿敢擅兴,及毋敢擅傅(使)敖童、私属、奴及不从车牛,凡

---

① 《史记》卷6《秦始皇本纪》,第262页。

② (清)顾炎武著,(清)黄汝成集释,栾保群、吕宗力校点:《日知录集释(全校本)》卷13《秦纪会稽山刻石》,上海:上海古籍出版社2006年版,第751页。

③ 张家山二四七号汉墓竹简整理小组编著:《张家山汉墓竹简(二四七号墓)》(释文修订本),第61页。

免老及敖童未傅者,县勿敢傅(使),节载粟乃发敖童年十五岁以上,史子未傅先觉(学)觉(学)室,令与粟事,敖童当行粟而寡子独与老父老母居,老如免老,若独与痿(癃)病母居者,皆勿行。①

其中,"寡子"似应理解为"独子"。"敖童当行粟而寡子独与老父老母居,老如免老,若独与痿(癃)病母居者,皆勿行"规定,若敖童为"寡子"(独子),"独与老父老母居",老父、老母达到了"免老"标准,而同时"敖童当行粟"的,则与"独与痿(癃)病母居者"一样,"皆勿行",即免除身为寡子(独子)的敖童本该承担的"行粟"徭役。其中的"老母""痿(癃)病母"为"寡妇"的可能性较大,说明国家对某些特殊家庭的徭役照顾覆盖到了有"寡"家庭。②

另外,国家在户籍"分异"和养老等方面对有"寡"家庭有一定照顾。《二年律令·户律》简342—343规定:"寡夫、寡妇毋子及同居,若有子,子年未盈十四,及寡子年未盈十八,及夫妻皆痿(癃)病,及老年七十以上,毋异其子;今毋它子,欲令归户入养,许之。"③即寡妇、鳏夫如果无子和同居者,这种情况与虽有子但年不满十四岁,有寡子但年不满十八岁,夫妻皆有废疾,以及年老超过七十岁一样,可不与其子分异。国家也允许寡妇已分异的独子归户养老。

---

① 陈松长主编:《岳麓书院藏秦简(肆)》,第119—120页。
② 达到"免老"标准的"老母"是否是"寡妇",与其配偶是否在世有关。律文限定"寡子独与老父老母居",可理解为寡子独自与老父和老母居住,亦可理解为寡子独自与老父或者老母居住,如为后者,则"老母"为寡妇的可能性较大。"独与痿(癃)病母居者","痿(癃)病母"丧偶为寡妇的可能性较大。但亦不排除"老母"和"痿(癃)病母"为"偏妻"(不同居之妻)等特殊情况。因此,《徭律》照顾的对象包括有寡妇的家庭,但非仅限于有寡妇的家庭。
③ 张家山二四七号汉墓竹简整理小组编著:《张家山汉墓竹简(二四七号墓)》(释文修订本),第55页。

综上,秦及汉初的"寡"可为户主,法律规定"寡"有继承其夫、其子户主及财产的权利,但同时又对承户之寡的行为有一定限制,国家对有"寡"家庭在徭役征发、户籍"分异"、养老等方面有一定照顾。

三、"寡"的经济来源、"赀"与"复"等问题

经济状况是寡妇在选择再嫁或守节问题上的关键性因素。有无经济能力单独生活会对寡妇的选择产生重要影响,而法律和社会制度能否提供有利其生存的客观条件,亦会影响寡妇的选择。

(一)"寡"的经济来源

如前所述,秦及汉初的"寡"可通过包括爵位(及相应待遇)、户主(及相应田宅分配和财产继承)以及其他(如嫁妆、父家财产继承等)在内的多种途径获得经济支持,为此后的寡居生活提供物质基础。此外,寡在日常生活中亦有一定的经济来源。

种植农桑是秦及汉初寡妇可从事的劳动。新出里耶秦简为了解秦代寡妇的农耕生活细节提供了宝贵资料。简9—14:"卅五年三月庚寅朔丙辰,贰春乡兹爰书:南里寡妇憗自言:谒狠(垦)草田故枲(桑)地百廿步,在故步北,恒以为枲(桑)田。"①该简是迁陵县贰春乡南里寡妇憗开垦"草田"后向官府登记的爰书,记载了所垦"草田"的数量、位置和用途。其中寡妇憗"自行请求垦田,应为户人(即户主)"②。"草田",校释

---

① 陈伟主编:《里耶秦简牍校释》第2卷,第21页。
② 游逸飞、陈弘音:《里耶秦简博物馆藏第九层简牍释文校释》,简帛网2013年12月22日,http://www.bsm.org.cn/show_article.php?id=1968。

小组释曰："未垦种的荒田。"①与西周"百步为亩"②不同，秦以二百四十平方步为一亩。《岳麓书院藏秦简（贰）》简 63："□田之述（术）曰：以从（纵）二百卌步者，除广一步，得田一亩，除广十步，得田十亩，除广百步，得田一顷。"③寡妇嫢所垦草田"百廿步"仅为半亩。桑地，又称作"桑田"，指种植桑树与农作物的田地。④ 寡妇嫢所垦半亩草田的性质是"桑田"。种植桑树是养蚕的基础，养蚕又为纺织提供原材料，而女子纺织是家庭经济收入的重要来源。《汉书·食货志》描述了"妇人同巷，相从夜绩""省费燎火，同巧拙而合习俗"的情形。⑤古之人曰："一夫不耕，或受之饥；一女不织，或受之寒。"⑥可见在男耕女织的古代社会女子纺织的重要性，由此亦可推测纺织应是寡妇重要的经济来源。

工商业亦是秦及汉初寡妇可从事的行业。《史记·货殖列传》所载寡妇清之祖先"得丹穴，而擅其利数世，家亦不訾"，清"能守其业，用财自卫，不见侵犯"，显然寡妇清继承了父祖的原有产业，并以工商为业保持和增加财产。简牍对寡妇从事工商信贷亦有反映，岳麓书院藏秦简（叁）所载"识劫婉案"中的婉为大夫沛寡妻，沛死后婉仍沿袭其夫从事信贷：建、昌、穨、喜、遗"故为沛舍人。【沛】织（贷）建等钱，以市贩，共分赢。市折，建负七百，昌三万三千，穨六千六百，喜二万二千，遗六千。券责建等，建筹未赏（偿）。识欲告婉，婉即折券，

① 陈伟主编：《里耶秦简牍校释》第 2 卷，第 22 页。
② 王利器校注：《盐铁论校注》卷 3《未通》，第 210 页。
③ 朱汉民、陈松长主编：《岳麓书院藏秦简（贰）》，上海：上海辞书出版社 2011 年版，第 10 页。
④ 陈伟主编：《里耶秦简牍校释》第 2 卷，第 22 页。
⑤《汉书》卷 24 上《食货志上》，第 1121 页。
⑥《汉书》卷 24 上《食货志上》，第 1128 页。

不责建。"①另外,婉还有"市布肆一、舍客室一"②,即卖布店、出租房(一说"逆旅"③)各一,列肆贩卖、开馆揽客以获利。

(二)"寡"的"赀""复"问题

1."赀"

"赀",作名词指"财""货",作动词则有"以财赎罪"之义,《说文》曰:"赀,小罚以财自赎也。"④目前所见简牍中与"寡"相关的"赀",主要是岳麓书院藏秦简《识劫婉案》中的"占訾(赀)""匿訾(赀)"和里耶秦简9—86+9—2043中的"赀钱"。

(1)"占赀"

《岳麓书院藏秦简(叁)·识劫婉案》:

> 十八年八月丙戌,大女子婉自告曰:七月为子小走马蕭(义)占家訾(赀)。蕭(义)当囗大夫建、公卒昌、士五(伍)穨、喜、遗钱六万八千三百,有券,婉匿不占吏为訾(赀)。婉有市布肆一、舍客室一。公士识劫婉曰:以肆、室鼠(予)识。不鼠(予)识,识且告婉匿訾(赀)。婉恐,即以肆、室鼠(予)识;为建等折弃券,弗责。先自告,告识劫婉。
>
> ……
>
> ·问:匿訾(赀)税及室、肆、臧(赃)直(值)各过六百六十钱。它如辞。
>
> ·鞫之:婉为大夫沛妾。沛御婉,婉产蕭(义)、娕。沛妻危死,沛免婉为庶人,以为妻,有(又)产必、若。籍为免妾。沛死,蕭(义)代为户后,有肆、宅。婉匿訾(赀),税直(值)过六百六十钱。先自告,告识劫。识为沛隶。沛

---

① 朱汉民、陈松长主编:《岳麓书院藏秦简(叁)》,上海:上海辞书出版社2013年版,第158页。
② 朱汉民、陈松长主编:《岳麓书院藏秦简(叁)》,第153页。
③ 参见王彦辉:《秦简"识劫婉案"发微》,《古代文明》2015年第1期。
④ (汉)许慎撰,(宋)徐铉校定:《说文解字》,第127页。

为取（娶）妻，欲以肆、舍客室鼠（予）识。后弗鼠（予），为买室，分马一匹、田廿（二十）亩，异识。沛死，识后求肆、室。婉弗鼠（予），识恐谓婉：且告婉匿訾（赀）。婉以故鼠（予）肆、室。肆、室直（值）过六百六十钱。得。皆审。疑婉为大夫妻、为庶人及识辠（罪）。毄（系）。它县论。敢瀗（谳）之。

·吏议：婉为大夫□妻；赀识二甲。或曰：纍为庶人；完识为城旦，纍（缳）足输蜀。①

这是一个涉及秦国寡妇婉"占赀""匿赀"的案例。寡妇婉在秦王政十八年（前 229 年）七月为儿子申报家产时，隐匿了他人所欠债款68 300钱，还有布肆一、舍客室一。公士识胁迫她将布肆和舍客室给予他，否则就告她"匿赀"。婉因恐惧将肆和室给予了识，后又告发了识的勒索行为。该案中的"赀"即财产。"占赀"，王彦辉认为是秦国实行的财产登记制度，当事人以"自占"的方式向官府登记自家财产，货币，甚至放出的债款也需要按制"自占"。②"匿赀"，即"隐藏财产"，贾丽英认为案中所言"赀税"就是财产税，隐匿财产入罪，是因为涉及税的征课。③ 王彦辉则认为所言"赀税"并非财产税，而应属于经营税。④ 不管"赀税"的性质为何，此案都说明作为沛寡妻和小走马蒹（义）寡母的寡妇婉有代表家庭向政府登记财产"占赀"并纳税的义务。

（2）"赀钱"

里耶秦简 9—86 + 9—2043：

---

① 朱汉民、陈松长主编：《岳麓书院藏秦简（叁）》，第 153—154、160—162 页。
② 王彦辉：《秦简"识劫婉案"发微》，《古代文明》2015 年第 1 期。
③ 贾丽英：《秦简〈识劫婉案〉反映的秦代赀产税》，《光明日报》，2014 年 9 月 3 日，第 14 版。
④ 王彦辉：《秦简"识劫婉案"发微》，《古代文明》2015 年第 1 期。

元年八月庚午朔戊戌,少内壬入阳里寡妇变赀钱☒

【令佐】赣监。☒①

这是一条新出的涉及寡妇向少内入"赀钱"的简牍材料。"赀,有罪而被罚令缴纳财物"②,一般来说,秦时的"赀"是一种罪罚。秦律中的赀刑,主要有三类:一是赀物,主要是赀盾和赀甲;二是赀金,主要是赀布和赀钱;三是赀劳役,主要是赀戍和赀徭。③根据《岳麓书院藏秦简(贰)》简 82 记载:"赀一甲直(值)钱千三百卌四,直(值)金二两一垂,一盾直(值)金二垂。赎耐,马甲四,钱七千六百八十。"④于振波认为,"赀甲"和"赀盾"的缴纳方式是一定数额的现金,"赀一甲"是 1 344钱,"赀一盾"相当于 384 钱。⑤ 里耶秦简中亦有对"赀甲"相应钱数的记录,并与岳麓秦简所载相合。⑥ 由此看来,"赀甲""赀盾""赀布"⑦,可能皆是"赀钱""赀余钱"的内容。里耶秦

---

① 简 9—720 内容与其相同,不单列。陈伟主编:《里耶秦简牍校释》第 2 卷,第 64、191 页。

② 睡虎地秦墓竹简整理小组编:《睡虎地秦墓竹简》,第 60 页。

③ 栗劲:《秦律通论》,济南:山东人民出版社 1985 年版,第 288—289 页。

④ 朱汉民、陈松长主编:《岳麓书院藏秦简(贰)》,第 78 页。

⑤ 于振波:《秦律中的甲盾比价及相关问题》,《史学集刊》2010 年第 5 期。

⑥ 里耶秦简 8—60＋8—656＋8—665＋8—748:"十二月戊寅,都府守胥敢言之:迁陵承膻曰:少内疕言冗佐公士魃道西里亭赀三甲,为钱四千卌二,自言家能入。为校□□□谒告魃道受赀。有追,追曰计廿八年□责亭妻胥亡。胥亡曰:贫,弗能入。谒令亭居署所。上真书谒环。□□魃道弗受计。亭谳当论,论。敢言之。"其中魃道西里名为"亭"的公士因罪"赀三甲,为钱四千卌二",三甲为钱 4 032,一甲即是 1 344 钱。参见陈伟主编《里耶秦简牍校释》第 1 卷,第 43 页。

⑦ "赀布"应是罚款。如《法律答问》:"'邦客与主人斗,以兵刃、投(殳)梃、拳指伤人,擎以布。'可(何)谓'擎'?擎布入公,如赀布,入赍徭如律。"睡虎地秦墓竹简整理小组编:《睡虎地秦墓竹简》,第 189 页。由于秦早期曾以布作为货币,如秦律十八种《金布律》所规定"布袤八尺,福(幅)广二尺五寸。布恶,其广袤不如式者,不行""钱十一当一布。其出入钱以当金、布,以律""贾市居列者及官府之吏,毋敢择行钱、布;择行钱、布者,列伍长弗告,吏循之不谨,皆有罪"(睡虎地秦墓竹简整理小组编:《睡虎地秦墓竹简》,第 56—57 页),所以,所谓"赀布",可能是袭用早期概念,其实即是"赀钱"。

简 9—1（正）：

> 卅三年四月辛丑朔丙午,司空腾敢言之:阳陵宜居士
> 五(伍)毋死有赀余钱八千六十四。毋死戍洞庭郡,不智
> (知)何县署。·今为钱校券一上,谒言洞庭尉,令毋死署
> 所县责,以受阳陵司空——司空不名计。问何县官计,年
> 为报。已訾其家,家贫弗能入,乃移戍所。报署主责发。
> 敢言之。①

即是阳陵宜居名为"毋死"的士五(伍)欠官府"赀余钱八千六
十四",官府向其家就其欠下的赀余钱加以执行,即收缴赀余
钱的文书档案。其中的"赀余钱",很可能就是士伍毋死因犯
包括"赀盾、赀甲、赀布"在内的"赀"罪而欠下,虽已缴纳部分
但尚未完全缴完的尚欠官府的那一部分"赀钱"。同样,里耶
秦简 9—86 + 9—2043"少内壬入阳里寡妇变赀钱",当是记录
名为"变"的寡妇向少内缴纳"赀钱"的文书。

由此可见,秦时的寡妇如犯有赀罪,要与其他人一样向官
府交纳"赀钱"。

2. "复"

《史记》《汉书》多有与"复"相关诸如"复除""复其身"
"复其家"等记载②,其中"复"多作"免除"解。汉初简牍亦有
对"复"的记载,且与包括寡妇在内的女性有关,主要是荆州谢

---

① 陈伟主编:《里耶秦简牍校释》第 2 卷,第 1 页。
② 相关记载如"秦时复除者居闾左"(《史记》卷 48《陈涉世家》,第 1950 页);"僇
力本业,耕织致粟帛多者复其身"(《史记》卷 68《商君列传》,第 2230 页);"募
民能入奴婢得以终身复,为郎增秩"(《史记》卷 30《平准书》,第 1422 页);"为
博士官置弟子五十人,复其身"(《史记》卷 121《儒林列传》,第 3119 页);"诸侯
子在关中者,复之十二岁,其归者半之……故大夫以上赐爵各一级,其七大夫
以上,皆令食邑,非七大夫以下,皆复其身及户,勿事"(《汉书》卷 1 下《高帝纪
下》,第 54 页);"春正月,举民孝弟力田者复其身"(《汉书》卷 2《惠帝纪》,第
90 页)等。

家桥 1 号汉墓(吕后五年,即前 183 年)木牍、荆州高台 18 号汉墓(汉文帝七年,即前 173 年)木牍和江陵毛家园 1 号汉墓(汉文帝十二年,即前 168 年)竹简。为方便讨论,先将相关释文引述如下:

(1)荆州谢家桥 1 号汉墓(吕后五年)

牍 1:五年十一月癸卯朔庚午,西乡辰敢言之:郎中[五]大夫昌自言,母大女子恚死,以衣器、葬具及从者子、妇、偏下妻、奴婢、马、牛、物、人一牒,牒百九十七枚。昌家复,毋有所与,有诏令,谒告地下丞以从事,敢言之。

牍 2:十一月庚午,江陵丞虎移地下丞,可令吏以从事。/ 臧手。

牍 3:郎中五大夫昌母家属当复毋有所与。 ①

(2)荆州高台 18 号汉墓(汉文帝七年)

牍乙:七年十月丙子朔庚(子),中乡起敢言之,新安大女燕自言,与大奴甲、乙、大婢妨徙安都,谒告安都,受(名)数,书到为报,敢言之。

十月庚子,江陵龙氏丞敬移安都丞。亭手(正面)
产手(背面)

牍丙:新安户人大女燕关内侯寡

大奴甲

大奴乙

① 释文综合参照荆州博物馆:《湖北荆州谢家桥一号汉墓发掘简报》,《文物》2009 年第 4 期;杨开勇:《谢家桥 1 号汉墓》,荆州博物馆编著:《荆州重要考古发现》,北京:文物出版社 2009 年版,第 188—197 页;刘国胜:《谢家桥一号汉墓〈告地书〉牍的初步考察》,简帛网 2009 年 4 月 11 日,http://www.bsm.org.cn/show_article.php? id=1018#_ftn7;胡平生:《谢家桥汉简〈告地书〉释解》,简帛网 2009 年 4 月 15 日,http://www.bsm.org.cn/show_article.php? id=1025。

大婢妨

家复不算不徭①

（3）江陵毛家园 1 号汉墓（汉文帝十二年）

十二年八月壬寅朔己未，建乡畴敢告地下主，□阳关内侯寡大女精死，自言以家属、马牛徙。今牒书所与徙者七十三牒移。此家复不事。可令吏受数以从事，它如律令。敢告主。②

以上三则材料的性质皆为《告地书》，即"当时为死人办理迁徙地下事宜而模仿现实生活有关徙移文书写成的死人徙移文书"③。其中除记明三位女性身份外，还有一项相同内容——"复"，即"免除"。而免除的内容，则需作进一步分析。

材料（1）中，"大女子恚"是"五大夫昌"之母，"昌家复，毋有所与""昌母家属当复毋有所与"。"复毋有所与"的对象是"昌母家属"，包括"母大女子恚"及其"从者子、妇、偏下妻、奴婢"。④ 至于"毋有所与"的具体内容，学界存在争议。陈直认为："与读为豫，谓终身不豫徭役之事也。"⑤但据《汉书·惠帝纪》所载"今吏六百石以上父母妻子与同居，及故吏尝佩将军

---

① 释文参照湖北省荆州博物馆编著：《荆州高台秦汉墓：宜黄公路荆州段田野考古报告之一》，第 222—229 页。"家复不算不徭"原释文作"家优不算不颖"，今据张俊民《江陵高台 18 号墓木牍释文浅析》（收入李学勤、谢桂华主编：《简帛研究二〇〇一》，桂林：广西师范大学出版社 2001 年版，第 289 页）改。

② 释文综合参照中国考古学会编：《中国考古学年鉴 1987》，北京：文物出版社 1988 年版，第 204 页；湖北省博物馆编：《书写历史——战国秦汉简牍》，北京：文物出版社 2007 年版，第 75 页；刘国胜：《江陵毛家园一号汉墓〈告地书〉牍补议》，简帛网 2008 年 10 月 27 日，http://www.bsm.org.cn/show_article.php?id=890。

③ 刘国胜：《谢家桥一号汉墓〈告地书〉牍的初步考察》，简帛网 2009 年 4 月 1 日，http://www.bsm.org.cn/show_article.php?id=1018。

④ 刘国胜：《谢家桥一号汉墓〈告地书〉牍的初步考察》，简帛网 2009 年 4 月 1 日，http://www.bsm.org.cn/show_article.php?id=1018。

⑤ 陈直：《甘肃武威磨咀子汉墓出土王杖十简通考》，《考古》1961 年第 3 期。

都尉印将兵及佩二千石官印者,家唯给军赋,他无有所与"①,其中"他无有所与"明显不是徭役。裘锡圭对王莽时代"冯君孺久"墓的石刻题铭中南大门柱题记"鬱平大尹秩上大[夫]冯孺[久]复无有所与"中的"复无有所与"进行释读,并引《汉书·郊祀志》"复无有所与"、《高帝纪》"复其民,世世无有所与",指出是免除徭赋负担的意思。② 张家山汉简《二年律令·复律》简278—280规定:

> □□工事县官者复其户而各其工。大数衞(率)取上手什(十)三人为复,丁女子各二人,它各一人,勿筭(算)繇(徭)赋。家毋当繇(徭)者,得复县中它人。县复而毋复者,得复官在所县人。新学盈一岁,乃为复,各如其手次。盈二岁而巧不成者,勿为复。③

该律是对"工事县官者复其户"的相关规定,从其中"大数衞(率)取上手什(十)三人为复,丁女子各二人,它各一人,勿筭(算)繇(徭)赋"的规定来看,此处"复"的内容当为"繇(徭)赋"。

材料(2)中"新安户人大女燕"的身份是"关内侯寡""家复不算不徭"。"不算不徭"可能是对"家复"的进一步解释。材料(3)中"大女精"的身份亦是"关内侯寡",并记"此家复不事"。对于汉代文献中"算"和"事"的内涵,学界存在很大争议。传统观点认为"算"指"算赋","事"指"徭役"。④ 杨振红

---

① 《汉书》卷2《惠帝纪》,第85—86页。

② 参看裘锡圭:《读考古发掘所得文字数据笔记(二则)》,《古文字论集》,北京:中华书局1992年版,第636—637页。

③ 张家山二四七号汉墓竹简整理小组编著:《张家山汉墓竹简(二四七号墓)》(释文修订本),第47页。

④ 如袁延胜通过对天长纪庄木牍《算簿》的研究,认为牍文中"算"指算赋,"事"指徭役,"事算"为徭役算赋之意,指承担徭役和算赋者的一致性;"复算"是免除算赋之意。参见袁延胜:《天长纪庄木牍〈算簿〉与汉代算赋问题》,《中国史研究》2008年第2期。

对此提出异议，认为"汉代乃至三国吴时期，'算'是国家计征赋税和徭役的单位，'算赋'不是具体的税目，而是以'算'为单位征收赋税的意思"。"'算'不仅意味着有交纳赋税而且有服徭役的义务。""事"应释为"服事"。① 汉代的"事"不仅指徭役也指赋税，常被用作泛指国家向人民征发的各种名目的赋役②，"所谓'事算'即服事'算'的义务，与'复算'即免除'算'的义务恰好相对"，"这一时期传世文献和简牍材料中'算事'或'事算'、'复算'、'复事'、'算簿'中的'算'，一般均指达到法定课征赋税和徭役年龄（15 岁至免老）的人口数，'事'指实际服赋役者的人口数，'复'指复除即免除赋税和徭役的人口数"。③ 上引《二年律令·复律》简 278—280"丁女子……勿筭（算）繇（徭）赋"可为其说佐证。与此不同，臧知非则认为："事"是编户民受田于国所伴随的义务，"算赋"在制度生成的层面，是"民不繇"之"赀"的结果，是授田制下编户民"事"义务的货币化，由"算事而赋"演变为"算人而赋"，发展为人口税。秦昭王的"十妻不筭"是免除其徭役而非"算赋"。高帝四年（前 203 年）"初为算赋"是登记户籍、确定赋役。④

由此，上述汉初三则简牍中"复"即"免除"的内容究竟是"徭役""赋税"还是"赋税和徭役"，要明确区分有很大难度，需作进一步细致的考证和分析。但不管是哪种情况，上述三则材料说明，在汉初包括"寡"在内的部分女性可以根据国家

---

① 杨振红：《从出土"算"、"事"简看两汉三国吴时期的赋役结构——"算赋"非单一税目辨》，《中华文史论丛》2011 年第 1 期。

② 参见张荣强：《说孙吴户籍简中的"事"》，北京吴简研究讨班编：《吴简研究》第 1 辑，北京：崇文书局 2004 年版，第 212—216 页。

③ 杨振红：《从出土"算"、"事"简看两汉三国吴时期的赋役结构——"算赋"非单一税目辨》，《中华文史论丛》2011 年第 1 期。

④ 臧知非：《"算赋"生成与汉代徭役货币化》，《历史研究》2017 年第 4 期。

相关规定享有"复"的优待,当无异议。至于上述材料中所记"复"的依据,材料(1)中的昌母大女子恚"复毋有所与"很可能是由于"汉代所颁布的对高年老人的优待法令"①,亦可能与其子"昌"有"五大夫"爵有关。材料(2)和(3)中大女燕和精"复"的原因,可能与其"关内侯寡"的身份有关,如张俊民所言,"可以看作是燕等人应享受的特权"②。

四、 余论

综上所述,可以得出以下几点结论和认识。

首先,秦及汉初的"寡"可通过开垦荒地、种植农桑、纺织等方式获得基本生活资料,亦可通过从事工商信贷获得经济利益,并有代表家庭向官府登记财产(占赀)和纳税的义务。"寡"如犯有"赀"罪,需像其他身份者一样向官府交纳"赀钱"。"寡"亦可根据规定享有"复"的优待。从人类社会发展的客观规律来看,由于男女两性社会分工的不同,男性多承担狩猎、户外劳作、战争等重体力和危险性较高的工作,女性则更多地在家内操持家务。因此,在人类历史发展的早期,男性相对于女性有较高的非正常死亡率。国家机器的维持和运转需要占有和支配一定的人口,男性大量死亡后遗留下来的"寡"能否获取生存必需的物质资料,不仅是作为寡个人的经济问题,更是国家机器正常运转的基础性条件之一。因此,"寡"作为国家编户民的一份子,在经济来源和承担、享受某些义务和权利方面与其他身份并无区别。

其次,国家对"寡"有多方面的政策性照顾。其一,"寡"

---

① 胡平生:《谢家桥汉简〈告地书〉释解》,简帛网 2009 年 4 月 15 日,http://www. bsm. org. cn/show_article. php? id = 1025。

② 张俊民:《江陵高台 18 号墓木牍释文浅析》,李学勤、谢桂华主编:《简帛研究二〇〇一》,第 290 页。

有"袭"和继承爵位的权利。"爵"是秦及汉初社会等级秩序的基础,亦是个体社会身份的重要标志。战国至秦汉初期是中国古代由列国政治走向大一统帝制的过渡时期,亦是由分裂走向统一的时期。统一伴随着兼并,兼并伴随着战争,战争则意味着大量人口的非正常死亡,而男性又是战争的主要参与者。因此,男性的大量非正常死亡是这一时期一种特定的历史现象。秦汉时期的二十等爵制源于战国时期秦国的军功爵制,"爵"是国家激励男子参加战争的重要手段。爵位的承袭等激励性机制亦是关系国家存亡的大事。除子之外,"寡"亦可承袭爵位,这在一定程度上免除了将士们战死沙场的后顾之忧,对提高军队的战斗力有积极作用。其二,"寡"可"为户",继承其夫、其子的财产。刘泽华指出:"编户制不是一般户籍管理,而是人身占有和支配的行政体系。"①正是基于这种政治诉求,国家把包括"寡"在内的编户齐民都纳入征课范围。在这样的政治诉求下,"寡"不仅能"为户",还能继承其夫、其子的财产。"在传统农业社会,家庭财产主要包括田宅、奴婢和马牛羊等,而这些动产和不动产大多是以立户为前提或附着于户的,所以女性拥有这些财产的重要途径就是要'为户'。因为'户'不仅是占有田宅的前提,更是缴纳赋税的基本单位。"②"国家之所以把'户'作为占有田宅的前提,正是要通过'户'来掌控支配'劳动力的手段'……利用手中的公权力支配生产资料的分配和占有,最终达到对人户的有效控制。"③因此,为了延续户的存在,国家在选定合法户主继承人

---

① 刘泽华:《八十自述:走在思考的路上》,北京:生活·读书·新知三联书店2017年版,第288页。
② 薛洪波:《战国秦汉时代女性财产权问题再考察》,《中国经济史研究》2018年第1期。
③ 王彦辉:《秦汉户籍管理与赋役制度研究》,北京:中华书局2016年版,第107页。

时,必然要尽可能扩大直系亲属继承人的范围。正如邢义田所言:"秦汉'置后'和'代户'……是性质不尽相同的两件事。'置后'基本上是百姓家内的事,关系到财产和爵位的继承等等;'代户'明显是指由谁代为户长,承担起国家编户的一切权利、义务和法律上的连带责任(但不包括爵)……'家'和'编户'的延续固然都重要,而且关系密切,当时政府似乎更重视编户的延续……换言之,就国家而言,'家'之血脉或可断绝,编户之'户'却在任何情况下都要尽可能维持。"①由此可见,国家政权的利益才是秦及汉初"寡"可"为户"并有财产继承权的根本原因。其三,官府对有"寡"家庭在户籍"分异"、徭役征发、养老等方面有一定照顾。这应与中国自古以来扶助鳏寡的人道传统有关。早在西周,民间即有关照寡等弱势群体的习俗。《诗经·小雅·大田》云:"彼有不获稚,此有不敛穧,彼有遗秉,此有滞穗,伊寡妇之利。"②国家理念亦提倡扶助鳏寡。《周礼·地官司徒》云:"以保息六,养万民:一曰慈幼,二曰养老,三曰振穷,四曰恤贫,五曰宽疾,六曰安富。"注云:"穷者有四:曰矜,曰寡,曰孤,曰独。"③"振穷"即是对鳏寡孤独的救助,国家将其作为安万民使蕃息的重要途径之一。《礼记·礼运》亦将"人不独亲其亲,不独子其子,使老有所终,壮有所用,幼有所长,矜寡孤独废疾者,皆有所养"④的"大同"状态视为人类社会的理想。

---

① 邢义田:《秦或西汉初和奸案中所见的亲属伦理关系——江陵张家山 247 号墓〈奏谳书〉简 180—196 考论》,《天下一家:皇帝、官僚与社会》,第 495 页。
② (汉)毛公传,(汉)郑玄笺,(唐)孔颖达疏:《毛诗正义》卷 14《小雅·甫田之什·大田》,(清)阮元校刻:《十三经注疏》,北京:中华书局 1980 年版,第 477 页。
③ (汉)郑玄注,(唐)贾公彦疏:《周礼注疏》卷 10《地官司徒》,(清)阮元校刻:《十三经注疏》,第 706 页。
④ (汉)郑玄注,(唐)孔颖达等正义:《礼记正义》卷 21《礼运》,(清)阮元校刻:《十三经注疏》,第 1414 页。

再次，国家对"寡"的财产处分权有一定的限制。秦及汉初的法律规定，改嫁之寡不得带走前夫、前夫子的财产；不得将前夫、前夫子的财产交给后夫、后夫子；不得以前夫、前夫子的财产招赘；如招赘，不得将前夫、前夫子的财产交给赘婿；亦不得把前夫、前夫子的财产交给与己通奸者。承户之寡与夫之同产或同产子同居，不得变卖田宅和入赘；继承其夫、子户主及财产的作为子妇的寡不得驱逐"夫父母"（舅姑），亦不得招赘，更不得以其他方式转移夫家财产。这一系列规定，突出体现了私有财产神圣不可侵犯的原则，亦与当时特殊的时代背景相关。正如毌有江所言："针对前夫、前夫子之财产制定的法令，是有其现实背景的。秦代对外扩张，屡兴战争，其本国男性损失严重，导致大量妇女成为寡妇，这时战场上死去战士的财产得不到保障，容易被妻子攫取。因此，秦国为了奖励军功，使得战士打仗没有后顾之忧，遂禁止有子妇女用前夫之财改嫁。"①其实，这类规定并非仅存在于秦国，魏国亦有。睡虎地秦简《为吏之道》所附《魏户律》规定：

> ·廿五年闰再十二月丙午朔辛亥，〇告相邦：民或弃邑居壄（野），入人孤寡，徼人妇女，非邦之故也。自今以来，叚（假）门逆吕（旅），赘婿后父，勿令为户，勿鼠（予）田宇。三枼（世）之后，欲士（仕）士（仕）之，乃（仍）署其籍曰：故某虑赘婿某叟之乃（仍）孙。②

关于其中"赘婿后父"的身份及对其惩罚、歧视性规定的原因，学界多有探讨。张继海认为，魏户律要惩罚的是"某虑赘婿"，并将"虑"读为"庐"，"某虑赘婿"即"某庐赘婿"，特指某一类

① 武汉高校读简会：《〈岳麓书院藏秦简（伍）〉研读记录（二）》，简帛网 2018 年 6 月 24 日，http://www.bsm.org.cn/show_article.php? id=3178。
② 睡虎地秦墓竹简整理小组编：《睡虎地秦墓竹简》，第 292—293 页。

赘婿。并认为"叚门逆吕"应释为"假门逆闾",与"民或弃邑居壄(野)"和"某虑(庐)"存在着对应关系,修饰的是"赘壻后父"。并据此推测,由于当时魏、秦连年交战,魏军伤亡惨重,造成大量孤寡家庭。虽国家对阵亡士兵的孤儿寡母有所优待,但多数农民家庭出于生存考虑仍有招赘女婿的需要。"城邑中一些青壮年男性为躲避兵役,便赘入野中的孤寡家庭中,做了赘婿后父。"魏国面对秦军强大的军事压力时,"假门逆闾赘婿后父"的行为无疑是魏国统治者难以容忍的。因此,《魏户律》规定"勿令为户,勿予田宇",《魏奔命律》亦严厉制裁:"今遣从军,将军勿恤视。享(烹)牛食士,赐之参饭而勿鼠(予)殽。攻城用其不足,将军以堙豪(壕)。"①户律特别注明这些"弃邑居野"的赘婿是"某庐赘婿",魏奔命律也明确交待是"假门逆闾赘婿后父",以与一般的赘婿相区别。② 由此可见,《魏户律》和《魏奔命律》的实施对象虽是"某庐赘婿",但其实与当时战争中男子大规模死亡遗留下来的遗孀即"寡"密切相关。中国古代一些民族中盛行的"收继婚"制度,或许亦与战争频仍背景下,解决战死沙场将士的后顾之忧,妥善安置其遗留之"寡"有关。

(原载《中国经济史研究》2020 年第 2 期)

---

① 睡虎地秦墓竹简整理小组编:《睡虎地秦墓竹简》,第 294 页。
② 参见张继海:《睡虎地秦简魏户律的再研究》,《中国史研究》2005 年第 2 期。

秦及汉初契券中的券书凭证

——以简牍材料为中心

杨　怡（南京师范大学）

[摘　要]券书是契券中的重要信物,目前简牍材料中的券书可分为买卖交易、借贷债务、抵押典当、罚款赔偿及租税徭役五类。与民间相比,官府更注重买卖交易活动的公开性,券书签订流程也极为严格。民间借贷、官府间债务均有相应券书,官府常将其作为日后诉讼评判的重要依据。当债务无法按时偿还时,官府往往代为偿还,但需债务人以劳役抵债。同借贷债务活动相似,抵押典当活动的交易流程也较为复杂。罚款赔偿券书,多因官员工作失误或百姓损坏公物等,需承担赔付责任所签券书。徭券仅需不更以下,服役一日以上者签订即可。种种事实表明:早在战国秦汉时期,我国的经济契约便已相当完备和普遍。

[关键词]秦及汉初;契券;券书凭证

作为一种信誉凭证,券书在秦汉社会生活中占重要地位。因用途广泛,常见于买卖交易、借贷债务、抵押典当、罚款赔偿等经济活动。以往学界对券书问题进行了大量研究,取得的成果·也较为丰硕。① 然囿于材料,大多依据的是传世文献。近几十年来,秦汉简牍的不断刊布,特别是数量颇多的里耶秦简和张家山汉简等,在一定程度上填补了传世文献的不足,使全面探讨秦及汉初的券书问题成为可能。本文拟在前人研究基础上,对经济场合中的券书做分类探讨。不到之处,敬请方家指正。

一、 买卖交易券书

买卖交易券书是契券中的重要类型。② 一般而言,买卖双方交易成约,各取契券为据。如里耶秦简 8—650 + 8—1462:

> [1]涪陵来以买盐急,却即道下,以券与却,靡千钱。除少内,□却、道下操养钱来视。华购而出之。③

---

① 主要参见陈邦怀:《居延汉简考略》,《历史教学》1964 年第 2 期;张传玺:《中国古代契约形式的源和流》,中华书局编辑部编:《文史》第 16 辑,北京:中华书局 1982 年版,第 21—34 页;林甘泉:《汉简所见西北边塞的商品交换和买卖契约》,《文物》1989 年第 9 期;[日]籾山明:《刻齿简牍初探——汉简形态论》,中国社会科学院简帛研究中心编:《简帛研究译丛》第 2 辑,长沙:湖南人民出版社 1998 年版,第 147—177 页;马怡:《里耶秦简中几组涉及校券的官文书》,武汉大学简帛研究中心编:《简帛》第 3 辑,上海:上海古籍出版社 2008 年版,第 191—206 页;张春龙、[日]大川俊隆、[日]籾山明:《里耶秦简刻齿简研究——兼论岳麓秦简〈数〉中的未解读简》,《文物》2015 年第 3 期;吴方基:《里耶秦简"校券"与秦代跨县债务处理》,《中国社会经济史研究》2017 年第 4 期。

② 林甘泉认为,券的使用可证明汉简中一些具有买卖契约形式的简文并非契约原件。从西北汉简中的买卖资料看,边塞地区的经济虽然比较落后,但商品交换仍有一定程度的发展。林甘泉:《汉简所见西北边塞的商品交换和买卖契约》,《文物》1989 年第 9 期。李均明和刘军认为,简牍所见单称"券"者,旁有刻齿这一点同符,应用范围较广,买卖借贷、取予授受皆用之。李均明、刘军:《简牍文书学》,南宁:广西教育出版社 1999 年版,第 422 页。张春龙、大川俊隆与籾山明认为,里耶秦简中带刻齿的 115 枚简为校券,可正反两面切割开,并指出校券是在授受金钱、物品时制作而成的。张春龙、[日]大川俊隆、[日]籾山明:《里耶秦简刻齿简研究——兼论岳麓秦简〈数〉中的未解读简》,《文物》2015 年第 3 期。

③ 陈伟主编:《里耶秦简牍校释》第 1 卷,武汉:武汉大学出版社 2012 年版,第 191 页。

校释者将"道下"释为人名，似有不妥。简中"涪陵"为县名，据《汉书·地理志》载，属巴郡。① 秦汉简牍中，常见人名书于地名后，即某地某人。如里耶秦简 8—406 有"迁陵拔"②，迁陵为县名，拔为人名。同简 8—767 有"启陵乡赵"③，启陵乡为乡名，赵为人名。今按：简[1]涪陵后的"来"字释为人名应更为妥当，而"道下"可释为地名或地点。购，出钱购买之义。依校释者，却与道下二人持钱视华，最终由华购而出之，似不合常理。购买的主语为持养钱者。此句当句读为："除少内，[来]、却道下操养钱来视华，购而出之。"④我们推测，当由持养钱者购买少内华所掌府藏。校释者将"却"释为人名，"麋"释为分，可从。故简[1]当理解为，涪陵县一名为来的人因买盐事急，与名为却的人在道下相见，来将券给予却，而分得千钱。华为少内，来与却持养钱探望华，与华进行交易。此次交易中，来与华当为交易双方，却为中间人，以便沟通和联系，确保交易活动顺利进行。

今按：无论校释者将"却"和"道下"释为人名，还是笔者将"却""来"释为人名，此简为市物交易活动应无太大异议，而简中所述之券亦当为买卖交易券书。

与上述民间交易相比，官方买卖活动也较为常见。岳麓秦简《田律》规定：

[2]吏归休，有县官吏乘乘马及县官乘马过县，欲贷刍稾、禾、粟、米及买菽者，县以朔日平贾（价）受钱，先为钱及券，鲕以令、丞印封，令、令史、赋主各挟一辨，月尽发

① 《汉书》卷 28 上《地理志上》，北京：中华书局 1962 年版，第 1603 页。
② 陈伟主编：《里耶秦简牍校释》第 1 卷，第 144 页。
③ 陈伟主编：《里耶秦简牍校释》第 1 卷，第 221 页。
④ 如《汉书》卷 74《丙吉传》（第 3149—3150 页）载："少内啬夫白吉。"师古曰："少内，掖庭主府藏之官也。"今按：少内，大内属官，掌府藏。

鋞令、丞前,以中辨券案雚(雕)钱,钱辄输少内,皆相与靡(磨)除封印,中辨臧(藏)县廷。(111—113)①

简[2]为休假官吏过县时贷买官府物品的律文。官吏贷买粮草后,县以朔日平价收受钱财。②"为钱及券",即登记所受钱数并写好券书。金钱需置于鋞中,外加封令、丞印。券书则采用三辨券形式,分别由令、令史及发放粮草者持挟,作为日后对账的重要凭证。③ 月末,官府需将鋞中金钱取出与中辨券案查,无误后方可输入少内。后磨除封印,令中辨券藏于县廷。至此,交易结束。

显然,官吏同官府间交易流程较为复杂。除受钱、写券等必备环节外,还需入鋞、加印、持券、案验、除印等。鋞为一种易入难出的受钱器。④ 入鋞,主要是为了防止因工作疏漏导致的金钱遗失。而令、丞封印,三方挟券及案验后钱输少内等,可知该活动也具有一定的公开性。交易中,令、丞、令史、赋主、少内

---

① 陈松长主编:《岳麓书院藏秦简(肆)》,上海:上海辞书出版社2015年版,第104—105页。

② "菽"本为"未",一种豆类吃食。《说文解字注》:"未,豆也……《史记》豆作菽。"(汉)许慎撰,(清)段玉裁注:《说文解字注》,上海:上海古籍出版社1988年版,第336页。

③ 关于三辨券,又叫参辨券(叁辨券),通常是一式三份的券书,分别由不同责任人持有。对于《田律》中"赋主"的含义,王勇在《岳麓秦简〈金布律〉关于奴婢、马牛买卖的法律规定》(《中国社会经济史研究》2016年第3期)一文中指出:"据岳麓秦简《田律》,叁辨券'令、令史、赋主各挟一辨'(简1285),也就是由主管者、收款者和付款者分持。"即将"赋主"释为付款者,恐怕不确。《汉书》卷9《元帝纪》(第279页)载:"赀不满千钱者赋贷种、食。"师古曰:"赋,给与之也。"从字面上看,"赋主"可理解为给付物品的人。又因月末需三方持券案验,休假官吏既已付钱购买所需物品,交易结束后就无需再返回购买地核对"辨券"。故将"赋主"理解为将官府物品交付给休假官吏的人,更为妥当。因本文重点探讨券书内容,故券书形制亦不作过多论述。

④ 《说文·缶部》:"鋞,受钱器也。"(汉)许慎撰,(宋)徐铉校定:《说文解字》,第105页。段玉裁注曰:"易入难出器也……为小孔。可入而不可出。"(汉)许慎撰,(清)段玉裁注:《说文解字注》,第226页。鋞,亦名"扑满",西汉以后有珍贵实物发现。参见张新顺:《东汉陶"扑满"》,《中国文物报》,2020年2月18日,第7版。

等均当知晓，与民间仅买卖双方及中间人参与活动有所不同。

又岳麓秦简《金布律》和张家山汉简《金布律》中有相似律文：

> ［3］官府为作务、市受钱，及受赍、租、质、它稍入钱，皆官为缿，谨为缿空（孔），婴（须）毋令钱能出，以令若丞印封缿而入，与入钱者叁辨券之，辄入钱缿中，令入钱者见其入。月壹输缿钱，及上券中辨其县廷，月未尽而缿盈者，辄输之，不如律，赀一甲。（121—123）①

> ［4］官为作务、市及受租、质钱，皆为缿，封以令、丞印而入，与参辨券之，辄入钱缿中，上中辨其廷。质者勿与券。（429）②

上述两简均涉及钱券交易活动。其中，"为作务""市"等记载，最早曾见于睡虎地秦简《关市律》："为作务及官府市。"（97）释文修订小组将"为作务"释为从事手工业。③ 吴荣曾认为，"市"是市贸，"官府市"即官府所经营的商业，"为作务"当为官府作坊。④ 高敏将"官府市"释为官办的店铺。⑤ 陈伟综合上述三条简牍，认为市即交易，是"为作务"与"官府"（或曰"官"）两者共同的谓语。"为作务及官府市"与"官府（官）为作务市"即为作务市和官府（官）市。⑥ 其说可从。"为作务及官府市"是作务市和官府市，即手工业贸易和官营贸易。而

① 陈松长主编：《岳麓书院藏秦简（肆）》，第108页。
② 彭浩、陈伟、［日］工藤元男主编：《二年律令与奏谳书——张家山二四七号汉墓出土法律文献释读》，上海：上海古籍出版社2007年版，第254页。
③ 陈伟主编：《秦简牍合集：释文注释修订本（壹）》，武汉：武汉大学出版社2016年版，第97页。
④ 吴荣曾：《秦的官府手工业》，中华书局编辑部编：《云梦秦简研究》，北京：中华书局1981年版，第43页。
⑤ 高敏：《云梦秦简初探（增订本）》，郑州：河南人民出版社1981年版，第230页。
⑥ 陈伟：《关于秦与汉初"入钱缿中"律的几个问题》，《考古》2012年第8期。

"官府(官)为作务市"的主语为官府(官),故应理解为官府
(官)作务市,即官营手工业贸易。

据此,简[3]和简[4]皆为官府经营的贸易,简中的三辨
券为买卖交易券书,亦无太大异议。在受钱种类上,两简除
买卖交易的"市"外,还涉及"赏""租""质"等,下文将分别
论述。

二、 借贷债务券书

借贷,即一方将货币或财物交予他方,且要其于约定时间
及条件归还。债,欠人钱财之意。借贷债务券书常见于简牍
材料。[①] 里耶秦简 8—1008 + 8—1461 + 8—1532:"令佐华自
言:故为尉史,养大隶臣竖负华补钱五百,有约券。"[②]校释者
认为,"负"为亏欠之义,而"补钱"待考。关于"补钱"的问题,
可以有两种解释。一是作为专有名词,即竖欠华五百"补钱"。
但"补钱"究竟为何? 囿于材料,目前还不得而知。二是作为
动宾结构,释为增加或补充的钱。《说文·衣部》:"补,完衣
也。"[③]段注曰:"既袒则宜补之。故次之以补。引伸为凡相益

---

① 关于借贷债务券书的讨论,比较有代表性的是李天虹、马怡、吴方基的研究。
李天虹认为,居延汉简中的责券即今债券。以赊账的方式进行买卖时,双方均
持有券书。有相约付款时间和旁人(任者)的记载,是居延汉简所见债券的显
著特点。李天虹:《居延汉简簿籍分类研究》,北京:科学出版社 2003 年版,第
136—142 页。马怡认为,校券是基于原始券书另作的,并非在负债初制作、由
债务双方分执的凭证。左、右校券均由官府所执,债权方执其右,债务方执其
左。此外,校券不仅用于追债,也作为出账的文书凭证,用于索取责券(右券)
及相关的"计"等事务。马怡:《里耶秦简中几组涉及校券的官文书》,武汉大
学简帛研究中心编:《简帛》第 3 辑,第 191—206 页。吴方基则认为,校券没有
左、右之分,也并非原债权人与债务人分执的原始债券。校券系于债,亦系于
计,因而具有双重身份,不仅是官府跨县债权转移的凭证,还是官府跨县付受
财物后计账的凭证。吴方基:《里耶秦简"校券"与秦代跨县债务处理》,《中国
社会经济史研究》2017 年第 4 期。
② 陈伟主编:《里耶秦简牍校释》第 1 卷,第 261 页。
③ (汉)许慎撰,(宋)徐铉校定:《说文解字》,第 170 页。

之称。"①依许氏，"补"原义为缝补，使之完整。由段注可知，后引申为相益，即增加、补充，则"补钱五百"可释为增加500钱。在现有资料的情况下，我们认为第二种解释应更为合理。但究竟事实如何，有待于新材料的发现。易言之，竖此前可能已有亏欠，后又增加500钱。故竖与华之间存在私人借贷债务关系，所言"约券"可能为增加500钱的借贷债务券书。

此外，官方债务券书亦较为常见。里耶秦简9—1为阳陵服役戍卒的债务转移文书：

[5]阳陵宜居士五（伍）毋死有赀余钱八千六十四。毋死戍洞庭郡，不智（知）何县署。·今为钱校券一上，谒言洞庭尉，令毋死署所县责，以受阳陵司空——司空不名计。问何县官计，年为报。已訾其家，家贫弗能入，乃移戍所。报署主责发。②

赀，本义为罚。《说文·贝部》："赀，小罚以财自赎也。"③秦汉简牍常见"赀一甲""赀一盾"等语，即罚缴一副铠甲、一盾等。故简文[5]当释为毋死原余罚债8 064钱。后毋死戍守洞庭郡，罚债转由所居县追偿。睡虎地秦简《金布律》规定："有责（债）于公及赀、赎者居它县，辄移居县责之。"（76）④因毋死不知所居县具体在何地，故将钱校券上谒洞庭郡。秦汉时期，官府间财物往来，受付双方需完成出入计簿。然毋死因移至他地，署所当接受原居地阳陵司空的计账，但不清楚是何部门负

---

① （汉）许慎撰，（清）段玉裁注：《说文解字注》，第396页。
② 陈伟主编：《里耶秦简牍校释》第2卷，武汉：武汉大学出版社2018年版，第1页。
③ （汉）许慎撰，（宋）徐铉校定：《说文解字》，第127页。
④ 睡虎地秦墓竹简整理小组编：《睡虎地秦墓竹简》，北京：文物出版社1990年版，第38页。

责接受此计账及受账时间,故作此询问,且要求回复。①

由简9—1可知,毋死的赀债共发生两次转移。如上揭,所欠官府债务及赀债、赎债者,若移居他县,债务将由移居地收缴。毋死因戍洞庭郡移至他地,赀债亦随之转移。债权人由原居地官府转为现居地官府,故两地官府有交接债券及询问计年之事。至此,第一次债务转移完成。后因毋死家贫,未能向官府足额缴纳赀债,故转至戍所,并上报官府,即第二次转移。睡虎地秦简《金布律》规定:"公有责(债)百姓未赏(偿),亦移其县,县赏(偿)。"(76)②此次债务转移,戍所县由债权人转为债务人。

关于毋死如何偿还债务的问题,简文中仅显示戍所地替毋死偿还债务,未明确其应负的债务责任。睡虎地秦简《司空律》规定:"有罪以赀赎及有责(债)于公,以其令日问之,其弗能入及赏(偿),以令日居之,日居八钱;公食者,日居六钱。"(133)③欠官府债务者,当以判决之日询问其是否可以偿还,不能偿还者则日居之,以劳役抵债。据上述律文可知,毋死应以劳役作为抵押偿还债务。

值得注意的是,里耶秦简中亦有官府替代官员偿还赀债的情况,仍需以借贷债务券书为凭证。如:

> [6]卅年九月庚申,少内守增出钱六千七百廿,环(还)令佐朝、义、佐盍赀各一甲,史狂二甲。

① 关于"问可(何)县官计年为报",王伟认为当句读为"问可(何)[县官]计付署、计年,为报";吴方基则句读为"问可(何)付计。署计年为报"。分别参见王伟:《里耶秦简"付计"文书义解》,《鲁东大学学报(哲学社会科学版)》2015年第5期;吴方基:《里耶秦简"校券"与秦代跨县债务处理》,《中国社会经济史研究》2017年第4期。该简缺少"付署"二字,然均为询问县官事宜,故笔者句读为:"问可(何)县官计年,为报。"
② 睡虎地秦墓竹简整理小组编:《睡虎地秦墓竹简》,第38页。
③ 睡虎地秦墓竹简整理小组编:《睡虎地秦墓竹简》,第51页。

九月丙辰朔庚申,少内守增敢言之:上出券一。敢言之。(8—890＋8—1583)①

根据陈伟等先生校释:"环,通'还',偿还。《篇海类编·人事类·辵部》:'还,偿也。'《后汉书·光武帝纪上》:'十二月癸卯,诏益、凉二州奴婢,自八年以来自讼在所官,一切免为庶人,卖者无还直。'"②《周礼正义》:"(郑玄)注云:'环犹却也,以勇力却敌'者,《说文·玉部》云:'环,璧也。'此借为还字。"③简[6]大意是说,少内守增出6 720钱,用于偿还令佐、令史等四人的赀债。故"上出券一",当为借贷债务券书。由上揭《司空律》可知,有罪以赀赎及有债于公者,均如此律。我们认为,官吏不能偿还赀债时,与戍卒毋死一致,均当以劳役作为抵偿。

三、 抵押典当券书

抵押典当活动也需书写质剂类券书。《说文·贝部》言:"质,以物相赘。"④段注曰:"赘,以物质钱。若今人之抵押也。"⑤此外,《礼记·曲礼》载:"献田宅者操书致。"⑥这里,献田宅者所持之"致"应假借为"质",意为"券",类似于文书凭证。

上引简[3]和简[4]均涉及抵押典当等内容。值得注意

---

① 陈伟主编:《里耶秦简牍校释》第1卷,第242页。
② 陈伟主编:《里耶秦简牍校释》第1卷,第242—243页。按:校释所言《后汉书·光武帝纪上》当为《后汉书·光武帝纪下》。参见《后汉书》卷1下《光武帝纪下》,北京:中华书局1965年版,第64页。
③ (清)孙诒让撰,王文锦、陈玉霞点校:《周礼正义》,北京:中华书局1987年版,第2253页。
④ (汉)许慎撰,(宋)徐铉校定:《说文解字》,第126页。
⑤ (汉)许慎撰,(清)段玉裁注:《说文解字注》,第281页。
⑥ (清)孙希旦撰,沈啸寰、王星贤点校:《礼记集解》,北京:中华书局1989年版,第65页。

的是,官府入钱种类较多,其中"质"为关键。目前,学界对秦汉律中"质"的研究主要有三种不同看法。一是"抵押"说。睡虎地秦墓竹简整理小组最早将"质"释为"抵押",认为古书中"质"常指以人作为抵押。① 此后,许多学者都对"质"作了进一步论述和补充。如钱剑夫认为,古言"质"即"人质",而亦为"物质",并将"质"释为"质押"。② 秦晖、高敏等先生也都持同样观点。③ 陈松长认为,"质钱"也就是用于抵押的钱。④ 徐世虹专门探讨了秦汉律"质钱"之性质与来源,进一步提出质钱也许与官方行为下的经济活动或债务关系有关。⑤ 二是"契税"说。陈伟认为,"秦汉'入钱缿中律'中'质钱'与'赍钱'、'租钱'并列,理解作官府为大型交易提供质剂而收取的税金,似更可靠"⑥。贺旭英也执这种看法。⑦ 三是"债的一种担保方式"说。李力认为,"质"是秦汉律中债的一种担保方式,将"物"或"人身"让给他方占有以作为担保。⑧

我们先来看第二种观点。据语法结构,简[3]中"赍""租""质"为并列关系。若将"质"释为税钱,明显与"租"重

① 睡虎地秦墓竹简整理小组编:《睡虎地秦墓竹简》,北京:文物出版社 1978 年版,第 214 页。今按:本文所引《睡虎地秦墓竹简》均为 1990 年版,因涉及学术史回顾的时间先后问题,此处引用 1978 年版表明最早提出该观点。
② 钱剑夫:《秦汉货币史稿》,武汉:湖北人民出版社 1986 年版,第 299、308 页。
③ 秦晖:《汉代的古典借贷关系》,《中国经济史研究》1990 年第 3 期;高敏:《关于汉代有"户赋"、"质钱"及各种矿产税的新证——读〈张家山汉墓竹简〉》,《史学月刊》2003 年第 4 期。
④ 陈松长:《睡虎地秦简"关市律"辨正》,《史学集刊》2010 年第 4 期。
⑤ 徐世虹:《也说质钱》,王沛主编:《出土文献与法律史研究》第 2 辑,上海:上海人民出版社 2013 年版,第 1—9 页。
⑥ 陈伟:《关于秦与汉初"入钱缿中"律的几个问题》,《考古》2012 年第 8 期。
⑦ 贺旭英:《秦汉"质钱"小考》,中国文化遗产研究院编:《出土文献研究》第 14 辑,上海:中西书局 2015 年版,第 224—231 页。
⑧ 李力:《秦汉律所见"质钱"考辨》,《法学研究》2015 年第 2 期。

复。① 同样,简[4]中"租""质"亦为并列关系。若依陈伟所言,将"质钱"释为官府提供质剂而收取的税金,则下文"质者勿与券"当理解为交纳税金者不予券书。同为税金或财物,官府提供质剂收取的税钱却不予券书,恐不合常理。此外,岳麓秦简《金布律》中也有相关简文,兹摘抄如下:

> 黔首卖奴卑(婢)、马牛及买者,各出廿二钱以质市亭。皇帝其买奴卑(婢)、马,以县官马牛羊贸黔首马牛羊及买,以为义者,以平贾(价)买之,辄予其主钱。(200—202)②

对黔首买卖奴婢、马牛,双方各需缴纳 22 钱"以质市亭",贺旭英认为"'质钱'的性质应是官府为牛马、奴婢等大型交易提供'质'而收取的税钱"③,其实不然。契税的税率是统一的,但税额是不同的。正如交易税有名物和数量之分,黔首买卖奴婢、马牛的数量及价格高低不等,不可能均缴纳 22 钱的"税钱"。贺先生可能也意识到这个问题,提出"如此对于大型交易法律明文规定质钱仅为二十二钱,不见按交易额特定比例收缴质钱的规定,故质钱或为固定金额,如秦为二十二钱"④。但他仍然没有解释不同税额为何都需缴纳 22 钱的问题。

再看第三种观点。李力认为,质是秦汉律中债的一种担保方式,"质钱"是因官府(债权人)占有民(债务人)之物以保证其借贷而产生的,是官府在借贷期限届满时所收到的、由民

---

① 晋文认为,"租"还包括公田或官田出租所收的押金和田租。晋文:《龙岗秦简中的"行田""假田"等问题》,《文史》2020 年第 2 辑。
② 陈松长主编:《岳麓书院藏秦简(肆)》,第 134—135 页。
③ 贺旭英:《秦汉"质钱"小考》,中国文化遗产研究院编:《出土文献研究》第 14 辑,第 227 页。
④ 贺旭英:《秦汉"质钱"小考》,中国文化遗产研究院编:《出土文献研究》第 14 辑,第 228—229 页。

交来的款项(本钱与子钱之和)。① 事实上,"质钱"并不仅仅限于借贷债务关系中,买卖交易活动中同样存在。前揭岳麓秦简《金布律》的"黔首卖奴卑(婢)、马牛及买者,各出廿二钱以质市亭",就是一例。故第三种观点"债的一种担保方式"似乎也很难成立。

此外,王勇提出,质钱是在市亭立券时买卖双方交给官方之钱,性质更接近官府为买卖进行担保而收取的佣金。② 此说解决了黔首买卖不同价格和数量的物品,需缴纳同等数额"质钱"的问题,但似乎还不够准确。我们认为,"质钱"应该是市场管理所收取的保证金,类似于今日的手续费。也就是说,黔首进入市场交易,物品价格无论贵贱,均需缴纳同等数额的费用。今按:"质钱"作为市场管理的保证金(手续费),同样带有押金性质。易言之,黔首将"质钱"抵押给市亭,以确保交易顺利进行。因此,我们更倾向于第一种观点"抵押"说。总之,简[3]和简[4]中的"质"均当作抵押讲,即官府收受租税、抵押钱财。入钱者需目睹所交之钱投入缿中,且书写相应券书作为凭证。下文"质者勿与券",释为抵押者不予券书,也更为合适。抵押典当活动中,质者虽不予券书,但据岳麓秦简《金布律》"上券中辨其县廷"推测,抵押典当券书应是存在的,或者归于县廷未予质者。

值得一提的是,张家山汉简《奏谳书》记载:"十二月癸亥,亭庆以书言雍廷,曰:毛买(卖)牛一,质,疑盗,谒论。"(100)③整理小组认为,"质"训为"问",即质问之意。黄人二

---

① 李力:《秦汉律所见"质钱"考辨》,《法学研究》2015 年第 2 期。

② 王勇:《岳麓秦简〈金布律〉关于奴婢、马牛买卖的法律规定》,《中国社会经济史研究》2016 年第 3 期。

③ 彭浩、陈伟、[日]工藤元男主编:《二年律令与奏谳书——张家山二四七号汉墓出土法律文献释读》,第 359 页。

则认为,质为抵押之意,言毛以所卖牛与买者成约,各取契券。① 毛买(卖)一牛,亭庆怀疑该牛为毛偷盗所得,故上报论之。根据句意,"质"若训为"质问",应置于"疑盗"之后,即怀疑该牛为偷盗所取,故质问毛。然此简中"质"于"疑盗"前,释为"质问"似有不妥。《周礼·地官·质人》:"大市以质,小市以剂。"②牛马、人民等为大市,故卖牛而为质。又《周礼·夏官·马质》:"马质,掌质马。"贾公彦疏:"质,平也,主平马力及毛色与贾直之等。"③故"质"亦可训为"平",作评价讲。我们推测,亭庆在评价毛所卖之牛时,疑其盗取,故谒论之。此简中虽有"质",然作"平"讲,并非抵押典当之意。

四、 罚款赔偿券书

在秦汉简牍材料中,罚款赔偿券书应值得注意。此类券书,多因官员工作失误或百姓损坏公物,需承担罚款赔偿责任而书写。

> [7]佐州里烦故为公田吏,徙属。事苔不备,分负各十五石少半斗,直钱三百一十四。烦冗佐署迁陵。今上责校券二,谒告迁陵令官计者定,以钱三百一十四受旬阳左公田钱计,问可(何)计付,署计年为报。(8—63)④

公田吏烦在任职期间,因治理过失,致小豆不足数,需赔偿15石 1/3 斗,价值 314 钱。另,睡虎地秦简《仓律》有"其不备,出

---

① 彭浩、陈伟、[日]工藤元男主编:《二年律令与奏谳书——张家山二四七号汉墓出土法律文献释读》,第 361 页。
② (汉)郑玄注,(唐)贾公彦疏:《周礼注疏》,上海:上海古籍出版社 2010 年版,第 533 页。
③ (汉)郑玄注,(唐)贾公彦疏:《周礼注疏》,第 1149 页。
④ 陈伟主编:《里耶秦简牍校释》第 1 卷,第 48 页。

者负之"的规定。整理者认为,不备即不足数,负为赔偿之意。① 此说甚是。

分负,并非由公田吏烦一人赔付,应有其他责任人共同赔偿。简文中未明确相应的赔付责任,以及书写券书等情况,我们可从其他简牍窥探一二。睡虎地秦简《效律》:"仓扁(漏)歺(朽)禾粟,及积禾粟而败之……令官啬夫、冗吏共赏(偿)败禾粟。"(166)②官啬夫及冗吏需共同赔偿朽败的禾粟。又睡虎地秦简《金布律》:"县、都官坐效、计以负赏(偿)者,已论,啬夫即以其直(值)钱分负其官长及冗吏,而人与参辨券,以效少内,少内以收责之。"(80—81)③县、都官因点验物资或记账时失误,需承担赔付罪责,啬夫当以其值钱分负官长及冗吏。④ 我们推测,里耶秦简 8—63 中分负者似为公田的啬夫(公田吏烦)及冗吏。另由"人与参辨券,以效少内"等语可知,官员的赔偿活动也需书写相应券书,官啬夫(官长)、冗吏及少内三辨券之。

前引简[3]岳麓秦简《金布律》亦为罚款赔偿券书的相关律文。整理者将"赍"字释为损害公家财物后照价赔偿的钱⑤,可从。《周礼·春官·巾车》:"毁折,入赍于职币。"郑注曰:"计所伤败入其直。"杜子春云:"赍读为资。资谓财也。

---

① 睡虎地秦墓竹简整理小组编:《睡虎地秦墓竹简》,第 25—26 页。
② 睡虎地秦墓竹简整理小组编:《睡虎地秦墓竹简》,第 57 页。
③ 睡虎地秦墓竹简整理小组编:《睡虎地秦墓竹简》,第 39 页。
④ 关于赔付责任问题,睡虎地秦简《效律》规定,官啬夫及冗吏需共同承担赔付责任。而睡虎地秦简《金布律》规定,由官长及冗吏共同赔付。释文修订小组认为,官啬夫即官府的啬夫。陈伟主编:《秦简牍合集:释文注释修订本(壹)》,第 88 页。今按:"官长"释为官啬夫,与《效律》相合,即官长(官啬夫)与冗吏分负赔偿。若将"官啬夫"释为"官府的啬夫",与前文分负者"啬夫"重复。故"官啬夫"释为负责某一方面的啬夫总称更合适。参见裘锡圭:《啬夫初探》,中华书局编辑部编:《云梦秦简研究》,第 241 页。
⑤ 陈松长主编:《岳麓书院藏秦简(肆)》,第 164 页。

乘官车毁折者，入财以偿缮治之直。"①依郑氏意，赍因伤败而偿其值。杜注则更为详尽，损毁官车者，以钱财赔偿修缮之值。此外，"与入钱者叁辨券之"，当为罚款赔偿券书。

五、 租税徭役券书

租税徭役，官府收取市税田租或是征发徭役等。上揭简[3]和简[4]均涉及"租"。高敏认为，"租"为市肆租税。② 臧知非认为，前面"受租""质钱"的租指市租，后面"租、质、户赋、园池入钱"的租，因和户赋并列，无疑是指田租。③ 杨振红则认为，秦汉时期征收的田租采用实物地租，尚未发现有折成货币交纳的例子，故简文中的租当理解为市租，而非田租。④ 然秦汉刍稾的征收亦可交钱，如里耶秦简 9—543＋9—570＋9—835："☒刍稾志……都乡黔首田启陵界中，一顷卅一亩，钱八十五。都乡黔首田贰【春界中者，二顷卅七亩，钱百卅九。】"⑤此即以入钱当刍稾的记载。张家山汉简《田律》亦可说明，"收入刍稾，县各度一岁用刍稾，足其县用，其余令顷入五十五钱以当刍稾。刍一石当十五钱，稾一石当五钱"（240—241）⑥。且"假田"需要交纳押金，故晋文认为，简[3]和简[4]中的"租"，应当包括"假田"所收之租。⑦ 龙岗秦简 155：

① （汉）郑玄注，（唐）贾公彦疏：《周礼注疏》，第 1048 页。
② 高敏：《关于汉代有"户赋"、"质钱"及各种矿产税的新证——读〈张家山汉墓竹简〉》，《史学月刊》2003 年第 4 期。
③ 臧知非：《张家山汉简所见西汉矿业税收制度试析——兼谈西汉前期"弛山泽之禁"及商人兼并农民问题》，《史学月刊》2003 年第 3 期。
④ 杨振红：《从张家山汉简看秦汉时期的市租》，杨振红、[日]井上彻编：《中日学者论中国古代城市社会》，西安：三秦出版社 2007 年版，第 55 页。
⑤ 陈伟主编：《里耶秦简牍校释》第 2 卷，第 152 页。
⑥ 张家山二四七号汉墓竹简整理小组编著：《张家山汉墓竹简（二四七号墓）》（释文修订本），北京：文物出版社 2006 年版，第 41 页。
⑦ 晋文：《龙岗秦简中的"行田""假田"等问题》，《文史》2020 年第 2 辑。

"黔首钱假其囗已。"①同简 178:"诸以钱财它物假田。"②显然,黔首要以钱财"假田"。本文同意晋文的观点,认为简文中的租应理解为包括"假田"所收之租在内的市税田租。不难发现,官府征收各类租金需具备相应券书。与上述几类券书相似,租税券书亦为三辨券形式,分别由交租者、令、令史所持,中辨上县廷。

此外,北大秦简《田书》有税田面积、税率、田租数额等信息:

[8]广百廿步,从(纵)百步,成田五十亩。

税田千步,廿步一斗,租五石。(8—023)③

《算书》整理者认为简牍中未出现具体地名、人名,故《田书》不是当时丈量田亩、征收租税的档案记录,应该是供人学习田亩、租税计算的一种特殊算书教材或参考书。④ 晋文认为《田书》中的税田面积均为所记亩数的 1/12,并反复推算,同时以里耶秦简中的数据证实其真实性。故《田书》就是当时丈量田亩、征收租税的档案记录,亦可作为一种算书教材或参考书。⑤ 我们认为,《田书》形式整齐划一,无具体地名、人名,但不能完全证明仅仅是参考书或算书教材。今按:无论是当时的档案记录,还是参考书或算书教材,简中税田面积、税率等田租信息、数据都应当是无误的,亦可证明租税券书的存在。

值得一提的是,秦汉简牍中还多见"误券"的存在,其因官府实收田租数同券书数额有所出入而致。如岳麓秦简《数》:

① 中国文物研究所、湖北省文物考古研究所编:《龙岗秦简》,北京:中华书局 2001 年版,第 125 页。

② 中国文物研究所、湖北省文物考古研究所编:《龙岗秦简》,第 129 页。

③ 韩巍:《北大秦简中的数学文献》,《文物》2012 年第 6 期。

④ 韩巍:《北大秦简中的数学文献》,《文物》2012 年第 6 期。

⑤ 晋文:《睡虎地秦简与授田制研究的若干问题》,《历史研究》2018 年第 1 期。

"禾兑（税）田卅步，五步一斗，租八斗，今误券九斗，问几可（何）步一斗？"（12）①张家山汉简《算数书》："租禾误券者。"（93）②当所收田租数与租券不合时，官府均按误券田租数收取。误券的存在可旁证田租券书的签订。

徭役券书常见于秦汉简牍中，岳麓秦简《繇（徭）律》：

> [9]岁兴繇（徭）徒，人为三尺券一，书其厚焉。节（即）发繇（徭），乡啬夫必身与典以券行之。田时先行富有贤人，以闲时行贫者，皆月券书其行月及所为日数，而署其都发及县请（情）。其当行而病及不存，署于券，后有繇（徭）而聶（躡）行之。（244—246）③

简文明确规定，征发徭役要书写三尺券。整理者认为，三尺券即三辨券之误，或是对文书行制上的规定。④ 今按：无论是三辨券，还是文书形制，书写徭券毋庸置疑，其书写内容也是可以概见的。券书上似需书写"厚"。《汉书·晁错传》："塞下之民，禄利不厚，不可使久居危难之地。"⑤此处，"厚"字理解为财产数额较为妥当。我们推测，"书其厚焉"似为区别贫富身份的判断标准，以便于评判"田时""闲时"等征发时日所用。

徭券上还需书写"行月及所为日数"，即征发时间及服役时日，作为服役时长的重要凭证。至于"署其都发及县请（情）"，整理者未给予明确解释，仅将"署"释为签署。从语句结构上看，该句与前句主语均为徭券。我们认为，徭券上似需

---

① 朱汉民、陈松长主编：《岳麓书院藏秦简（贰）》，上海：上海辞书出版社2011年版，第39页。
② 张家山二四七号汉墓竹简整理小组编著：《张家山汉墓竹简（二四七号墓）》（释文修订本），第145页。
③ 陈松长主编：《岳麓书院藏秦简（肆）》，第149页。
④ 陈松长主编：《岳麓书院藏秦简（肆）》，第173页。
⑤《汉书》卷49《晁错传》，第2286页。

书写都官及县的征发情况。"当行而病及不存",不能按时服役者,亦当书于徭券。同简《繇(徭)律》:"发繇(徭),自不更以下繇(徭)戍,自一日以上尽券书,及署于牒,将阳倍(背)事者亦署之。"(253)①也就是说,征发徭役,自不更以下,一日以上者,需书于徭券。

六、 结语

"契""券"原义相似,均可释为有约束效力的信物。券书旁侧有契刻者,谓之契券。契券中的信物,以券书居多,且用途广泛。买卖交易券书、借贷债务券书、抵押典当券书、罚款赔偿券书、租税徭役券书等较为常见。买卖交易券书是契券中的重要类型,官府重视其交易活动的公开性,券书签订流程也极为严格。借贷债务券书多见于简牍材料。除民间借贷需签订券书外,百姓及官员同官府间债务亦有相应券书,官府常将其作为日后诉讼评判的重要依据。当债务人无法偿还债务时,官府则代为偿还,但需以劳役抵债。同借贷债务活动相似,抵押典当活动的交易流程也较为复杂,券书签订作为其中的重要一环,值得重视。罚款赔偿券书,即官员因工作失误或百姓损坏公物等,造成一定的经济损失,需承担赔付责任所签券书。征收赋税及徭役征发均需书写相应券书。田租征收有所疏漏,以致出现误券。而徭券仅需不更以下,服役一日以上者签订。此外,徭券上当明确服役人的财产数额、征发时日及服役时长等信息,对于未能服役者,还需书其原因。

秦及汉初的券书是当时社会经济关系的真实写照。作为保障和制约经济行为的特殊工具,券书被后世所继承。玉门花海汉简载:

---

① 陈松长主编:《岳麓书院藏秦简(肆)》,第152页。

> 元平元年七月庚子,禽寇卒冯时卖橐络六枚杨卿,所约至八月十日与时小麦七石六斗,过月十五日以日斗计。盖卿任。(1449A)①

这是昭宣之际的一份买卖契约。其中完整记录了买卖双方、中间人,以及实物交换的内容、时间、违约规定等。② 值得注意的是,契约中有"盖卿任"的记载。"任"即中间人,是民间交易活动的见证者,承载着双方顺利交易的职责。③ 如前揭简[1]中的中间人"却",似乎已充当"任"的角色。虽然尚未出现正式名称,但可以视为"任"的雏形。东汉时期,券书制度进一步发展。长沙五一广场东汉简载:

> 左一人本钱。时任人男子王伯兴、张叔陵。明辞:家单无人,愿遣从弟殷平赍致书责叔阳、孟威本钱。实问里正杨成,辞:明前市婢愿、谛,当应得。遣平责(CWJ1③:325—1—16)④

此时的券书内容更加完善。时任人,无疑是由西汉时期的"任"发展而来。魏晋时期,有"时人路善王、时人路荣孙"⑤的记载。诸证可见,后世券书与秦及汉初之券书显然有着直接

---

① 吴礽骧、李永良、马建华释校:《敦煌汉简释文》,兰州:甘肃人民出版社1991年版,第150页。
② 李伟、晋文:《玉门花海汉简中的经济史料》,《中国社会经济史研究》2020年第4期。
③ 陈直认为,任者即后代所称之保人。陈直:《居延汉简研究》,天津:天津古籍出版社1986年版,第85页。今按:保人,即担保者,作为第三方以保证买卖双方的权益。邬文玲认为,如果出现买方不能如期向卖方交付钱款的情形,担保人需首先向卖方垫付钱款,然后再向所担保的买方追索钱款。邬文玲:《敦煌汉简中的一件买卖契约》,《文物》2020年第12期。
④ 长沙市文物考古研究所等编:《长沙五一广场东汉简牍选释》,上海:中西书局2015年版,第187页。
⑤ 张传玺主编:《中国历代契约会编考释》(上),北京:北京大学出版社1995年版,第126页。

的继承关系。尤其是从诸多西北汉简来看,券书格式虽有所发展和完善,但券书内容基本相似。

综上所述,早在战国秦汉时期,我国的经济契约便已相当完备和普遍,反映出各类经济关系的客观存在与发展。魏晋以降,纸张逐渐取代竹、木等材质,推动纸质契约的广泛流传,尤其是红、白契的出现,使中国传统契约的程式更加完善。从历代经济契约的数量和程式发展来看,将传统中国界定为一个契约社会恐怕也不为过。作为契约文化得以传承和发展的重要载体,契约本身对契约秩序的构建发挥着不可忽略的作用。契约精神及传统社会中的"礼""法"等观念也是契约秩序得以维系的重要因素。但契约仅仅为一纸文书,对经济行为的规范程度毕竟有限,以至于传统社会向来不乏违约行为。睡虎地秦简《金布律》便明确规定:"县、都官坐效、计以负赏(偿)者……其责(债)毋敢隃(逾)岁,隃(逾)岁而弗入及不如令者,皆以律论之。"(80—81)①也就是说,欠款不得逾期,超过规定期限仍未缴纳者,依法论处。前引玉门花海汉简"过月十五日以日斗计",也约定逾期一天要加付小麦一斗。那么,契约本身的约束效力究竟如何,值得我们进一步深思和研究。

(原载《中国经济史研究》2022 年第 4 期)

---

① 睡虎地秦墓竹简整理小组编:《睡虎地秦墓竹简》,第 39 页。

东晋"度田税米"再考

——性质、租额与实施背景

陆　帅（南京师范大学）

[摘　要] 东晋"度田税米"的性质、租额与实施背景是学界长期以来存在较大分歧或缺乏深入讨论的问题。综合考证文献与简牍可知，东晋"度田税米"的性质不是杂税，而是田租。其征收数额为三升，并非部分学者认为的三斗。就现有材料而言，西晋时期自耕农的田租征收方式尚不明确。则东晋"度田税米"与西晋田租制是否为前后取代关系，也不宜定论。"度田税米"的实施背景，除了苏峻之乱后特殊的政治、军事形势，主要与东晋政治权力结构、施政理念的变动有关。"度田"有助于侨民在南方新居地的合法土地占有，则是该政策得以实施的重要原因。咸和五年（330 年）"度田税米"的实施，标志着东晋政权在南方统治的逐渐稳定与日常化，可视为东晋由北来流寓政权走向南方本土政权的序曲。

[关键词] 度田税米；魏晋田租；升斗之辩；郴州晋简；东晋门阀政治

赋税制度是中国古代经济史研究中的基本问题之一。具体到东晋时期，《晋书·食货志》记载，当时曾实行"度田税米"之制，最核心的史料为："咸和五年，成帝始度百姓田，取十分之一,率亩税米三升。"①相关记载还见于《晋书》《建康实录》《通典》等文献,字句略有差别,但大意相同。②

　　作为魏晋南北朝赋税制度研究中不可或缺的一环,自 20 世纪 30 年代以来,海内外学界就东晋时期的"度田税米"发表了众多成果。③ 不过,由于文献不足征等原因,学界对于该课题的认识仍不清晰,主要表现在两个方面:一是对"度田税米"基本认识,例如性质(田租还是杂税)、征收数额(亩税米三升还是三斗)、与西晋田租制的关系等方面,存在较大分歧;二是已有研究多数是在综论两晋南朝赋税制度的视野下而展开,至于"度田税米"的实施背景,与当时政治、社会环境更为具体的关联,缺乏深入讨论。

　　走马楼吴简、郴州晋简等新近刊出的南方地区简牍材料不乏关于当时赋税名目、征收数额、土地亩产、土地制度等诸

---

① 《晋书》卷 26《食货志》,北京:中华书局 1974 年版,第 792 页。

② 参见《晋书》卷 7《成帝纪》,第 175—176 页;《晋书》卷 8《哀帝纪》,第 206 页;《晋书》卷 9《孝武帝纪》,第 227—228 页;《建康实录》卷 7《显宗成皇帝》,北京:中华书局 1986 年版,第 179 页;《建康实录》卷 8《哀皇帝》,第 229 页;《建康实录》卷 9《烈宗孝武皇帝》,第 263 页;《通典》卷 4《食货典四·赋税上》,北京:中华书局 1988 年版,第 81 页。又,上述文本差异,张学锋已有详细校勘。参见张学锋:《论东晋的"度田税米"制——特别是与土断的关系》[原载《中国史研究》(韩)第 8 号,2000 年,第 33—64 页],《汉唐考古与历史研究》,北京:生活·读书·新知三联书店 2013 年版,第 212—239 页。

③ 截至 2000 年的"度田税米"学术史,张学锋在《论东晋的"度田税米"制——特别是与土断的关系》(张学锋:《汉唐考古与历史研究》,第 212—216 页)一文中已有梳理,此处不赘。与本文密切相关者,则随文注出。2000 年以后的成果,参见郑学檬主编:《中国赋役制度史》,上海:上海人民出版社 2000 年版,第 104—106 页;蒋福亚:《魏晋南北朝社会经济史》,天津:天津古籍出版社 2004 年版,第 74 页;陈明光、邱敏:《六朝经济》,南京:南京出版社 2010 年版,第 228—231 页;齐涛主编:《中国古代经济史》,济南:山东大学出版社 2011 年版,第 170 页;何德章:《中国经济通史》第 3 卷,长沙:湖南人民出版社 2002 年版,第 364—400 页;张雨:《赋税制度、租佃关系与中国中古经济研究》,上海:上海古籍出版社 2015 年版,第 73—75 页;权家玉:《〈隋书·食货志〉与魏晋南朝地税》,本书编委会主编:《敦煌吐鲁番文书与中古史研究:朱雷先生八秩荣诞祝寿集》,上海:上海古籍出版社 2016 年版,第 143—155 页。

多信息，为进一步认识东晋"度田税米"提供了不少新线索，因此显得弥足珍贵。本文拟通过新出简牍材料的利用与传世文献的勾稽，廓清对于东晋"度田税米"的性质、征收数额等基本认识，并在此基础上揭示该政策的实施背景，以期加深对魏晋经济制度、时代特征的认识。

一、 田租还是杂税

关于"度田税米"的性质，过往学界存在多种观点。大体而言，可分为东晋田租开始说、"占田"田租（税）说、西晋田租取代说、杂税说四种。[①] 随着研究的深入，目前学界较为主要的观点是后两种，即西晋田租取代说与杂税说。

西晋田租取代说以柳春藩、王仲荦、周国林、杨际平等学者为代表，认为东晋政权建立后一度沿袭了西晋田租制，为了适应新的土地占有情况，于咸和五年（330 年）实行新的田租制度，也就是"度田税米"之制。[②] 杂税说则以高敏、张学锋为代表，认为"度田税米"是额外征收的田税，与田租制并行。张学锋在高敏意见的基础上对税率、税额进行了修正，并进一步指出"税米"的征收对象限于当时大量存在的侨民，而非所有自耕农。[③]

---

① 参见张学锋：《论东晋的"度田税米"制——特别是与土断的关系》，《汉唐考古与历史研究》，第 212—216 页。上文补充的新近研究成果，都可归入这四类观点中。

② 柳春藩：《关于东晋南朝的田租户调问题——对"东晋南朝的赋税剥削"一文的意见》，《史学月刊》1957 年第 7 期；王仲荦：《魏晋南北朝史》，上海：上海人民出版社 1979 年版，第 397 页；郑欣：《两晋赋税制度的若干问题》，《文史哲》1986 年第 1 期；周国林：《东晋租调制度若干问题述辨》，《华中师范大学学报（哲学社会科学版）》1986 年第 5 期；杨际平：《东晋南朝赋役制度的几个问题》，《中国社会经济史研究》1993 年第 2 期。

③ 高敏：《两晋南朝租调制度考辩》，《魏晋南北朝社会经济史探讨》，北京：人民出版社 1987 年版，第 126—161 页；高敏主编：《魏晋南北朝经济史》，上海：上海人民出版社 1996 年版，第 474—480 页；张学锋：《论东晋的"度田税米"制——特别是与土断的关系》，《汉唐考古与历史研究》，第 218—239 页。蒋福亚亦赞同杂税说，参见《魏晋南北朝社会经济史》，第 74 页。

"度田税米"究竟是田租还是杂税，文献中没有直接记载。但田租是中国古代的基本赋税制度，也是历代《食货志》记载的主要内容之一。因此，在《晋书·食货志》没有额外说明的情况下，多数学者很自然地将"度田税米"理解为田租。而杂税说否定"度田税米"为田租，将之理解为杂税的主要理由有二。第一，《晋书·食货志》载，东晋咸和五年（330 年）始行度田税米之制，至太元二年（377 年）改为口税米，"王公以下口税三斛"①。考虑到"口税米"是"度田税米"的替代政策，两者在征收对象上应当一致，即皆为"王公以下"。但当时制度规定王公贵族具有免课免役特权。因此，如果将"度田税米"理解为田租，便有矛盾之处。但若理解为正租以外的杂税，就不存在上述问题。第二，在古代汉语中，"租"与"税"的词义不同。租是民众交给国家的土地收益税，是正税；税则多用于正税以外的各类杂税，因此当从杂税的方向考虑。②

笔者认为，这两点仍有值得商榷之处。首先，关于王公贵族的免课免役权，杂税说依据的关键材料有二：一是《晋书》所载西晋户调式中官员、宗室、国宾、先贤之后及士人子孙"荫其亲属"和"荫人以为衣食客及佃客"的规定；③二是《隋书》所载南朝梁陈时期"都下人多为诸王公贵人左右、佃客、典计、衣食客之类，皆无课役"④的现象。杂税说认为，既然衣食客、佃客这些荫附人群"皆无课役"，那么"王公贵人"，即宗室、官僚、士人等，自然也享有免课（即免除赋税）、免役的特权。然而，荫附人群的免课、免役能否与宗室、官僚、士人本身的免课、免

①《晋书》卷 26《食货志》，第 792 页。
② 张学锋：《论东晋的"度田税米"制——特别是与土断的关系》，《汉唐考古与历史研究》，第 214—215、227—228 页。
③《晋书》卷 26《食货志》，第 790—791 页。
④《隋书》卷 24《食货志》，北京：中华书局 1973 年版，第 674 页。

役等同,本身是存疑的。就现有资料来看,魏晋南北朝时期官僚、士人免役的史料很多,而免除租税的特权,仅有免除商业税的记载,且未必是东晋南朝国家的常例。① 刘宋初年朝廷内曾有关于士、庶身份差别的讨论,其中也只提到士人的免役特权,不涉及租税征收。② 因此,学界以往一般只强调官僚、士人的免役权。③ 那么,既然无法确定"王公以下"有免除租、税的特权,就无法排除"度田税米"是田租的可能。

其次,"租"和"税",的确词义有别,但正如杨联陞所言,这两个字在古代文献中经常混用。④ 此外,从走马楼吴简《嘉禾吏民田家莂》来看,孙吴时期存在名为"税米"的税种,但并非额外杂税,而是和"租米"一样都属于田租。两者差别在于"税米"的租额相对较高,而"租米"相对较低。⑤ 因此,即便出现了"税"字,也不代表一定就是杂税。

还需指出的是,"度田税米"中的"税"作动词使用。唐代以前,用作动词的"税"往往指征收田租,如传世文献中的"什

---

① 《南史》(北京:中华书局 1975 年版,第 1940 页)卷 77《恩倖传·沈客卿》载:"旧制军人士人,二品清官,并无关市之税。"这条史料记载的时代为南朝陈,因此该"旧制"从何时开始,并不清楚。

② 《宋书》卷 42《王弘传》,北京:中华书局 1974 年版,第 1317—1321 页。更为详细的分析,参见朱绍侯:《魏晋南北朝土地制度与阶级关系》,郑州:中州古籍出版社 1988 年版,第 281—294 页。

③ 如唐长孺、宫崎市定对西晋户调式进行解读时,都只提及了官僚、士人的免役权。宫崎市定更进一步指出士人与庶人的区别在于任官、免役、入学这三种特权。参见唐长孺:《士人荫族特权和士族队伍的扩大》,《魏晋南北朝史论拾遗》,北京:中华书局 1983 年版,第 64—78 页;[日]宫崎市定著,韩昇、刘建英译:《九品官人法研究:科举前史》,北京:中华书局 2008 年版,第 150—153 页。

④ 杨联陞:《晋代经济史释论》,《国史探微》,北京:新星出版社 2005 年版,第 205—231 页。

⑤ 关于《嘉禾吏民田家莂》中的"租米"与"税米",参见蒋福亚:《走马楼吴简经济文书研究》,北京:国家图书馆出版社 2012 年版,第 128—136 页。

五而税一""三十而税一"。① 东牌楼汉简中还有"税禾":
"民大男李建自言大男精张、精昔等。母姙有田十三石,前置
三岁,田税禾当为百二下石。"②这段文字来自于东汉光和六
年(183年)临湘县一桩田产纠纷的相关文书。虽然其中的
"百二下石"如何理解尚不清楚,但"税禾"意为田租征收是明
确的。③ 同理,将"度田税米"理解为征收田租,并不存在问
题,因为"税"和"税米"在古代本就有多种含义与用法。而
《晋书·食货志》在"度田税米"之后还有"哀帝即位,乃减田
租"和"孝武太元二年,除度田收租之制"的表达④,将"度田税
米"理解为征收田租也与文献记载更契合。

二、 税米三升还是三斗

据前引《晋书·食货志》,东晋咸和五年(330年)"度田税
米"的征收比率、数额为"取十分之一,率亩税米三升",但由
于古代文献中"升""斗"字形相近,时常混写,因而究竟是每
亩"税米三升"还是"税米三斗",学界长期存在不同看法,加
之文献记载匮乏,一直未有定论。⑤ 秦汉魏晋时期南方地区

① 《汉书》卷24《食货志》载:"上于是约法省禁,轻田租,十五而税一……孝景二
年,令民半出田租,三十而税一也。"(北京:中华书局1962年版,第1127、
1135页)
② 长沙市文物考古研究所、中国文物研究所编:《长沙东牌楼东汉简牍》,北京:文
物出版社2006年版,第73页。
③ 文书内容的考释,参见邬文玲:《长沙东牌楼东汉简牍〈光和六年自相和从书〉
研究》,《南都学坛》2010年第3期;侯旭东:《长沙东牌楼东汉简〈光和六年诤
田自相和从书〉考释》,黎明钊主编:《汉帝国的制度与社会秩序》,牛津:牛津
大学出版社2012年版,第247—275页。
④ 《晋书》卷26《食货志》,第792页。
⑤ 李剑农、袁刚、傅克辉、杨际平等学者主张"税米三升",范文澜、贺昌群、周国
林、渡边信一郎等学者则主张"税米三斗"。相关学术史梳理,参见张学锋:《论
东晋的"度田税米"制——特别是与土断的关系》,《汉唐考古与历史研究》,第
218—220页。上文补充的新近研究成果,都可归入"税米三斗"或"税米三升"
两类观点之中。

简牍的不断出土,为重新讨论该问题提供了很多线索。张学锋较早利用走马楼吴简《嘉禾吏民田家莂》中的赋税征收木牍,讨论了"度田税米"征收数额,认为孙吴时期长沙临湘地区水田亩产为稻谷5—6石,脱谷为米即2—3石;同时结合《淮南子·主术训》《三国志·钟离牧传》的相关记载,提出魏晋时期南方水田产量应大致相同,"度田税米"的征收比率为"取十分之一",则每亩大约3斗,主张"税米三斗"。①

不过,亩产5—6石能否代表早期南方稻作水田的一般水平？长沙郡(国)是魏晋时期长江中游稻作农业的发达地带,乃至有"江表唯长沙名〔有〕好米"②的说法,作为郡治(国都)的临湘县更属于长沙郡(国)的核心区域。因此,将长沙临湘地区的亩产量视作南方稻作水田的一般情况,并不合适。另外,《淮南子·主术训》《三国志·钟离牧传》等文献材料,多出自政论家或文人之口,不具有统计意义。③《淮南子·主术训》所载"中田"(即一般田地亩产)"不过四石"④,达不到5—6石,与东晋"取十分之一""亩税米三斗"的亩产(米3石,折稻谷6.66石)也有差距。《三国志·钟离牧传》反映出会稽郡永兴县的水田亩产约为6石⑤,但永兴县所在的宁绍平原是当

---

① 张学锋:《论东晋的"度田税米"制——特别是与土断的关系》,《汉唐考古与历史研究》,第220—226页。又,张荣强、蒋福亚也曾推算走马楼吴简反映的长沙临湘地区亩产,与张学锋基本一致。参见张荣强:《孙吴"嘉禾吏民田家莂"中的几个问题》,《中国史研究》2001年第3期;蒋福亚:《走马楼吴简经济文书研究》,第19—21页。

② 曹丕:《与朝臣书》,(宋)李昉等:《太平御览》卷839《百谷部·秔》,北京:中华书局1960年版,第3751页。

③ 杨际平:《从东海郡〈集簿〉看汉代的亩制、亩产与汉魏田租额》,《中国经济史研究》1998年第2期;杨际平:《再谈汉代的亩制、亩产——与吴慧先生商榷》,《中国社会经济史研究》2000年第2期。

④ (汉)刘安撰,何宁集释:《淮南子集释》卷9《主术训》,北京:中华书局1998年版,第684页。

⑤ 《三国志》卷60《钟离牧传》,北京:中华书局1982年版,第1392页。

时长江下游最发达的农业地带之一，似不能代表南方地区的一般情况①。

从其他出土简牍来看，早期南方地区民田的租额、亩产很难达到"税米三斗"、亩产稻谷6.66石的水平。据郴州晋简中的上计文书，西晋桂阳郡某县"县领水田"平均亩租额为稻谷4斗，折米1.8斗，就比"税米三斗"低不少。② 里耶秦简8—1519记载秦洞庭郡迁陵县征收田租的新增土地为5 295亩，租额677石，平均每亩租额约1.28斗。简牍记载的租率约为12%，则平均亩产为1.06石。③ 江陵凤凰山汉简记载西汉市阳里交纳田租53.365石，裘锡圭据其他简牍推算租额为每亩3—4升④，则亩产当为1—1.2石。事实上，即便是在临湘县的核心区域，有些土地亩产也达不到5—6石。如新公布的走马楼西汉简牍《都乡七年垦田租簿》记载，西汉长沙王刘庸七年(前122年)临湘县都乡垦田6 002亩，收租796.575石，平均每亩1.33斗。⑤ 按当时"三十税一"的租率推算，亩产稻谷4石，也与走马楼吴简反映的亩产有差距。需要稍作说明的是，秦汉魏晋时期稻作农业技术没有革命性变化，度量衡单位

① 李伯重曾指出《三国志·钟离牧传》反映的亩产稻谷6石是当时较好田地的产量。参见《唐代江南农业的发展》，北京：北京大学出版社2009年版，第114页。
② 该文书原本散乱，缀合过程参见孔祥军：《西晋上计簿复原与相关历史研究——以湖南郴州苏仙桥出土晋简为中心》，董劭伟主编：《中华历史与传统文化研究论丛》第1辑，北京：中国社会科学出版社2015年版，第139—177页。需要指出的是，这里的"县领水田"应该是官田。官田田租一般高于民田，西晋时桂阳郡民田田租应当更低。
③ 该枚简牍释文，参见陈伟主编：《里耶秦简牍校释》第1卷，第345—346页。相关分析，参见晋文：《睡虎地秦简与授田制研究的若干问题》，《历史研究》2018年第1期；晋文：《里耶秦简中的积户与见户——兼论秦代基层官吏的量化考核》，《中国经济史研究》2018年第1期；李恒全：《从新出简牍看秦田租的征收方式》，《中国经济史研究》2018年第2期。
④ 裘锡圭：《湖北江陵凤凰山十号汉墓出土简牍考释》，《文物》1974年第7期。
⑤ 马代忠：《长沙走马楼西汉简〈都乡七年垦田租簿〉初步考察》，中国文化遗产研究院编：《出土文献研究》第12辑，上海：中西书局2013年版，第213—222页。

基本一致,因此将秦汉时期的材料纳入比较是可行的。①

就目前公布的材料而言,直接反映秦汉魏晋时期南方水田租额、亩产的一手资料仍十分缺乏。值得注意的是,新近公布的北大秦简、岳麓秦简及张家山汉简中的算数书涉及田租征收数额的内容很多,租额从最低的"二十四步一斗"到最高的"三步一斗"不等。② 张家山汉简出土于今湖北省江陵市,北大秦简、岳麓秦简并非考古发现,但从内容来看也出自今湖南、湖北一带。虽然并非真实的赋税征收记录,但秦、西汉时期的算术书为基层官吏的常用书籍,实用性很强,可以作为了解当时南方稻作水田租额、产量的一个参考。③

秦汉时期 1 亩为 240 平方步。以此计算,上述诸种算数书记载的最低租额为每亩 10 斗,最高为 80 斗,远高于前文提及的数值,但这是由于租额计算方式存在差别。晋文指出,秦及汉初田租数额的测定,实际分为两个步骤:第一,"程田",即在应纳税田地总面积的基础上,根据一定的亩数租率,如 1/10、1/12、1/15,计算出"税田"面积;第二,"程禾",即根据预估产量的多寡,确定"某步一斗"的"税田"产量租率,再结合"税田"面积,最终得出具体征收额。因此,"二十四步一斗""三步一斗"只是"税田"的产量租率,并非针对所有田地

---

① 李伯重在《唐代江南农业的发展》(第 55—96 页)中指出,中国古代稻作技术的显著进步发生于唐代,包括插秧、牛耕的普及,农具、肥料、品种、农药的发展等。秦汉魏晋时期,作为基本容量单位的升都约合今 200 毫升。参见丘光明、邱隆、杨平:《中国科学技术史·度量衡卷》,北京:科学出版社 2001 年版,第 173—281 页。

② 相关材料的介绍与考证,参见吴朝阳、晋文:《秦亩产新考——兼析传世文献中的相关亩产记载》,《中国经济史研究》2013 年第 4 期;晋文:《睡虎地秦简与授田制研究的若干问题》,《历史研究》2018 年第 1 期。

③ 实际上,由于秦汉魏晋时期南方地区田租、亩产相关记载多数零碎,缺乏长时段且数据详实、集中的资料群,因此算术书中的数据从某种角度而言反而更具普遍意义。

征收田租的产量租率。① 而平均亩租额、亩数租率与"税田"的产量租率,只要三者知其二,就可以推算出另一项。

当然,这种田租测算方式在魏晋时期已不再使用,但不妨碍利用这套标准对"税米三斗"所反映的生产水平加以比较认识。西晋时期民田的亩数租率不明,前引郴州晋简中"县领水田"的性质也不确定,故不纳入计算。里耶秦简 8—1519 记载的"税田"租额为每亩 1.5 石,即产量租率为 16 步 1 斗,属于偏下水平。西汉凤凰山田租征收简、走马楼西汉简牍《都乡七年垦田租簿》的亩数租率,一般认为是汉景帝以后实行的"三十而税一",即耕种面积的 1/30。市阳里的平均亩租额以 4 升计,可推知"税田"租额为每亩 12 斗,即产量租率 20 步 1 斗,比较低。《都乡七年垦田租簿》中临湘县都乡的平均亩租额为 1.33 斗,可推知"税田"租额为每亩 40 斗,即产量租率 6 步 1 斗,这是比较高的。东晋时期亩数租率为"取十分之一",若所有土地"率亩税米三斗",则"税田"租额为每亩米 30 斗,按 45% 的脱谷率计算,为稻谷 6.66 石,即产量租率 3.6 步 1 斗,比以上事例都要高。

那么,"税田"3.6 步 1 斗的产量租率意味着什么呢?如上所述,秦及汉初长江中游地区的"税田"的产量租率最少为 24 步 1 斗,往上还有 20 步 1 斗、11.9 步 1 斗、8 步 1 斗、5 步 1 斗等,最高为 3 步 1 斗。这意味着,以 3.6 步 1 斗的"税田"产量租率征收田租的水田,亩产已接近秦及汉初官方认定的最高水平。前已提及,秦汉魏晋时期稻作农业技术没有革命性变化。由于汉末以来诸多战乱的影响,整体农业生产可能还略有下降。以每亩 3 斗米(折稻谷约 6.6 斗)作为整个东晋国

---

① 参见晋文:《睡虎地秦简与授田制研究的若干问题》,《历史研究》2018 年第 1 期。

家的一般租额显然是过高了。而如果"税米三升"，大约等同于汉代亩产稻谷 2 石水田的租额，这一数值是恰当的。①

需要说明的是，如果"税米三升"，那么按照文献记载"取十分之一"的租率，反映的亩产量仅为米 3 斗（折稻谷 6.6 斗），似乎偏低。但应当注意到，通过"取十分之一"和"税米三升"计算出的亩产量，只是作为东晋国家田租征收标准的一个数值。考虑到六朝稻作业采用休闲制，农民每年实际种稻面积只有耕地的一半②，再加上灾害、歉收、杂税摊派等原因③，该数值低于实际亩产恰恰属于正常。反之，如果官方标准远高于实际亩产，就不具有可操作性。众所周知，至少从东汉开始，定额租已成为田租征收的主要形式。下至魏晋，文献所载曹魏、西晋田租亦为定额租。④ 从走马楼吴简来看，孙吴的田租征收也是定额租。⑤ 田余庆曾注意到《晋书·成帝纪》对"度田税米"直书"初税田，亩三升"，敏锐地指出租率在当时的田租制度中已不具有实际意义。⑥ 因此，关键还在于对"税米三升"或"税米三斗"进行判断。总之，综合秦汉魏晋时期南方地区出土简牍来看，东晋"度田税米"的征收数额应为每亩 3 升米，而非 3 斗米。

---

① 这里的租率以"三十税一"计算，因为自西汉景帝以后至东汉末，租率基本都是"三十税一"。

② 李伯重：《唐代江南农业的发展》，第 114 页。

③ 东晋时期一般农民承担的地方杂税很多，参见郑学檬主编：《中国赋役制度史》，第 112—115 页。张雨据《南史·东昏侯纪》指出，东晋南朝实际赋税征收有时远超官方额度，乃至于"科一输十"。参见《赋税制度、租佃关系与中国中古经济研究》，第 74 页。

④ 相关史实的梳理，参见郑学檬主编：《中国赋役制度史》，第 39—48、98—104 页。

⑤ 走马楼吴简反映的田租征收情况，参见苏俊林：《吴简所见孙吴田租及相关问题》，《中国农史》2015 年第 1 期。

⑥ 田余庆：《秦汉魏晋南北朝人身依附关系的发展》，《秦汉魏晋史探微（重订本）》，北京：中华书局 2011 年版，第 87 页。

在魏晋田租制的研究中,不仅是东晋的"度田税米",曹魏、西晋田租租额也存在 3 升、8 升还是 3 斗、4 斗的学术争议。① 杨际平曾指出,正确估算汉代租数额对判断魏晋租额具有重要意义,并据居延汉简、尹湾汉简推测汉代旱田一般亩产 1 石,田租 3 升,曹魏、西晋旱田租额当为每亩 4 升、8 升,不至于到部分学者认为的 3 斗、4 斗之多。② 从以上讨论来看,南方水田的情况亦如此。秦汉时期一般水田亩产当在稻谷 2 石上下。③ 以 1/10 的租率计,租额为每亩 2 斗(折米 9 升),以汉代常用的 1/30 的租率计,则租额为每亩稻谷 6.6 升(折米 3 升)。东晋时期的租额显然不至于高达每亩"税米三斗",而每亩"税米三升"与汉代以来一般水田的租额接近。

三、 "度田税米"与西晋田租制的关系

讨论"度田税米"与西晋田租制的关系,首先需要明了学界对西晋田租制的基本认识,其中最关键的史料亦见于《晋书·食货志》:"[平吴之后,]又制户调之式:……男子一人占田七十亩,女子三十亩。其外丁男课田五十亩,丁女二十亩,次丁男半之,女则不课。"④何为"占田",何为"课田",是西晋

① 相关学术史回顾,参见张学锋:《论曹魏租调制中的田租问题》,《中国经济史研究》1999 年第 4 期。
② 杨际平:《从东海郡〈集簿〉看汉代的亩制、亩产与汉魏田租额》,《中国经济史研究》1998 年第 2 期。又,近率晋文在《张家山汉简中的田制等问题》[《山东师范大学学报(人文社会科学版)》2019 年第 4 期]一文中指出,杨际平对尹湾汉简中实际垦田数的估算偏多,如果将修正后的垦田数代入原来的计算方法,尹湾汉简反映的亩产当在 1.5 石左右,但这并不影响对于曹魏、西晋租额的判断。
③ 上文所引里耶秦简、凤凰山汉简、走马楼汉简所反映的亩产量分别为稻谷 1.06 石、1.2 石、4 石,折中大约 2—3 石。从秦及汉初算数书所载"税田"产量租率来看,如果取中间租率,以 12 步 1 斗为一般水平,则当时官方认定一般田地的产量为每亩稻谷 2 石。
④《晋书》卷 26《食货志》,第 790 页。

土地制度研究中的聚讼之所。关于"占田"，大致有官田、民田两分说，复合田制说，屯田民申报土地说三种。① 从新出简牍来看，将"占田"理解为用于解放后的屯田民申报土地的临时制度，似较为合理。② 因此，东晋的"度田税米"与西晋"占田"制，并无直接关联。过去有学者将"度田税米"视为西晋"占田"制的延伸③，主要是因为对"占田"的理解存在偏差，这种意见首先可以排除。

关于"课田"，学界也有不同理解。④ 不过多数学者认为"课"即课税之意，课田即征收田租。基于此认识，如何解释"丁男课田五十亩"，就成了理解西晋田租制的关键。《初学记》中保存了《晋故事》中的一段材料：

> 凡民丁课田，夫五十亩，收租四斛，绢三匹，绵三斤。凡属诸侯，皆减租谷亩一斗〔升？〕，计所减以增诸侯。绢户一匹，以其绢为诸侯秩。又分民租户二斛，以为侯奉。其余租及旧调绢，二户三匹，绵三斤，书为公赋，九品相通，皆输入于官，自如旧制。⑤

对于这段材料，学界存在多种解读。目前比较主流的观点，倾

---

① 参见周国林：《西晋田租研究回顾与思考》，《中国史研究动态》1988 年第 10 期；刘安志：《建国以来关于西晋占田课田制的研究述评》，《中国史研究动态》1993 年第 11 期；张学锋：《西晋占田、课田、租调制再研究》（原载『東洋史研究』第 59 卷第 1 号，2000 年 1 月），《汉唐考古与历史研究》，第 178—183 页。

② 参见张荣强：《甘肃临泽晋简中的家产继承与户籍制度——兼论两晋十六国户籍的著录内容》，《中国史研究》2017 年第 3 期。

③ 参见王天奖：《西晋的土地和赋税制度》，《历史研究》1956 年第 7 期；越智重明『魏晋南朝の政治と社會』，弘文堂书店，1957 年，第 174—186 页。

④ 参见周国林：《西晋田租研究回顾与思考》，《中国史研究动态》1988 年第 10 期；刘安志：《建国以来关于西晋占田课田制的研究述评》，《中国史研究动态》1993 年第 11 期；张学锋：《西晋占田、课田、租调制再研究》，《汉唐考古与历史研究》，第 178—183 页。

⑤（唐）徐坚等：《初学记》卷 27《宝器部·绢》，北京：中华书局 2004 年版，第 657—658 页。

向于西晋以人为单位征收的定额田租，即无论实际拥有土地多少，每年都以 50 亩的产量为基准，征收 4 斛（即 4 石）。[1]至于具体单位是丁、户或者丁、户相结合，又有争议。[2] 站在这样的立场上，东晋"度田税米"以土地面积为单位征收田租，与西晋田租制显然不同，田租取代说也是在这一背景下产生的。

不过正如唐长孺所言，上引《初学记》材料多有费解之处，在无善本可校的情况下很难得出定论。尤其是"皆减租谷亩一斗〔升？〕，计所减以增诸侯"[3]一句，意义不明。从字面来看，当时似乎也存在按土地面积计算田租的情况。但这样一来，又与按人征收定额租的判断矛盾了，令人颇感疑惑。因此，也有学者提出不同见解。张学锋基于《晋书·良吏传》、束皙《劝农赋》中田租征收与土地面积紧密联系的相关记载，结合对上引《初学记》材料的新解读，认为西晋田租的征收单位不是丁或户，而是土地面积。至于"夫五十亩，收租四斛"[4]，

---

[1] 新近涉及西晋田租制的研究中依然持这种看法，参见杨国誉：《从〈临泽晋简〉再看西晋"占田课田制"研究中的几个问题》，《史学月刊》2013 年第 11 期；张雨：《赋税制度、租佃关系与中国中古经济研究》，第 52 页；权家玉：《〈隋书·食货志〉与魏晋南朝地税》，本书编委会主编：《敦煌吐鲁番文书与中古史研究：朱雷先生八秩荣诞祝寿集》，第 145—147 页；万志英著，崔传刚译、李伯重序：《剑桥中国经济史：古代到 19 世纪》，北京：中国人民大学出版社 2018 年版，第 137 页。除了专门的魏晋经济史研究，田余庆在综论秦汉魏晋南北朝人身依附关系、李锦绣在考察唐代经济制度时，也都采纳了这种观点，足见其影响力。参见田余庆：《秦汉魏晋南北朝人身依附关系的发展》，《秦汉魏晋史探微（重订本）》，第 87 页；李锦绣：《唐代财政史稿》（上），北京：北京大学出版社 1995 年版，第 459 页。

[2] 关于西晋课田对象的不同理解，除前及周国林、刘安志、张学锋的学术史回顾外，另可参见杨国誉：《从〈临泽晋简〉再看西晋"占田课田制"研究中的几个问题》，《史学月刊》2013 年第 11 期。

[3] 唐长孺：《西晋田制试释》，《魏晋南北朝史论丛》，北京：生活·读书·新知三联书店 1955 年版，第 55—58 页。杨际平对该材料中的问题有更具体的阐释，参见郑学檬主编：《中国赋役制度史》，第 99—100 页。

[4] 参见张学锋：《西晋占田、课田、租调制再研究》，《汉唐考古与历史研究》，第 192—197 页。

只是朝廷下达地方的一个劝农标准。不过,该观点未被普遍接受。因为《晋书·良吏传》、束晳《劝农赋》毕竟都不是直接指向西晋田租制的材料,且学界有过讨论,但看法不一。①

值得一提的是,新近公布的郴州晋简中含有西晋田租征收的相关内容:

县领水田八百一十八顷一亩六十步(1—53)

今年应田租者八百四顷五十六亩六十步定入租谷三万二(2—387)

千一百八十二斛五斗依丁亥诏书稻穬一斛(1—30)

入米四斗五升合为米一万四千四百八十二斛(1—20)

一斗二升五合别收责输付耒阳氏阁(1—32)②

以上五枚简牍原本散乱,孔祥军依据上下文脉加以缀合,指出这是西晋太安二年(303 年)桂阳郡上计文书的一部分。可从。③ 据简文可知,西晋太安二年(303 年)桂阳郡某县“县领水田”共计81 801.25亩,征收田租的水田为80 456.25 亩,共收稻谷32 182.5石,恰好为每亩稻谷 4 斗,以 45% 的比率脱谷,得米 14 482.125 石,最终交付“耒阳氏阁”。从这些简牍来看,西晋时期田租似乎就是按面积征收的。但这里存在一个问题,即“县领水田”的性质,究竟是官田还是民田? 郴州晋

---

① 如杨联陞、朱绍侯都曾注意到这些材料反映的西晋田租征收实态,但仍倾向于西晋田租在制度上以人为单位征收。参见杨联陞:《晋代经济史释论》,《国史探微》,第 224—231 页;朱绍侯:《关于西晋的田制与租调制》,《理论战线》1958 年第 2 期。

② 湖南省文物考古研究所、郴州市文物处:《湖南郴州苏仙桥遗址发掘报告》,湖南省文物考古研究所编:《湖南考古辑刊》第 8 集,长沙:岳麓书社 2009 年版,第 93—117 页。

③ 孔祥军:《西晋上计簿书复原与相关历史研究——以湖南郴州苏仙桥出土晋简为中心》,董劭伟主编:《中华历史与传统文化研究论丛》第 1 辑,第 171—172 页。

简 2—403 载:"其五千九百七十九顷川五亩任垦。"①可知该县所有可垦水、陆田的面积为 597 935 亩。考虑到桂阳郡地处南方,以稻作水田为主②,则"县领水田"的性质应当理解为官田。因为其面积只占该县可垦田总面积的不到 14%,作为民水田或官、民水田总和,数值显然都太小了。官田由地方政府以租赁形式耕作,田租自然按面积征收。因此,这份材料不能反映西晋时期自耕农的田租征收方式。

综上所述,就现有材料而言,西晋时期自耕农的田租征收方式尚不明确,东晋"度田税米"与西晋田租制究竟是否为前后取代关系,也不宜定论。不过,西晋王朝的统治时间短暂,若从更为长时段的角度观察,此前长达 500 年的秦汉三国时期,根据土地面积征收田租是一种常态。③ 就此而言,无论东晋"度田税米"与西晋田租制是何种关系,其制度变革意义都很有限。而要更深入地把握该制度内涵,就需要对其实施的具体背景展开讨论。

四、 "度田税米"的实施背景

"度田税米"实施于东晋成帝咸和五年(330 年)六月,此时东晋已建国十三年,但国家仍未安定。咸和四年(329 年)二月,持续一年多的苏峻之乱被平息,但"台省及诸营寺署一时荡尽"④,各类档案文书被焚烧一空。在此状况下,重新统计土地、户口等基本财政数据迫在眉睫。南朝人沈约曾提及苏峻乱后户籍文书的制作:"晋咸和初,苏峻作乱,文籍无遗。

---

① 湖南省文物考古研究所、郴州市文物处:《湖南郴州苏仙桥遗址发掘报告》,湖南省文物考古研究所编:《湖南考古辑刊》第 8 集,第 101 页。
② 关于魏晋南北朝时期桂阳郡所在南方荆湘地区的农业,参见张泽咸:《汉晋唐时期农业》,北京:中国社会科学出版社 2003 年版,第 475—506 页。
③ 参见郑学檬主编:《中国赋役制度史》,第 24—27、39—47、99—100 页。
④《晋书》卷 100《苏峻传》,第 2629 页。

后起咸和二年以至于宋,所书并皆详实,并在下省左户曹前厢,谓之晋籍。"①此处的"咸和二年",《通典》作"咸和三年"②,可能都存在问题。因为苏峻于咸和二年(327 年)冬起兵,至咸和四年(329 年)初才被完全平定。不过可以确认,东晋政权在苏峻之乱后重制了户籍档案。作为同步性措施,以"度田"统计土地数据,可以理解。不过这个原因并不充分,因为苏峻之乱的影响仅限于都城建康及周边的历阳、句容、湖熟等地,多数郡县未遭遇战乱。自汉代以来,地方在制作户籍、土地状况等诸多档案时皆一式多份,副本上呈中央,正本留于当地。③ 因此,各州、郡、县只要将相关文书送往建康,数据复原并不困难。显然,"度田税米"还有其他现实需求。

苏峻之乱时,都城建康已出现粮食危机,"大饥,米斗万钱"④。战乱平息后,国家财政亦处于窘境,"帑藏空竭""国用不给"⑤。与此同时,粮食支出却有增无减。咸和五年(330 年)五月至咸和七年(332 年)年末,石勒不断遣水军从海道抄略建康以东沿海郡县,东晋政权被迫防御。⑥ 此外,由于旧宫在苏峻之乱中被焚毁,咸和六年(331 年)九月开始营建新的

---

① 《南史》卷 59《王僧孺传》,第 1461 页。

② 《通典》卷 3《食货典三·乡党》,第 59 页。

③ 参见张荣强:《〈前秦建元籍〉与汉唐间籍帐制度的变化》,《历史研究》2009 年第 3 期。

④ 《晋书》卷 7《成帝纪》,第 174 页。

⑤ 《晋书》卷 65《王导传》,第 1751 页。

⑥ 《晋书》(第 175—176 页)卷 7《成帝纪》载:咸和五年(330 年)五月,"石勒将刘徵寇南沙,都尉许儒遇害,进入海虞……六年春正月癸巳,刘徵复寇娄县,遂掠武进……(笔者注:七年三月)勒将韩雍寇南沙及海虞"。石勒的行动还影响了建康的粮食漕运。《晋书》(第 792 页)卷 26《食货志》载:咸和六年(331 年),"以海贼寇抄,运漕不继,发王公以下余丁,各运米六斛"。这里的海贼,就是刘徵、韩雍等人。

建康宫城,且规模较原来大得多。① 军事防御行动与土木工程,都扩大了东晋政权对粮食的需求。

不过,无论是军事防御还是修建宫城,都属于暂时性的财政开支。从"度田税米"的实施时间来看,自咸和五年(330年)开始,至太元二年(377年)改行"口税米"新制,将近50年,具有相当的持续性。这就很难单从解决短期财政困难的角度解释"度田税米"的产生。另一方面,值得注意的是,实行"度田税米"的咸和年间,恰恰是东晋政权内部权力结构更迭、诸多政策发生转向的关键时期。

东晋政权建立初期的权力格局是"王与马,共天下",即琅琊王氏家族与皇室司马氏家族共同执政。其中,掌握内外实权的是前者。丞相王导坐镇中枢,王敦、王廙、王舒、王彬等族人出镇州郡,形成了以琅琊王氏为中心的门阀政治。② 由于东晋初期中央军事力量的孱弱③,王导主政时期,对地方豪强势力主要采取怀柔、拉拢的态度。一方面试图建立双方在政治、文化上的认同感,同时也在经济上给予豪强诸多特权,赋税征收较为宽松,对于豪强超过法定额度的土地占有、荫附人口持默许态度。④《世说新语·规箴》载:"王丞相为扬州,遣八部从事之职。顾和时为下传还,同时俱见。诸从事各奏二千石官长得失,至和独无言。王问顾曰:'卿何所闻?'答曰:'明公作辅,宁使网漏吞舟,何缘采听风闻,以为察察之政!'丞

---

① 具体史实的梳理,参见刘淑芬:《六朝的城市与社会》,台北:学生书局1992年版,第47—56页。

② 参见田余庆:《东晋门阀政治》,北京:北京大学出版社2005年版,第1—31页。

③ 关于东晋政权初期的军事力量构成,参见川勝義雄「東晋貴族制の確立過程——軍事力との関連のもとに」,『東方學報』(京都)第52册,1980年3月,第317—340页。

④ 参见陈寅恪:《述东晋王导之功业》[原载《中山大学学报(社会科学版)》1956年第1期],《金明馆丛稿初编》,北京:生活·读书·新知三联书店2001年版,第55—77页。

相咨嗟称佳,诸从事自视缺然也。"①顾和是江南土著豪强的代表,这段对话清晰表现出王导用法宽容的政治取向。在政权草创之际,这种让步是必要的,但同时也带来了地方行政机能弱化的弊端。具体到赋税征收,《晋书·刘超传》就提供了一个东晋初的典型事例:

> [刘超]寻出补句容令,推诚于物,为百姓所怀。常年赋税,主者常自四出结评百姓家赀。至[刘]超,但作大函,村别付之,使各自书家产,投函中讫,送还县。百姓依实投上,课输所入,有逾常年。②

赋税征收的数额,本应依照国家律令确定。刘超让句容百姓"自书家产",赋税收入增加,看似结果不错,本质上反映的却是政府自身赋税征收能力的孱弱。所谓"百姓依实投上,课输所入,有逾常年",不过是刘超与句容地方势力相互妥协的产物。句容县邻近建康,且是行政地位颇高的"二品佳邑"。③京邑周边尚且如此,中央难以完全掌控的边远州郡,情况恐怕也不会更好。因此,尽管西晋赋税制度在东晋政权建立后沿袭不废,但田租、户调是否能够如数征收,存在相当的疑问。实际上,东晋初年的粮食供给很大程度上也是以军屯来解决的。④

---

① （南朝宋）刘义庆撰,余嘉锡笺疏:《世说新语笺疏》卷中《规箴第十》,北京:中华书局 2007 年版,第 668 页。

② 《晋书》卷 70《刘超传》,第 1875 页。

③ 《晋书》（第 2007 页）卷 76《王彪之传》载:"句容近畿,三品佳邑。"阎步克在《品位与职位——秦汉魏晋南北朝官阶制度研究》（北京:生活·读书·新知三联书店 2009 年版,第 358 页）中指出,按前后文脉并对照《元和郡县图志》,"三品"当作"二品"。可从。

④ 《晋书》（第 791 页）卷 26《食货志》载:"元帝为晋王,课督农功,诏二千石长吏以入谷多少为殿最。其非宿卫要任,皆宜赴农,使军各自佃作,即以为廪。"军屯在汉代就有,但主要是在运输成本较高的边境地带。东晋让军队"各自佃作",说明粮食的普遍缺乏与官方财政的紧张。

随着晋成帝登基后外戚颖川庾氏的崛起，上述政治和社会特征开始有所变化。成帝时代，王导虽依旧担任丞相之职，但实权逐渐为颖川庾氏家族所掌握。① 颖川庾氏的代表人物是庾亮，另有兄弟庾冰、庾翼。他们不仅与王导争夺政治权力，在政治取向上也存在差别。就施政理念而言，庾亮"任法裁物"、庾冰"经纶时务，不舍昼夜"、庾翼"劳谦匪懈，戎政严明"，与王导的"务从宽简"之政对比鲜明。② 对于地方豪强，庾氏兄弟更直接反对王导过分让步的政策，如庾翼就曾总结云："大较江东政，以倨僦豪强，以为民蠹。"③庾冰执政时，"隐实户口，料出无名万余人，以充军实"④，也可作同样理解。实行"度田税米"的咸和五年（330 年），尽管庾亮因引发苏峻之乱被迫出镇外藩，但依旧架空王导，"执朝廷之权"⑤。此时的晋成帝，不过是十岁孩童。因此，"度田税米"很大程度上可以视为庾亮推行的政策。

"税米"的前提是"度田"，这意味着对民间土地占有状况的清查。更具体的指向，则是在此基础上通过"税米"增加财政收入、扩充中央实力，让赋税征收等日常地方行政运作回归正轨。可以注意到，东晋政权重新加强了对豪强占有山林湖泽的限制。⑥ 这些土地政策的先后实施并非偶然，正是庾亮、

---

① 庾、王家族的权力之争，参见田余庆：《东晋门阀政治》，第 45—59、86—112 页。

② 参见李济沧：《论庾亮》，《中华文史论丛》2006 年第 3 期。

③《晋书》卷 73《庾翼传》，第 1932—1933 页。此句之后，庾翼特别举出余姚令山遐简括豪强隐户而被免官一事。唐长孺指出，山遐之所以被免官，原因在于王导一贯主张交好、包庇地方豪强势力。参见唐长孺：《魏晋南北朝时期的客与部曲》，《魏晋南北朝史论拾遗》，第 9—10 页。

④《晋书》卷 73《庾冰传》，第 1928 页。

⑤《晋书》卷 65《王导传》，第 1753 页。更详细的论述，参见田余庆：《东晋门阀政治》，第 96—97 页。

⑥《宋书》（第 1537 页）卷 54《羊玄保传》载："壬辰诏书：'占山护泽，强盗律论，赃一丈以上，皆弃市。'""壬辰"，即晋成帝咸康二年（336 年），该诏书针对的是东晋初年司马睿"弛山泽之禁"的政策，参见《晋书》卷 6《元帝纪》，第 148 页。

庾冰等人"任法裁物""经纶时务"的系列措施。另需指出的是，王敦之乱以后，以吴兴周氏、沈氏为代表的江南武力豪强不断受到打击，而以郗鉴等北来流民帅逐渐成为东晋政权可堪信赖的军事力量。① 北来侨民统治优势的逐渐确立，使得东晋政权树立权威、整顿内政成为可能。同样是在咸和五年（330 年），石勒"称赵天王，行皇帝事"②，其所建立的后赵政权也在此后不断遣军南下。外来军事压力的陡然增加，也为东晋政权重整赋税制度提供了更多理由。

当然，除去政局变换，"度田税米"的实施还有更宽广的社会历史背景，那就是永嘉乱后大量北方侨民为了生计而占有南方土地的现实。③ 不过，南渡之初，无论是上层的士族、官僚，还是一般民众，都只是将南方作为一时的寓居地。随着短期回归中原梦想的破灭，侨民逐渐土著化，如东晋人范宁所言："昔中原丧乱，流寓江左，庶有旋反之期……自尔渐久，人安其业，丘垄坟柏，皆已成行，虽无本邦之名，而有安土之实。"④因此，"度田税米"在保障政府财政收入的同时，也具有厘定地权、安定侨民的意图在内。吕思勉曾提及，由于江南土地有限，往往带来易开发区域的"土满与人满"⑤。在人地关系紧张、地权不稳的情况下，接受"度田"，实际有利于侨民土

① 川勝義雄「東晋貴族制の確立過程——軍事力との関連のもとに」,『東方學報』(京都)第 52 册，1980 年 3 月，第 317—340 頁；田余庆：《东晋门阀政治》，第 32—85 页。
② 参见《晋书》卷 105《石勒载记下》、卷 106《石季龙载记上》、卷 107《石季龙载记下》，第 2746—2801 页。
③ 关于永嘉乱后北方侨民在南方的土地占有与生计，参见唐长孺：《南朝的屯、邸、别墅及山泽占领》，《历史研究》1954 年第 3 期；蒋福亚：《东晋南朝的占山护泽》，《中国经济史研究》1992 年第 4 期；川勝義雄「東晋貴族制の確立過程——軍事力との関連のもとに」,『東方學報』(京都)第 52 册，1980 年 3 月，第 317—340 頁。
④《晋书》卷 75《范宁传》，第 1986 页。
⑤ 吕思勉：《两晋南北朝史》，上海：上海古籍出版社 2005 年版，第 845 页。

地占有的合法化。

特别需要指出的是,侨民要合法申报、占有土地,首先必须成为国家的在籍编户。因此,对田地的清查,自然伴随着户籍核定,东晋政权也以此契机,将原本散乱的侨民纳入地方行政管理体系中。咸和五年(330年)以后大量侨郡县的设置,可以置于"度田税米"延长线上加以理解。① "度田"与咸和年间的"土断",自然也有紧密联系。② 当然,对"度田"所带来的合法收益,土地占有者乐见其成。而对于"税米",掌握大量土地的官僚、豪强,自然不乐意承担新增的田租。因此,虽然"度田"在不断进行,"税米"却出现了较大亏空。咸康初年,"算度田税米,空悬五十余万斛,尚书褚裒以下免官"③。针对这种情况,继庾氏兄弟以后执政的桓温、谢安,都有过相应的政策调整,从"亩税米三升"到"亩收二升",再至"除度田收租之制,王公以下口税三斛"。限于主题与篇幅,这些政策调整的具体指向及其意义,有待将来进一步讨论。④

五、结语

以上,本文就东晋"度田税米"的性质、征收数额、与西晋田租制的关系、实施背景等问题进行了探讨,结论如下:

第一,综合文献记载与出土简牍可知,将东晋"度田税米"理解为杂税的意见很难成立,应当理解为田租。"度田税米"的征收数额并非每亩"税米三斗",而应当是"税米三升"。

① 东晋侨郡县的设置情况,参见胡阿祥:《东晋南朝侨州郡县与侨流人口研究》,南京:江苏教育出版社2008年版,第41—160页。
② "度田税米"与"土断"关系的论述,参见张学锋:《论东晋的"度田税米"制——特别是与土断的关系》,《汉唐考古与历史研究》,第227—239页。
③ 《晋书》卷26《食货志》,第792页。
④ 李济沧曾论及此问题,但较为简略,仍有相当的研究空间。参见《东晋贵族政治史论》,南京:江苏人民出版社2016年版,第204—209页。

第二，就现有材料而言，西晋田租的征收单位究竟是丁、户还是土地面积，尚难明确。东晋"度田税米"与西晋田租制是否为前后取代关系，也不宜定论。但从长时段的角度来看，在此前长达 500 年的秦汉、三国时期，根据土地面积征收田租是一种常态，故不应高估东晋"度田税米"具有的制度变革意义。

第三，东晋"度田税米"的实施，与苏峻之乱后特殊的政治、军事形势，尤其是东晋政治权力结构、施政理念的变动有关。"度田"有助于侨民在南方新居地土地占有的合法化，是该政策得以展开的重要原因。咸和年间侨郡县的大量设置与"土断"，是"度田税米"的联动性措施。

从以上结论不难看出，东晋"度田税米"并非新制度的创设，而是旧制度的重整。实际上，在中国古代历史中，"度田"是新政权步入稳定后的常见政策①，也是秦汉三国时期日常性的经济管理措施②。"度田税米"的实施标志着东晋政权在南方地区统治的逐渐稳定与日常化。值得注意的是，西晋时南方地区被视为"边郡"，在赋税上享受各种优惠。③ 而东晋

---

① 例如东汉初的"度田"，南宋初的"经界法"，都是很典型的例子。参见臧知非：《说"税田"：秦汉田税征收方式的历史考察》，《历史研究》2015 年第 3 期；何炳棣：《南宋至今土地数字的考释和评价（上）》，《中国社会科学》1985 年第 2 期。

② 秦汉时期的情况，参见臧知非：《说"税田"：秦汉田税征收方式的历史考察》，《历史研究》2015 年第 3 期。走马楼吴简表明，三国孙吴时期也存在日常性的"度田"，如"自实度吏民部粢租田合十八亩九十一步谨罗列右别"（陆·113）、"实度今年粢田谨列顷亩为簿"（柒·3134）。参见长沙简牍博物馆、中国文化遗产研究院、北京大学历史系走马楼简牍整理组编著：《长沙走马楼三国吴简·竹简（陆）》，北京：文物出版社 2017 年版，第 733 页；长沙简牍博物馆等编著：《长沙走马楼三国吴简·竹简（柒）》，北京：文物出版社 2013 年版，第 805 页。

③ 如《晋书》（第 790 页）卷 26《食货志》载，西晋的户调征收"其诸边郡或三分之二，远者三分之一"。从《晋书·食货志》文脉来看，西晋户调式颁布于平吴以后，所谓"诸边郡"很大程度上就是指南方诸郡。另可参见张学锋：《西晋占田、课田、租调制再研究》，《汉唐考古与历史研究》，第 201—202 页。

"度田税米"相对统一的征收比率与数额,显示出南方地区正逐步脱离"边郡"色彩,成为支撑东晋政权的核心区域。在政治制度、礼仪制度、文化心理上,北来侨民的土著化要到东晋中后期乃至于南朝。① 但在关乎财政收入的经济领域,东晋的统治阶层则要务实得多。就此点而言,咸和五年(330 年)的"度田税米",可视为东晋由北来流寓政权走向南方本土政权的序曲。

（原载《中国经济史研究》2020 年第 5 期）

① 参见胡宝国:《晚渡北人与东晋中期的历史变化》,北京大学历史学系编:《北大史学》第 14 辑,北京:北京大学出版社 2009 年版,第 94—111 页;戶川貴行『東晋南朝伝統の創造』,汲古書院,2015 年,第 115—200 頁。

秦汉魏晋南北朝土地制度的嬗变

晋　文(南京师范大学)

[摘　要] 在民田占有制度上,秦汉魏晋南北朝时期是沿着土地国有变成土地私有为主、再从土地私有又变成土地国有为主的轨迹运行的。无论是战国、秦代的授田制和赐田制,还是汉初的名田(授田)制,抑或魏晋南北朝时期的屯田制、占田制和均田制,均具有鲜明的时代特点,是顺应历史和社会发展的产物。秦汉土地私有制的发展曾极大调动了地主和农民的积极性,但由此产生的土地兼并也是最终导致其土地制度被完全破坏的主因。魏晋南北朝土地国有制的发展也最终要让位于效率更高的土地私有制,这是历史和社会发展的大趋势。秦汉魏晋南北朝土地制度的嬗变,还给后世留下了许多宝贵的经验和教训。

[关键词] 秦汉;魏晋南北朝;土地国有;土地私有;嬗变

"农业是整个古代世界的决定性的生产部门。"①土地作为农业社会最重要的生产资料,它的占有制度决定了土地归

---

① [德]恩格斯:《家庭、私有制和国家的起源》,《马克思恩格斯选集》第4卷,北京:人民出版社1997年版,第149页。

谁所有、其产品如何分配和人与人之间的关系。总的来说,在土地占有制度上,秦汉魏晋南北朝时期是沿着土地国有变成土地私有为主、再从土地私有又变成土地国有为主的轨迹运行的。

一、 秦汉土地私有制的发展

关于秦汉民田的占有方式,在《汉书》中有一条耳熟能详的史料。这就是名儒董仲舒给汉武帝的上书——

> 至秦则不然,用商鞅之法,改帝王之制,除井田,民得卖买,富者田连仟伯,贫者亡立锥之地。又颛川泽之利,管山林之饶,荒淫越制,逾侈以相高;邑有人君之尊,里有公侯之富,小民安得不困? 又加月为更卒,已复为正,一岁屯戍,一岁力役,三十倍于古;田租口赋,盐铁之利,二十倍于古。或耕豪民之田,见税什五。故贫民常衣牛马之衣,而食犬彘之食。重以贪暴之吏,刑戮妄加,民愁亡聊,亡逃山林,转为盗贼,赭衣半道,断狱岁以千万数。汉兴,循而未改。①

根据董仲舒的上书,以往大多认为,秦自商鞅变法便废除了带有农村公社性质的井田制度,实行“民得卖买”的土地私有制度。② 但随着 1975 年睡虎地秦简的出土,这一主流看法受到了严峻挑战。在这批主要记录战国后期秦国法律文书的竹简中,明确记载了秦有“授田”制度。如《田律》规定:“入顷刍稾,以其受田之数,无垦(垦)不垦(垦),顷入刍三石、稾二

---

① 《汉书》卷 24 上《食货志上》,北京:中华书局 1962 年版,第 1137 页。
② 黎世衡:《中国古代公产制度考》,上海:世界书局 1922 年版,第 14 页;范文澜:《中国通史简编》第 1 编,北京:人民出版社 1964 年版,第 243 页。

石。"①由于授田皆来自国家，"'授田'是从统治者方面说的，'受田'是从农民方面说的"②，因而学界又大多认为，秦自商鞅变法实行的是土地国有性质的授田制，董仲舒的说法乃以汉况秦，不足为凭。③

从睡虎地秦简和后来发现的更多秦简看，秦代（国）的确存在着大量国有土地。《里耶秦简（壹）》便记录了一个因公田开垦不力而惩治一批基层官吏的案例，这个案例发生在秦始皇三十四年（前213年）。

> 卅四年六月甲午朔乙卯，洞庭守礼谓迁陵丞：丞言徒隶不田，奏曰：司空厌等当坐，皆有它罪，耐为司寇。有书，书壬手。令曰：吏仆、养、走、工、组织、守府门、肖力匠及它急事不可令田，六人予田徒四人。徒少及毋徒，薄（簿）移治虏御史，御史以均予。今迁陵廿五年为县，廿九年田廿六年尽廿八年当田，司空厌等失弗令田。弗令田即有徒而弗令田且徒少不傅于奏。及苍梧为郡九岁乃往岁田。厌失，当坐论，即如前书律令。／七月甲子朔癸酉，洞庭段（假）守绎追迁陵。／歜手。·以沅阳印行事。（8—755—759）④

还有"左公田""右公田印"等记载。而且在偏远的迁陵县（今湖南里耶龙山）境，直到秦末授田制也仍在照常实施。例如："卅三年六月庚子朔丁巳，【田】守武爰书：高里士五（伍）吾武【自】言：谒狠（垦）草田六亩武门外，能恒藉以为田。典缦占。"（9—

---

① 睡虎地秦墓竹简整理小组编：《睡虎地秦墓竹简》，北京：文物出版社1978年版，第27—28页。

② 刘泽华：《论战国时期"授田"制下的"公民"》，《南开学报（哲学社会科学版）》1978年第2期。

③ 张金光：《试论秦自商鞅变法后的土地制度》，《中国史研究》1983年第2期。

④ 陈伟主编：《里耶秦简牍校释》第1卷，武汉：武汉大学出版社2012年版，第217页。

2344)"卅五年三月庚寅朔丙辰,贰春乡兹爰书:南里寡妇憖自言:谒狠(垦)草田故枲(桑)地百廿步,在故步北,恒以为枲(桑)田。"(9—15)①这说明授田制曾广泛实施,是秦和战国时期无可争辩的基本土地制度。但董仲舒的说法也未必都错。

有一个问题以往比较忽略。除了授田制,秦自商鞅变法还实行了军功赐爵制度,许多军功地主都拥有数量可观的赐田。如商鞅变法规定:"有军功者,各以率受上爵……明尊卑爵秩等级各以差次,名田宅臣妾衣服以家次。"②《商君书·境内》亦有这方面的记载:"能得甲首一者,赏爵一级,益田一顷,益宅九亩,一除庶子一人,乃得入兵官之吏。"③具体来说,"王翦将兵六十万人,始皇自送至灞上。王翦行,请美田宅园池甚众"④,就是一个特别典型的事例。显而易见,授田的主要耕种者应是自耕农,赐田的低爵者也大多要自己耕种。但由于贫富分化,也有少数身为士伍的"富农"(实际身份已转化为地主)和中高爵的军功地主一样,并不需要都自己耕田。从相关文献来看,至少有几类人为"富农"或军功地主耕田。一是专门服务于军功地主的"庶子"。如《商君书·境内》:"其有爵者乞无爵者以为庶子,级乞一人。其无役事也,其庶子役其大夫月六日;其役事也,随而养之军。"⑤这种"庶子"的身份类似于隶农,实际是军功地主的依附农民。二是为"富农"和军功地主耕田的奴婢。在睡虎地秦简《封诊式·告臣》中,便记录了一名男奴因"不田作"被主人"谒卖"的案例。"爰书:某

① 陈伟主编:《里耶秦简牍校释》第 2 卷,武汉:武汉大学出版社 2018 年版,第 477、21 页。

② 《史记》卷 68《商君列传》,北京:中华书局 1959 年版,第 2230 页。

③ 山东大学《商子译注》编写组:《商子译注·境内》,济南:齐鲁书社 1982 年版,第 133 页。

④ 《史记》卷 73《白起王翦列传》,第 2340 页。

⑤ 山东大学《商子译注》编写组:《商子译注·境内》,第 130 页。

里士五（伍）甲缚诣男子丙,告曰:'丙,甲臣,桥（骄）悍,不田作,不听甲令。谒买（卖）公,斩以为城旦,受贾（价）钱。'"①里耶秦简《都乡守沈爱书》也记录了一位富有的士伍广,他把包括八名大小奴婢在内的许多财产都传给了女儿胡。"卅五年七月戊子朔己酉,都乡守沈爰书:高里士五（伍）广自言:谒以大奴良、完,小奴嘀、饶,大婢阑、愿、多、□,禾稼、衣器、钱六万,尽以予子大女子阳里胡,凡十一物,同券齿。典弘占。"(8—1554)②其中"禾稼"即意味着广有授田,且授田亦必由他的奴婢来耕种。三是为"富农"和军功地主耕田的佃农或雇农。这方面的故事可以秦末起义的领袖陈胜为代表,如《史记·陈涉世家》:"陈涉少时,尝与人佣耕,辍耕之垄上,怅恨久之,曰:'苟富贵,无相忘。'庸者笑而应曰:'若为庸耕,何富贵也?'"③仅就"佣耕"或"庸耕"而言,董仲舒所说就显然没错。当时也明显存在着贫富分化和"邑有人君之尊,里有公侯之富"的阶级对立。所谓"见税什五",更成为秦汉私家田租的通例。史载王莽代汉,便公开谴责汉朝的弊端说:"而豪民侵陵,分田劫假,厥名三十,实什税五也。"④

再从刑罚、流亡来看,董仲舒所说"刑戮妄加,民愁亡聊,亡逃山林,转为盗贼,赭衣半道,断狱以千万数",也都是不争的事实。唯有"除井田,民得卖买",可能有些夸大。根据林甘泉等先生研究,战国时代的授田制"可以把所受之田作为世业传之子孙后代","是封建土地国有制向私有制转化的一种形式"。⑤ 从这一转化的进程来看,在统一全国前后,秦的土地

---

① 睡虎地秦墓竹简整理小组编:《睡虎地秦墓竹简》,第259页。
② 陈伟主编:《里耶秦简牍校释》第1卷,第356—357页。
③ 《史记》卷48《陈涉世家》,第1949页。
④ 《汉书》卷24上《食货志上》,第1143页。
⑤ 林甘泉、童超:《中国封建土地制度史》第1卷,北京:中国社会科学出版社1990年版,第91—92页。

私有现象应越来越多。主张战国土地国有制的学者认为,当时的授田和赐田是绝对不能买卖和转让的。① 但问题是,按照授田制和赐田制的规定,那些"佣耕"者、流民、"盗贼",乃至奴婢和徒隶,原本都有授田或赐田,他们为什么不耕种自己的田地却要给别人耕田,或者流亡,或者成为"盗贼"和奴婢呢? 毫无疑问,这是回避或否认土地买卖和私有而无法完全解释的。② 岳麓秦简中的《识劫𡟤案》,就是一个值得特别注意的案例。此案发生在秦王政十八年(前229年),其中多次提到:大夫沛把"稻田廿亩"直接分给了识,且得到当地官府认可。③ 识的身份最初是大夫沛的"隶",后来成为士伍,从军后又成为公士。这就充分说明有些田地是可以继承、赠送和买卖的。《里耶秦简(贰)》对黔首跨乡授田的两条记录也证实了这一点。④ 所以无怪乎,到了秦始皇三十一年(前216年)"使黔首自实田"⑤后,主张战国土地国有制的学者也大多承认土地私有制已开始确立⑥。

汉承秦制。汉初的民田制度主要是土地私有,在张家山汉简《二年律令》中便有着许多关于土地继承、买卖和赠送的规定。⑦ 其中最有意思的是,为了尽可能避免绝户,而不是由国家把田宅收回,律令还想方设法让实有田宅都能得到继承,或者分给亲属,乃至赘婿、奴婢在一定条件下都部分有权继承。例如:"死毋子男代户,令父若母,毋父母令寡,毋寡令女,

① 张金光:《试论秦自商鞅变法后的土地制度》,《中国史研究》1983年第2期。
② 晋文:《秦汉经济制度与大一统国家治理》,《历史研究》2020年第3期。
③ 朱汉民、陈松长主编:《岳麓书院藏秦简(叁)》,上海:上海辞书出版社2013年版,第155页。
④ 晋文:《新出秦简中的授田制问题》,《中州学刊》2020年第1期。
⑤ 《史记》卷6《秦始皇本纪》注引徐广曰,第251页。
⑥ 张金光:《试论秦自商鞅变法后的土地制度》,《中国史研究》1983年第2期。
⑦ 晋文:《张家山汉简中的田制等问题》,《山东师范大学学报(人文社会科学版)》2019年第4期。

毋女令孙，毋孙令耳孙，毋耳孙令大父母，毋大父母令同产子代户。同产子代户，必同居数。弃妻子不得与后妻子争后。"（379—380）"死毋后而有奴婢者，免奴婢以为庶人，以 庶 人律□之 其 主田宅及余财。奴婢多，代户者毋过一人，先用劳久、有□□子若主所言吏者。"（382—383）"女子为户毋后而出嫁者，令夫以妻田宅盈其田宅。宅不比，弗得。"（384）"寡为户后，予田宅，比子为后者爵。"（386）①土地买卖也明显存在，史载相国萧何"贱强买民田宅数千万"②，就是一个特别典型的事例。正如董仲舒所说："民得卖买，富者田连仟伯，贫者亡立锥之地……汉兴，循而未改。"此后，一直到东汉末年，两汉时期的民田制度都主要是土地私有。如丞相张禹"内殖货财，家以田为业。及富贵，多买田至四百顷，皆泾、渭溉灌，极膏腴上贾"③。仪征胥浦汉简《先令券书》亦明确记载，如同汉初，在西汉末年民户对自家田地的分割与继承是完全自主的。

　　元始五年九月壬辰朔辛丑□高都里朱凌。凌庐居新安里，甚疾其死，故请县乡三老、都乡有秩、佐、里师田谭等为先令券书。凌自言有三父，子男女六人，皆不同父。欲令子各知其父家次，子女以君、子真、子方、仙君，父为朱孙；弟公文，父吴衰近君；女弟弱君，父曲阿病长实。

　　姬言：公文年十五去家自出为姓，遂居外，未尝持一钱来归。姬予子真、子方自为产业。子女仙君、弱君等贫毋产业。五年四月十日，姬以稻田一处、桑田二处分予弱君，波田一处分予仙君，于至十二月。公文伤人为徒，贫

①张家山二四七号汉墓竹简整理小组编著：《张家山汉墓竹简（二四七号墓）》（释文修订本），北京：文物出版社2006年版，第60—61页。
②《史记》卷53《萧相国世家》，第2018页。
③《汉书》卷81《张禹传》，第3349页。

无产业。于至十二月十一日,仙君、弱君各归田于姬。让
予公文姬即受田,以田分予公文:稻田二处,桑田二处,田
界易如故。公文不得移卖田予他人。

　　时任知者:里师、伍人谭等及亲属孔聚、田文、满真。
先令券书明白,可以从事。(1078—1093)①

东汉亦同样如此。史载名将吴汉"出征,妻子在后买田业"②,
外戚马防"兄弟贵盛,奴婢各千人已上,资产巨亿,皆买京师膏
腴美田"③,济南王刘康多殖财货,"私田八百顷"④,郑太"家
富于财,有田四百顷"⑤,就是几个比较突出的事例。所以荀
悦便愤懑总结说:"今豪民占田或至数百千顷,富过王侯,是自
专封也。买卖由己,是自专地也。"⑥更重要的是,土地兼并和
大地产的出现,哀帝"限田令"的流产和王莽"王田"制的失
败,以及移民屯垦、假民公田和周期性大规模的农民战争表
明:"民"的土地所有权,尤其大官僚和大地主的土地私有权均
不可侵犯。秦汉王朝并没有对所有土地的"最终的支配权",
"民"的私有土地也并非"隶属于土地国有制"⑦,而不受法律
的保护。

二、 魏晋南北朝土地国有制的发展

　　东汉末年出现了长期战乱,加之疾疫、灾荒,使得"大乱之

---

① 李均明、何双全编:《散见简牍合辑》,北京:文物出版社1990年版,第105—
　　106页。
② 《后汉书》卷18《吴汉传》,北京:中华书局1965年版,第683页。
③ 《后汉书》卷24《马援传》,第857页。
④ 《后汉书》卷42《光武十王传·济南安王康》,第1431页。
⑤ 《后汉书》卷70《郑太传》,第2257页。
⑥ (汉)荀悦:《汉纪》卷8《孝文皇帝纪下》,张烈点校:《两汉纪》上册《汉纪》,北
　　京:中华书局2002年版,第114页。
⑦ 臧知非:《战国秦汉土地国有制形成与演变的几点思考》,《中国社会科学》
　　2020年第1期。

后，民人分散，土业无主，皆为公田"①，社会上存在大片可资利用的荒田。在这种情况下，为了保证粮食的供给，曹魏集团在秦汉屯田的基础上开始大规模屯田。② 建安元年（196 年），"用枣祗、韩浩等议，始兴屯田"，并取得了很大成效。"是岁乃募民屯田许下，得谷百万斛。于是州郡例置田官，所在积谷。征伐四方，无运粮之劳，遂兼灭群贼，克平天下。"③以后蜀汉和东吴政权也都纷纷仿效，在自己控制的区域里屯田。这就使得土地国有制成为三国时期土地制度的主流。

三国时期的屯田主要有民屯、军屯两大类别。以曹魏为例，其民屯主要通过招募贫民和组织流民入屯，由各州郡设置的典农中郎将、典农校尉、典农中尉等主持屯田。民屯的田租很重，通常是"持官牛田者官得六分，百姓得四分，私牛而官田者与官中分"④。军屯又可以分为两种形式：一种是为了军事需要而设置的临时或长期性的屯区，另一种是领兵将领于军事驻地设置的屯田。蜀汉和东吴的屯田也大致相同。

西晋立国前后，宣布罢民屯农官为郡县。咸熙元年（264年），"罢屯田官以均政役，诸典农皆为太守，都尉皆为令长"⑤。泰始二年（266 年）"十二月，罢农官为郡县"⑥。但西晋对军屯仍非常重视，如咸宁元年（275 年）十二月诏曰："出战入耕，虽自古之常，然事力未息，未尝不以战士为念也。今以邺奚官奴婢著新城，代田兵种稻，奴婢各五十人为一屯，屯

---

① 《三国志》卷15《魏书·司马朗传》，北京：中华书局1959 年版，第467—468 页。
② 王彦辉：《〈里耶秦简〉（壹）所见秦代县乡机构设置问题蠡测》，《古代文明》2012 年第4 期。
③ 《三国志》卷1《武帝纪》，第 14 页，及注［一］引《魏书》。
④ 《晋书》卷109《慕容皝载记》，北京：中华书局1974 年版，第2823—2824 页。
⑤ 《三国志》卷4《魏书·三少帝纪》，第153 页。
⑥ 《晋书》卷3《武帝纪》，第55 页。

置司马,使皆如屯田法。"①东晋亦同样如此。元帝为晋王时,便明文规定:"其非宿卫要任,皆宜赴农,使军各自佃作,即以为廪。"②具体来说,襄沔地区和淮南地区都成为东晋屯田的重点区域。③南北朝时期,各分立政权都采取屯田政策,以军屯为主。与两汉屯田多在边疆地区不同的是,在魏晋南北朝时期,大量的"中间地带"成为南北政权的"边疆"地区,从而成为屯田的重要区域。

曹魏末期,在民屯制度越来越出现弊端的情况下,朝廷将民屯管理划归郡县,这就为新的占田制的推行做了铺垫。到西晋统一后,为调动农民的生产积极性,武帝于太康元年(280年)颁行了占田课田制。据《晋书·食货志》记载,当时农民的法定占田数额及男女课田的年龄是:

> 男子一人占田七十亩,女子三十亩。其外丁男课田五十亩,丁女二十亩,次丁男半之,女则不课。男女年十六已上至六十为正丁,十五已下至十三、六十一已上至六十五为次丁,十二已下六十六已上为老小,不事。④

这种占田制与汉初《二年律令》规定的名田制(或称授田制)类似,是由土地国有制又部分转化为土地私有制。⑤ 所不同者,占田制的课田是按每户(一说按每户人丁数)固定面积征收田租的,如《晋故事》"凡民丁课田,夫五十亩,收租四斛"⑥;

---

① 《晋书》卷26《食货志》,第787页。

② 《晋书》卷26《食货志》,第791页。

③ 张学锋:《六朝农业经济概说》,胡阿祥主编:《江南社会经济研究·六朝隋唐卷》,北京:中国农业出版社2006年版,第183—186页。

④ 《晋书》卷26《食货志》,第790页。

⑤ 刘安志:《建国以来关于西晋占田课田制的研究述评》,《中国史研究动态》1993年第11期。

⑥ (唐)徐坚等:《初学记》卷27《宝器部·绢九》引《晋故事》,北京:中华书局1962年版,第657页。

而汉代民田则是按户根据其实际耕种面积即"垦田"征收田租的，如走马楼西汉简《都乡七年垦田租簿》："凡垦田六十顷二亩，租七百九十六石五斗七升半。"①这表明汉初名田或授田旨在鼓励和引导垦荒②，西晋的占田却以课田来强制垦荒，具有更强烈的指令性质。关键在于，根据学界的通常理解，占田制规定一对夫妇要课田七十亩或五十亩③，按每亩八升计，前者皆交租五斛六斗，后者交租四斛。这不仅从制度上保障了朝廷的田租收入，而且更逼迫农民尽可能扩大耕种面积，以降低租率。尽管每亩八升还并不算重，如上引汉简是每亩平均约一斗三升（7 965.75÷6002≈1.3），但就其课田面积而言，70亩或50亩和秦汉相比便显得很大了。秦汉时期一对夫妇每年平均垦田35亩左右，如里耶秦简8—1519："迁陵卅五年狼（垦）田舆五十二顷九十五亩，税田四顷【卅二】，户百五十二，租六百七十七石。"④每户平均耕种"舆田"（汉代改称"垦田"）不到35亩（5 295÷152≈34.84）。汉宣帝时，名将赵充国率军屯田，也设定男性壮劳力的士卒为"赋人二十亩"⑤。根据最新公布的《堂邑元寿二年要具簿》："凡筭（算）六万八千五百六十八，其千七百七十九奴婢。""凡狼（垦）田万一千七百九十七顷卅七亩半。"（M147∶25—1）⑥在西汉末年的堂

---

① 马代忠：《长沙走马楼西汉简〈都乡七年垦田租簿〉初步考察》，中国文化遗产研究院编：《出土文献研究》第12辑，上海：中西书局2013年版，第213页。

② 晋文：《张家山汉简中的田制等问题》，《山东师范大学学报（人文社会科学版）》2019年第4期。

③ 张学锋：《西晋占田、课田、租调制再研究》，《汉唐考古与历史研究》，北京：生活·读书·新知三联书店2013年版，第178—211页。

④ 陈伟主编：《里耶秦简牍校释》第1卷，第345页。按："税田四顷【卅二】"，又见该书"前言"，第7页。按十二税一计，其四舍五入约等于442亩。

⑤ 《汉书》卷69《赵充国传》，第2986页。

⑥ 青岛市文物保护考古研究所、黄岛区博物馆：《山东青岛土山屯墓群四号封土与墓葬的发掘》，《考古学报》2019年第3期。

邑县(今南京六合区),每个成年人耕种的垦田平均只有 17.2 亩(1 179 937.5 ÷ 68 568 ≈ 17.2)。按一对夫妇计,每户垦田平均亦不到 35 亩。

从秦汉到魏晋,农业生产力的发展并没有质的突破。据相关文献记载,在东汉中后期全国的总垦田数和户均垦田还比西汉末年有明显下降。如《汉书·地理志下》:

> 讫于孝平,凡郡国一百三,县邑千三百一十四,道三十二,侯国二百四十一。地东西九千三百二里,南北万三千三百六十八里。提封田一万万四千五百一十三万六千四百五顷,其一万万二百五十二万八千八百八十九顷,邑居道路,山川林泽,群不可垦,其三千二百二十九万九百四十七顷,可垦不(可)垦,定垦田八百二十七万五百三十六顷。民户千二百二十三万三千六十二,口五千九百五十九万四千九百七十八。①

按全国"垦田"总计 1 031 656 900 亩算②,亦即 14 513 640 500—10 252 888 900—3 229 094 700 = 1 031 656 900(亩),其户均垦田约为 84.3 亩(1 031 656 900 ÷ 12 233 062 ≈ 84.3)。再如《后汉书·郡国志》注引伏无忌载:

> 和帝元兴元年,户九百二十三万七千一百一十二,口五千三百二十五万六千二百二十九,垦田七百三十二万一百七十顷八十亩百四十步。安帝延光四年,户九百六十四万七千八百三十八,口四千八百六十九万七千八百八十九,垦田六百九十四万二千八百九十二顷一十三亩八十五步。顺帝建康元年,户九百九十四万六千九百一十九,

---

① 《汉书》卷 28 下《地理志下》,第 1639—1640 页。
② 参见张梦晗:《从新出简牍看西汉后期南京的农业经济》,《中国农史》2020 年第 6 期。

口四千九百七十三万五百五十，垦田六百八十九万六千二百七十一顷五十六亩一百九十四步。冲帝永嘉元年，户九百九十三万七千六百八十，口四千九百五十二万四千一百八十三，垦田六百九十五万七千六百七十六顷二十亩百八步。质帝本初元年，户九百三十四万八千二百二十七，口四千七百五十六万六千七百七十二，垦田六百九十三万一百二十三顷三十八亩。①

其垦田总数和户均垦田则分别是：在和帝元兴元年（105 年），全国总垦田数约为 732 017 080.2 亩，每户平均垦田约为 79.2 亩；在安帝延光四年（125 年），全国总垦田数约为 694 289 213.35 亩，每户平均垦田约为 72 亩；在顺帝建康元年（144 年），全国总垦田数约为 689 627 156.8 亩，每户平均垦田约为 69.3 亩；在冲帝永嘉元年（145 年），全国总垦田数为 695 767 620.45 亩，每户平均垦田约为 70 亩；在质帝本初元年（146 年），全国总垦田数为 693 012 338 亩，每户平均垦田约为 74.1 亩。由于战乱和社会动荡，推测在东汉末年和三国时期的总垦田数和户均垦田数应当更低。然而西晋的课田面积却比前述约耕种 35 亩扩大了 1.5 倍或 2 倍左右，这意味着课田所征收的每亩八升并非是当时的真实租额。假设一对夫妇实际耕种仍为 35 亩左右，如垦田 40 亩、35 亩和 30 亩，按课田 70 亩计，其真实租额即应当是每亩一斗四升（70×8÷40＝14）、一斗六升（70×8÷35＝16）和一斗八又三分之二升（70×8÷30＝18⅔），按 50 亩计，则真实租额应当是每亩一斗（50×8÷40＝10）、约一斗一升五（50×8÷35≈11.5）和一斗三又三分之一升（50×8÷30＝13⅓），的确比汉魏时期重了一些。如前揭《堂邑元寿二年要具簿》记载："凡狠（垦）田万一千七百九十九顷卅七亩半。其

---

① 《后汉书》志 23《郡国五》，第 3534 页。

七千一百九十一顷六十亩,租六万一千九百五十三石八斗二升。菑害。定当收田四千六百七顷七十亩,租三万六千七百廿三石七升。"(M147:25—1)①其中全县因灾害被完全免除的垦田田租平均每亩约为 8.61 升(6 195 382 ÷ 719 160 ≈ 8.61),而定收垦田即实际征收垦田的田租平均约为 7.97 升(3 672 307 ÷ 460 770 ≈ 7.97),合计田租平均每亩约为 8.36 升(9 867 689 ÷ 1 179 900 ≈ 8.36)。

不过,课田还有另外一个方面:如果要和民屯最少应对半交租比,就算占田制的真实租额更高一些,如每亩二斗或二斗以上,也明显低了很多。按亩产两石至六石以上计,相当于十一之税至三十税一。从这个方面来说,西晋的课田还是大多数农民能够承受的。之所以占田制能调动农民的生产积极性,在一段时间里促进了农业经济的恢复和发展,原因即在于此。尽管如此,在强调重农并减轻赋税的大环境下,这种课田制到东晋咸和五年(330 年)仍然被负担更轻的"度田税米"所取代。"咸和五年,成帝始度百姓田,取十分之一,率亩税米三升。"②按稻谷较低的 50% 出米率计算,则每亩租额六升。至隆和元年(362 年)正月,又降低为税米二升。"隆和元年春正月……甲寅,减田税,亩收二升。"③这与汉代三十税一最低每亩租额四升是基本相同的。对占有许多良田的大地主来说,若亩产超过四石以上,其租额则低于"百一而税"了。

西晋八王之乱后,北方长期战乱和动荡,占田制已无以为

---

① 青岛市文物保护考古研究所、黄岛区博物馆:《山东青岛土山屯墓群四号封土与墓葬的发掘》,《考古学报》2019 年第 3 期。

② 《晋书》卷 26《食货志》,第 792 页。按:对"税米三升"还是"税米三斗"问题,学界存在很大争议。本文赞同"三升"说,详见陆帅:《东晋"度田税米"再考——性质、租额与实施背景》,《中国经济史研究》2020 年第 5 期。

③ 《晋书》卷 8《哀帝纪》,第 206 页。

继。在国家掌握大量土地的情况下,至北魏孝文帝改革,对民田又实行了更具有土地国有色彩的均田制。根据《魏书·食货志》,其主要规定是:男性年满十五以上受露田四十亩,桑田二十亩,妇女受露田二十亩。奴婢受田依照良民。丁牛一头受露田三十亩,限受四牛。"诸民年及课则受田,老免及身没则还田。奴婢、牛随有无以还受。""诸桑田皆为世业,身终不还,恒从见口。有盈者无受无还,不足者受种如法。盈者得卖其盈,不足者得买所不足。"①不难看出,均田制的核心就是把每户的受田都划分为国有土地(露田)和私有土地(桑田),既让主体部分的国有土地能得到开垦和耕种,并不断循环,又能多少满足社会各界的土地私有化要求。这种土地所有制的形式大致可以说是战国、秦代授田制的改版。除了露田的免老和身死归田,它的最大变化,也是均田制中最具有历史意义的改造和发明,其实就是打破常规,在授田时直接规定有一小部分属于受田者私有。尽管私有的桑田数量相对较少,但毕竟也使小农都有了自己的私有土地。这对于缓和矛盾,激发农民的生产积极性,无疑便有着重大作用。太和十四年(490年),均田制才实行五年,已呈现"关外诸方,禾稼仍茂"②的景象。还要说明的是,如同汉代名田,原本私有的民田是不得在均田中收授的。③

当然,从桑田"盈者得卖其盈,不足者得买所不足"看,均田制为日后的土地兼并和自身的瓦解也留下了隐患。但总体来说,在处理阶级关系和促进经济发展方面,均田制要优于以往的土地制度。所以北魏以后,无论东魏、西魏,北齐、北周,

---

① 《魏书》卷110《食货志》,北京:中华书局1974年版,第2853—2854页。
② 《魏书》卷54《高闾传》,第1205页。
③ 晋文:《张家山汉简中的田制等问题》,《山东师范大学学报(人文社会科学版)》2019年第4期。

还是隋朝和唐朝,都相继推行了均田制,并在具体实施过程中又做了不少改进和完善。从某种意义上说,隋唐农业的高度发达,均田制曾发挥了重要作用。

三、 几点结论与启迪

首先,土地制度的嬗变有其自身规律,秦汉魏晋南北朝的土地制度均具有鲜明的时代特点。无论是战国、秦代的授田制和赐田制,还是汉初的名田(授田)制,抑或魏晋南北朝时期的屯田制、占田制和均田制,实际都是要解决当前面临的政治、经济和军事等问题。秦的授田和赐田制便集中体现了国家的耕战政策,奠定了统一六国的物质基础;汉初的名田(授田)制是为了鼓励社会各界垦荒,保障稳定的财政收入,恢复和发展经济;曹魏以后的屯田制,主要应对的是迫在眉睫的粮食供给和组织生产问题;西晋的占田制是要调动农民的生产积极性,让大多数农民自主生产,并满足大地主占有土地的要求;而北魏以后的均田制则是既要多少限制大土地私有制的发展,又要让少地或无地的农民通过授田来获取土地,以振兴北朝的经济。这些土地制度的形成均可谓与时俱进,是顺应历史和社会发展的产物。

其次,秦汉土地私有制的发展可以极大地调动地主和农民的积极性,但也是最终导致土地制度被完全破坏的主因。秦代姑且不论。汉代的土地制度允许继承和买卖,是不折不扣的私有制。这方面的事例数不胜数,也是文景之治、昭宣中兴、光武中兴得以形成的经济基础。可以毫不夸张说,汉帝国的强盛与荒田的不断开垦和小农经济的繁荣有着直接的因果关系。而土地的正常流转,则是维系小农经济和社会再生产的一个重要保障。无奈的是,土地私有制的发展,又必然造成贫富分化,带来土地兼并的沉疴和痼疾。从期望和法律规定来看,无论秦汉统治精英的顶层设计,还是广大农民的诉求,"耕者有其田"的初衷都恰恰是以土地的私人所有或占有为归宿的。但事与愿违,土地私有也恰恰为土地兼并大开了方便之门。为了走出怪圈,解决这一难题,两汉王朝采取了许多重农措施,诸如轻徭薄赋、招抚流亡、贷种实、抑兼并等。在限田、度田无效的情况下,还屡屡推行移民屯垦、假民公田或赋民公田政策。这些做法都多少延缓了土地兼并的进程,但无法从根本上遏制土地兼并的蔓延。当农民大量破产,大地主和大地产普遍出现之时,两汉王朝也就病入膏肓、朝不虑夕了。

再次,魏晋南北朝土地国有制的发展可以在一段时间里组织生产,有效保障粮食的供给,但最终还是要让位于效率更高的土地私有制。这是历史和社会发展的大趋势,正如马克思所说:"君主们在任何时候都不得不服从经济条件,并且从来不能向经济条件发号施令。"①一般来说,在秦汉魏晋南北朝时期,土地私有制的效率要高于土地国有制的效率。但土地私有制的效率要充分发挥出来,还有着人口与土地紧密结合的前提条件。除了要有大量荒田的存在,通常都必须让农民有一个比较安定的生活和生产环境。魏晋南北朝时期则不然,曾长期分裂和战乱,人口大量死亡或逃亡,大多数农民根本无法再组织生产。这就决定了由国家直接组织生产的土地国有制形式会大行其道,比如从曹魏开始的大规模屯田。但大量屯田的涌现毕竟是战时体制的产物,可以解燃眉之急,却不可以长久。在战乱结束、社会相对安定后,为了提高效率,调动农民的生产积极性,民田的主要占有方式又必然要逐渐

---

① [德]马克思:《哲学的贫困》,《马克思恩格斯全集》第4卷,北京:人民出版社1958年版,第121页。

回归到土地私有。西晋占田制的推行就是这一回归的体现。即使战乱还未结束,社会相对有些安定,北魏所开始推行并带有明显土地国有形式的均田制,也不得不加入一些土地私有的内容。更不用说,无论屯田制的推行,还是授田制推行之前,原本都存在着数量可观的私有民田。可见土地制度的私有终究要不断生长,已成为当时不可抗拒的潮流。

最后,秦汉魏晋南北朝的土地制度占有着独特而突出的历史地位。秦汉是中国古代大一统王朝的源头,所开创的授田制、名田制、屯田制等对后世都产生了深远影响。从授田、赐田和名田制来说,西晋的占田制与之便有着内在的渊源关系;北朝的均田制也与授田、名田和占田制有着一定的继承关系,并延续到了隋唐;而秦汉开创的屯田制,更可谓一脉相承。秦汉魏晋南北朝土地制度的嬗变,还给后世留下许多宝贵的经验和教训。所谓"夺富民之田以与无田之民,则富民不服,此必生乱;如乘大乱之后,土旷而人稀,可以一举而就"[1],便道出了限田或均田在私有制度下的艰难。只有"乘大乱之后,土旷而人稀",才能打破原有格局,重新分配土地,使大多数农民得到一小块田地。因此,要研究中国古代经济史,特别是土地制度史,对秦汉和魏晋南北朝的土地制度即应当高度重视。

(原载《中国农史》2021 年第 3 期)

---

[1] (元)马端临:《文献通考》卷 1《田赋一》,北京:中华书局 1986 年版,第 34 页上。

秦与西汉刍稿、田租征收方式新证

——以新出简牍为中心

陈星宇（江苏第二师范学院）

［**摘　要**］当前学术界对秦汉刍稿与田租的征收单位的认定分为"以亩计征"和"以顷计征"两种观点。里耶秦简、岳麓秦简等出土简牍明确证实了秦田租与刍稿税是按亩征收的，所谓"以顷计征"只是征收的测算标准，具体数额还要按照实际亩数征收。秦田租是按照亩数租率和产量租率结合进行计算的，是一种浮动税制。"税田"只是用于计算田租征收时亩数租率所占的份额，田租最终出自所垦种的"舆田"，并非将"税田"上的农作物征收作为田租。西汉前期税制基本继承秦代，中后期时产量租率采取"较数岁之中以为常"，即以某一区域的平均产量适用于该地区全体农户，其结果也是沿用数年不变的。西汉田租逐渐演变为浮动税制基础上的定额税。

［**关键词**］田租；刍稿；里耶秦简；亩

刍稿税与田租的征收方式是秦汉赋役制度研究的重点内容之一，也是秦汉史研究中争议较大的环节之一，由于长期存在的文献不足、对史料解读方法的不同等，各专家对此往往有着不同的见解。在刍稿与田租征收单位方面，就有着"以亩计征"和"以顷计征"两种观点。"以顷计征"的观点由黄今言先生率先提出,在国家授田制下,秦政府假设一户有一顷(百亩)之田,田租自然应按顷征收,即使不足一顷也要按照一顷交纳①;而西汉则在秦代税制上进行了变通,以实有亩数为基准征收田租②。臧知非先生认为秦至西汉的刍稿和田租都是"以顷计征"的。③"以亩计征"者则对此持否定意见,认为不足一顷按照一顷交纳缺乏史实依据,刍稿税和田租都是按照实有亩数交纳的。④

在田租的征收方式方面,基本可以分为三种说法:定额税说、浮动税说和依照田亩与产量相结合说。⑤ 定额税说以韩连琪为代表,无论土地的亩产量多少,都有固定的税额,大约每亩征收三升。⑥ 浮动税说、依照田亩与产量相结合说实则大同小异,即根据对粮食亩产量进行评测,依据十五或三十税

① 黄今言:《秦代租赋徭役制度研究》,《江西师院学报》1979 年第 3 期。
② 黄今言:《秦汉赋役制度研究》,南昌:江西教育出版社 1988 年版,第 80—81 页。
③ 臧知非:《汉代田税征收方式与农民田税负担新探》,《史学月刊》1997 年第 2 期;《再谈汉代田税征收方式问题——兼答李恒全同志》,《江西师范大学学报(哲学社会科学版)》2001 年第 2 期;《西汉授田制度与田税征收方式新论——对张家山汉简的初步研究》,《江海学刊》2003 年第 3 期;《汉代税"以顷计征"新证——兼答李恒全同志》,《江西师范大学学报(哲学社会科学版)》2003 年第 3 期;《西汉田税"以顷计征"的史实及其他——再答李恒全同志》,《徐州师范大学学报(哲学社会科学版)》2009 年第 6 期。
④ 李恒全:《也谈西汉田税的征收方式问题——与臧知非先生商榷》,《江西师范大学学报(哲学社会科学版)》2000 年第 1 期;《汉代田税百亩征收说确难成立——与臧知非先生再商榷》,《江西师范大学学报(哲学社会科学版)》2001 年第 4 期;《对战国田税征收方式的一种新解读》,《中国社会经济史研究》2003 年第 4 期;《从张家山汉简看西汉以亩计征的田税征收方式——兼与臧知非先生商榷》,《江海学刊》2007 年第 6 期;《西汉田税"以顷计征"说缺乏史实根据——兼与臧知非先生商榷》,《山西大学学报(哲学社会科学版)》2013 年第 6 期。李恒全:《战国秦汉经济问题考论》,南京:江苏人民出版社 2012 年版,第 113—130 页。
⑤ 李恒全:《战国秦汉经济问题考论》,第 114 页;臧知非:《秦汉土地赋役制度研究》,北京:中央编译出版社 2017 年版,第 192—193 页。
⑥ 韩连琪:《汉代的田租口赋和徭役》,《文史哲》1956 年第 7 期。

一的比例,按照土地亩数征收。① 杨振红则认为秦汉田租由程租制逐渐演变为分品定额制,最终在曹魏时期确定为亩四升的定额租。② 近年来,随着对出土简牍研究的深入,臧知非又提出了在各户的土地中划出一定比例的税田,将税田上的全部作物作为田租征收。③ 于振波也将秦田租评定为分成租。④ 李恒全先生则通过岳麓秦简《数》、张家山汉简《算数书》等文献,考证出秦汉田租有两种征收法,一是按一定比例划出税田面积,税田产量就是田租数;二是在应纳税土地上制定一定的税率,计算出应交纳的田租数。⑤ 晋文先生则称田租征收须依据亩数租率和产量租率,并结合二者计算出田租数。⑥ 本文将在前人研究的基础上,依据传世文献与新出简牍结合的方法,对此类问题做进一步的探讨。

一、 新出简牍反映秦刍稿、田租"以亩计征"的史实

诚如王子今先生所言,"以顷计征"与"以亩计征"这两种学术观点的争议对学术进步是有益的⑦,但要理清田租与刍稿的征收方式,还须利用新出土的文献,加以正确地解读,方

---

① 高敏:《秦汉史论集》,郑州:中州书画出版社 1982 年版,第 62—63 页;黄今言:《秦汉赋役制度研究》,第 80—81 页;林甘泉、童超:《中国封建土地制度史》第 1 卷,北京:中国社会科学出版社 1990 年版,第 357—358 页。

② 杨振红:《出土简牍与秦汉社会(续编)》,桂林:广西师范大学出版社 2015 年版,第 139—140 页。

③ 臧知非:《说"税田":秦汉田税征收方式的历史考察》,《历史研究》2015 年第 3 期。

④ 于振波:《秦简所见田租的征收》,《湖南大学学报(社会科学版)》2012 年第 5 期。

⑤ 李恒全:《从新出简牍看秦田租的征收方式》,《中国经济史研究》2018 年第 2 期。

⑥ 晋文:《睡虎地秦简与授田制研究的若干问题》,《历史研究》2018 年第 1 期。

⑦ 王子今:《新世纪之初的中国大陆秦汉文化研究》,黄留珠、魏全瑞主编:《周秦汉唐文化研究》第 1 辑,西安:三秦出版社 2002 年版,第 181 页。

能得出较为可靠的新观点。随着近年来里耶秦简、岳麓书院藏秦简等简牍的出土,秦刍稿税的征收方式也愈加清晰,新出版的《里耶秦简牍校释》第2卷某"刍稿志"条对迁陵县都乡两处土地的田亩数和刍稿税有着明确的记载,有助于彻底解决刍稿税是按亩征收还是按顷征收的争论。① 9—543 + 9—570 + 9—835 简文具体内容如下:

> 都乡黔首田启陵界中,一顷卅一亩,钱八十五。
> 都乡黔首田贰春界中者,二顷卅七亩,钱百卅九。②

由该段材料可知属于都乡人所种的农田有 1.41 顷(141 亩)在启陵乡的界内,征刍稿税 85 钱;另有 2.47 顷(247 亩)的农田在贰春乡界内耕种,征刍稿税 149 钱。而刍稿的折钱方式在岳麓书院藏秦简《数》中的算题中亦有体现,"刍一石十六钱,稿一石六钱,今刍稿各一升,为钱几可(何)(73/0973)","稿石六钱,一升得百分钱六,刍石十六钱,一升得百分钱十六(75/1839)"③,刍、稿每石各折 16 钱、6 钱征收;另依照睡虎地秦简《秦律·田律》"入顷刍稿,以其受田之数,无垦不垦,顷入刍三石、稿二石"④的原则,可以算得一顷土地的刍为 16 × 3 = 48 钱、稿 6 × 2 = 12 钱,合每顷刍稿税为 60 钱。⑤

　　若按照每顷 60 钱的标准,启陵界中的土地该交纳的数额为

---

① 晋文:《2017—2018 年秦汉史研究述评》,《中国史研究动态》2019 年第 2 期。

② 陈伟主编:《里耶秦简牍校释》第 2 卷,武汉:武汉大学出版社 2018 年版,第 152 页。

③ 陈松长主编:《岳麓书院藏秦简》(壹—叁·释文修订本),上海:上海辞书出版社 2018 年版,第 96 页。

④ 睡虎地秦墓竹简整理小组编:《睡虎地秦墓竹简》,北京:文物出版社 1990 年版,第 21 页。

⑤ 此处刍稿税的征收方式,是根据洞庭郡迁陵县的《里耶秦简》以及岳麓秦简《数》、睡虎地秦简《秦律十八种·田律》相映证的,后二者都是通行全国的律令和算题,因此"以亩计征"的刍稿税并非是迁陵县都乡人在启陵、贰春乡垦田的独特现象,而是推行到了全国。

$60 \times 1.41 = 84.6$ 钱,贰春界中土地该交纳 $60 \times 2.47 = 148.2$ 钱[1]，与里耶秦简所载钱数仅有不到一钱的细微误差，可能是田亩面积的零头未计入简文，可见都乡的刍稿税正是按照实有亩数征收的。若按臧知非先生所言，不足一顷也须交纳一顷的数额[2]，则"都乡黔首田启陵界中""都乡黔首田贰春界中者"的土地应该分别按照二顷、三顷征收，当为 120 钱、180 钱，这显然与事实不符。此外，里耶秦简还有"田刍稿钱千一百卅四"[3]的记载，钱数 1 134 不是 60 的倍数，明显也不是依照整顷数征收的。里耶秦简此段记载说明了秦刍稿税确实是"以亩计征"的，"顷入刍三石、稿二石"仅为征收的测算单位，具体数额还要依据实有亩数征收。

西汉的刍稿税征收内容见张家山汉简《二年律令·田律》：

> 入顷刍稿，顷入刍三石；上郡地恶，顷入二石；稿皆二石。令各入其岁所有，毋入陈，不从令者罚黄金四两。收入刍稿，县各度一岁用刍稿，足其县用，其余令顷入五十五钱以当刍稿。刍一石当十五钱，稿一石当五钱。（241）刍稿节贵于律，以入刍稿时平贾（价）入钱。（242）[4]

可以看出汉代刍稿税是在承袭秦代税制的基础上进行了变通，都是货币化的赋税，上郡因"地恶"，仅收二石，其他地区和秦一样，收刍三石、稿二石，但折钱的价格低于秦的每顷 60

[1] 笔者撰文过程中发现晋文先生新出成果亦在研究此类问题，其计算每亩刍稿钱方法为85÷141≈0.6 钱，149÷247≈0.6 钱，即每亩地征收刍稿0.6 钱，每顷即为60 钱。参阅晋文：《新出秦简中的授田制问题》，《中州学刊》2020 年第1 期。
[2] 臧知非：《汉代田税征收方式与农民田税负担新探》，《史学月刊》1997 年第2 期；臧知非：《秦汉土地赋役制度研究》，第226 页。
[3] 陈伟主编：《里耶秦简牍校释》第2 卷，第196 页。
[4] 张家山二四七号汉墓竹简整理小组编著：《张家山汉墓竹简（二四七号汉墓）》（释文修订本），北京：文物出版社2006 年版，第41 页。

钱,只收 55 钱。顷入 55 钱也是征收的测算标准,实际数额依亩数而定。但有一点与《秦律·田律》有很大的不同,"以其受田之数,无垦不垦"未出现在《二年律令·田律》,就是说秦的刍稿税是按照授田之数来征收的,无论所授土地是否垦种,都要交纳刍稿税。西汉的刍稿税是根据实际垦种的土地来征收的,未垦种部分就无须征收,在这种税制下,自然也是"以亩计征"的。

关于田租的征收,里耶秦简 8—1519 亦有详细记载:

> 迁陵卅五年犾(垦)田舆五十二顷九十五亩,税田四顷□□
>
> 户百五十二,租六百七十七石。衡(率)之,亩一石五;
>
> 户婴四石四斗五升,奇不衡(率)六斗。
>
> 启田九顷十亩,租九十七石六斗。
>
> 都田十七顷五十一亩,租二百卌一石。
>
> 贰田廿六顷卅四亩,租三百卅九石三。
>
> 凡田七十顷卌二亩。租凡九百一十。
>
> 六百七十七石。①

依据洞庭郡田租"十二税一"的征收原则,简文所缺失部分被释读为"税田四顷卌二"②,则迁陵县当年总体上亩产量为 1.53 石,若按照不足一顷也须交纳的数额,即须交纳税田为

---

① 陈伟主编:《里耶秦简牍校释》第 1 卷,武汉:武汉大学出版社 2012 年版,第 345—346 页。

② 秦田租税率普遍为"十税一",而里耶秦简所见洞庭郡迁陵县则为 8.52%,低于十分之一的标准,约为十二税一,与北大秦简所见税率相当。晋文先生认为洞庭郡是秦的"新地",故采取"十二税一"的低税率。参阅陈伟主编:《里耶秦简牍校释》第 1 卷,前言第 7 页。晋文:《睡虎地秦简与授田制研究的若干问题》,《历史研究》2018 年第 1 期。

500 顷的田租,即 765 石,也与实际征收的 677 石大相径庭。当亩产量为 1.53 石,税率为"十二税一"时,一项土地的田租则为 12.75 石。即使按照亩产量最低的启陵乡 1.29 石(97.6÷910×12≈1.29 石)计算,一项土地的田租也达到了 10.75 石。若是"以顷计征",每户田租至少须交纳 10.75 石,然而有"户婴四石四斗五升"的情况,即某户交纳了 4.45 石的田租,显然该户的田租是以实际亩数来计算的。此外,里耶秦简中还有多次出现低于此数的田租税额:

> 凡入五石三斗半(9—466)
> □六斗半(9—466 背)①
> ☑□入米一石一斗半斗(9—943)②
> 麦租四石卅一斗二升半升(9—1039＋9—2160)③

虽然《里耶秦简牍校释》第 2 卷所载的田租多是秦二世元年(前 209 年)的资料④,但与秦始皇三十五年(前 212 年)相去不远,粮食亩产量在短期内不会有太大的变化,而这三处的田租征收额远低秦始皇三十五年(前 212 年)启陵乡的一项租数 10.75 石,唯一的解释就是这几户农民所拥有的土地均不足一顷。迁陵县在秦始皇三十五年(前 212 年)的户数为 152 户,垦田5 295亩,平均每户仅 34.8 亩。秦二世元年(前 209 年)都乡"田刍稿钱千一百卅四",根据每顷 60 钱的标准,可以算得当年都乡的垦田数为 1 890 亩,仅仅比秦始皇三十五年(前 212 年)的 1 751 亩多出 7.9%,因此从秦二世元年(前 209 年)迁陵全县总体上看,每户平均土地也难以达到一顷,这三

---

① 陈伟主编:《里耶秦简牍校释》第 2 卷,第 133 页。
② 陈伟主编:《里耶秦简牍校释》第 2 卷,第 228 页。
③ 陈伟主编:《里耶秦简牍校释》第 2 卷,第 245 页。
④ 两处记载田租的史料同条或相近简文载有"元年"字样。参阅陈伟主编:《里耶秦简牍校释》第 2 卷,第 196、228—229 页。

处简文中的田租是按照实际亩数征收的。

总而言之,秦的刍稿税的具体征收方式为每顷土地征收刍三石、稿二石,折60钱,西汉刍稿税基本承袭秦,每顷折钱略有下降,为55钱(上郡地恶,刍仅收二石,每顷只有40钱),当然这只是测算标准而已,具体是按照实有亩数征收的。田租征收单位与刍稿相同,也按照实有亩数征收。里耶秦简、张家山汉简所见刍稿、田租都是"以亩计征"的。

二、《盐铁论·未通》语"以顷亩出税"即为
   按实有亩数征收田租

臧知非先生坚持认为秦与西汉田租都是"以顷计征"的,很大程度上是出于《盐铁论·未通》文学之语"田虽三十而以顷亩出税"。《盐铁论·未通》记载了一段文学与御史大夫的对话:

> 御史曰:"古者,制田百步为亩,民井田而耕,什而藉一。义先公而后己,民臣之职也。先帝哀怜百姓之愁苦,衣食不足,制田二百四十步而一亩,率三十而税一。堕民不务田作,饥寒及己,固其理也……"
>
> 文学曰:"什一而藉,民之力也。丰耗美恶,与民共之。民勤,己不独衍;民衍,己不独勤。故曰:'什一者,天下之中正也。'田虽三十,而以顷亩出税,乐岁粒米狼戾而寡取之,凶年饥馑而必求足。加之以口赋更徭之役,率一人之作,中分其功……"①

臧先生认为"顷亩"就是一顷之地(百亩),还将之与《后汉书·南蛮传》文"复夷人顷田不租,十妻不算"中的"顷田"作

---

① 王利器校注:《盐铁论校注(定本)》,北京:中华书局1992年版,第191页。

对比，称"顷田"是一顷之田，与"以顷亩出税"的"顷亩"同义。① 然而事实并非如此。

顷即百亩，"顷田"解释为一百亩的田自然没有任何疑问，但"顷亩"为两个量词连用，属并列结构，有学者认为这是借代用法，指土地。② 若从语法来看，两个量词的并列结构，当作计量单位的多少来解释，"顷亩"即土地面积的大小。与之类似的是斤两、尺寸、升斗等，作为计量的多少来使用，行文中都有不少例子：

《淮南子·人间训》："大斗斛以出，轻斤两以内。"③

《敦煌变文集》："拈须弥山，即知斤两，斫四海变成乾坑。"④

《汉书·梅福传》："秩以升斗之禄，赐以一束之帛。"⑤

《三国志·常林传》："当时旱蝗，林独丰收，尽呼比邻，升斗分之。"⑥

《史记·淮阴侯列传》："一日数战，无尺寸之功。"⑦

同理，"顷亩"在古文中也多次出现，除《淮南子·精神训》"凤凰不能与之俪，而况斥鷃乎"该句下的注"斥泽之鷃雀，飞不出顷亩"⑧中的"顷亩"可解释为百亩外，其余地方都可解释为实

---

① 臧知非：《秦汉土地赋役制度研究》，第 226 页。

② 张金光：《秦自商鞅变法后的租赋徭役制度》，《文史哲》1983 年第 1 期；李恒全：《战国秦汉经济问题考论》，第 117 页。

③ （汉）刘安撰，何宁集释：《淮南子集释》，北京：中华书局 1998 年版，第 1306 页。

④ 王重民等编：《敦煌变文集》，北京：人民文学出版社 1957 年版，第 377 页。

⑤ 《汉书》卷 67《梅福传》，北京：中华书局 1962 年版，第 2920 页。

⑥ 《三国志》卷 23《魏书·常林传》，北京：中华书局 1959 年版，第 659 页。

⑦ 《史记》卷 92《淮阴侯列传》，北京：中华书局 1959 年版，第 2623 页。

⑧ （汉）刘安撰，何宁集释：《淮南子集释》，第 537 页。

际面积。如"诏下州郡检核垦田顷亩及户口年纪"①,意为下诏书令州郡检查核对垦田面积的大小和户口人数、年龄;"有能垦起荒田,不问顷亩少多,依旧蠲税"②,有能够开垦荒芜的田地,不管开垦土地的面积多少,都依旧免税;《淮南子·泰族训》"故九州不可顷亩也,八极不可道里也,太山不可丈尺也,江海不可斗斛也"③,由后文的"丈尺""斗斛"可知"九州不可顷亩也"意为九州的面积之广大不可用顷、亩来衡量。不难发现,除《淮南子·精神训》注中的带有文学修饰性的语句中"顷亩"表示百亩外,在其他涉及土地面积的史料中,"顷亩"一词都没有百亩的意思,因而《盐铁论·未通》文学语"以顷亩出税"当理解为以土地的面积交纳田税(租),即按照实有亩数征收,而非按顷征收。里耶秦简所见田租是以亩计征的,上文已述,西汉的田租征收也情况相同。因此西汉的田租征收方式基本继承了秦代,是"以亩计征"的。

在田租数额的制定方面,韩连琪曾言西汉征收的是定额租,大约每亩征三斗。④ 但岳麓秦简《数》、张家山汉简《算数书》等田租征收的算题否定了这一观点。岳麓秦简有"舆田"和"税田"的概念,"舆田"为所登记的垦种土地。至于税田,臧知非先生称税田为舆田中划出的应纳税之田⑤,即秦的租率为"十税一",在此原则下从舆田中划出十分之一的比例作为税田,税田上所获的庄稼全部作为田租交纳。于振波先生亦有类似言论,称税田获得的粮食全部上缴,这种田租属于分成租。而晋文先生认为税田只是计算亩数租率的测算标准,

①《后汉书》卷1下《光武帝纪下》,北京:中华书局1965年版,第66页。

②《陈书》卷5《宣帝本纪》,北京:中华书局1972年,第79页。

③ (汉)刘安撰,何宁集释:《淮南子集释》,第1378页。

④ 韩连琪:《汉代的田租口赋和徭役》,《文史哲》1956年第7期。

⑤ 臧知非:《说"税田":秦汉田税征收方式的历史考察》,《历史研究》2015年第3期。

即通过亩数租率"十税一"或"十二税一"计算出的舆田中应纳税的部分,然后官府须通过庄稼的生长情况来评定产量租率,即"取程",得出"几步一斗"的产量租率,然后通过税田的面积和产量租率计算出田租的税额。① 产量租率在岳麓秦简、张家山汉简的田租算题内多有所见,一般为"三步一斗""五步一斗""八步一斗""十步一斗"等。北大秦简也记载了多种税率,税率最高为"三步一斗",最低为"廿四步一斗"。② 顾名思义,"几步一斗"意为相应的土地面积(步数)上产粮量为一斗,是算得一斗田租的步数,倘若以某土地的面积除以产量租率"几步一斗",便可计算一亩土地的粮食产量。例如岳麓秦简《数》算题:

> 租误券。田若少多,藉令田十亩,税田二百卌步,三步一斗,租八石……(11/0939)

> 禾舆田十一亩,税二百六十四步,五步半步一斗,租四石八斗……(40/1654)③

显然,这两道算题不仅证明了秦田租是"以亩计征"的,也展示了田租征收的计算法则。④ 第一道算题"藉令田十亩,税田二百卌步"就是根据亩数租率"十税一"把十亩的土地的十分之一划为税田,为 240 步(1 亩),产量租率就是"三步一斗",240÷3=80 斗,即 8 石,这就是该土地的田租。第二道算题计算法则一样,十一亩土地划出十分之一,即 264 步(1.1 亩)的税田,产量租率"五步半步一斗"是产量租率,税田产量为

---

① 晋文:《睡虎地秦简与授田制研究的若干问题》,《历史研究》2018 年第 1 期。
② 韩巍:《北大秦简中的数学文献》,《文物》2012 年第 6 期。
③ 陈松长主编:《岳麓书院藏秦简》(壹—叁·释文修订本),第 83、88 页。
④ 李恒全先生对"几步一斗"解释为田租征收面积精确到了步,明显不是不足一项也按照一项征收,是"以亩计征"的证据。李恒全:《战国秦汉经济问题考论》,第 125 页。

264÷5.5＝48 斗,田租则为 4.8 石。岳麓秦简《数》是秦基层官吏的教学用书,算题基本上就是田租的测定方法,而这种测定方法明显分为三个步骤,第一步按照亩数租率确定税田面积,第二通过取程测定产量租率,第三计算田租数。因此秦田租征收的公式可以表达为田租数＝税田亩数×240÷产量租率,而税田亩数是根据"十税一"(迁陵县为"十二税一")比例划出的。

关于税田是具体存在的,还仅仅是一种虚拟的测算标准,目前尚有争议。于振波先生认为税田是具体划出的部分,田租征收时把税田上的收获全部上缴即可,但对缴纳田租的具体程序未能理清,称税田"在每年收获之前由田部官吏临时划出,或有其他防范措施,目前还不清楚"①,也未说明税田上的农作物是农户自行交纳,还是官府派人到各户税田里征收割田租。实际上,由于基层官吏的数量远远小于治下的民众,这两种方法都不具备可行性。据里耶秦简《迁陵吏志》记载:

> 迁陵吏志:吏员百三人。令史廿八人,【其十】人繇(徭)使,【今见】十八人。官啬夫十人。其二人缺,三人繇(徭)使,今见五人。校长六人,其四人缺,今见二人。官佐五十三人,其七人缺,廿二人繇(徭)使,今见廿四人。牢监一人。长吏三人,其二人缺,今见一人。凡见吏五十一人。(9—633)②

迁陵县实际的官吏数量仅有 51 人,而据晋文先生估计,在秦始皇三十五年(前 212 年)该县的户口可能达到了 2 000 户③,

---

① 于振波:《秦简所见田租的征收》,《湖南大学学报(社会科学版)》2012 年第 5 期。
② 陈伟主编:《里耶秦简牍校释》第 2 卷,第 167—168 页。
③ 晋文:《里耶秦简中的积户与见户——兼论秦代基层官吏的量化考核》,《中国经济史研究》2018 年第 1 期。

而事实上迁陵县人口较少,且在秦汉时期属于吏员编制过多的县①。另参考西汉末年的东海郡,据尹湾汉简《集簿》记载,县以下设"令七人,长十五人,相十八人,丞卅四人,尉卅三人,有秩卅人,斗食五百一人,佐史亭长千一百八十二人,凡千八百卅人",再加上郡所属的"卒二千九百七十二人"②,郡内可动用的人力为4 812人,而该郡当年光是所种的宿麦面积就超过了10.7万顷③,若官府派人到各户的税田中征收,按照汉代三十税一原则,则平均每人至少要收割74亩的税田,工作量和人力成本过高,根本不具备可操作性。据《史记·廉颇蔺相如列传》:"赵奢者,赵之田部吏也。收租税而平原君家不肯出租,奢以法治之,杀平原君用事者九人。"④作为田部吏的赵奢前往平原君赵胜家中收租,而平原君家是不肯出租,而非阻止赵奢进入税田收割农作物,这也可证明田租并非官府派人去税田中收取的。若让各民户自行上缴税田上的农作物,官府又无力对各户所属税田上的农作物生长情况做到实时监控,则对偷税漏税等经济类犯罪难以预防。此外,如果税田真是现实中划出的,那么官府只要直接把税田产物全部征收即可,大量算题中的"几步一斗"的取程将显得多此一举。

同时考虑到在原先井田制下"八家共之,各受私田百亩,公田十亩"⑤的状态,每户有百亩私田作为自己的收入,而公田上的作物则作为地租上缴,商鞅变法"为田开阡陌封疆,而

① 张梦晗:《"新地吏"与"为吏之道"——以出土秦简为中心的考察》,《中国史研究》2017年第3期。张梦晗:《败亡与重生:"亡秦必楚"的历史探究》,博士学位论文,中国社会科学院,2018年,第74页。
② 连云港市博物馆等编:《尹湾汉墓简牍》,北京:中华书局1997年版,第77页。
③ 连云港市博物馆等编:《尹湾汉墓简牍》,第78页。
④《史记》卷81《廉颇蔺相如列传》,第2444页。
⑤《汉书》卷24《食货志上》,第1119页。

赋税平"①,对秦的税制作了重大改革,废除了井田制。若按照税田上的作物全部上缴的说法,那么商鞅变法后的税田与井田制下的公田除税率略有差异外,其他方面并无二致,这是难以解释的。因此将"税田"解释为亩数租率所占的比例更为合理,只是一种虚拟的计算标准,而不是作为现实存在的。到收租之时,只需由田部吏等基层官吏通过上述法则计算出应每户缴纳的田租数额,然后令其如数交租即可,若出现类似平原君家的抗租行为,则可以依律治罪。在这样的税收程序中,至于所交的田租究竟产自田中哪一区域,则并不十分重要,所以不存在"舆田"中专门划定的"税田"。

综上所述,"以顷亩出税"的意思是按实有亩数征收田租,岳麓秦简《数》、张家山汉简《算数书》中的算题也证明了此点,而田租征收方式是按照产量租率和亩数租率进行计算的,亩数租率算出"税田"在"舆田"所占比(十税一、十二税一等),产量租率由"取程"得出,即根据农作物的生长情况测定产量"几步一斗",最终的计算结果为田租数 = 税田亩数×240÷产量租率,田租全部出自"舆田",如数交给田部吏等官吏即可,而非征收专门划出的"税田"上的作物。

三、 西汉中期后的田租是浮动税制基础上的定额税

关于田租征收的是定额租制的说法,很大程度上来源于《盐铁论》文学语"乐岁粒米狼粝而寡取之,凶年饥馑而必求足",无论丰收或歉收,都要收取一定量的租额。然而《孟子·滕文公上》也有一段类似的话:

夏后氏五十而贡,殷人七十而助,周人百亩而彻,其实皆什一也。彻者,彻也。助者,籍也。龙子曰:"治地莫

①《史记》卷68《商君列传》,第 2232 页。

善于助，莫不善于贡。贡者，校数岁之中以为常。乐岁粒米狼戾，多取之而不为虐，则寡取之；凶年粪其田而不足，则必取盈焉……"①

不难发现，孟子所引的龙子语多有和《盐铁论》文学语类似之处，《孟子正义》疏曰："《盐铁论·未通篇》云'乐岁粒米粱粝，而寡取之。'此即本之《孟子》。"②孟子所生活的时代是战国中期，当时井田制早已崩溃，各国也纷纷变法，改革税制。《汉书·食货志》就记录了李悝关于魏国税制的描述："今一夫挟五口，治田百亩岁收亩一石半，为粟百五十石，除十一之税十五石，余百三十五石。"③很明显，李悝变法在魏国实现"十一税"，与日后秦田租税制相同，可能是商鞅变法税制改革的渊源。在此制度下，造成了"及上赋敛，又未与此。此农夫所以常困"④的局面，这正是孟子作为儒家代表所反对的"苛政"，李恒全先生称"这显然是从两种税制特征上来比较的。孟子借龙子之口反对的'贡'，实际就是西周井田制破坏后，各国普遍实行'履亩而税'即按田亩征收田税"⑤。所以孟子这段话是在借古讽今，与其说"贡"是夏的税制，不如解释为战国中期税制的反映。

在战国时代，虽然《汉书·食货志》李悝语以及各类简牍文献反映了田租是按率（亩数租率和产量租率）征收的，但如上文所述，确定产量租率的过程称作"取程"，确定土地产量"几步一斗"。在商鞅变法时期，"僇力本业，耕织致粟帛多者

---

① (清)焦循：《孟子正义》，北京：中华书局1987年版，第334—338页。
② (清)焦循：《孟子正义》，第339页。
③《汉书》卷24《食货志上》，第1125页。
④《汉书》卷24《食货志上》，第1125页。
⑤ 李恒全：《战国秦汉经济问题考论》，第116页。

復其身"①,显然这种措施需要对各户耕地进行评估,"取程"得出其产量,算得应交纳的田租数。但是这种措施成本太高,操作起来非常不便,不仅给基层官吏安排了繁重的工作量,也对官吏素质有较高的要求,但有利于激发农民生产积极性,起到富国强兵的作用。这对于商鞅变法后的秦国而言,或许可以凭借着强大的国家意志得以实现,而其他社会控制力相对薄弱的国家未必能做到;或者说每年对每户土地进行"取程"可能只是商鞅变法等战时体制下才有的措施,而当天下一统、承平日久之后就不再频繁,取而代之的数年才"取程"一次。"贡者,较数岁之中以为常"是一句关键的信息,即选取几年中的平均产量作为标准进行征收,而不是每年对每户土地测定产量。这样的好处是"手续比较简单,便于国家编制田租征收计划,可以省去许多审核、计算手续"②。这种情况下"取程"的结果是某一区域的平均产量,并用于该区域的全体农户,结果也将数年不变。魏国等国家或许就是采取这类措施征收田租的。这虽名义上还在实行浮动税制,实际却与定额租更接近,披着浮动税制的外衣而已。

　　杨振红还发现了一个现象,关于程租制的简牍资料多发现于西汉前期的秦楚地区,而关东地区和西汉中期以后不见记载,认为程租制逐渐被分品定额租制取代。③ 从《盐铁论·未通》"乐岁粒米狼粝而寡取之,凶年饥馑而必求足"文学的这段话来看,西汉中期开始每年每户进行"取程"已不再像商鞅变法的秦国和西汉前期张家山汉简《算数书》所反映的那样成为常态,又开始出现了"较数岁之中以为常"的情况,因而原先孟子所述的话会被西汉的文学们再次复述,这是基于当时

① 《史记》卷68《商君列传》,第2230页。
② 黄今言:《秦汉赋役制度研究》,第82页。
③ 杨振红:《出土简牍与秦汉社会(续编)》,第137页。

税制的具体情况而言的。虽有韩连琪、杨振红将这种税制称作定额租或分品定额租制，但也不是非常准确的，毕竟终西汉一世田租征收还是要依据产量，"取程"结果虽数年不变，但也没有就此废除，当"数岁之中"的产量租率与该地区严重不符时，也会重新测算产量。比如王莽统治时期"翼平连率田况奏郡县訾民不实，莽复三十税一"①，一个"复"字就说明了当官方所登记的具体情况与实际严重不符时，必须重新测算亩数和亩产量，然后严格按照三十税一的原则征收田租，这显然不是正式的定额税。

有史料表明，东汉大部分时期内定额租税依然没有正式确立。光武帝曾下诏："其令郡国收见田租三十税一，如旧制。"李贤注："景帝二年，令人田租三十而税一，今依景帝。故云旧制。"②可见直到东汉前期，田租征收延续了西汉景帝年间制定的三十税一的旧制。仲长统《昌言·损益篇》亦载"今通肥饶之率，计稼穑之人，令亩收三斛，斛取一斗，未为甚多"③，即当亩产量为三斛（石）时，田租征收一斗。仲长统生活年代是东汉末期，田租征收仍带有三十税一的特征。因此西汉中后期的税制不是完全的定额租，也不是完全的浮动税，而是一种浮动税制基础上的定额税，或称之为浮动税制向定额税转化的过渡阶段。直到汉献帝建安九年（204年），曹操规定"其收田租亩四升"④，才正式以法律形式确立了定额税制。

四、结语

里耶秦简等出土简牍证明了秦与西汉的刍稿、田租都是

---

①《汉书》卷99《王莽传》，第4156页。

②《后汉书》卷1下《光武帝纪下》，第50页。

③（汉）崔寔、仲长统撰，孙启治校注：《政论校注 昌言校注》，北京：中华书局2012年版，第301页；《后汉书》卷49《仲长统传》，第1656页。

④《三国志》卷1《魏书·武帝纪》，第26页。

按照实有亩数征收的，即"以亩计征"，而非不足一顷也按照一顷征收。秦和西汉的刍稿税区别在于，秦是按照授田之数来征收的，无论所授土地是否垦种，都要交纳刍稿税；西汉则是根据实际垦种的土地来征收的，未垦种部分就无须征收。秦刍稿的征收标准是每顷折钱60钱，西汉为55钱，具体数额依照亩数计算。《盐铁论·未通》所引文学语"以顷亩出税"即为根据实有亩数征收田租。秦田租是结合亩数租率和产量租率进行计算的，先根据亩数租率从"舆田"中划定出一定比例的"税田"，再通过"取程"得出产量租率"几步一斗"，田租数 ＝ 税田亩数 × 240 ÷ 产量租率。最终所交田租是从全部的"舆田"中生产的，而不是专门划出"税田"，将其上生长农作物作为田租。但因考虑到"取程"的工作量大、成本高，往往采取的是"较数岁之中以为常"的方法，以某一区域的平均产量作为"取程"结果，适用于该地区全体农户，其结果也是沿用数年不变的。每年对每户土地进行"取程"可能只是商鞅变法等战时体制下才有的措施，用以激发生产积极性，以求富国强兵，西汉中后期采取的是"较数岁之中以为常"，不再是完全的浮动税，但也不是完全的定额税，因而西汉中后期田租是一种浮动税制基础上的定额税。

（原载《中国农史》2021 年第 2 期）

从新出简牍看西汉后期南京的农业经济

张梦晗(中国社会科学院大学)

[摘　要] 通过分析《堂邑元寿二年要具簿》,并参证传世文献和其他出土文献,可发现西汉后期堂邑县不论是人口规模、户均人数,还是垦田面积及其占土地资源的比重,抑或平均亩产量,都达到了当时农业经济的较高水平。由《要具簿》还能进一步发现,汉代垦田存在应收田租垦田面积和实际征收田租垦田面积之分。前者即垦田总面积,后者则是去除免征田租垦田面积后的垦田数。据此可重新估算东海郡的平均亩产量至少在两石左右。此外,由堂邑县农业经济繁荣的事实,还可推论与其一江之隔的秣陵、江乘、湖熟和句容,农业经济发展程度也应较高。西汉后期的六合和南京主城区在经济发展上已位于江淮地区的前列。

[关键词] 堂邑;南京;农业经济;东海郡;西汉后期

从传世文献来看,南京地区的经济崛起被定位在六朝时期。虽然有些考古资料证明,在秦汉时期南京的经济便有了长足发展,但通常来说,同苏北地区的徐州、连云港、淮安、宿迁、盐城,以及苏南地区的苏州、无锡、常州相比,当时南京的经济发展仍较为落后。① 然而最新公布的《堂邑元寿二年要具簿》（以下简称《要具簿》）推翻了这一传统认识，为正确评估西汉后期南京的农业经济水平提供了全新的第一手材料。本文就此谈谈一些浅见。

一、《要具簿》释文及堂邑的早期记录

2016 年 5 月至 2017 年 11 月，山东青岛土山屯 147 号汉墓出土简牍 11 枚，包括 6 枚性质为上计文书的简牍，其中以 M147:25－1 的内容最为丰富。该简两面书写，每面分上下两栏，第一面及第二面上栏为《要具簿》，共三十八行。②

为便于分析和行文，现将《要具簿》相关释文转引如下：

·堂邑元寿二年要具簿

城一舟（周）二里百廿五步，县东西百卅五里五十步，南北九十一里八十步。

户二万五千七，多前二百卌七。

口十三万二千一百四其三百卅奴婢，少前千六百八。

复口三万三千九十四。

定事口九万九千一十，少前五百卌四。

凡筭（算）六万八千五百六十八，其千七百七十九奴婢。

复除罢癃（癃）筭（算）二万四千五百六十五。

---

① 按：关于秦汉时期江苏地区经济发展水平的研究成果，可参见黄今言主编：《秦汉江南经济述略》，南昌：江西人民出版社 1999 年版；朱宏斌：《秦汉时期区域农业开发研究》，北京：中国农业出版社 2010 年版，第 119—151 页；刘雷：《汉代苏北经济研究》，硕士学位论文，扬州大学，2011 年；陈饶：《江淮东部城镇历史发展研究》，南京：东南大学出版社 2019 年版，第 40—55 页。
② 青岛市文物保护考古研究所、黄岛区博物馆：《山东青岛土山屯墓群四号封土与墓葬的发掘》，《考古学报》2019 年第 3 期。

270

定事算（算）四万四千三多前六百廿二。

凡卒二万一千六百廿九，多前五十一。

罢癃皖老卒二千九十五。

见甲卒万九千五百卅四。

卒复除繇（徭）使千四百卅一。

定更卒万七千三百八十三。

一月更卒千四百卅六。

库兵小大廿七万三千三百六十七，其廿三万七千一百卅三完，三万二千五十一伤可缮。

提封三万五千五百六顷廿七亩。

其七千七百九十八顷六十六亩邑居，不可狼（垦）。

八千一百廿四顷卅二亩奇卅二步群居，不可狼（垦）。

千七百卅九顷卅亩奇廿步县官波湖溪十三区。

可狼（垦）不狼（垦）田六千卅顷九十八亩奇六十八步。

狼（垦）田万一千七百七十五顷卅一亩。

它作务田廿三顷九十六亩。

凡狼（垦）田万一千七百九十九顷卅七亩半。

其七千一百九十一顷六十亩，租六万一千九百五十三石八斗二升。畜害。

定当收田四千六百七顷七十亩，租三万六千七百廿三石七升。

百四顷五十亩，租七百卅一石五升。园田。

民种宿麦七千四百二顷五十九亩，多前百顷。

所收事它郡国民户百廿一，口二百五十一，卒卅。

一岁市租钱三百七十四万三千九百八十八。

湖池税鱼一岁得钱廿九万九千九百廿三。

昆（鳏）寡孤独高年九百卅九人，昆（鳏）卅六人，寡

三百八十三人,孤百七十六人,独百六人,高年二百廿
八人。

一岁诸当食者用谷七万一千八百六十七石三斗
六升。

吏员百一十三人。

三老官属员五十三人。

楼船士四百一十四人。

库工七十人。

民放流不知区处户千卅,口三千二百八十八,算二千
七百一十,卒八百廿人。

以春令贷贫民户五千九十一,口万二千七百九十九。
(M147:25-1 正)①

由牍文可知,《要具簿》的记录涉及西汉后期堂邑县的地理范
围、县城周长、户口、垦田、赋税、徭役、官吏和士兵等多项统
计,实为县级上计文书的必备内容。"堂邑",又称为"棠邑",
汉时其属地在今南京市六合区,位于江北地区。"元寿"乃西
汉哀帝刘欣之年号,元寿二年即公元前1年。据《汉书·平帝
纪》载,哀帝于是年六月病逝。此后因哀帝无子,在太皇太后
和大司马王莽的主持下,由其堂弟中山王刘衎于九月继位,史
称汉平帝。

堂邑的始置年代今已不详。据《左传》记载,棠邑是春秋
时期吴楚边界的军事重镇,两国的交战常在这一带进行。如
鲁襄公十四年(前559年),楚国欲攻打吴国,就曾在棠邑屯
兵。"秋,楚子为庸浦之役故,子囊师于棠,以伐吴。"②棠邑也

---

① 青岛市文物保护考古研究所、黄岛区博物馆:《山东青岛土山屯墓群四号封土
　与墓葬的发掘》,《考古学报》2019年第3期。
② (晋)杜预注,(唐)孔颖达疏:《春秋左传正义·襄公十四年》,(清)阮元校刻:
　《十三经注疏》,北京:中华书局1980年版,第1958页。

是迄今为止最早见于史载的南京地区城邑。《左传》中还有关于棠君的内容："棠君尚谓其弟员曰：'尔适吴，我将归死。'"杜预注曰："棠君，长子尚也，为棠邑大夫。"①王先谦《汉书补注》云："棠堂古通，后属吴。"②《史记·刺客列传》载："专诸者，吴堂邑人也。"③刺杀吴王僚的专诸应是最早见于正史的南京本土名人。至鲁哀公二十二年（前473年），勾践灭吴，越国尽有吴国故地，棠邑此时当为越国所有。楚灭越后，棠邑复为楚地。秦始皇统一六国后，在棠邑地区设置堂邑县，隶属东海郡。秦汉鼎革后，高祖六年（前201年）刘邦封陈婴为堂邑侯，堂邑县由此改为侯国。武帝元鼎元年（前116年），继承堂邑侯的陈季须"坐母公主卒未除服奸，兄弟争财，当死，自杀"④。陈季须因在为母服丧期间做出违背人伦纲常之事，兼及兄弟争财而获罪自杀，堂邑侯国也被废除，恢复为县。西汉时堂邑县隶属临淮郡，东汉则隶属广陵郡。

二、 西汉末年堂邑县的地理范围与人口

由《要具簿》可见，堂邑县"城一舟（周）二里百廿五步，县东西百卅五里五十步，南北九十一里八十步"。根据陈梦家先生的研究，秦汉时期一里的长度约为417.53米。⑤ 照此折算，堂邑城的周长约为1 009米；全县东西最大距离约为56.4千米，南北最大距离约为38千米，总面积或在1 000平方千米以

---

① （晋）杜预注，（唐）孔颖达疏：《春秋左传正义·昭公二十年》，（清）阮元校刻：《十三经注疏》，第2090页。
② （清）王先谦：《汉书补注》，北京：中华书局1983年版，第749页。
③ 《史记》卷86《刺客列传》，北京：中华书局1959年版，第2516页。
④ 《汉书》卷16《高惠高后文功臣表》，北京：中华书局1962年版，第537页。
⑤ 陈梦家：《亩制与里制》，《考古》1966年第1期。

上。县城虽面积不大,但辖区的地理范围颇为可观。① 南京市六合区人民政府的公开资料显示,其"辖区东西最大距离46.9千米,南北最大距离50.8千米,总面积1 471平方千米"②。可以说,西汉堂邑县的辖区面积与今南京六合区相仿。

劳动力繁衍是农业社会最重要的经济发展指标。元寿二年(前1年),堂邑县的户口多达"户二万五千七,多前二百卌七"、"口十三万二千一百四,其三百卌奴婢,少前千六百八",是个名副其实的人口大县。从《史记》《汉书》的记载来看,《史记·高祖功臣侯者年表》谓堂邑侯国始封"千八百户"③,《汉书·高惠高后文功臣表》则记录为"六百户"④。即便按《史记》的1 800户计算,从汉初到元寿二年(前1年)的大约200年时间里,堂邑县的户口也显著地增长到了原有户口的13.89倍,达到25 007户,遑论按《汉书》始封600户计算的41.68倍。另一个可以观察的视角是横向对比。堂邑县的户均人口高于5.28人(132 104 ÷ 25 007 ≈ 5.283),超过了北方地区通常所说的"五口之家"。西汉堂邑县属临淮郡,《汉书·地理志上》载:

临淮郡,武帝元狩六年置。莽曰淮平。户二十六万

① 按:徐龙国先生依照城邑规模,将秦汉时期长江中下游地区的城邑分为中型、小型和特小型三种类型,其中已知的特小型城邑共31座,面积皆在25万平方米以下。前述堂邑县城周长约1 009米,由此可以推知其面积在6万平方米左右。即便在特小型城邑当中,这种规模也属于中等偏上。参见氏著:《秦汉城邑考古学研究》,北京:中国社会科学出版社2013年版,第136—139页。尽管不能据此认为堂邑的县域比之其他县而言也较小,但至少从堂邑县城来看,其面积是明显偏小的。
② 南京市六合区人民政府:《六合区概况》,http://www.njlh.gov.cn.ipv6.nanjing.gov.cn/lhgl/lhgk/201812/t20181224_1346673.html。
③ 《史记》卷18《高祖功臣侯者年表》,第888页。
④ 《汉书》卷16《高惠高后文功臣表》,第538页

从新出简牍看西汉后期南京的农业经济

八千二百八十三,口百二十三万七千七百六十四。县二十九:徐,故国,盈姓。至春秋时徐子章禹为楚所灭。莽曰徐调。取虑,淮浦,游水北入海。莽曰淮敬。盱眙,都尉治。莽曰武匡。氶犹,莽曰秉义。僮,莽曰成信。射阳,莽曰监淮亭。开阳,赘其,高山,睢陵,莽曰睢陆。盐渎,有铁官。淮阴,莽曰嘉信。淮陵,莽曰淮陆。下相,莽曰从德。富陵,莽曰櫵房。东阳,播旌,莽曰着信。西平,莽曰永聚。高平,侯国。莽曰成丘。开陵,侯国。莽曰成乡。昌阳,侯国。广平,侯国。莽曰平宁。兰阳,侯国。莽曰建节。襄平,侯国。莽曰相平。海陵,有江海会祠。莽曰亭间。舆,莽曰美德。堂邑,有铁官。乐陵。侯国。①

《汉书·地理志》记录的是平帝元始二年(2 年)的人口统计数字。据此可知,当时临淮郡下辖 29 个县和侯国,共有 268 283户、1 237 764 口。若按 29 县平均计算,每县约为 9 251 户(268 283÷29≈9 251.1);而按户平均计算,每户则约为 4.61人(1 237 764÷268 283≈4.61)。这两项平均数字都明显低于堂邑县的水平,再加上堂邑县的人口数约占临淮郡的10.7%(132 104÷1 237 764≈0.107),可见堂邑县在临淮郡应属经济发展水平较高的地区。

东海郡与临淮郡相邻,是公认的经济较为发达地区。为了进一步说明问题,我们还可以引入东海郡的县均户口、户均人口加以对比。先看传世文献对这一方面的记载,《汉书·地理志上》:

> 东海郡,户三十五万八千四百一十四,口百五十五万九千三百五十七。县三十八:郯,兰陵,襄贲,下邳,良成,

---

① 《汉书》卷 28 上《地理志上》,第 1589—1590 页。

平曲,戚,朐,开阳,费,利成,海曲,兰祺,缯,南成,山乡,建乡,即丘,祝其,临沂,厚丘,容丘,东安,合乡,承,建阳,曲阳,司吾,于乡,平曲,都阳,阴平,郡乡,武阳,新阳,建陵,昌虑,都平。①

根据"户三十五万八千四百一十四,口百五十五万九千三百五十七。县三十八",可求得东海郡县均户口约为每县 9 432 户(358 414÷38≈9 431.9),户均人数约为 4.35 人(1 559 357÷358 414≈4.35)。这也明显低于堂邑县的总户数和户均人口数,这还是在东海郡的户口统计很可能存在虚报的情况下。②再看出土文献,如尹湾汉简《集簿》:

> 县邑侯国卅八。县十八,侯国十八,邑二。其廿四有堠,都官二。
>
> 户廿六万六千二百九十,多前二千六百廿九。其户万一千六百六十二获流。
>
> 口百卅九万七千三百卅三。其四万二千七百五十二获流。(一正)③

一般认为,此簿的制作年代在成帝晚期,距元寿二年(前 1 年)大概 10 年左右,因而也具有很大的可比性。可能是侯国较多,抑或其他原因,《集簿》所载的县均户数更低,每县只有约 7 008 户(266 290÷38≈7 007.6)。但户均人数较高,约 5.25 人(1 397 343÷266 290≈5.25)。如果再扣除户均较低的"获流"户数(266 290－11 662)和人口数(1 397 343－42 752),那么东海郡的户均人数就更高了,每户约 5.32 人,充分反映了

---

①《汉书》卷 28 上《地理志上》,第 1588 页。

② 参见连云港市博物馆等编:《尹湾汉墓简牍》,北京:中华书局 1997 年版,第 4—5 页。

③ 连云港市博物馆等编:《尹湾汉墓简牍》,第 77 页。

东海郡的经济发达程度。而堂邑县的户均 5.28 人则仅仅低了 0.04，与东海郡亦可谓伯仲之间。

还有一点值得注意，流民的入籍也是反映经济发展状况的标志。由于地域辽阔，自然灾害频仍，加之沉重的赋税和徭役负担，故而汉代农民的破产和流亡是个普遍现象。为了纾解民困，缓和社会矛盾，朝廷标榜的一项"荒政"就是允许破产流亡的农民到经济条件好的郡县谋生。如"饥民得流就食江淮间，欲留，留处"①；民"避水它郡国，在所冗食之"；"流民欲入关，辄籍内"②；等等。因此，能否吸引流民，或吸引多少流民，通常都作为考核郡县业绩的上计内容，也可以作为参考地区经济发展水平的标准。前揭《集簿》便明确记载了全郡的"获流"户口，其中流民入籍 11 662 户，约占东海郡户数的 4.4%，入籍 42 752 人，约占总人数的 3.1%。无独有偶，《要具簿》在这方面也有相应记载，即"民放流不知区处户千卅，口三千二百八十八"。据此计算，堂邑县的流民入籍户数约占全县户数的 4.1%（1 030 ÷ 25 007）和总人数的 2.5%（3 288 ÷ 132 104），较东海郡的"获流"比例略低。此亦证明堂邑县的经济发展水平较高。

总之，西汉后期的堂邑是一个人口大县。它的人口总数和户均人数都相当高，可以和淮河以北传统的经济较为发达地区相媲美。在中国古代农业社会里，国家普遍把人口数量视为最重要的经济发展指标，而人口众多即意味着堂邑的经济发展应处于当时的先进水平。

三、 西汉末年堂邑县的垦田面积与粮食亩产

除了人口数量，垦田面积和亩产量亦是中国古代衡量各

---

① 《汉书》卷 24 下《食货志下》，第 1172 页。
② 《汉书》卷 10《成帝纪》，第 311、318 页。

地经济发展的主要指标。堂邑县也不例外,其垦田面积和亩产量均处于全国前列。

根据《要具簿》可知,堂邑县的土地资源为"提封三万五千五百六顷廿七亩",共计 35 506.27 顷。按照秦汉土地资源的分类——不可垦田、可垦不垦田和垦田,"其七千七百九十八顷六十六亩邑居不可狠(垦)""八千一百廿四顷卅二亩奇卅二步群居不可狠(垦)""千七百卅九顷卅亩奇廿步县官波湖溪十三区"为不可垦田;"可狠(垦)不狠(垦)田六千卅顷九十八亩奇六十八步";"狠(垦)田万一千七百七十五顷卅一亩""它作务田廿三顷九十六亩""凡狠(垦)田万一千七百九十九顷卅七亩半",即 11 799.375 顷。堂邑县的垦田面积占"提封田"(即全部土地资源)的比例高达近三分之一(11 799.375 ÷ 35 506.27 ≈ 33.2%)。这在传世文献和出土文献中都是较为突出的。

先看传世文献,《汉书·地理志下》:

> 讫于孝平,凡郡国一百三,县邑千三百一十四,道三十二,侯国二百四十一。地东西九千三百二里,南北万三千三百六十八里。提封田一万万四千五百一十三万六千四百五顷,其一万万二百五十二万八千八百八十九顷,邑居道路,山川林泽,群不可垦,其三千二百二十九万九百四十七顷,可垦不可垦,定垦田八百二十七万五百三十六顷。①

据此可知,平帝时期的全国土地资源共有 145 136 405 顷。其中不可垦田为 102 528 889 顷,可垦不垦田为 32 290 947 顷,其余垦田为 10 316 569 顷,定收田租的"定垦田"为 8 270 536

---

① 《汉书》卷 28 下《地理志下》,第 1639—1640 页。按:其中"可垦不可垦"当为"可垦不垦",后一个"可"字衍。

顷。按 10 316 569 ÷ 145 136 405 计算,全国垦田占土地资源的平均比例约为 7.1%。而堂邑县为 33.2%,可见其土地利用率之高和垦田面积相对之大。

再看出土文献,如《都乡七年垦田租簿》:

> 垦田六十顷二亩,租七百九十六石五斗七升半。
>
> 出田十三顷四十五亩半,租百八十四石七斗,临湘蛮夷归义民田不出租。
>
> 出田二顷六十一亩半,租卅三石八斗六升,乐人婴给事柱下以命令田不出租。
>
> 凡出田十六顷七亩,租二百一十八石五斗六升。
>
> 定入田【卌】三顷九十五亩,租五百七十八石一【升】半。
>
> 提封 四万一千九百七十六顷【十】亩百七十二步。
>
> 其八百一十三顷卅九亩二百二步,可垦不垦。
>
> 四万一千一百二顷六十八亩二百一十步,群不可垦。①

此簿的年代一般认为在武帝前期,是长沙国临湘县都乡某年的田租簿。其中提封田为 41 976.103 顷,垦田为 60.02 顷,仅占全乡土地资源的 0.143%。当然,长沙国是西汉中期经济比较落后地区,被称为"卑湿贫国"②。当地人口较少,土地未得

---

① 马代忠:《长沙走马楼西汉简〈都乡七年垦田租簿〉初步考察》,中国文化遗产研究院编:《出土文献研究》第 12 辑,上海:中西书局 2013 年版,第 213—214页。今据朱德贵《长沙走马楼西汉简牍所见"都乡七年垦田租簿"及其相关问题分析》(《中国社会经济史研究》2015 年第 2 期)、高智敏《秦及西汉前期的垦田统计与田租征收——以垦田租簿为中心的考察》(邬文玲主编:《简帛研究二〇一七(春夏卷)》,桂林:广西师范大学出版社 2017 年版,第 44—60 页)对简文有所校改,即其中加"【 】"部分。

② 《史记》卷 59《五宗世家》,第 2100 页。

到大量开垦,也在情理之中。我们仍以东海郡来作为对比,《集簿》对东海郡土地资源的统计是:

> 提封五十一万二千九十二顷八十五亩二□(一正)
> □国邑居园田廿一万一千六百五十二□□十九万百
> 卅二……卅五(?)万九千六……(一反)①

纵然牍中对"垦田"或"定垦田"的记载已经难以辨识,但是由于"提封田"分为"群不可垦""可垦不垦"和"垦田"或"定垦田"三种类型,在已知"群不可垦"田和"可垦不垦"田面积的情况下,可通过"提封田"减去"群不可垦"田和"可垦不垦"田,求得"垦田"的面积。② 其整数算式如下:512 092 – 211 652 – 190 132 = 110 308(顷)。东海郡的这一垦田面积,约占全郡土地资源的 21.54%,远高于全国 7.1% 的平均水平。若排除一些垦田面积占比较低的县邑侯国,有些县的垦田面积或能占到全县土地资源的 30% 左右。这与堂邑县的垦田占比33.2% 大致相同,也更加证明了堂邑县的经济发展水平之高。

堂邑县的平均亩产量也很高。根据《要具簿》可知,堂邑县在元寿二年(前 1 年)的总垦田数为 1 179 937.5 亩——"凡狠(垦)田万一千七百九十七顷卅七亩半",其中受灾而免收田租的垦田数是 719 160 亩,免收田租数是 6 195 382 石——"其七千一百九十一顷六十亩,租六万一千九百五十三石八斗二升。菑害",最终定收田租的垦田数是 460 770 亩,实际征收田租数是 3 672 307 石——"定当收田四千六百七顷七十亩,租三万六千七百廿三石七升"。除去四舍五入等误差,堂邑县因灾害而减免的田租平均每亩约为 8.61 升(6 195 382 ÷

---

① 连云港市博物馆等编:《尹湾汉墓简牍》,第 77—78 页。
② 参见晋文:《张家山汉简中的田制等问题》,《山东师范大学学报(人文社会科学版)》2019 年第 4 期。

719 160≈8.61），而定收垦田的田租则平均约为7.97升（3 672 307÷460 770≈7.97），合计田租平均每亩约为8.36升（9 867 689÷1 179 900≈8.36）。根据《汉书·食货志上》记载："孝景二年，令民半出田租，三十而税一也。"[1]景帝以后，汉代基本上都采用了三十税一的田租税率。按三十税一算，堂邑县因受灾而免租的垦田的平均亩产量约为2.58石（8.61×30），定收垦田的平均亩产量约为2.39石（7.97×30），而合计垦田的平均亩产量约为2.5石（8.36×30）。即便以每亩2.39石为准，这个平均产量也已非常的高，意味着少数高产田的亩产量在3石至4石之间，甚或更高，更不要说每亩2.58石了。尽管汉代存在比较普遍的上计造假现象，我们对《要具簿》的记录不可尽信，如宣帝便斥责郡国"上计簿，具文而已，务为欺谩，以避其课"[2]。但即便是其中存在较大水分，堂邑县的亩产量也比很多地区要高，这一点应当没有疑义。

值得一提的是，《要具簿》还为厘清汉代垦田计算和亩产量的一些疑难问题提供了第一手材料。如前所述，《汉书·地理志》仅仅记载了全国"定垦田八百二十七万五百三十六顷"的数据，比"提封田"的"总数少2 046 033顷"[3]。以往对这一误差众说纷纭，现在看来，汉代垦田实则存在应收田租垦田面积和实际征收田租垦田面积之分。应收田租的垦田面积就是全国、全郡、全县和全乡的垦田总面积，而实际征收田租的垦田面积，即"定垦田"，则是去除免征田租垦田面积后的垦田数。由于汉代有灾害、官爵、归义等免租规定，如《都乡七年垦田租簿》载"出田十三顷四十五亩半，租百八十四石七斗，临湘蛮夷归义民田不出租""出田二顷六十一亩半，租卅三石八斗

---

① 《汉书》卷24上《食货志上》，1135页。

② 《汉书》卷8《宣帝纪》，第273页。

③ 彭卫：《关于小麦在汉代推广的再探讨》，《中国经济史研究》2010年第4期。

六升,乐人婴给事柱下以命令田不出租",《要具簿》载"其七千一百九十一顷六十亩,租六万一千九百五十三石八斗二升。畜害",故而"定垦田"面积与总垦田面积会有很大一部分差额。《汉书·地理志》中,免征田租的垦田数约占全国总垦田数的 19.83%(2 046 033÷10 316 564)。而《都乡七年垦田租簿》所载免征田租的垦田数,则约占全乡总垦田数的 26.77%(16.07÷60.02)。至于《要具簿》所载堂邑县免征田租的垦田数更高达全县总垦田数的 61%(7 191.6÷11 790)。因而可以推测:《汉书·地理志》的记录采取的是排除法,即记录提封田数后,再减去不可垦田、可垦不垦田和定垦田面积,剩余的垦田面积即免征田租的垦田数。这就说明了为什么不可垦田、可垦不垦田和定垦田的面积之和会与提封田的总数产生出入。据此还可重新估算东海郡的平均亩产量。以往不了解汉代"垦田"数实为应征田租的垦田面积,并非实际征收田租的垦田面积,有些学者便过于低估了东海郡的亩产量,认为"平均每亩田租约为 3 升,以三十税一计之,亩产也就是八九斗"①。其实不然。用《集簿》的田租总额——"一岁诸谷入五十万六千六百卅七石二斗二升少□升"(一反)除以总垦田数之前,一定要首先减去免征田租的垦田面积,求得"定垦田"的总面积。尽管《集簿》这部分的记载漫漶,既不能看出免租的垦田数,也不能看出"定垦田"数,但根据《汉书·地理志》和相关简牍,我们仍可大致估算出东海郡的"定垦田"数。取整数计,按《汉书·地理志》全国平均免征田租垦田占比 20% 算,东海郡的定垦田数约为 88 246.4 顷(110 308×0.8),每亩田租平均约为 5.74 升,平均亩产在 1.72 石以上。考虑到东

---

① 杨际平:《再谈汉代的亩制、亩产——与吴慧先生商榷》,《中国社会经济史研究》2000 年第 2 期。

海郡是秦汉时期经济较发达的地区，这一估算数值明显偏低。再按都乡免征田租垦田占比27%算，东海郡的定垦田数约为80 524.84顷（110 308×0.73），每亩田租平均约为6.29升，平均亩产约1.9石。若按《要具簿》的占比约60%算，则东海郡的定垦田数约为44 123.2顷（110 308×0.4），每亩田租平均约为1.15斗，平均亩产约为3.44石。这一估算数值又显得过高，仅能作为一种参考。但总的来说，东海郡的平均亩产至少在2石左右应是可信的。另外还要看到，当时东海郡的主要农作物是冬小麦，"种宿麦十万七千三百□十□顷，多前千九百廿顷八十二亩"，约占总垦田数97%以上。而《要具簿》记载堂邑元寿二年（前1年）"民种宿麦七千四百二顷五十九亩，多前百顷"，仅占其总垦田数约62.8%。从小麦的亩产量来说，能达到平均亩产两石左右已经相当之高，完全可以和堂邑县的混合亩产平均2.5石相比。

四、余论

综上所述，可以清楚看出：无论是人口规模、户均人数，还是垦田面积及其占比，抑或平均亩产，西汉后期的堂邑县均达到了当时农业经济的较高水平。加之《地理志》记载堂邑设有铁官①，《要具簿》记载"一岁市租钱三百七十四万三千九百八十八"，堂邑的手工业和商业也应该较为发达。这就充分证明堂邑的经济发展处于领先地位。与之相关的是，如何看待长江以南的秣陵、江乘、湖熟和句容的经济发展水平？

据《汉书·地理志》可知，西汉时期秣陵、江乘、湖熟和句

---

① 按：陈大海先生认为，南京六合走马岭汉代遗址即可能是一处与冶铸有关的大型聚落。参看氏文：《六合走马岭汉代遗址考古勘探收获及初步认识》，南京市博物馆：《学耕文获集——南京市博物馆论文选》，南京：江苏人民出版社2008年版，第156—159页。

容,即今天南京的主城区和镇江的部分地区,均隶属于丹阳郡。一般认为,虽然湖熟文化的起源较早,在南京主城区也有一些秦汉的考古发现①,但上述地区在秦汉时期总体相当落后。其中一个主要参照,就是秦汉时期苏南地区的苏州(吴)、无锡、常州(毗陵)的经济发展水平均比较高。比如"吴东有海盐章山之铜,三江五湖之利,亦江东之一都会也"②。不过,这一判断是建立在淮河下游以南的江北地区通常经济落后的基础上。在《要具簿》已从各个角度证明西汉堂邑县的农业经济实际相当繁荣的情况下,继续把秣陵、江乘、湖熟和句容等地区视作经济发展的洼地,恐怕并不妥当。在自然条件基本相同的前提下,一江之隔的堂邑欣欣向荣,相距不远的苏南地区发展也很蓬勃,唯独处于中间地带的秣陵、江乘、湖熟、句容却严重落后,这很难自圆其说,难以找到可靠的史料支撑。因而可以推论,至少在西汉后期,秣陵、江乘、湖熟和句容的农业经济也都已比较发达,只不过同堂邑相比还略有差距而已。也就是说,除了没有设置郡治,西汉后期的六合和南京主城区在经济发展上已位于江淮地区的前列。这应是后来三国鼎立孙吴把都城定在秣陵并改名建业的重要原因。

(原载《中国农史》2020 年第 6 期)

---

① 王志高:《秦汉秣陵县治新考》,《学海》2014 年第 5 期。
②《汉书》卷 28 下《地理志下》,第 1668 页。

再论吴简"二年常限"田的含义

王承乾(南开大学) 晋 文(南京师范大学)

[摘 要] 对走马楼吴简"二年常限"田的含义,已有解读可分为租佃年限说、嘉禾二年说及"二年一垦"说。根据简文和传世文献考辨,嘉禾二年说或"二年一垦"说均难以成立,"二年"当为租佃年限。"二年常限"田就是在嘉禾四、五年间按固定的数额或标准缴纳米、钱和布的国有土地。其中"旱田"可定义为因缺乏灌溉等条件被人为划定的低产田,而"熟田"可定义为因具备一定的灌溉等条件被人为划定的高产田。在熟田中又有租田与税田之分,租田每亩纳米 0.585 斛,或 0.586 斛,税田每亩纳米 1.2 斛,并有着多样化的耕种者身份。这表明"二年常限"田是国有土地高度发展的产物,也是孙吴加强对劳动者人身控制的手段和工具。

[关键词] 走马楼吴简;二年常限;熟田;旱田;租税

1996 年,长沙走马楼吴简出土。在简文中出现了众多独特的田地词语,"二年常限"田即为其中之一。对"二年常限"田的含义,学界已有很多研究,但仍然存在很大分歧。本文再作一些探讨,恳请方家指正。

一、"二年"含义蠡测

除《长沙走马楼三国吴简》中年代不明的个例外,如"其三顷卌亩二年常限"(柒·1320)①等,吴简"二年常限"田主要出现在嘉禾四年(235年)和五年(236年)的《吏民田家莂》中。例如:

> 石下丘男子吕德,佃田五町,凡五十五亩,皆二年常限。其卌五亩旱田,亩收布六寸六分。定收十亩,亩收米一斛二斗,为米十二斛。亩收布二尺。(4·189)

> 旱丘男子朱杲,佃田七町,凡廿五亩,其廿亩二年常限。其十六亩旱败不收布。其五亩余力田,为米二斛。定收四亩,为米四斛八斗。凡为米六斛八斗,亩收布二尺。(5·261)②

对于"二年常限"田的含义,走马楼吴简整理组认为,所谓"常限田""或仅为限额而已"③,指的是田亩限额而非固定的田亩数。邱东联先生的观点与此相近,认为"二年常限"田为官府规定的田地数。④

高敏先生认为,"二年常限"田是指"地租率限额在二年内不变动之田"⑤,与田家租佃土地的时间长短和土地总数无关。

---

① 长沙简牍博物馆等编著:《长沙走马楼三国吴简·竹简(柒)》,北京:文物出版社2013年版,第759页。
② 长沙市文物考古研究所、中国文物研究所、北京大学历史系走马楼简牍整理组编著:《长沙走马楼三国吴简·嘉禾吏民田家莂》,北京:文物出版社1999年版,第96、196页。
③ 长沙市文物考古研究所、中国文物研究所、北京大学历史系走马楼简牍整理组编著:《长沙走马楼三国吴简·嘉禾吏民田家莂》,第165页。
④ 邱东联:《长沙走马楼佃田租税简的初步研究》,《江汉考古》1998年第4期。
⑤ 高敏:《〈吏民田家莂〉中所见"馀力田"、"常限"田等名称的涵义试析——读长沙走马楼简牍札记之三》,《郑州大学学报(社会科学版)》2000年第5期。

　　蒋福亚先生认为，"二年常限"田包含租佃土地的年限与需缴纳租额的年限的双重含义。"期限一到，吏民需重新佃种，封建政府也有权另行确定租额。"①臧知非先生也认为，"简文中的'二年常限'指的是租佃时间"②。

　　张荣强先生将"二年"视为"二年一垦"，如"二年常限"为"官府根据当时普遍实行的各种形式的轮休耕作制而制定的一种按照二年一垦的标准收取官租的规定"③。孟彦弘先生同样认为，"二年常限"田应是"以二年为周期，采取轮耕或休耕的田地"④，官府在休耕期间皆减免租税。林甘泉先生赞同孟先生的看法，并提出"常限"意为田家受田有固定配额，与前述吴简整理组和邱东联先生的观点类似。凌文超先生也赞同张荣强先生的意见，认为"二年常限"为"二年一垦"。⑤

　　胡平生先生认为，"二年"意为嘉禾二年（233年），"二年常限"田是"嘉禾二年规定的、每户每人限制租佃的最高数量的农田"，或"按照嘉禾二年规定的农田每亩纳税标准征收的田亩"。⑥

　　于振波先生提出，"二年常限"田的目的在于通过打破官、私田的界限，强制农民耕种定额的土地来督促农民生产。"常限田"是国家规定的土地定额，其期限为二年，"二年之后，会

① 蒋福亚：《也谈〈嘉禾吏民田家莂〉中"二年常限"田的涵义》，《首都师范大学学报（社会科学版）》2001年第5期。
② 臧知非：《从〈吏民田家莂〉看汉代田税的征收方式》，《史学月刊》2002第5期。
③ 张荣强：《吴简〈嘉禾吏民田家莂〉"二年常限"解》，《历史研究》2003年第6期。
④ 孟彦弘：《〈吏民田家莂〉所录田地与汉晋间民屯形式》，中国社会科学院历史研究所学刊编委会编辑：《中国社会科学院历史研究所学刊》第2集，北京：商务印书馆2004年版，第180页；林甘泉先生的评审意见在本书第191页。
⑤ 凌文超：《走马楼吴简"隐核波田簿"复原整理与研究》，《中华文史论丛》2012年第1期。
⑥ 胡平生：《嘉禾四年吏民田家莂研究》，长沙市文物考古研究所编：《长沙三国吴简暨百年来简帛发现与研究国际学术研讨会论文集》，北京：中华书局2005年版，第38页。

根据实际情况加以调整"①。

综合已有研究,可以确认的是,"二年常限"田带有国家强制力或者说行政干预。其中"二年"究竟是一个时间点,还是某个时间范围,更成为解读"二年常限"田的关键。由诸家所论可知,除胡平生先生认为"二年"即嘉禾二年(233年)外,绝大多数学者都将"二年"视为某个时间范围。

那么,"二年"是否为时间点即嘉禾二年(233年)呢?

根据《三国志·吴主传》所载孙权嘉禾三年(234年)春正月诏:"兵久不辍,民困于役,岁或不登。其宽诸逋,勿复督课。"②胡平生先生认为:"孙权的这通诏书大概只能理解为减免嘉禾三年的田税。那么,到嘉禾四年(嘉禾五年亦是),不再执行三年正月诏书的减免令,还是按照嘉禾二年的农田纳税标准征收。"③但问题是,诏书的命令能否被真正落实。早在黄武五年(226年)的春天,孙权便下了一道与此诏"精神"相类似的诏令:

> 军兴日久,民离农畔,父子夫妇,不听相恤,孤甚愍之。今北虏缩窜,方外无事,其下州郡,有以宽息。④

从吴简记录的赋税依旧沉重来看,其"有以宽息"和"宽诸逋,勿复督课"云云,实际都应为显示吴国"仁政"的套话,具文而已,并未得到实施。既然诏书的命令并未得到实施,那么也就不存在嘉禾四年(235年)和五年(236年)"不再减免"而按照"嘉禾二年的标准"征收田税的问题。换言之,"二年常限"田

---

① 于振波:《走马楼吴简所见佃田制度考略》,《湖南大学学报(社会科学版)》2003年第6期。

②《三国志》卷47《吴书·吴主传》,北京:中华书局1982年版,第1140页。

③ 胡平生:《嘉禾四年吏民田家莂研究》,长沙市文物考古研究所编:《长沙三国吴简暨百年来简帛发现与研究国际学术研讨会论文集》,第38页。

④《三国志》卷47《吴书·吴主传》,第1132页。

的收米标准与嘉禾二年（233年）无关，"二年"还应当是一个时间范围。

那么，"二年"是否即"以二年为周期，采取轮耕或休耕措施"呢？

从相关论证来看，其主要理由有二。一是当时江南普遍推行火耕水耨的定期轮耕制，二是嘉禾四年（235年）、五年（236年）间同一人名下佃田数额的不等。比如："联系嘉禾四年、五年同一人名下佃田数额不等的问题，我们将同属'二年常限'下的'火种田'、非火种的'常限'田视作'二年一垦'的'一易之田'，应该不会有多大问题。"①其实不然。

毋庸讳言，从战国到魏晋时期，农田的休耕现象确曾普遍存在②，本文对定期轮耕制亦并无异议。但关键在于，在嘉禾四年（235年）和五年（236年）《田家莂》中同一人名下佃田数额的不等是否都与轮耕有关？蒋福亚先生曾就这二年之中同一人佃田及其租额的变化制作了一张表格③，根据此表，嘉禾四年（235年）和五年（236年）间可以确定为同一人的耕种者有31人。在这些人中，除佃田数额信息有残缺的14人外，剩余17人中有13人在嘉禾五年（236年）所佃"二年常限"田之

---

① 张荣强：《吴简〈嘉禾吏民田家莂〉"二年常限"解》，《历史研究》2003年第6期。
② 关于休耕问题，比较有代表性的论著见中国农业科学院、南京农学院中国农业遗产研究室编著：《中国农学史（初稿）》，北京：科学出版社1959年版，第130—132页；李根蟠：《中国古代耕作制度的若干问题》，《古今农业》1989年第1期；[日]山田胜芳：《秦汉财政收入的研究》，东京：汲古书院1993年版，第39—40页；韩茂莉：《中国古代农作物种植制度略论》，《中国农史》2000年第3期；张波、樊志民主编：《中国农业通史·战国秦汉卷》，北京：中国农业出版社2007年版，第224—225页；晋文：《张家山汉简中的田制等问题》，《山东师范大学学报（人文社会科学版）》2019年第4期；代国玺：《休耕制与战国秦汉的土地制度》，《社会科学》2019年第10期；陆帅、晋文：《郴州晋简"县领水田"解析》，《光明日报》，2021年5月24日，第14版。
③ 蒋福亚：《也谈〈嘉禾吏民田家莂〉中"二年常限"田的涵义》，《首都师范大学学报（社会科学版）》2001年第5期。

定收田即熟田的数额要多于嘉禾四年(235年),而他们所佃旱田的数额则相反,均少于嘉禾四年(235年)。也就是说,在嘉禾四年(235年)和五年(236年)间,这些人所佃种的"二年常限"田中"熟田"的比例上升,而"旱田"的比例下降。又据陈荣杰先生统计,这两年中只有旱田的户数占总数的比例由31.33%下降至5.67%,而只有熟田的户数占总数的比例由1.41%上升至10.48%。就整个《田家莂》中的变化情况来看,嘉禾四年(235年)的佃田总数为25 855亩,其中旱田为19 735亩,熟田为6 120亩,分别占总数的76.33%和23.67%;嘉禾五年(236年)的佃田总数为33 047亩,其中旱田为14 298亩,熟田为18 749亩,分别占总数的43.27%和56.73%。①无论是蒋先生的研究,还是陈先生的统计,都充分表明,嘉禾五年(236年)的熟田和旱田数量比嘉禾四年(235年)有异乎寻常的升降。这种现象很难用轮耕制来完全解释。正常的轮作或休耕,应当是熟田和旱田数量的大体相同,并随着总量的增长而基本呈现同比例增长。看来,要理解"二年常限"田的语意,还需澄清简中"旱田"和"熟田"的含义。

二、"旱田"与"熟田"的含义

如前所述,嘉禾四年(235年)、五年(236年)间旱、熟田的总量和占总数的比例发生了明显变化,旱田的总量和占比显著下降,熟田的总量和占比则显著上升。同时,嘉禾五年(236年)的佃田总数比四年(235年)多了7 192亩。在两年内,同一地区的作物种类、种植面积和耕作方式产生如此明显的差异,是难以想象的。因此,旱、熟田的划分应当与这些因

---

① 陈荣杰:《走马楼吴简佃田、赋税词语研究》,北京:人民出版社2016年版,第43—44页。

素无关，即并非"旱田能种植旱地作物如麻、麦等……至于'熟田'，无疑是更高产的水稻田"①，或"'旱田'……是相对于稻田而言的，也就是与水田相对举的陆田"②，亦非"熟田既然是指经过深耕细作的田，旱败田就是指耕作粗放的田"③。"旱田"之"旱"也并不能理解为"因干旱而严重歉收"④。

表面上看，将"旱田""旱不收"或"旱败不收"中的"旱"理解为"干旱"，很有道理。传世文献也证明，在这一时期的确发生过较大面积的旱灾和其他自然灾害。如《三国志·吴主传》载：

> （嘉禾四年）秋七月，有雹。
> （嘉禾五年）自（四年）十月不雨，至于夏。⑤

《建康实录》亦云：

> （嘉禾四年）八月，雨雹，又阴霜。
> （嘉禾五年）夏，旱，自去冬不雨至于五月。⑥

可见其受灾面积不小。另就《田家莂》而言，据阿部幸信、伊藤敏雄《嘉禾吏民田家莂数值一览（Ⅰ）》统计，在嘉禾四年（235年）、五年（236年）长沙郡临湘国的垦田受灾率曾分别高达

① 高敏：《从嘉禾年间〈吏民田家莂〉看长沙郡一带的民情风俗与社会经济状况》，《中州学刊》2000 年第 5 期。
② 孟彦弘：《〈吏民田家莂〉所录田地与汉晋间民屯形式》，中国社会科学院历史研究所学刊编委会编辑：《中国社会科学院历史研究所学刊》第 2 集，第 177 页。
③ 吴荣曾：《孙吴佃田初探》，长沙市文物考古研究所编：《长沙三国吴简暨百年来简帛发现与研究国际学术研讨会论文集》，北京：中华书局 2005 年版，第67 页。
④ 李卿：《〈长沙走马楼三国吴简·嘉禾吏民田家莂〉性质与内容分析》，《中国经济史研究》2002 年第 1 期。另见宋少华：《长沙走马楼三国吴简发掘与研究》，《群言》2002 年第 3 期。
⑤《三国志》卷 47《吴书·吴主传》，第 1140—1141 页。
⑥（唐）许嵩著，张忱石点校：《建康实录》卷 2《吴中·太祖下》，北京：中华书局 1986 年版，第 42 页。

77.11%与44.16%。① 但令人费解的是,在同样受灾的情况下,要么是完全受灾,要么是部分受灾,要么是没有受灾,为什么在同一个地方的田里会出现"熟田"与"旱田"的区分? 遑论在连片的田地里"熟田"可以免受旱灾的影响了。更重要的是,如果将"旱田"中的"旱"理解为"干旱",即"旱田"是干旱的田地或受旱灾影响的田地,也意味着与之相对应的"熟田"应理解为非干旱的田地,或没有受到旱灾影响及受灾影响较小的田地。这显然也违背常理。而比较合理的解释,即"旱田"中的"旱"并非是指"干旱","旱田"和"熟田"的语义对应也应当重新考虑。

关于"旱田"和"熟田"的语义对应,张灿辉先生认为,从传世文献看,"在北方,'旱田'与'熟田'相对;而南方,则'旱田'与'水田'相对,'熟田'与'生田'相对"②。陈荣杰先生则进一步提出,在传世文献中"旱田"皆对应"水田","熟田"皆对应"荒田"。③ 其中"旱田"指土地表面不蓄水的田地,"水田"指以蓄水种稻的田地;"熟田"指常年耕种的田地,且包含"水田"的含义,而"荒田"则指未加整治或荒芜的田地。④ 从词汇学的角度看,"熟田"和"水田"分别由两个义位组成,其

① 〔日〕关尾史郎主编,〔日〕阿部幸信、〔日〕伊藤敏雄编:《嘉禾吏民田家莂数值一览(I)》,《"长沙走马楼出土吴简に关する比较史料学的研究とそのデータベース化"资料丛刊》,第17、51页,2005年。此日文本承蒙南京师范大学历史系陆帅先生惠赠。
② 张灿辉:《嘉禾吏民田家莂中的"旱田"及相关问题》,长沙简牍博物馆、北京大学中国古代史研究中心、北京吴简研讨班编:《吴简研究》第3辑,北京:中华书局2011年版,第257页。
③ 陈荣杰:《走马楼吴简佃田、赋税词语研究》,第47—48页。
④ 按:从战国秦汉时期的土地资源统计来看,"水田""旱田""熟田"均属于"垦田"范畴,而"荒田"则属于"可垦不垦"田。参见张梦晗:《从新出简牍看西汉后期南京的农业经济》,《中国农史》2020年第6期;晋文:《秦汉土地制度研究——以简牍材料为中心》,北京:社会科学文献出版社2021年版,第195—200页。

中"田"的义位为二者共有，意义相同。因此，说"熟田"包含"水田"的含义，实际上就是"熟"的这个义位的语义包含"水"的这个义位的语义。①

其中，"水"的语义基本保持不变，而"熟"本作"孰"，是指将食物加热至"可食"的程度，后来逐步引申出其他的意思。词义由本义到引申义的发展，是汉语词汇发展的一个规律。"熟"作为"熟田"的义位时，它的语义均用的是引申义，"熟田"也就是可耕种的田地，已耕种的田地，或常年耕种的田地。如《后汉书·张禹传》载：

> 徐县北界有蒲阳坡，傍多良田，而堙废莫修。禹为开水门，通引灌溉，遂成孰田数百顷。②

张禹率领众人"开水门"，通过灌溉将"堙废莫修"的田地变为数百顷"孰田"。此处"孰"的含义应当是"通过灌溉等方式将荒芜的土地或田地改良，使之能够耕作"。再如《晋书·王宏传》载：

> 今司隶校尉石鉴上汲郡太守王宏勤恤百姓，导化有方，督劝开荒五千余顷，而熟田常课顷亩不减。③

这里的"熟田"则指常年耕种的田地。

由此可见，至少在汉晋时期，"熟田"的含义便被视为可耕种的田地，已耕种的田地，或常年耕种的田地。质言之，吴简的"熟田"必然在诸多方面对应着当时的农业活动。"水"的

---

① 由于"熟"和"水"分别是"熟田"和"水田"中的一个语素，因而它们间的包含关系也就是"熟"和"水"彼此的语素义的包含关系，而汉字的字义一般就是它的语素义。参见贾彦德：《汉语语义学》，北京：北京大学出版社 1999 年版，第 32 页。

② 《后汉书》卷 44《张禹传》，北京：中华书局 1965 年版，第 1497—1498 页。

③ 《晋书》卷 90《良吏传·王宏》，北京：中华书局 1974 年版，第 2333 页。

语义进入传世文献的"熟田"之中,为后者所包含,就是一个很典型的例子。事实上,农业活动离不开水,灌溉水源对农业更有特别重要的意义。西晋初年,杜预便描述东南地区的农田说:"东南以水田为业,人无牛犊。"①其中"人无牛犊"虽不无夸大,但仍可见孙吴"水田"之盛况。

由杜预所说"水田",亦可推测孙吴的"水田"必与吴简中的"熟田"存在某些关联或重合,而与吴简"熟田"对应的"旱田"和传世文献中的"水田"也必然存在语义上的关联。如此,吴简"旱田"与"熟田"的对应便在语义学上得到了解释,它们都和对农业意义重大的"水"密切关联。②

"水"对农业至关重要,而修建如此众多的"水田",更离不开水利建设。根据史书记载,孙吴政权曾多有兴修水利的举措。如景帝永安三年(260年),"都尉严密建丹杨湖田,作浦里塘"③。此种举措亦见于吴简,比如:

☑一所,深一丈□尺,长卅□丈,殷(败)廿一丈,沃田□顷,枯兼二年,可用一万……(叁·7203)

□□波一所,深七丈,长十丈,殷(败)□丈,沃田七顷,枯兼七年,可用七千夫【作】。(叁·7212)④

①《晋书》卷26《食货志》,第788页。
②根据《说文·日部》"旱,不雨也","旱"的无雨、干旱和缺水字义即语素义始终未变,保留在了传世文献"旱田"的语义中。吴简中的"旱田"也应如此。因此,"旱田"和"水"的语义关联实际上就是"旱"和"水"的语义关联。只不过二者的语义关联是从"水"少的意义来说的。参见(汉)许慎撰,(清)段玉裁注:《说文解字注》,南京:凤凰出版社2015年版,第536页。
③《三国志》卷64《吴书·濮阳兴传》,第1451页。
④长沙简牍博物馆、中国文物研究所、北京大学历史系走马楼简牍整理组编著:《长沙走马楼三国吴简·竹简(叁)》,北京:文物出版社2008年版,第878页。文中加"【】"字系笔者为帮助读者理解所补。

这类吴简被研究者称为"隐核波田簿"，记录了陂塘田亩的衰败情形及整治所需人力与物力，为兴修水利做了准备。① 或谓《枯兼波长深顷田簿》，亦反映了当地"气候的干旱"②。

嘉禾四年（235 年）和五年（236 年）都面临着旱灾，而嘉禾五年（236 年）的"熟田"数量相比于四年（235 年）却大幅上升，超过了"旱田"的比例。这一方面可能有统治者的人为划定以调节和掩盖矛盾的缘由，另一方面亦可归因于孙吴驱使百姓进行的大规模的水利建设。有学者认为，目前所见吴简户品出钱简中记录的新户吏民，除两位难以断定的同名者外，可能仅见于嘉禾五年（236 年）吏民田家莂。这些人"很可能是在同意缴纳户品出钱之后，官府才认定他们所耕种的荒地具有合法性，或者才分配新的有水利保障的田地给他们，使新户拥有的田亩数量整体上与故户的大体相等"③。此说甚是，既从侧面印证了临湘侯国水利建设的成效，也敏锐注意到旱田与熟田划分中的人为因素。④

至此，我们大致可以得出结论：吴简"旱田"的含义应为因缺乏灌溉等条件被人为划定的低产田，与之对应的"熟田"则应为因具备一定的灌溉等条件被人为划定的高产田。两者在语义上均和"水"存在关联，对应着当时孙吴的水利建设活动。而嘉禾五年（236 年）间熟田比例的上升，超过了旱田，很大程度上是这一建设活动和官府分配土地的结果，即导致嘉禾四

---

① 凌文超：《吴简与吴制》，北京：北京大学出版社 2019 年版，第 302 页。

② 王子今：《长沙简牍研究》，北京：中国社会科学出版社 2017 年版，第 351、353 页。

③ 凌文超：《吴简与吴制》，第 305 页。

④ 孟彦弘和雷长巍先生亦注意到了旱、熟田划分中的社会或行政因素。参见孟彦弘：《〈吏民田家莂〉所录田地与汉晋间民屯形式》，中国社会科学院历史研究所刊编委会编辑：《中国社会科学院历史研究所学刊》第 2 集，第 179 页；雷长巍：《试论三国吴简中的"火种田"》，中国文化遗产研究院编：《出土文献研究》第 9 辑，北京：中华书局 2010 年版，第230 页。

年(235年)、五年(236年)间同一人佃田数额不等的直接原因并非轮耕制,而是水利建设和官府对土地的重新分配。①

孟彦弘先生提出:"其实,二年常限田是指以二年为周期,进行轮耕或休耕的田地。汉简中已有'二年田'的说法,吴简中也有'二年田'的说法。"②并征引简壹·1669中的"领二年佃(?)卒(?)卫士田"③等为依据。对此我们也不能允同。在简文中确实不乏以"领+二年+某某田"行文的例子,除孟先生所举例外,尚有他例如:

右二年佃卒田三顷六十亩,亩收限米二斛,合□☑(壹·1534)

领二年邮卒田六顷五十亩,亩收限米二斛,合为吴平斛米一千三百斛。(壹·1635)④

但也有无"二年"者,如:

南乡领复民田六十四亩一百廿步,收□☑(壹·1605)⑤

如果将"二年"视为"二年一垦",那么复民田前无"二年"字样,恐怕就表明复民田不存在"二年一垦"也就是休耕或轮耕

① 王勇先生亦看到了水利建设对旱、熟田划分的意义,参见王勇:《也释〈嘉禾吏民田家莂〉中的旱田与熟田》,西北师范大学历史文化学院等编:《简牍学研究》第6辑,兰州:甘肃人民出版社2016年版,第132页。
② 孟彦弘:《〈吏民田家莂〉所录田地与汉晋间民屯形式》,中国社会科学院历史研究所学刊编委会编辑:《中国社会科学院历史研究所学刊》第2集,第180页。
③ 长沙市文物考古研究所、中国文物研究所、北京大学历史系走马楼简牍整理组编著:《长沙走马楼三国吴简·竹简(壹)》,北京:文物出版社2003年版,第928页。
④ 长沙市文物考古研究所、中国文物研究所、北京大学历史系走马楼简牍整理组编著:《长沙走马楼三国吴简·竹简(壹)》,第925、927页。
⑤ 长沙市文物考古研究所、中国文物研究所、北京大学历史系走马楼简牍整理组编著:《长沙走马楼三国吴简·竹简(壹)》,第926页。

的情况。由于简文残缺,我们无法确知这些复民田每亩收米标准几何。若比照《田家莂》的标准看,其复民耕种"二年常限"田熟田每亩均收米五斗八升六合,明显低于亩收限米二斛的标准。质言之,由于"领＋二年＋某某田"和"领＋某某田"的行文格式同时存在,因而前者并不能成为支持"二年"为"二年一垦"的证据。

综上,"二年"非指嘉禾二年(233 年),亦并非"以二年为周期,采取轮耕或休耕措施"之意;所谓"二年"应视为"二年"之年限,"二年"应当就是嘉禾四年(235 年)和五年(236 年)。所谓"常限",由字面来理解,其意思应接近于《三国志·吕岱传》所言"于是加赐钱米布绢,岁有常限"①之"常限",即固定的数额或标准。

三、 "二年常限"田之解读

根据《田家莂》记载,耕种"二年常限"田者有大男、大女、州吏、郡吏、县吏、军吏、州卒、郡卒、县卒、复民和士。这些人的纳米标准并不完全相同。由上引简 4·189 及 5·261 等可知,大男和大女等平民的熟田纳米标准为亩收米 1.2 斛。而简 4·442、4·21、5·49、5·421、5·639 和 5·438 证明②,郡吏、县吏、军吏、州卒、郡卒和县卒的纳米标准亦为熟田亩收米 1.2 斛;复民的纳米标准为每亩 0.586 斛,或 0.585 斛,士则未见纳米记录。州吏的情况较为复杂,简 5·661 显示,州吏"吴军"所佃种的"二年常限"田之熟田有 40 亩缴纳了"税米廿三斛四斗",每亩纳米折算 0.585 斛。在 40 亩田地之外,"吴军"

---

①《三国志》卷60《吴书·吕岱传》,第1386 页。
② 长沙市文物考古研究所、中国文物研究所、北京大学历史系走马楼简牍整理组
编著:《长沙走马楼三国吴简·嘉禾吏民田家莂》,第 128、75、171、214、238、
216 页。

尚有"十亩百六十步"的熟田缴纳了"十二斛八斗"的米,即每亩纳米约 1.2 斛。① 简 5·705 中的州吏"蔡(?)雅"亦然,其"二年常限"田之熟田亦有 40 亩缴纳米廿三斛四斗,每亩的纳米标准和简 5·661 中的"吴军"相同,均为 0.585 斛。这位蔡姓州吏在 40 亩田之外也有"十三亩百七十步"的税田,纳米十六斛四斗五升,即每亩亦纳米约 1.2 斛。② 可见嘉禾五年(236 年)州吏在佃种田地 40 亩以上的情况下会有两种田租,其中 40 亩按照低于每亩 1.2 斛的纳米标准缴纳米,超出 40 亩的部分则按照每亩 1.2 斛的标准纳米。据蒋福亚先生归纳,凡每亩纳米数额低于 1.2 斛者都可以称为租米③,标准有亩收 0.456、0.585、0.586 和 0.4 斛四种,对应的田地为"租田"④。因此,复民和州吏的熟田凡低于 40 亩的部分缴纳的便是租米,这些田地实际上就是他们各自的租田;州吏的熟田凡超过 40 亩的部分,简文将这些田地视为"税田",所缴纳的米应为税米,两者间体现着对应关系⑤。此外,简 5·533 中的州吏所佃种的熟田为 152 亩,高于 40 亩,却并未缴纳两种田租,而是按照每亩 1.2 斛的标准纳米⑥;相反,简 5·39 中的熟

① 长沙市文物考古研究所、中国文物研究所、北京大学历史系走马楼简牍整理组编著:《长沙走马楼三国吴简·嘉禾吏民田家莂》,第 240 页。
② 长沙市文物考古研究所、中国文物研究所、北京大学历史系走马楼简牍整理组编著:《长沙走马楼三国吴简·嘉禾吏民田家莂》,第 245 页。
③ 蒋福亚:《走马楼吴简经济文书研究》,北京:国家图书馆出版社 2012 年版,第 131 页。
④ 蒋福亚:《〈嘉禾吏民田家莂〉中的"斛加五升"》,《中华文史论丛》2009 年第 1 期。
⑤ 关于税田和税米间的对应关系,学界研究已有较多成果。详见侯旭东:《走马楼吴简的限米与田亩记录——从"田"的类型与纳"米"类型的关系说起》,长沙简牍博物馆、北京吴简研讨班编:《吴简研究》第 2 辑,武汉:崇文书局 2006 年版,第 160 页;蒋福亚:《〈嘉禾吏民田家莂〉中的"斛加五升"》,《中华文史论丛》2009 年第 1 期。
⑥ 长沙市文物考古研究所、中国文物研究所、北京大学历史系走马楼简牍整理组编著:《长沙走马楼三国吴简·嘉禾吏民田家莂》,第 226 页。

田亩数低于40亩,亦按照每亩1.2斛的标准纳米①。这或许与某些信息的阙载或归属有关。

如此说来,"二年常限"田的熟田实际上均由租田和税田两种类型构成,这与吴简(陆)中《嘉禾五年诸乡田顷亩收米乡住簿》②(以下简称《收米簿》)所反映的田地类型有相似之处。

《收米簿》分别统计了税田、余力田、州吏田和复民田的亩数和收米情况。其中税田和余力田的数据涵盖了十一个乡,反映了整个临湘侯国的税田及余力田的数量和收租总数。因此,"二年常限"之熟田中的税田应当被包含在了税田簿的数据中。换言之,其税田是整个临湘侯国税田中的一部分。除了税田,吴简中还有"民田"和"民税田",例如:

领二年民田三百七十六顷六十 五 亩二百卅八步
(壹·1637)

其三百七十二顷卅九亩九十四步收米四万四千六百八十七斛二斗七升民税田先所□(壹·1671)③

对于税田、民田和民税田,蒋福亚先生认为三者名异而实同。④ 值得注意的是,陈明光先生认为,民田"是官方承认的或者说是受国家法律保护的私人占有的耕地和废田"⑤。这意味着税田和民田一样都具有私有性质,同明显属于国有土

---

① 长沙市文物考古研究所、中国文物研究所、北京大学历史系走马楼简牍整理组编著:《长沙走马楼三国吴简·嘉禾吏民田家莂》,第170、244、268、270页。
② 长沙简牍博物馆、中国文化遗产研究院、北京大学历史系走马楼简牍整理组编著:《长沙走马楼三国吴简·竹简(陆)》,北京:文物出版社2017年版。
③ 长沙市文物考古研究所、中国文物研究所、北京大学历史系走马楼简牍整理组编著:《长沙走马楼三国吴简·竹简(壹)》,第927、928页。
④ 蒋福亚:《〈吏民田家莂〉的组合形式》,《中国经济史研究》2008年第1期。
⑤ 陈明光:《六朝"民田"的产权及交易方式》,《河北学刊》2010年第2期。

地的"二年常限"田在所有权上有着重大区别。上引简文"领"的含义应为解读的关键。侯旭东先生认为,"领"有"管辖、统率"和"记录"二义,"领"田表示簿书上记录了多少亩什么类别的田,可引申为"管辖"多少田,却不能说"所有"多少田。"领"字并不反映"田"的所有权属性。① 此说甚是。"领"民田实际上就是对这些民田的"管辖",故简壹·1637 中"领"的主语应指国家或官府,而非个人,如前揭简壹·1605即标明"南乡领"。更重要的是,如果"领"的这些民田均为私有,那么前揭简壹·1534 和壹·1635 中所"领"的佃卒田和邮卒田便应当都是私人田地了。以此类推,其他被"领"的田地也都将是私有民田,这显然是说不通的。因此,吴简中的"民田"并非私有土地,而应和"税田"一样是国有土地,在所有权上和"二年常限"田属于同类。

再看余力田和"二年常限"田的关系。在《田家莂》中,余力田出现的频率仅次于"二年常限"田,二者常常同时出现。如简 4·114 中"李晟"共佃田 120 亩,其中 80 亩为"二年常限"田,40 亩为余力田;简 5·98 中"张增"共佃田 43 亩,其中38 亩为"二年常限"田,5 亩为余力田。② 陈荣杰先生据此认为,余力田和"二年常限"田"应是同位关系"。③ 然而,根据《田家莂》,嘉禾四年(235 年)的余力田和"二年常限"田一样既有旱田也有熟田,其熟田纳米标准为每亩 0.456 斛;到了嘉禾五年(236 年),余力田均为熟田,其收米标准为每亩 0.4斛。因此,从嘉禾四年(235 年)到五年(236 年),余力田的外

---

① 侯旭东:《走马楼吴简的限米与田亩记录——从"田"的类型与纳"米"类型的关系说起》,长沙简牍博物馆、北京吴简研讨班编:《吴简研究》第 2 辑,第166 页。
② 长沙市文物考古研究所、中国文物研究所、北京大学历史系走马楼简牍整理组编著:《长沙走马楼三国吴简·嘉禾吏民田家莂》,第 87、177 页。
③ 陈荣杰:《走马楼吴简佃田、赋税词语研究》,第 53 页。

延明显缩小,嘉禾五年(236 年)的余力田实际上成为其租田税率最低的一种。另一方面,《收米簿》的余力田简均标明"领余力田"若干,如简陆·63:"平乡领余田卅五亩收租米廿斛四斗。"①此处"余田"当即为"余力田"。据上文对"领"的含义分析,可知"余力田"为国有土地,其所有权和"二年常限"田属同一类型。

关于"二年常限"田与州吏田和复民田的比较,《收米簿》亦为我们提供了州吏田的租率信息:"西乡领州吏田八十亩收米卅六斛八斗。"(陆·59)②计算可得"州吏田"的租率为每亩收米 0.585 斛,说明州吏缴纳的就是租米,这些州吏田皆为租田。但由于《收米簿》只有七个乡的州吏田信息,数据并不完整,目前尚无法确知"二年常限"田中的州吏租田是否被包含在《收米簿》的州吏田中。应当注意的是,简文反映州吏还很可能另外缴纳限米。简壹·3373"入平乡嘉禾二年州吏 许华 限米五斛二斗"③,即为州吏许华在嘉禾二年(233 年)缴纳限米的记录。而限米当与限田对应,可见吴简州吏田亦应为州吏租田、税田和限田的合称。但《田家莂》和《收米簿》都只有州吏的租田和税田,未见州吏的限田,说明官府在给州吏分配"二年常限"田时并未将限田包括在内,限田和限米的情况应当被单独统计了。究其原因,有以下两点值得考虑。

首先,限米的税率通常更高。前揭简壹·1534 和壹·1635 均写明"亩收限米二斛"。此外,吴简中还有一种"屯田

---

① 长沙简牍博物馆、中国文化遗产研究院、北京大学历史系走马楼简牍整理组编著:《长沙走马楼三国吴简·竹简(陆)》,第 732 页。

② 长沙简牍博物馆、中国文化遗产研究院、北京大学历史系走马楼简牍整理组编著:《长沙走马楼三国吴简·竹简(陆)》,第 732 页。

③ 长沙简牍博物馆、中国文化遗产研究院、北京大学历史系走马楼简牍整理组编著:《长沙走马楼三国吴简·竹简(壹)》,第 965 页。

民"也缴纳限米,简叁·6323有"屯田民田亩收米一斛六斗"①的记录。陈荣杰先生据此认为,从简文看吴简屯田民只缴纳限米,故亩收米一斛六斗当为限米的另一种标准。② 显而易见,限米的纳米额度均高于租米和税米。

其次,简文中存在平民"给"某种身份并缴纳对应限米的情形,如"给子弟":

· □从兄公乘囊年□□给子弟(贰·2033)

兄子男公乘蒴廿雀(截)左手给子弟(贰·2034)③

简叁·2665"入桑乡三年子弟限米三斛"④,则反映了缴纳"子弟"限米的情况。孟彦弘先生认为,"给子弟"是充当吏子弟,也就是服吏子弟之役即吏役⑤;侯旭东先生认为,民户"给子弟"是去耕种子弟限田,并缴纳子弟限米⑥。笔者以为,这两种情况应兼而有之。限米除和限田对应外,很可能还和服役有关。这是限米和租米、税米的重大区别,因而将限米的收纳情况和后者分开统计是完全合理的。

至于复民田,简陆·66标明其租率为每亩收租米0.585斛——"·右五年领复民田一顷五十七亩五十步,亩收租

---

① 长沙简牍博物馆、中国文化遗产研究院、北京大学历史系走马楼简牍整理组编著:《长沙走马楼三国吴简·竹简(叁)》,第860页。

② 陈荣杰:《走马楼吴简佃田、赋税词语研究》,第120页。

③ 长沙简牍博物馆、中国文物研究所、北京大学历史系走马楼简牍整理组编著:《长沙走马楼三国吴简·竹简(贰)》,北京:文物出版社2007年版第759页。

④ 长沙简牍博物馆、中国文化遗产研究院、北京大学历史系走马楼简牍整理组编著:《长沙走马楼三国吴简·竹简(叁)》,第777页。

⑤ 孟彦弘:《吴简所见的"子弟"与孙吴的吏户制——兼论魏晋的以户为役之制》,《魏晋南北朝隋唐史资料》第24辑,武汉:武汉大学文科学报编辑部2008年版,第8页。

⑥ 侯旭东:《长沙走马楼三国吴简所见给吏与吏子弟——从汉代的"给事"说起》,《中国史研究》2011年第3期。

米五斗八升五合,为米六十八斛五斗七升"①可知复民在佃种"二年常限"田时其熟田实际就是复民田。从租率看,《田家莂》和《收米簿》中的复民田属于租田,与余力田熟田和州吏租田都属于同一类型。同时,简文反映复民亦存在缴纳限米的情况。如"右□乡入复民限米一斛五斗"（贰·522）②。由于未见复民服役的情况,这些限米当出自复民的限田。也就是说,吴简复民田应当和州吏田类似,是复民的租田和限田的合称,而《田家莂》和《收米簿》中登记的复民田只是复民的租田。目前所见的简文中只有三个乡有复民田,除前揭简壹·1605中的南乡外,尚有简伍·5401和简陆·61中的都乡和模乡。③根据这些信息,我们还无法确知《田家莂》中的复民租田是否都被包含在《收米簿》的记录中。

综上所述,我们可以对吴简"二年常限"田作如下理解:"二年常限"田是嘉禾四年（235年）、五年（236年）间官府分配给吏民的按照固定的数额或标准缴纳米、钱和布的田地,包括旱田和熟田。在熟田中有一部分是税田,耕种者为大男、大女、州吏、郡吏、县吏、军吏、州卒、郡卒和县卒等,每亩纳米 1.2斛;另一部分是复民租田和州吏租田,每亩纳米 0.585 斛,并与余力田熟田同属于租田。显而易见,通过给吏民分配"二年常限"田,官府的税源得以扩大,税收也随之增加。进一步说,

---

① 长沙简牍博物馆、中国文化遗产研究院、北京大学历史系走马楼简牍整理组编著:《长沙走马楼三国吴简·竹简（陆）》,第 732 页。
② 长沙简牍博物馆、中国文化遗产研究院、北京大学历史系走马楼简牍整理组编著:《长沙走马楼三国吴简·竹简（贰）》,第 728 页。
③ 长沙简牍博物馆、中国文化遗产研究院、北京大学历史系走马楼简牍整理组编著:《长沙走马楼三国吴简·竹简（伍）》,北京:文物出版社 2018 年版,第 839页;长沙简牍博物馆、中国文化遗产研究院、北京大学历史系走马楼简牍整理组编著:《长沙走马楼三国吴简·竹简（陆）》,第 732 页。

"二年常限"田包含多种类型的土地,其耕种者的身份也是多样化的。这一历史景象应与当时国有土地的高度发展有着密切关联①,"二年常限"田实质是孙吴官府驱使众多劳动者、加强对他们的人身控制的手段和工具。

（原载《中国农史》2022 年第 2 期）

---

① 晋文:《秦汉魏晋南北朝土地制度的嬗变》,《中国农史》2021 年第 3 期。

玉门花海汉简中的经济史料

李　伟(南京旅游职业学院)　晋　文(南京师范大学)

[摘　要]玉门花海汉简中的经济史料具有很高的学术价值。在一枚买卖契约简中即完整记录了买方、卖方和中间人,以及实物交换的内容、时间、违约规定等,对全面认识昭宣之际的货币流通和商品经济多有启迪。另有一枚是戍卒买布简,对研究宣帝时期河西地区的布、谷价格有重要的参证作用。还有一枚转抄武帝或高祖遗诏的七棱木觚,则涉及"赋敛以理"的经济思想。

[关键词]玉门;花海汉简;经济史料;学术价值

玉门花海汉简是1977年出土于甘肃玉门花海汉代烽燧遗址的一批珍贵简牍。这批简牍共有91枚,其中有多枚涉及商贸、契约、赋税等,具有重要的经济史料价值。本文择要评述如下。

【1】元平元年七月庚子,禽寇卒冯时卖橐络六枚杨卿,所约至八月十日与时小麦七石六斗,过月十五日以日斗计。盖卿任。(77·J·H·S:2A)

麴小麦。(77·J·H·S:2B)①

---

① 嘉峪关市文物保管所:《玉门花海汉代烽燧遗址出土的简牍》,甘肃省文物工作队、甘肃省博物馆编:《汉简研究文集》,兰州:甘肃人民出版社1984年版,第28页。按:简2B中的"麴"字,原释文未释,以"□"形替代,今据《敦煌汉简》改释为"麴"。参见甘肃省文物考古研究所编:《敦煌汉简》(全二册),北京:中华书局1991年版,第274页。

简【1】记录的是一份珍贵的买卖契约,也就是经济合同。其中约定:戍卒冯时把六枚橐络卖给杨卿,交易的形式是卖方冯时先在元平元年(前74年)七月庚子(初五)向买方杨卿交货,然后到八月十日杨卿再付给冯时小麦七石六斗,并宽限杨卿可推迟交付五天,若五天后仍未交付,则逾期一天要加付一斗小麦。契约的中间人为盖卿。可以说,这是一份具备合同要素和内容的买卖契约。①

冯时所卖"橐络"应为何物今已不明。原考古简报认为,"简二乃冯时赀卖丝絮给杨某人的契券"②。根据《说文·糸部》:"络:絮也,一曰麻未沤也。从糸,各声。"③并参证居延汉简对"币橐絮三枚"(346·30,346·43)的记载④,把"橐络"释为"丝絮""橐絮"也确有一些道理。而且"橐絮"在汉简中亦比较常见,一般理解为用"驼毛絮装的套裤"⑤。但"络"字还有经络、网络、网兜、网袋、缠绕、络子和络头等语义,如《楚辞·招魂》:"郑绵络些。"⑥《汉书·扬雄传下》:"绵络天地。"⑦《乐府诗集·陌上桑》:"黄金络马头。"⑧而"橐"字则有袋子和风箱的意思,亦可通"驼",即指骆驼。如《康熙字典·木部》:

---

① 嘉峪关市文物保管所:《玉门花海汉代烽燧遗址出土的简牍》,甘肃省文物工作队、甘肃省博物馆编:《汉简研究文集》,第18页;许海军:《玉门汉简价值初探》,《青年时代》2015年第13期。

② 嘉峪关市文物保管所:《玉门花海汉代烽燧遗址出土的简牍》,甘肃省文物工作队、甘肃省博物馆编:《汉简研究文集》,第18页。

③ (汉)许慎:《说文解字(附检字)》,北京:中华书局1963年版,第276页。

④ 谢桂华、李均明、朱国炤:《居延汉简释文合校》(上下册),北京:文物出版社1987年版,第539页。

⑤ 中国简牍集成编辑委员会:《中国简牍集成(标注本)》第10册,兰州:敦煌文艺出版社2001年版,第81页。

⑥ 《文选》卷33《骚·招魂》,北京:中华书局1977年版,第473页。

⑦ 《汉书》卷87下《扬雄传下》,北京:中华书局1962年版,第3577页。

⑧ 《乐府诗集》卷28《相和歌辞三·陌上桑》,北京:中华书局1979年版,第411页。

橐：古文囊，《唐韵》《集韵》他各切，音拓。《说文》：
"囊也。"《唐韵》："囊无底。"《诗·大雅》："于橐于囊。"
《毛传》："小曰橐，大曰囊。"《左传·宣二年》："赵盾见灵
辄，为箪食与肉，置诸橐而与之。"又冶器也。《老子·道
德经》："天地之间，其犹橐籥乎。"《注》："橐者外之椟，所
以受籥也；籥者内之管，所以鼓橐也。"《淮南子·本经
训》："鼓橐吹埵，以消铜铁。"……又橐驼，兽名。言其负
囊橐而驼物也。扬雄《长杨赋》："驱橐驼，烧熛蠡。"①

按：从骆驼和网状物品的关联来看，"橐络"亦很可能是指"驼
络"，是一种专门用于骆驼的网络织品，或即络子和络头。另
据简文可知，一枚橐络的价值约等于一石二斗七升的小麦
（7.6÷6≈1.27），在昭宣之际通常应低于百钱。② 就其价格
而言，一枚橐络或许仅值六七十钱，"橐絮"的解释也不如"驼
络"合理。

简【1】的内容有三点值得注意：

首先，这份经济合同是以实物交换的形式买卖的，并没有
使用汉代通行的金属货币。证诸西北汉简，相同事例还可以
找到一些。如《居延新简》：

临木隧卒程当，受阁帛一匹，甲渠尉取直，谷卅三石。
出谷十六石五斗五升布买绛，出谷三石三斗买□三斤庄
纁，出谷三石五斗买履一两（双）。●凡出谷廿三石三斗

① 《康熙字典》第 2 册《辰集中·木部》，成都：成都古籍书店影印本 1980 年版，第
26 页。
② 关于汉代河西地区的物价问题，学界已有较多研究成果。参见高维刚：《从汉
简管窥河西四郡市场》，《四川大学学报（哲学社会科学版）》1994 年第 2 期；黄
冕堂：《中国历代粮食价格问题通考》，《文史哲》2002 年第 2 期；刘金华：《汉代
西北边地物价考——以汉简为中心》，《中国社会经济史研究》2008 年第 4 期；
丁邦友：《从汉简管窥河西地区部分产品的比价》，《文博》2008 年第 6 期。

五升。当已给。今余谷九石六斗五升。（EPT65：330A）①

这说明在西北边疆地区实物交换是被时人所认可的一种买卖方式。以往有学者认为："西汉时，金属货币进入社会生活的各个领域。在汉文明的主要区域，终西汉一朝，史籍中几乎看不到以物易物或实物货币的记载。"②从宏观历史背景来看，此说确有一些《史记》《汉书》的依据，但其结论明显有些夸大，至少没有注意简【1】等新出汉简的记载。应该说，在金属货币被越来越多使用的同时，实际也还存在"以物易物或实物货币"的买卖方式。

其次，这份买卖契约的成立有着清晰的讨价还价的痕迹。从总价"小麦七石六斗"可以看出，每枚囊络的单价是不能被总价整除的。而作为竞价基础的单价，无论其买方还是卖方，也无论其整数还是分数，通常都应该能被总价整除。之所以简【1】的单价不能被总价整除，显然是因为买卖双方在大体确定合同总价的基础上又进行了讨价还价，各自都做了一些让步。通过简单计算便可以得知，卖方提出的单价应为每枚囊络换得小麦一石三斗，即总价为七石八斗（1.3×6＝7.8）；而买方提出的单价则应为一石二斗，即总价为七石二斗（1.2×6＝7.2）。最终是在卖方的总价上又减少二斗的情况下成交，从而才造成了上述单价不能被总价整除的问题。这就充分说明讨价还价是当时民间小规模商贸的一种普遍现象。

第三，这份契约很可能是以戍卒冯时的私人名义而实际代表烽燧签订的经济合同。其中"元平元年"的纪年和"麴小

---

① 甘肃省文物考古研究所等编：《居延新简》（甲渠候官与第四燧），北京：文物出版社1990年版，第441页。

② 秦晖：《汉唐商品经济比较研究》，《陕西师大学报（哲学社会科学版）》1991年第2期。

麦"的说明，便为此提供了足以想象的空间。元平元年即公元前 74 年，是昭帝去世、霍光迎立刘贺 27 天后又废黜刘贺而改立宣帝之年。此前七年，朝廷曾召开了著名的盐铁会议。这次会议的一个重要成果，就是罢除郡国"酒榷"，允许民间私人酿酒。如《汉书·昭帝纪》载，始元六年（前 81 年）"秋七月，罢榷沽官，令民得以律占租，卖酒升四钱"①。而简【1】背面附记的"麹小麦"，则表明冯时以橐络换得的小麦实际是用来制造酒曲的，亦即小规模酿酒。② 这种生产活动显然不是一名戍卒能够完全胜任的。考虑到烽燧的特殊背景，我们便不难推断，此类生产应当是一种集体行为。不管是酿酒供戍卒饮用也好，还是对外卖酒盈利也好，它的种种活动都必定要围绕烽燧进行，而展现了一个戍边士卒生活面貌的侧影。或许冯时就是一位专门为烽燧采买的戍卒。

> 【2】所买布踈（疏）
> 大□郭成买布三尺五寸，直一石四斗。
> 始乐尹虎买布三尺五寸，直一石四斗。　　索卿以☐
> 万赀范融买布一丈二尺，直四石二斗。
> 长生赵伯二石。（77·J·H·S:17A）
> ●凡九斛前付卿以入。（77·J·H·S:17B）③

简【2】是一份戍卒买布的记录，其中亦有两点值得一提。

一是布、谷的价格问题。根据简文可知，当时郭成和尹虎的买布价格是每匹换谷十六石（$4 \times 1.4 \div 0.35 = 16$），而范融买布的价格则是每匹换谷十四石（$4 \times 4.2 \div 1.2 = 14$）。以谷

---

① 《汉书》卷 7《昭帝纪》，第 224 页。
② 吴慧：《桑弘羊研究》，济南：齐鲁书社 1981 年版，第 262 页；晋文：《桑弘羊评传》，南京：南京大学出版社 2005 年版，第 141 页。
③ 嘉峪关市文物保管所：《玉门花海汉代烽燧遗址出土的简牍》，甘肃省文物工作队、甘肃省博物馆编：《汉简研究文集》，第 29—30 页。

物一石最低 35 钱计算,如《居延汉简释文合校》:"介千秋入谷六十石六斗六升大,直二千一百廿三。"(19·26)"董次入谷六十六石,直钱二千三百一十。"(303·3)①十六石谷值 560钱,十四石谷值 490 钱,即一匹布在敦煌地区的价格乃 500 钱左右。这与汉简记录质量较好的麻布价格相当②,所据以折换的谷物价格也显然应在河西物价公认最低的宣帝时期③。而花海汉简的记录时间,则恰恰是在元平元年(前 74 年)前后,即昭宣时期。由此判断,简【2】的记录也必定是在物价最低的宣帝在位的中后期。所谓"宣帝即位,用吏多选贤良,百姓安土,岁数丰穰,谷至石五钱"④。

二是实物交换与还价问题。简【2】的布、谷比价进一步证明了实物交换乃时人皆认可的买卖方式。如前所述,简【1】的记录是在有确切时间的元平元年(前 74 年)七月庚子,而简【2】的记录则推论在此后物价最低的宣帝在位的中后期。简【1】和简【2】的记录应有几年甚或十几年的间隔。如果说,简【1】和《居延新简》的记录皆证实在不同地区存在着"以物易物或实物货币"的买卖方式;那么,简【1】和简【2】的记录则证实在同一地区的不同时间也存在着"以物易物或实物货币"的买卖方式。简【2】还进一步证明了讨价还价的普遍。在同一枚简的记载中就出现了两种布的价格,除了物价突然波动和质地可能有明显差别,这多半应归因于其讨价还价的不同。有的人精于此道,因而买布的价格较低;有的人则相反,因而买布的价格较高。

---

① 谢桂华、李均明、朱国炤:《居延汉简释文合校》,第 31、495 页。
② 刘金华:《汉代西北边地物价考——以汉简为中心》,《中国社会经济史研究》2008 年第 4 期。
③ 丁邦友:《秦汉物价研究概述》,《中国史研究动态》2009 年第 3 期。
④《汉书》卷 24 上《食货志上》,第 1141 页。

【3】制诏皇大（太）子，勝（朕）体不安，今将绝矣！与地合同，众（终）不复起。谨视皇大（天）之笥（嗣），加（如）曾勝（朕）在。善禺（遇）百姓，赋敛以理；存贤近圣，必聚糈士；表教奉先，自致天子。胡侅（亥）自氾（圮），灭名绝纪。审察勝（朕）言，众（终）身毋久（失）。苍苍之天不可得久视，堂堂之地不可得久履，道此绝矣！告后世及其孙子，忽忽锡锡，恐见故里，毋负天地，更亡更在，去如邮庐，下敦闾里。人固当死，慎毋敢悇（佞）。（77·J·H·S:1）①

此简（实为七棱木觚）有"善遇百姓，赋敛以理"之语，涉及如何征收赋税的理念问题。尤其学界还大多认为，上述简文应节录于汉武帝遗诏。② 而以往对汉武帝的赋税政策存在很大争议，有的人提出批评："古民亡赋算口钱，起武帝征伐四夷，重赋于民，民产子三岁则出口钱，故民重困，至于生子辄杀，甚可悲痛。"③"至于用度不足，乃榷酒酤，筦盐铁，铸白金，造皮币，算至车船，租及六畜，民力屈，财用竭，因之以凶年，寇盗并起，道路不通，直指之使始出，衣绣杖斧，断斩于郡国，然后胜

---

① 嘉峪关市文物保管所：《玉门花海汉代烽燧遗址出土的简牍》，甘肃省文物工作队、甘肃省博物馆编：《汉简研究文集》，第 28 页。按：简[3]部分释文参考《敦煌汉简》和《散见简牍合辑》等隶定，详见甘肃省文物考古研究所编：《敦煌汉简》，第 274 页；李均明、何双全编：《散见简牍合辑》，北京：文物出版社 1990 年版，第 9 页；方诗铭：《西汉武帝晚期的"巫蛊之祸"及其前后——兼论玉门汉简〈汉武帝遗诏〉》，上海博物馆集刊编辑委员会编：《上海博物馆集刊》第 4 期，上海：上海古籍出版社 1987 年版，第 367 页；胡平生：《写在木觚上的西汉遗诏》，《文物天地》1987 年第 6 期，收入《胡平生简牍文物论稿》，上海：中西书局 2012 年版，第 230—231 页。
② 方诗铭：《西汉武帝晚期的"巫蛊之祸"及其前后——兼论玉门汉简〈汉武帝遗诏〉》，上海博物馆集刊编辑委员会编：《上海博物馆集刊》第 4 期，1987 年，第 367—368 页；李均明、何双全编：《散见简牍合辑》，第 9 页；许海军：《玉门汉简价值初探》，《青年时代》2015 年第 13 期。
③《汉书》卷 72《贡禹传》载贡禹"言得失"，第 3075 页。

之。"①有的人更严厉斥责:"孝武穷奢极欲,繁刑重敛,内侈宫室,外事四夷,信惑神怪,巡游无度,使百姓疲敝,起为盗贼,其所以异于秦始皇者无几矣。"②有的人则给与肯定,如武帝重用桑弘羊,"民不益赋而天下用饶"③。"昔先帝(武帝)征四夷,兵行三十余年,百姓犹不加赋,而军用给。"④因此,若简文确为汉武帝遗诏,简【3】对于如何准确评价汉武帝的赋税思想有一定的启发作用。尽管言行之间还往往存在脱节,有时甚至会出现极大反差,但作为姿态或套话,"薄赋敛"却应当是遗诏公开倡导的。这或许反映了汉武帝晚年思想的转变。

当然,对简【3】记录也有学者认为,这篇文字应是汉高祖的遗诏。例如:

> 我们曾经提出过一种看法,认为可以根据遗诏的内容作如下推测。第一,从诏书叮嘱皇太子的话看,那位皇太子似乎已经不是一个不明事理的小孩子了,他应该已能够管理国家,执掌大权。第二,诏书对胡亥的教训念念不忘,可能当时去秦未远,因此记忆犹新,尚能够用以自警。第三,诏书没有明显的儒家语言,大概信奉的是"无为而治"的思想。整个语气似是汉初国力较弱时当权国君的口吻。现在,我们又进一步提出一种设想——留下这篇遗诏的皇帝可能是汉高祖刘邦。⑤

从理由和论据来看,认为简【3】记录的是武帝遗诏和认为简【3】记录的是汉高祖遗诏,都有一定的道理。但限于史料,目前还没法完全作出判断。如果真是汉高祖的遗诏,这对于进

---

① 《汉书》卷96下《西域传下·赞》,第3928—3929页。
② 《资治通鉴》卷22《汉纪》14"臣光曰",北京:中华书局1956年版,第747页。
③ 《史记》卷30《平准书》载司马迁语,北京:中华书局1959年版,第1441页。
④ 《汉书》卷78《萧望之传》载张敞语,第3277页。
⑤ 胡平生:《写在木觚上的西汉遗诏》,《胡平生简牍文物论稿》,第232页。

一步认识汉初的赋税减免亦不无启迪。①《汉书·食货志》载："天下既定，民亡盖臧，自天子不能具醇驷，而将相或乘牛车。上（高祖）于是约法省禁，轻田租，什五而税一，量吏禄，度官用，以赋于民。"②又《汉书·惠帝纪》载："十二年四月，高祖崩。五月丙寅，太子即皇帝位……减田租，复十五税一。"注引邓展曰："汉家初十五税一，俭于周十税一也。中间废，今复之也。"③显而易见，这些减轻赋税的做法也都可以说是"赋敛以理"的体现。但无论是高祖遗诏也好，还是武帝遗诏也好，"赋敛以理"的思想均充分表明：西汉王朝已借鉴秦亡把"薄赋敛"视为缓和矛盾、稳定社会的重要举措，尽管赋税的实际征收往往会事与愿违。

总之，玉门花海汉简中的经济史料具有很高的学术价值，值得学界重视与研究。

（原载《中国社会经济史研究》2020 年第 4 期）

---

① 晋文：《张家山汉简中的田制等问题》，《山东师范大学学报（人文社会科学版）》2019 年第 4 期。

②《汉书》卷 24 上《食货志上》，第 1127 页。

③《汉书》卷 2《惠帝纪》，第 85、87 页。

简牍所见秦的粮价与百姓生活

刘　鹏（扬州大学）

[**摘　要**] 战国后期秦国至秦王朝时期,粟米的官定价格均为每石 30 钱,市场价格则会在此基础上有所波动。每石 1 600 钱等奇高价格只是短时期内出现的特殊情况,不宜将其视为秦粟米价格的常态。以产量租率为参照,当时粟的平均亩产应在每亩 4.5 石左右。再以 30 至 40 亩计算实际耕种面积,去除田租和口粮消耗,一般小农家庭年均可自由支配的粟米在 12.9 至 37.2 石之间。这种农田产出结余一般不会超过 2 000 钱,甚至可能不足 200 钱。对于以农田产出为主要经济来源的小农家庭而言,他们的生活压力不会太小。

[**关键词**] 秦;粮价;粟米;亩产量;里耶秦简

在传统农业社会中,粮食价格堪称市场价格的中心。它不仅是物价研究中的核心问题,更是认识其时的社会经济乃至百姓生活的一个重要窗口。由于传世文献记载较少,以往学界对秦的粮价问题讨论不多。① 睡虎地秦简出土后,相关

---

① 陈连庆:《〈史记·货殖列传〉所记的西汉物价》,东北师范大学历史系中国古代史教研室编:《中国古代经济史论丛》,哈尔滨:黑龙江人民出版社 1983 年版,第 156—157 页。

问题引起了学界的广泛关注。① 里耶秦简等资料公布后，又有学者对秦代迁陵地区的粮价及相关问题进行了一定探讨。② 近年来，随着里耶秦简、岳麓秦简的进一步刊布，秦代粮价的相关资料愈加丰富。故本文拟在前人研究的基础上，对秦的粮食价格再作些探讨。并尝试从该层面出发，对当时百姓尤其是广大小农阶层的生活状况作出些自己的解读。

一、 秦的粟米价格

从现有秦简资料看，秦的粮食种类主要有粟、稻、麦、粱、菽、荅等。其中粟是最主要的种类，也是秦粮食价格研究中的焦点。

以往学界对秦的粮价的探讨，主要源于睡虎地秦简《司空律》中的两则材料：

> ［1］有辠（罪）以赀赎及有责（债）于公，以其令日问之，其弗能入及赏（偿），以令日居之，日居八钱；公食者，日居六钱。居官府公食者，男子参，女子驷（四）。（133—134）
>
> ［2］毄（系）城旦舂，公食当责者，石卅钱。（143）③

简［1］规定，服居赀赎债劳役每日折抵 8 钱；若由公家提供口

① 钱剑夫：《秦汉货币史稿》，武汉：湖北人民出版社 1986 年版，第 228—249 页；［日］堀毅：《秦汉物价考》，收入氏著《秦汉法制史论考》，北京：法律出版社 1988 年版，第 268—307 页；尹振环：《从秦代前期粮价奇高谈起——对秦代几个重大问题的再认识》，《贵州大学学报（社会科学版）》1989 年第 3 期；蔡万进：《秦国粮食经济研究》，呼和浩特：内蒙古人民出版社 1996 年版，第 146—157 页；于琨奇：《秦汉粟价与更赋考》，《扬州教育学院学报》1999 年第 3 期；林甘泉主编：《中国经济通史·秦汉经济卷》，北京：中国社会科学出版社 2007 年版，第 370—385 页。
② 王佳：《里耶秦简所见迁陵地区物价研究》，《江汉论坛》2015 年第 10 期。
③ 简［1］、［2］分见陈伟主编：《秦简牍合集：释文注释修订本（壹）》，武汉：武汉大学出版社 2016 年版，第 112、119 页。

粮,每日折抵 6 钱。由此,每日口粮价值 2 钱。又简文规定男子每餐口粮为 1/3 斗,秦时每日两餐,则每日口粮为 2/3 斗。① 如此,该口粮的价格为每斗 3 钱,亦即每石 30 钱。这与简[2]"石卅钱"的规定也是吻合的。故于琨奇先生指出,"因为这是秦的法律条文,禾一石值三十钱,乃是秦的官定价格,具有无可置疑的权威性,即使是民间交易,禾价也只能是在此基础上稍有出入而已"②。今按:于先生此种"官定价格"的说法确实是十分精当的。需要指出的是,正如吴朝阳、晋文先生所言,"粮食"这个概念在秦国的管理实践中是存在歧义的。计算粮食亩产时计量对象是"粟",因而"一石"指"十斗粟",而计算口粮时的计量对象是"米",此时"一石"则指"十斗米"。③ 因此,"禾一石值三十钱"应是针对 10 斗粟米(粝米)而言的。里耶秦简中禀给成年男性的一个月口粮是 2 石粟米,如简 8—2247:"粟米三石七斗少半斗。卅二年八月乙巳朔壬戌,贰春乡守福、佐敢、禀人枳出,以禀隶臣周十月、六月廿六日食。"④以一个月 30 天计算,隶臣周 56 天的口粮共计 112/3 斗粟米,则平均每天的口粮为 2/3 斗粟米,每月的口粮正好是 2 石粟米。再如简 8—1545:"丙膚粟米二石。卅一年十月乙酉,仓守妃、佐富、禀人援出禀屯戍士五(伍)屏陵咸阳

---

① 按:以一个月 30 天计算,则男子每月口粮为 20 斗。又睡虎地秦简《仓律》简 49 规定:"隶臣妾其从事公,隶臣月禾二石。"陈伟主编:《秦简牍合集:释文注释修订本(壹)》,第 72 页。即成年男子每月的口粮标准也是 2 石,与此正相一致。

② 于琨奇:《秦汉粟价与更赋考》,《扬州教育学院学报》1999 年第 3 期。

③ 吴朝阳、晋文:《秦亩产新考——兼析传世文献中的相关亩产记载》,《中国经济史研究》2013 年第 4 期。按:讨论口粮的时候,"粟一石"之"石",义同《说文》之"柘",对应粟"十六斗泰半斗"而非"十斗"。故可将"粟一石"理解为 10 斗粟米(粝米),或换算成 16 又 2/3 斗粟原粮。参见刘鹏:《秦代地方禀食的几个问题》,《中国农史》2018 年第 1 期。

④ 陈伟主编:《里耶秦简牍校释》第 1 卷,武汉:武汉大学出版社 2012 年版,第 451 页。

敝臣。"①屯戍士伍敝臣的当月口粮同样是 2 石粟米,都印证了此种情形。

简[1]、[2]均出自睡虎地秦简《司空律》,表明至少在秦统一前的相当一段时期内,这种官定价格还是切实施行的。那么,此种价格的存续时间究竟如何? 近年刊布的岳麓秦简中恰好有相关的法律条文:

> [3]司空律曰:有辠以赀赎及有责(债)于县官,以其令日问之,其弗能入及偿,以令日居之,日居八【钱】,食县官者日居六钱,居官府食县官者男子参〈叁〉、女子驷(四);当居弗居者赀官啬夫、吏各一甲,丞、令、令【史】各一盾。黔首及司寇、隐官、軵官人居赀赎责(债)或病及雨不作……(257—259)

> [4]黔首有赀赎责(债)而有一奴若一婢,有一马若一牛,而欲居者,许之……毄(系)城旦舂食县官当责者,石卅钱。(267—270)②

对比易知,简[3]与简[1],简[4]与简[2]在内容上几乎是完全一致的。而从简[3]、[4]"黔首"的称谓上看,二者显然都属于秦统一之后。也就是说,粟米每石 30 钱的官定价格一直持续到了秦王朝时期。

对此问题,岳麓秦简中的其他律文也提供了一些佐证:

> [5]及诸当隶臣妾者亡,以日六钱计之,及司寇冗作及当践更者亡,皆以其当冗作及当践更日,日六钱计之,皆与盗同灋。(17—18)

> [6]徒隶毄(系)城旦舂、居赀赎责(债)而敢为人仆、

---

① 陈伟主编:《里耶秦简牍校释》第 1 卷,第 354—355 页。
② 简[3]、[4]分见陈松长主编:《岳麓书院藏秦简(肆)》,上海:上海辞书出版社 2015 年版,第 153—154、156—157 页。

养、守官府及视臣史事若居隐除者,坐日六钱为盗。
(271—273)

　　[7]徒隶不足以给仆、养,以居赀责(债)者给之,令
出□,受钱毋过日八钱,过日八钱者,赀二甲,免。能入而
弗令入,亦赀二甲,免。(262—263)①

如前所述,秦统一前服居役每日折抵 8 钱,由公家提供口粮则
每日折抵 6 钱。这应当也是一般成年劳动力为官府服役的计
算标准。而简[5]当为隶臣妾者、司寇冗作及当践更者逃亡,
简[6]徒隶系城旦舂、徒隶居赀赎债为人仆、养、守官府等,其
惩罚标准都是每日 6 钱;简[7]居赀赎债者每日出钱数量不得
超过 8 钱,皆与上述计算标准一脉相承。由此亦知,当时粟米
的官定价格还是每石 30 钱。此外,新近刊布的里耶秦简(贰)
有简 9—630 + 9—815 云:"卅一年后九月庚辰朔戊子,司空色
爰书:吏以卒戍上造涪陵高桥难有赀钱千三百卌四,贫不能
入,以约居,积二百廿四日,食县官,日除六钱。"②上造难欠官
府 1 344 钱的赀钱,因家贫无力偿还,故选择为官府居作,每日
扣除 6 钱。由此,官府仍应按每日 2 钱扣除上造难的伙食费,
足见当时粟米的官定价格亦是每石 30 钱。事件发生在秦始
皇三十一年(前 216 年),同样为秦统一之后。更值得注意的
是,该简是秦代洞庭郡迁陵县的行政档案记录,它清楚地表明
相关法规在秦的实际社会经济生活中也是施行的。

　　以上所讨论的粟米价格,基本上都属于官定价格范畴。
那么,秦粟米价格的实际情况又是如何呢?岳麓秦简《数》恰
好提供了若干相关材料:

　　[8]糶(粜)。米贾(价)石五十钱,今有廿七钱,欲糶

---

① 简[5]至[7]分见陈松长主编:《岳麓书院藏秦简(肆)》,第 44、158、155 页。
② 陈伟主编:《里耶秦简牍校释》第 2 卷,武汉:武汉大学出版社 2018 年版,第 166 页。

（籴）米，得几可（何）？得曰：五斗四升。（148）

[9]米贾（价）石六十四钱，今有粟四斗，问得钱几可（何）？曰：十五钱廿五分钱九。其述（术）以粟米求之。（152）

[10]凡以赢不足有（又）求足，耤（藉）之，曰：貣（贷）人钱三，今欲赏（偿）米，斗二钱，赏（偿）一斗，不足一钱，【赏（偿）二斗】有（又）赢一钱……（203）

[11]米一斗五钱，叔（菽）五斗一钱，今欲以一钱买二物【共一斗】，各得几可（何）？曰：米得一升三分升二，叔（菽）得八升三分升一。（205）①

上述几则材料虽皆为算题，但应在很大程度上反映了秦代粮价的实际状况，故仍具有重要的参考价值。其中简[8]、[11]粟米价格均为每石50钱，简[9]为每石64钱，简[10]则为每石20钱。总体上看，这些应都在正常的粮价波动范围内。

又里耶简中有如下相关材料，其所体现的秦代迁陵地区的粮价也很值得注意：

[12]▨▨▨令史除、佐朝杂隁（题）迁陵丞欧前。

▨▨▨十七斗，斗五钱。（8—210）

[13]凡一石一斗。吕柏取五斗一参。耗（耗）二参。▨

卖二斗取美钱卅，卖三斗▨（8—771）

[14]廿六年八月丙子，迁陵拔、守丞敦狐诣讯般刍等，辤（辞）各如前。（8—1743＋8—2015）

鞠之：成吏、闲、起赘、平私令般刍、嘉出庸（傭），贾（价）三百，受米一石，臧（赃）直（值）百卅，得。成吏亡，

---

① 简[8]至[11]分见陈松长主编：《岳麓书院藏秦简》（壹·叁·释文修订本），上海：上海辞书出版社2018年版，第107、123—124页。

嘉死,审。(8—1743 + 8—2015)(背)①

结合睡虎地秦简《仓律》简 21—23"入禾仓,万石一积而比黎之为户……啬夫免,效者发,见杂封者,以隉(题)效之,而复杂封之"②等规定看,简[12]也应是粟类粮食作物出入粮仓的记录。其中粮价为一石 50 钱,与上揭简[8]、[11]所载粟米价格相同。简[13]应该也是粟米,价格为每石 150 钱。简[14]则显示,秦始皇二十六年(前 221 年)八月前后,粟米价格为每石 140 钱。与上述诸种粮价相较,这两种价格显然偏高一些。但其所处时间值得注意。如所周知,秦始皇二十六年(秦王政二十六年,前 221 年)正是秦统一六国的最终完成时间。动乱的环境会对当地的农业生产有所影响,进而导致粮价的波动。③ 既是粮价波动,自当是在官定价格基础上有所出入。如简[12]显示的一石 50 钱,即表明当时迁陵地区的粟米价格尚在正常范围内。又《里耶发掘报告》指出,"另有简牍记载,在秦始皇三十年前后,稻一石值二十至二十一钱"④。亦足见秦始皇三十年(前 217 年),迁陵地区的稻价处在正常水平。以此推之,粟米的市场价格应该也不会例外。此外,上揭简9—630 + 9—815 官府仍按每日 2 钱扣除上造难的伙食费,似也表明当时的实际粮价与官定价格出入不大。

除简牍资料外,传世文献也有少量关于粮价的记载。《史记·秦始皇本纪》云:"(秦始皇三十一年)始皇为微行咸阳,与武士四人俱,夜出,逢盗兰池,见窘,武士击杀盗,关中大索二十日。米石千六百。"⑤米价涨至每石 1 600 钱,确实是十分

---

① 简[12]至[14]分见陈伟主编:《里耶秦简牍校释》第 1 卷,第 114、223、385 页。
② 陈伟主编:《秦简牍合集:释文注释修订本(壹)》,第 56 页。
③ 王佳:《里耶秦简所见迁陵地区物价研究》,《江汉论坛》2015 年第 10 期。
④ 湖南省文物考古研究所编著:《里耶发掘报告》,长沙:岳麓书社 2006 年版,第 216 页。
⑤《史记》卷 6《秦始皇本纪》,北京:中华书局 2013 年版,第 317 页。

骇人的价格。但《秦始皇本纪》关于秦始皇三十一年(前216年)的记载仅此一事,上一年的记载更只是以"三十年,无事"一笔带过①,可见米价一石1 600钱只是在秦始皇微行遇盗,关中大索二十日的特殊情况下才出现的。而这也是正史留下的关于秦代粮价的唯一直接记载,该米价的特殊性由此更加显见。不难想见,此后米价仍会逐渐回到正常范围内。

此外,《史记·高祖本纪》中有一段记载,亦曾被用作秦代粮价飞涨的例证:

> 单父人吕公善沛令,避仇从之客,因家沛焉。沛中豪桀吏闻令有重客,皆往贺。萧何为主吏,主进,令诸大夫曰:"进不满千钱,坐之堂下。"高祖为亭长,素易诸吏,乃给为谒曰"贺钱万",实不持一钱。谒入,吕公大惊,起,迎之门。②

有学者认为,"如果石粮三十钱,千钱之贺,就是三十多石粮食之贺,当不会视之为薄礼,也不至出口贺千钱。千钱万钱之谓,考其值与时,与'米石千六百'之时之值相当。《萧何世家》亦有类似例证"③。今按:此种说法实有未安之处。首先,"沛中豪桀吏闻令有重客,皆往贺"云云,表明此次宴会几乎云集了沛县中的所有精英豪强,所送贺礼一般不会太低。故而相较而言,不满千钱即为"薄礼"。三十多石粮食之贺,的确称不上"厚礼"。更何况这是根据每石30钱的官定价格推算的,上揭简[8]、[9]、[12]等简文表明,粟米每石50至60钱的市场价格也是常见的,如此也不过20石粮食之贺。其次,如上

---

① 《史记》卷6《秦始皇本纪》,第317页。
② 《史记》卷8《高祖本纪》,第435页。
③ 尹振环:《从秦代前期粮价奇高谈起——对秦代几个重大问题的再认识》,《贵州大学学报(社会科学版)》1989年第3期。蔡万进先生亦主此说。蔡万进:《秦国粮食经济研究》,第147—148页。

所述,一石 1 600 钱只是秦始皇三十一年(前 216 年)一段极短时期内的特殊米价,重回正常范围应是必然之事。所谓"千钱万钱之谓,考其值与时,与'米石千六百'之时之值相当",实在缺乏信服力。再次,若其时米价一直维持在一石 1 600 钱上下,则千钱之贺所值尚不过一石粟米。对于"沛中豪杰吏"云集的宴会而言,这也实在称不上"厚礼",可以因之"坐之堂上"。

又《史记·萧何世家》记载:"高祖以吏繇咸阳,吏皆送奉钱三,何独以五。"《集解》引李奇曰:"或三百,或五百也。"《索隐》则云:"钱三百,谓他人三百,何独五百也。"又引刘氏云:"时钱有重者一当百,故有送钱三者。"①诸家注解虽有所不同,但都认为奉钱价值三百或五百。以粟米一石 1 600 钱计之,则皆不过半石。反之,若以一石 30 钱计之,则有将近 7 石之差;即使以一石 60 钱计之,亦有超过 3 石之差。如此,才可能使高祖"乃益封何二千户,以帝尝繇咸阳时何送我独赢奉钱二也"②。

根据以上论述,可将秦时粟米价格信息制表如下:

表1　秦粟米价格统计表

时间	价格(钱/石)	价格性质	简号	资料来源
秦统一前	30	官定价格	133、143	《睡虎地秦墓竹简》
秦统一后	30	官定价格	257—258、270	《岳麓书院藏秦简(肆)》

①《史记》卷53《萧相国世家》,第2431—2432页。
②《史记》卷53《萧相国世家》,第2435页。

时间	价格（钱/石）	价格性质	简号	资料来源
不明	20	算题所载价格	203	《岳麓书院藏秦简（贰）》
不明	50	算题所载价格	148	《岳麓书院藏秦简（贰）》
不明	50	算题所载价格	205	《岳麓书院藏秦简（贰）》
不明	64	算题所载价格	152	《岳麓书院藏秦简（贰）》
不明	50	市场价格	8—210	《里耶秦简牍校释（壹）》
不明	150	市场价格	8—771	《里耶秦简牍校释（壹）》
秦始皇二十六年（前221年）	140	市场价格	8—1743＋8—2015	《里耶秦简牍校释（壹）》
秦始皇三十一年（前216年）	1 600	关中大索二十日期间价格		《史记·秦始皇本纪》

综上可见，战国后期秦国乃至秦王朝时期，粟米的官定价格均为一石30钱，市场价格则会在此基础上有所波动。一石1 600钱等奇高的粟米价格，只是短时期内出现的特殊情况，不宜视之为秦粟米价格的常态。

二、 秦的其他粮食价格

除粟米外，秦的其他粮食价格也很值得注意。秦简中有如下相关资料：

[15]卅五年十一月辛卯朔朔日，都乡守择敢言之：上

十一月平贾(价),谒布乡官。敢言之。∕启手。

十一月辛卯朔己酉,迁陵守丞绎下尉、乡官:以律令从事。以次传,别书。∕就手。∕十一年己酉旦,守府印行尉。(9—1088 + 9—1090 + 9—1113)

十一月辛卯,都乡守择与令史就杂取市贾(价)平。秫米石廿五钱。粢(粢)米石廿钱。毋【卖】它物者。十一月乙未旦,都乡佐启以来。∕就发。(9—1088 + 9—1090 + 9—1113)(背)①

[16]【稻十】斗九钱,粢(粢)十【斗】七钱,叔(菽)十斗【五钱,今欲买三物共十】斗,用八钱,问各几可(何)?(207)②

[17]廿六年三月壬午朔癸卯,左公田丁敢言之:佐州里烦故为公田吏,徙属。事苔不备,分负各十五石少半斗,直钱三百一十四。(8—63)③

[18]【迁】陵粢粟石八十三钱☑(9—1258)④

对于简[15]的"秫米",校释小组指出:"秫,粱米、粟米之黏者。《礼记·内则》:'饘、酏、酒、醴、芼、羹、菽、麦、蕡、稻、黍、粱、秫,唯所欲。'孙希旦集解:'秫,黏粟也;然凡黍稻之粘者,皆谓之秫,不独粟也。'"⑤依孙氏集解,"秫"既可特指"粟之黏者",也可指各类黏性的农作物。校释小组释为"粱米、粟米之黏者",含义似取前者。

《说文·米部》:"粱,禾米也。"段玉裁注曰:"各本作'米名也'。今正:古训诂多不言某名,如《毛传》但言'水也''山

---

① 陈伟主编:《里耶秦简牍校释》第2卷,第253页。
② 陈松长主编:《岳麓书院藏秦简》(壹—叁·释文修订本),第125页。
③ 陈伟主编:《里耶秦简牍校释》第1卷,第48页。
④ 陈伟主编:《里耶秦简牍校释》第2卷,第282页。
⑤ 陈伟主编:《里耶秦简牍校释》第1卷,第111页。

也''草也''木也'皆是。上文粟与米皆兼禾、黍言，粱则专为禾米，故别言之。浅人不得其解，乃删'禾'字矣。生曰苗，秀曰禾，稾实并刈曰禾，其实曰粟，粟中人曰米，米可食曰粱……凡黍、稷、稻之米无别名，禾之米则曰粱。自粝以至于侍御皆粱也。"①由段注可知，"粱"是粟这类粮食作物脱壳后形成的米之专称。故所谓"粱米"，应当就是指脱壳后的粟米。校释小组释"秌"为"粱米、粟米之黏者"，应是可取的。考虑到简[15]"秌米"有具体价格，且当时农作物以粟最为常见，故每石 25 钱应是针对黏性的粟米而言的。此外，北京大学藏秦代傭作文书木牍 W-014(背)云："糅(秌)米一石五斗，石十三，直廿。"陈侃理先生认为，该傭作文书的书写之年为秦始皇三十二年(前 215 年)，并指出"'糅'字不见于字书，疑同'秌'，指黏性的稻米"②。我们认为，若此处"糅"同"秌"不误，那同样也应指黏性的粟米。简文显示，当时秌米的价格为一石 13 钱。

简[16]显示稻的价格为一石 9 钱，与上揭《里耶发掘报告》中秦始皇三十年(前 217 年)一石 20 至 21 钱的价格有一定差别。简[16]还显示菽(大豆)的价格为一石 5 钱，与上揭简[11]一石 2 钱的价格同样有一定差别。简[17]显示秦王政二十六年(前 221 年)，15 石又 1/3 斗荅(小豆)价值 314 钱，则其价格约为一石 20.5 钱，取整数则为一石 21 钱。

至于简[16]中的"粢"，《尔雅·释草》："粢，稷。"③《说文·禾部》："齋，稷也。"段玉裁注曰："《周礼·甸师》'齍盛'注云：'粢者，稷也。'谷者稷为长，按经作齍，注作粢，此经用古

---

① (汉)许慎撰，(清)段玉裁注：《说文解字注》，上海：上海古籍出版社 1988 年版，第 330 页。
② 陈侃理：《北京大学藏秦代傭作文书初释》，中国文化遗产研究院编：《出土文献研究》第 14 辑，上海：中西书局 2015 年版，第 11 页。以下在表 2 中简称《北大秦简傭作文书》。
③ 《尔雅》卷下《释草》，北京：中华书局 2016 年版，第 72 页。

字、注用今字之例。"①足见粢（粢）就是通常所说的"稷"。简[16]显示粢的价格为一石7钱，比同简所载的稻价略低。至于简[18]中的"粢粟"，邹大海先生曾指出，"粟可以有两种理解，一种是脱壳后为小米的粮食，又称为'禾'，和稻本是两种粮食；另一种是指未脱壳的谷子（粟或稻的都可）"②。按邹先生此说甚有见地。岳麓秦简《数》谷物换算类简文中有"稻粟"（101）、"黍粟"（103）、"稷粟"（104）等名目③，实则就是指"稻""黍""稷"等原粮④。由此，"粢粟"所指实质上就是"粢"，亦即"稷"。简[18]显示迁陵地区粢的价格为一石83钱，几乎是简[16]算题所载粢价的12倍。上揭简[15]则显示秦始皇三十五年（前212年）十一月前后，迁陵地区粢米的价格为一石20钱。揆诸情理，对于同种粮食作物而言，其加工粮肯定是要高于其原粮价格的。此处粢原粮反而是其加工粮价格的4倍以上，显然是由于某些因素的影响，当时粮价发生了较大波动，粢原粮也涨至一石83钱。相较而言，秦始皇三十五年（前212年）粢米一石20钱，与简[16]粢原粮一石7钱的价格较为接近，都应处于正常的粮价范围。

---

① （汉）许慎撰，（清）段玉裁注：《说文解字注》，第322页。

② 邹大海：《出土〈算数书〉校释一则》，《东南文化》2004年第2期。

③ 陈松长主编：《岳麓书院藏秦简》（壹—叁·释文修订本），第101—102页。

④ 以"稻"为例，睡虎地秦简《仓律》简43："稻禾一石为粟廿斗，春为米十斗；十斗，粲毁（毇）〈毁（毇）〉粲米六斗大半斗。"陈伟主编：《秦简牍合集·释文注释修订本（壹）》，第66—67页。表明"稻禾"与米的比例为2∶1。又岳麓简101："以稻粟求叔（菽）、荅、麦，三之，四成一。"即舂出相同体积的米，所需"稻粟"与"叔"（或"荅""麦"）的比例为4∶3。岳麓简94："麦一升为米大半升。"即"麦"与米的比例为3∶2。陈松长主编：《岳麓书院藏秦简》（壹—叁·释文修订本），第101、99页。由此，可计算出"稻粟"与米的比例亦为2∶1。足见"稻粟"与"稻禾"的概念是等同的。上揭邹大海先生"粟"又称为"禾"的说法，与此也是一致的。《说文》释"粲"云："稻重一柘，为粟二十斗，为米十斗曰毇，为米六斗太半斗曰粲。"（汉）许慎撰，（宋）徐铉校定：《说文解字》，第143页。它完全可以与上述《仓律》对读。可见，此处"稻禾""稻粟""稻"三者的含义都是一致的。

综上,相关粮食价格可制表如下:

表2　秦其他粮食价格统计表

粮食类别	时间	价格（钱/石）	价格性质	简号	资料来源
稻	不明	9	算题所载价格	207	《岳麓书院藏秦简(贰)》
稻	秦始皇三十年（前217年）	20—21	市场价格		《里耶发掘报告》
秫米	秦始皇三十二年（前215年）	13	市场价格	W-014(背)	《北大秦简傭作文书》
秫米	秦始皇三十五年（前212年）	25	市场价格	9—1113	《里耶秦简牍校释(贰)》
菽	不明	2	算题所载价格	205	《岳麓书院藏秦简(贰)》
菽	不明	5	算题所载价格	207	《岳麓书院藏秦简(贰)》
粲	不明	7	算题所载价格	207	《岳麓书院藏秦简(贰)》
粲粟	不明	83	市场价格	9—1258	《里耶秦简牍校释(贰)》
粲米	秦始皇三十五年（前212年）	20	市场价格	9—1113	《里耶秦简牍校释(贰)》
荅	秦王政二十六年（前221年）	21	市场价格	8—63	《里耶秦简牍校释(壹)》

三、 从粮食价格看秦民生活

于广大的秦小农阶层而言,他们还可能存在樵采渔猎、家庭纺织等其他收入来源,因之农田产出不大可能是其全部经济来源。① 但若说是其家庭收入的主体部分,则应当还是较为中肯的。在上文系统探讨了粮食价格的基础上,只要再考察出一般小农家庭的年均粮食收入总量,就可以大致估算出其年均总收入。再结合秦小农家庭的一般支出情况,即可对其经济生活的大体状况作出一定考察。

毋庸讳言,一般秦民家庭的粮食收入总量主要与两个因素相关——耕种面积和亩产量。先看秦的亩产量。这是一个备受关注的问题。据学界最新研究,秦及汉初的田租征收有两个同时参照的租(税)率:一个是税田占舆田的比例,即税田的亩数租率,这个租率是固定不变的,如十二税一或什一之税;一个是按农作物不同产量征收的级差租率,即产量租率,这个租率是变化的,如三步一斗、五步一斗、八步一斗等。②在亩数租率一定的情况下,田租的征收标准实则主要与产量租率相关。具体而言,产量租率的核定是通过"程禾"(或称"取禾程""取程")实现的——在"禾稼"即将收割时,基层官吏根据其长势预估亩产量,即岳麓秦简所称的"度稼得租"。③尽管这种预估的亩产量难免存在一定偏差,但一般情况下还是较为接近实际亩产量,则是完全可以想见的。因此,通过程禾过程中核定的产量租率来考察亩产量,应该是较为可行的。

岳麓秦简中有若干产量租率的算题材料。如下列简文:

[19]取程,禾田五步一斗,今乾之为九升,问几可(何)步一斗?曰:五步九分步五而一斗。(4)

[20]租误券。田多若少,糈(藉)令田十亩,税田二百卅步,三步一斗,租八石。·今误券多五斗,欲益田。

① 参见侯旭东:《渔采狩猎与秦汉北方民众生计——兼论以农立国传统的形成与农民的普遍化》,《历史研究》2010 年第 5 期。

② 晋文:《睡虎地秦简与授田制研究的若干问题》,《历史研究》2018 年第 1 期。

③ 陈松长主编:《岳麓书院藏秦简》(壹—叁·释文修订本),第 43 页。

其述(术)曰:以八石五斗为八百[五十]。(11)

[21]租禾。税田廿四步,六步一斗,租四斗,今误券五斗一升,欲奰【步数】,几可(何)步一斗?曰:四步五十一分步卅六一斗。(14)①

简[19]就是在"取程"过程中,基于禾稼长势确定其产量租率为五步一斗。如此,该禾稼的亩产量为 240÷5＝48 斗,即 4.8 石。简[20]的亩产量为 240÷3＝80 斗,即 8 石。简[21]的亩产量则为 240÷6＝40 斗,即 4 石。此种基于禾稼长势预估产量、确定产量租率的情形在下列简文中体现得更为明显:

[22]为积二千五百五十步,除田十亩,田多百五十步,其欲减田,耤(藉)令十三[步一]斗,今禾美,租轻田步,欲减田,令十一步一斗,即以十步乘十亩,租二石者,积二千二百步,田少二百步。(42—43)②

简[22]原本的产量租率为十三步一斗,如此亩产量应为 240÷13≈18.5 斗,即 1.85 石。但由于"禾美"即禾稼长势较好,重新确定其产量租率为十一步一斗,则其亩产量应为 240÷11≈21.8 斗,即 2.18 石。

某种意义上可以说,简[22]每亩 1.85 石、2.18 石应该都是实际存在过的亩产量,只是由于禾稼长势发生变化才由前者增长至后者。简[20]产量租率为三步一斗,240 步税田应征收 8 石,但由于收租时出现失误,多收了 5 斗,故采取"益田"的方式平账,其产量租率仍然不变。由此,征收 8 石 5 斗田租所需舆田面积为(8×10＋5)×10×3÷240＝10 又 5/8 亩,益田面积为 5/8 亩,即 150 步。简[21]产量租率为六步一

---

① 简[19]至[21]分见陈松长主编:《岳麓书院藏秦简》(壹—叁·释文修订本),第 82—84 页。
② 陈松长主编:《岳麓书院藏秦简》(壹—叁·释文修订本),第 89 页。

斗,24 步税田应征收 4 斗,同样由于收租时出现失误,收了 5 斗 1 升,但采取"奭步数"即减少步数(亦即增大产量租率)的 方式平账。由此,产量租率为 24÷(5+1÷10)=4 又 36/51 步一斗。但该产量租率只是为平账而设计出来的,实际上应 该不存在。基于此种原则,岳麓秦简《数》所见粟产量租率信 息可制表如下:

表3 岳麓秦简《数》所见粟产量租率统计表①

产量租率 (步/斗)	亩产量 (石/亩)	简号	出现 次数	产量租率 (步/斗)	亩产量 (石/亩)	简号	出现 次数
3	8	5、11	2	7 又 1/3	3.27	41	1
4 又 19/39	5.35	44	1	8	3	3	1
5	4.8	4、12—13	2	11	2.18	42—43	1
5 又 1/2	4.36	40	1	12 又 1/2	1.92	45	1
6	4	14、29	2	13	1.85	42—43	1

资料来源:陈松长主编:《岳麓书院藏秦简》(壹—叁·释文修 订本)。

由表3可知,岳麓秦简《数》所见粟的产量租率最高为三 步一斗,相应亩产量为 8 石;最低为十三步一斗,相应亩产量 为 1.85 石。此外,在北京大学收藏的秦简牍中,与数学相关 的卷八下栏"为田租的计算,包括税田面积、税率和田租数额。 税田面积均为上栏所记亩数的十二分之一,税率则从'三步一 斗'到'廿四步一斗'不等"②。如此,该文献所见粟的最高亩 产量亦为 8 石,最低亩产量则低至 1 石,岳麓秦简《数》所见亩 产均在此范围内。此外,张家山汉简共见"三步一斗""八步

---

① 表中部分秦简未在正文中列出,文中所举仅限于若干有代表性的例证。
② 韩巍:《北大秦简中的数学文献》,《文物》2012 年第 6 期。

一斗""十步一斗""五步一斗"四种产量租率①,同样都在该文献所见范围内。三种简牍资料所见粟的最高产量租率均为三步一斗,吴朝阳、晋文先生即据此指出,"三步一斗"是战国后期秦国官方规定的最高田租,也是当时官方认定的最高亩产量。② 这种看法应该是很中肯的。同理,我们也姑且可以将"廿四步一斗"视作其时官方认定的最低亩产量。

那么,战国后期秦国以及秦王朝时期,粟的一般亩产量又是如何呢? 如前所述,我们可以通过程禾过程中核定的亩数租率来考察亩产量。故表面上看,当时一般亩产量似可通过计算各种不同租率的平均数求得,如将三步一斗、四步一斗直至廿四步一斗相加,然后取其平均数。这样计算出的亩产量约为 2.48 石,但实际存在很大问题。主要是为便于计算田租,预估产量时所核定的产量租率都是较为接近实际亩产量的整数,如三步一斗、八步一斗、十步一斗等,或至多是接近实际亩产量的常见分数,如岳麓简 40 中的五步半步一斗、简 45 中的十二步半步一斗,简 41 中的七步少半步一斗。但实际亩产情况呈现出的应是以一般亩产量为轴线的正态分布。从这种层面看,上揭亩产量约 2.48 石只是选取了若干特定亩产值所计算出的结果。如将含有半步的产量租率都计算在内,即三步一斗、三步半步一斗直至廿三步半步一斗、廿四步一斗相加,然后取其平均数,所得亩产约为 2.42 石,与上述计算结果又明显不同。因此,若将三步一斗(8 石)视为最高亩产,廿四步一斗(1 石)视为最低亩产,则实际亩产量在此区间范围内应均有分布,其正态分布的轴线应是每亩 4.5 石,亦即一般亩

① 张家山二四七号汉墓竹简整理小组编著:《张家山汉墓竹简(二四七号墓)》(释文修订本),北京:文物出版社 2006 年版,第 137、141、143 页。
② 吴朝阳、晋文:《秦亩产新考——兼析传世文献中的相关亩产记载》,《中国经济史研究》2013 年第 4 期。

产在 4.5 石左右,相应产量租率为五步少半步一斗。吴朝阳、晋文先生结合银雀山汉简所载亩产情况,推定战国后期至西汉前期"中田"粟的亩产为五步一斗(4.8 石)①,与此情形较为接近。

里耶秦简 8—1519 揭示了一些实际亩产信息:

> [23]迁陵卅五年狼(垦)田舆五十二顷九十五亩,税田四顷□□。户百五十二,租六百七十七石。衡(率)之,亩一石五;户婴四石四斗五升,奇不衡(率)六斗。(8—1519)

> 启田九顷十亩,租九十七石六斗。都田十七顷五十一亩,租二百卅一石。貳田廿六顷卅四亩,租三百卅九石三。凡田七十顷卅二亩。·租凡九百一十。六百七十七石。(8—1519)(背)②

简文显示,秦始皇三十五年(前 212 年)迁陵县税田每亩收租 1.5 石。据晋文先生研究并反复验算,简[23]所记"税田"数均为"舆田"数的十二分之一。③ 如此,迁陵县所属三乡中,启陵乡每亩收租 97.6 ÷ (910 ÷ 12) ≈ 1.29 石;都乡每亩收租 241 ÷ (1 751 ÷ 12) ≈ 1.65 石;貳春乡每亩收租 339.3 ÷ (2 634 ÷ 12) ≈ 1.55 石。三乡平均每亩收租(97.6 + 241 + 339.3) ÷ [(910 + 1 751 + 2 634) ÷ 12] ≈ 1.54 石,与简文记载相合。这些亩产大致在十八步半步一斗至十四步半步一斗之间,都属于偏低的亩产量,但仍在北大秦简所揭示的亩产范围内。这当与迁陵县尚属秦的所谓"新地",农业生产相对落后有极大

---

① 吴朝阳、晋文:《秦亩产新考——兼析传世文献中的相关亩产记载》,《中国经济史研究》2013 年第 4 期。
② 陈伟主编:《里耶秦简牍校释》第 1 卷,第 345—346 页。
③ 晋文:《睡虎地秦简与授田制研究的若干问题》,《历史研究》2018 年第 1 期。

关系。

至于一般小农家庭的土地耕种面积，春耕期间一个成年劳动力的耒耕能力一般不足 30 亩，一个核心家庭一般也不会超过 60 亩。在秦的国家授田制下，"百亩给一夫"只是法律规定的大体授田标准，实际授田面积应该更加多样，而秦民常年耕种的实际亩数总体上应在百亩之下。[①] 具体而言，晋文先生曾就迁陵农户垦田情况论述道，由于舆田为实际耕种面积，并不等于垦田面积，加之"槎田岁更"的休耕习俗，因而迁陵农民的实际垦田面积便应当明显高于舆田。按平均舆田 35 亩的大致估算计，迁陵的垦田每户应在平均 70 亩左右。[②] 据此，虽然迁陵县每户垦田平均在 70 亩左右，实际耕种面积却只有 35 亩左右。这与上揭春耕期间一个成年劳动力乃至核心家庭的耒耕能力也是大致吻合的。尽管这可能只是农业生产相对落后地区的田亩垦种情况，但揆诸情理，在秦帝国牛耕还不太普遍的境况下，这种实际垦田面积应当具备了相当程度的典型性。故而我们不妨以 30 至 40 亩计算其实际耕种面积，再以 4.5 石计算其亩产量，则一般小农家庭的粮食总收入当在 $30 \times 4.5 = 135$ 石至 $40 \times 4.5 = 180$ 石之间。若以十一之税的方式缴纳田租，则剩余可支配的粮食总量大致在 $135 \times (1 - 1/10) = 121.5$ 石至 $180 \times (1 - 1/10) = 162$ 石之间。当然，这些都是就粟原粮而言的，以 5:3 的比例计算，可舂出的粟米在 $121.5 \times 3/5 = 72.9$ 石至 $162 \times 3/5 = 97.2$ 石之间。

在上述粟米的支出项目中，首先应是满足自身口粮所需。李悝曾就"一夫挟五口"的小农家庭的口粮消耗情况论述道：

---

① 刘鹏：《授田、田作与稟食：秦农业管理若干问题考论》，邬文玲、戴卫红主编：《简帛研究二〇二一（秋冬卷）》，桂林：广西师范大学出版社 2022 年版。
② 晋文：《里耶秦简中的积户与见户——兼论秦代基层官吏的量化考核》，《中国经济史研究》2018 年第 1 期。

"食,人月一石半,五人终岁为粟九十石。"①但这只是作为改革家的李悝对战国前期魏国情况的大致估计,至于战国后期乃至秦王朝时期一般秦民家庭的口粮消耗情况,则仍需单独探讨。睡虎地秦简《司空律》云:

> [24]隶臣妾其从事公,隶臣月禾二石,隶妾一石半;其不从事,勿禀。小城旦、隶臣作者,月禾一石半石;未能作者,月禾一石。小妾、舂作者,月禾一石二斗半斗;未能作者,月禾一石。(49—50)②

依据是否为官府服劳役,官府对同种自然身份的徒隶给予不同数量的口粮禀给。为官府服役时,成年男性口粮每月2石,成年女性1.5石;未成年男性1.5石,未成年女性1.25石。依此标准,"一夫挟五口"每年口粮在87石(一对夫妇加上三个女儿)至96石(一对夫妇加上三个儿子)之间,与上述李悝的说法较为一致(一对夫妇加上一个儿子、两个女儿时,则完全一致)。但值得注意的是,既是农户自身的口粮支出,则当与未能为官府服役人员的口粮标准更为接近。此种情形下,未成年男性和未成年女性每月口粮均为1石,较之为官府服役的禀给标准分别减少了0.5石和0.25石。我们不妨将其分别作为成年男性、成年女性的简省标准,则一般农户家庭中,成年男性、成年女性每月口粮支出应分别在1.5石、1.25石左右。③ 如此,"一夫挟五口"每月人均口粮为(1.5 + 1.25 + 1×3) ÷ 5 = 1.15石,每年合计69石。当然,这是完全用粟米充当全年口粮的情形。若考虑到食粮搭配或粟粮不足

---

① 《汉书》卷24上《食货志上》,北京:中华书局1962年版,第1125页。
② 陈伟主编:《秦简牍合集:释文注释修订本(壹)》,第72页。
③ 按:前揭北京大学藏秦代傭作文书木牍所载的"糂(秫)米一石五斗",应是傭作的成年男子一个月的口粮,在数量上与之正相一致。

等因素,一般小农家庭应当还会兼食部分杂粮。如此,每年所需粟米或即在 60 石左右。

上述一般农户缴纳田租后可得粟米 72.9 至 97.2 石,则除去基本口粮后可自由支配的粟米在 12.9 石至 37.2 石之间。以秦粟米每石 30 钱的官定价格计算,一般小农家庭可自由支配的粟米价值在 12.9×30＝387 钱至 37.2×30＝1 116 钱之间。又上揭表 1 显示,秦粟米的常规市场价格在每石 20 钱至 60 钱之间波动,则可支配的粟米价值分别在 12.9×20＝258 钱至 37.2×20＝744 钱之间,或 12.9×60＝774 钱至 37.2×60＝2 232 钱之间。综上所论,相关信息可制表如下:

表 4　一般秦民家庭农田产出推算表

实际耕种面积(亩)	亩产量(石/亩)	粮食总收入(石)	税后收入(石)	相应粟米收入(石)	去口粮之粟米(石)	相应粟米价值(钱)	备注(粟米价格:钱/石)
						258	20
30	4.5	135	121.5	72.9	12.9	387	30
						774	60
						744	20
40	4.5	180	162	97.2	37.2	1 116	30
						2 232	60

由表 4 可知,除缴纳田租和必要的口粮开支外,一般秦民家庭农田产出结余一般不会超过 2 000 钱,低者只有 200 到 300 钱,甚至可能更低。但哪怕是这些微薄或顶多"尚可"的结余,却还要用来支撑多种家庭开销。如衣服就是其中的重要一项:

[25]☐☐酉阳守丞又敢告迁陵丞主:令史曰,令佐莫邪自言上造

　☐☐遗莫邪衣用钱五百未到。迁陵问莫邪衣用钱

已到

□问之，莫邪衣用未到。酉阳已腾书沅陵。敢告主。
(8—647)①

[26] 钱三百六十。卅二年九月甲戌朔丁酉，少内殷、佐处出稟家为占入钱，居县受，偿署所均佐临邛公卒奇里吕吾卅二年冬夏衣。(12—2301)②

简[26] 显示秦始皇三十二年（前 215 年）公卒吕吾所需冬夏衣价值 360 钱。所谓"冬夏衣"，当是全年所需衣服的代称。简[25] 显示令佐莫邪的衣用钱为 500 钱，很可能是包括全年所需衣服和其他用度之所值。睡虎地秦墓 4 号墓出土的 11 号木牍，即载有在外服兵役的黑夫写给母亲的一封信，信中他请求后者，如果丝布便宜，就将其制成衣服和钱一起寄给自己；如果丝布价高，就只寄钱来，自己去买布制衣。6 号木牍所载的另一封信中，则是同在服兵役的惊借用了垣柏的钱，希望母亲给自己寄五六百钱，以及不少于二丈五尺的优质缯布。③ 这些应当都与简[25] 所称的"衣用钱"相当。故单论全年所需衣服之所值，简[26] 所载的 360 钱应当更为接近实际。

值得注意的是，上述多是在外服役成年男子所需衣服的案例，与居家田作者尚有较大区别。以常理而论，后者所需自然较前者为低，当与徒隶所需衣物更为接近。睡虎地秦简《金布律》云：

[27] 稟衣者，隶臣、府隶之毋（无）妻者及城旦，冬人百一十钱，夏五十五钱；其小者冬七十七钱，夏卅四钱。

① 陈伟主编：《里耶秦简牍校释》第 1 卷，第 189 页。
② 里耶秦简博物馆、出土文献与中国古代文明研究协同创新中心中国人民大学中心编著：《里耶秦简博物馆藏秦简》，上海：中西书局 2016 年版，第 204 页。
③ 参见陈伟主编：《秦简牍合集：释文注释修订本（贰）》，武汉：武汉大学出版社 2016 年版，第 592、599 页。

春冬人五十五钱，夏卅四钱；其小者冬卅四钱，夏卅三钱。

隶臣妾之老及小不能自衣者，如春衣。（94—95）①

简文显示，一名成年男性徒隶所需冬衣为 110 钱，夏衣 55 钱，则全年所需衣服共计 165 钱，尚不足简 [26] 所载的一半。一名未成年男性所需冬衣为 77 钱，夏衣 44 钱，共计 121 钱。一名成年女性所需冬衣为 55 钱，夏衣 44 钱，共计 99 钱。一名未成年女性所需冬衣为 44 钱，夏衣 33 钱，共计 77 钱。若以此类比一般的小农家庭，则全年衣服所需在 495 钱（一对夫妇加上三个女儿）至 627 钱（一对夫妇加上三个儿子）之间。可见，仅此一项就占了一般小农家庭农田产出结余中的很大部分，甚至已经超出了其全部结余。故而现实生活中，秦民家庭数年未能添置新衣的情形，应是较为普遍的。

以上所论还只是小农家庭衣食开支的一般情形，"社间尝新春秋之祠""不幸疾病死丧之费，及上赋敛"②等其他开销还未计算在内，足见主要将农田产出作为主要经济来源的秦民家庭，其生活压力不会太小。

此外，如所周知，秦普遍实行轻罪重罚的量刑原则，如睡虎地秦简《法律答问》简 7："或盗采人桑叶，臧（赃）不盈一钱，可（何）论？赀繇（徭）三旬"；简 10："甲盗不盈一钱，行乙室，乙……见智（知）之而弗捕，当赀一盾。"③《汉书·刑法志》在批评秦始皇"专任刑罚"时，形容当时的局面是"奸邪并生，赭衣塞路，囹圄成市，天下愁怨"④。此说虽有过度"过秦""抑秦"之嫌，但秦法之严密深刻是实实在在的。此种情形下，秦民易触法禁的情形可想而知。这对原本并不宽裕的小农家庭

---

① 陈伟主编：《秦简牍合集·释文注释修订本（壹）》，第 96 页。
②《汉书》卷 24 上《食货志上》，第 1125 页。
③ 陈伟主编：《秦简牍合集·释文注释修订本（壹）》，第 186—187 页。
④《汉书》卷 23《刑法志》，第 1096 页。

来说,代价无疑是巨大的。而对于广大贫民而言,他们很多甚至连最常见、最"轻微"的赀一盾、赀一甲等都无力承受①,如此只得为官府服役予以折抵。如里耶简 12—1780 云:"今延盗,论赀一盾,以九月庚申居赀。谒告发弩丞□□□□☑"②,正是此种情形的典型体现。

上揭里耶简 9—1 至 9—12 皆载有前往洞庭郡戍守的阳陵士卒拖欠阳陵司空的款项。他们本人尚在洞庭郡服役,期间显然不可能立即偿清此笔债务。面对债权人从阳陵司空变更至迁陵官署的现实,可行的办法只能是在戍役结束后,就地居作以抵偿。12 份追讨"赀钱""赀余钱""赎钱"的文书中,最高者为简 9—7 中士伍小欬的 11 271 钱,按秦律"日居八钱"的规定,需服居役 1 409 日,接近 4 年之久;若以公家供应伙食"日居六钱"计算,则为 1 879 日,更是几近 5 年 2 个月。③最低者为简 9—5 中士伍盐的 384 钱,按"日居八钱"规定,需服居役 48 日;以"日居六钱"计算,则为 64 日。以 12 份文书整体计算,平均每人欠款约 3 240 钱,至少需服居役 405 日,超过 1 年 1 个月。若将简 9—1、9—3、9—11 中皆为赀余钱,即先前已偿还部分赀钱考虑在内,需服居役的最短时间只会更长。总体上看,普通百姓服居役并不少见,堪称秦帝国役使百

---

① 今按:前揭北京大学藏秦简的佣作文书中,佣价每日 3 又 2/3 钱,每月 110 钱。参见陈侃理:《北京大学藏秦代佣作文书初释》,中国文化遗产研究院编:《出土文献研究》第 14 辑,第 9 页。若以此标准计算,则"赀一盾"(384 钱)相当于佣作 105 日,约三个半月;"赀一甲"(1 344 钱)更是相当于佣作 367 日,长达一年之久。可见,赀一盾、赀一甲的处罚金额并不是广大贫民所能轻易承受的。
② 里耶秦简博物馆、出土文献与中国古代文明研究协同创新中心中国人民大学中心编著:《里耶秦简博物馆藏秦简》,第 202 页。
③ 上揭简 9—630 + 9—815 中,上造难欠官府 1 344 钱的赀钱,因家贫无力偿还,故约定以"居"的方式偿还赀钱,每日扣除六钱。此当是居赀者选择"日居六钱"服役方式的典型实例。揆诸情理,居赀者大多是因无力偿还赀钱而居作的,他们采取"日居六钱"的方式应该更为普遍。

姓的重要内容，以及对徭戍制度的一项重要补充。①

对于贫苦小农而言，服居赀赎债等劳役还会产生其他负面效应。尽管从秦简资料看，秦政府十分注重保障百姓的农业生产时间，即便是对服居赀赎债劳役者，也尽可能使其不违农时。如秦律规定："居赀赎责（债）者归田农，穜（种）时、治苗时各二旬"（144）；"居赀赎责（债）拾日坐皋人以作官府及当戍故徽有故而作居县者归田农，种时、治苗时、穫（穫）时各二旬"（274—275）②。但对于一般农作物而言，由于其自身抵抗力不强，自主生长能力有限，故小农的时常经营呵护是十分必要的。从这种层面上看，秦政府给予居赀赎债者的这种最基本最必要的时间保障，无疑还是有所欠缺的。故对于小农居赀赎债者而言，其雪上加霜的生活境况就更加可以想见了。

而对于富有的秦民来说，情况则会好得多。如里耶简8—1554：

[28]卅五年七月戊子朔己酉，都乡守沈爰书：高里士五（伍）广自言：谒以大奴良、完，小奴畴、饶，大婢阑、愿、多、□，禾稼、衣器、钱六万，尽以予子大女子阳里胡，凡十一物，同券齿。典弘占。（8—1554）③

简文中士伍广只是一个没有任何爵位的平民，但赠送给成年女儿的财产就有2名成年男奴、2名未成年男奴、4名成年女奴、禾稼、衣器，以及6万钱。其生活应是十分富足的，上揭一般小农家庭每年的农田产出结余对其来说也堪称微不足道。此外，这类富民哪怕是受到了一般的赀罚，也足以从容应付。

---

① 刘鹏：《里耶秦简所见居役的几个问题》，《河南工业大学学报（社会科学版）》2018年第5期。
② 陈伟主编：《秦简牍合集·释文注释修订本（壹）》，第119页；陈松长主编：《岳麓书院藏秦简（肆）》，第159页。
③ 陈伟主编：《里耶秦简牍校释》第1卷，第356—357页。

如上揭简[4]规定:"黔首有赀赎责(债)而有一奴若一婢,有一马若一牛,而欲居者,许之。"故对于士伍广而言,他既可以直接缴纳罚款,也可以让其奴婢代替自己居作,而不必亲自服役以折抵赀罚之款。

综上所述,以产量租率为参照,战国后期秦国至秦王朝时期粟的平均亩产应在每亩 4.5 石左右。再以 30 至 40 亩计算实际耕种面积,去除田租和基本的口粮消耗,一般小农家庭年均可自由支配的粟米在 12.9 至 37.2 石之间。以每石粟米 20 至 60 钱的常见价格推算,这种农田产出结余一般不会超过 2 000 钱,低者只有 200 到 300 钱,甚至可能更低。对于以农田产出为主要经济来源的小农家庭而言,他们的生活压力不会太小。

四、 结语

本文在前人研究的基础上,对秦的粮食价格作了集中探讨。进而结合一般小农家庭的年均粮食收入情况,对秦民尤其是广大小农阶层的大体生活状况作了一定考察。本文认为,战国后期秦国至秦王朝时期,粟米的官定价格均为每石 30 钱,市场价格则在此基础上有所波动。每石 1 600 钱等奇高的粟米价格,只是短时期内出现的特殊情况,不宜视之为秦粟米价格的常态。对于一般小农家庭的收入情况,我们以产量租率为参照,发现当时粟的平均亩产应在每亩 4.5 石左右。再以 30 至 40 亩计算其实际耕种面积,去除田租和基本的口粮消耗,一般小农家庭年均可自由支配的粟米在 12.9 至 37.2 石之间。以每石粟米 20 至 60 钱的常见价格推算,这种农田产出结余一般不会超过 2 000 钱,低者只有 200 至 300 钱,甚至可能更低。对于以农田产出为主要经济来源的小农家庭而言,他们的生活压力不会太小。而对家境殷实的秦民来说,这种农田产出之结余则显得有些微不足道。此外，这类富民哪怕是受到了一般的赀罚，也足以从容应付。由此可见，哪怕是强盛一时并履行着强大农业经济职能的秦帝国，某种程度上还是呈现出了一种"国富民穷"的特质。待到帝国晚期，各种社会问题加剧，一般秦民尤其是广大小农阶层就更加举步维艰了。

（原载《中国社会经济史研究》2021 年第 2 期）

圣树崇拜在世界范围内的显现及意义

俞方洁(四川美术学院) 李 勉(重庆师范大学)

[摘 要] 在世界古代文明中,圣树崇拜是极为普遍的文化现象。树木象征着世界之树(生命之树),成为某种超越性的存在。圣树之所以成为神圣的显现,是因为它不仅再现了宇宙,而且展现了宇宙永不枯竭、源源不断的生命力以及重生的过程。人们通过攀爬、触摸和拥抱树木等行为,力图与树建立密切联系,从而获得升天、再生和不朽等神力,分享树木的永恒生命。现代社会的林木保护意识可以说是古代圣树崇拜的延伸,其源头可以追溯到古代社会世界树的原始信仰。

[关键词] 世界树;生命树;树崇拜;神圣显现;树木保护

树木崇拜是世界古代社会极为普遍的现象。在树崇拜中,作为神圣的显现,树木在世界不同地域文化中呈现为各自不同的具体模态,但并不能因此而否认圣树崇拜的普遍特质。我们知道印度人崇敬菩提树,古埃及人视梧桐树、枣椰树若神灵,亚述人有为枣椰树授粉的神圣仪式。这些不同的树木不仅在某个特定时空是神圣的存在,也同样以神话—象征的形式获得了普遍的意义。作为神圣的树木,其之所以受到敬拜,是因为它诠释了各种神话中世界树的意义，被视为宇宙或者宇宙的一部分。世界之树（生命之树）广泛流传于世界各地的许多神话和民间故事中，体现了圣树崇拜中一种普遍的神圣模态。在许多传说中都有一棵生长在土地上将生命赐给神或人类的生命之树，或与地球中心相连的世界之树。这可能是最古老的人类神话，也是一个普遍存在的神话。当然，世界树在人类神话中的显现并不总是清晰的，而大多是隐晦的，它们多散落在各文化遗存之中。本文通过对世界神话中世界之树（生命之树）神圣显现与意义的考察，试图了解树木崇拜对当下人类社会的价值与意义，以及古代价值体系与现代林木保护实践之间的联系。

一、 圣树崇拜与世界树

在人类原始宗教中，树代表着一种独特的力量。人们崇拜圣树是通过其形式背后所隐藏的某些象征性的精神存在。枣椰树之所以能够被古美索不达米亚人挑选出来作为圣树，并绘制在亚述阿舒尔纳斯尔帕尔二世宫墙上，表现神的授粉仪式，恰恰就在于枣椰树本身的特点。椰枣在美索不达米亚是一种重要的食物，富含热量，且易于保存。枣椰树果实累累，一棵枣椰树通常每年能结实百斤以上。因此枣椰树在阿卡德语中的同义词为"富足之树"和"财富之树"①，被赋予了自然农业丰产的象征。

更重要的是，树之所以进入早期人类的宗教领域，与它所拥有的宇宙学意义有关。伊利亚德认为如果树充满神圣的力量，那是因为它挺拔、生长、树叶落而复萌，因而无数次再生

---

① B. N. Porter, "Sacred Trees, Date Palms, and the Royal Persona of Ashurnasirpal Ⅱ", *Journal of Near Eastern Studies*, 1993, 52(2): 129—139.

（"死"而"复生"），还因为它生产树脂等等。就是因为树内在的力量，就是因为它自然生长的规律（"再生"），在原始人的认识中，树再现了整个宇宙。① 菩提树在梵语中被称为 Asvat-tha，在《卡塔奥义书》中，它是伟大创造者的化身。② 闪米特人的圣树往往具有一种独特的万物有灵的生命力，这把我们带回到一个非常早期的宗教阶段。树本身就能发出神谕般的声音，那声音从桑树顶上发出来，是给大卫发出的神圣信号，指示他攻打非利士人。③

圣树所在之地是圣地，也是祭祀的场所。树可以变成一根柱子或一根树柱，保留了原来的神圣性。原始社会中，神圣的树与神圣的柱子相关联。这种双重崇拜的确非常广泛，它可以说标志着一个明确的早期阶段的宗教进化。在原始宗教中，人们对树木、柱子或粗糙石头的崇拜表达了一种相同的崇拜形式，即圣树崇拜。在希腊的迈锡尼时代，人们的祭祀对象几乎全部由神圣的石头、柱子和树木组成；古典时期，人们把他们粗鲁的偶像变成了优雅的人形，用变形的优雅寓言掩盖了树崇拜的现实。④ 伊斯兰教圣地麦加著名的黑石暗含着树崇拜之义，而柱子的祭祀传统流行于整个伊斯兰世界。闪米特族有古老的柱状祭祀传统，他们把柱子或圆锥体，甚至是不

---

① ［美］米尔恰·伊利亚德著，晏可佳、姚蓓琴译：《神圣的存在：比较宗教的范型》，桂林：广西师范大学出版社 2019 年版，第 263 页。

② P. Granziera, "The Indo-Mediterranean Caduceus and the Worship of the Tree, the Serpent, and the Mother Goddess in the South of India", *Comparative Studies of South Asia Africa and the Middle East*, 2010, 30(3): 610—620.

③ Rituals A. Dafni, "Ceremonies and Customs Related to Sacred Trees with A Special Reference to the Middle East", *Journal of Ethnobiology and Ethnomedicine*, 2007, 28(3): 15—28.

④ A. J. Evans, "Mycenaean Tree and Pillar Cult and Its Mediterranean Relations", *The Journal of Hellenic Studies*, 1901, 21: 99—204.

成形的木块作为神性的物质代表。① 在印度，柱与树频繁成对地出现。在印度河文明摩亨佐·达罗遗址中，有一处圣地就是围绕着一颗树建造起来的。在吠陀时期，婆罗门被看作是人与神、人与天地的中介。天人关系的中心是祭祀柱子，这是一根木柱，献祭的动物在供奉给神前被拴在柱子上。② 事实上，古人对石头或柱子的崇拜通过某种特殊的祈祷仪式表现出来，体现了树崇拜的本质内涵，即树提供了一种永久的神性生命。

二、 作为宇宙柱的圣树

世界之树被认为是世界的中心，表现为支撑宇宙之柱。宇宙之柱的神话在北欧、印度、中国、日本和亚洲北部的萨满教民间传说中广为人知。古代斯堪的纳维亚人认为，世界是一棵神树，从一颗播撒在太空的种子生长而来。在他们的神话中，树被认为支撑着天空，是众神每天开会的圣地。③ 在北亚的萨满教宇宙观中，宇宙的天空、大地与地下三层由一根中心轴连接，萨满可以成功地在三界穿行。萨满在登天时，要爬上一棵有七道阶梯的桦树。然而，一般而言，他登天用一根有七道台阶的柱子，这自然是说神圣的柱子和树是宇宙中央支撑世界的宇宙柱。④ 在中国古代也有一根位于宇宙中心的世

---

① Rituals A. Dafni, "Ceremonies and Customs Related to Sacred Trees with A Special Reference to the Middle East", *Journal of Ethnobiology and Ethnomedicine*, 2007, 28 (3): 15—28.

② [德] 施勒伯格著，范晶晶译：《印度诸神的世界：印度教图像学手册》，上海：中西书局 2016 年版，第 240 页。

③ M. P. Hall, *The Secret Teachings of All Ages：An Encyclopedic Outline of Masonic, Hermetic, Qabbalistic and Rosicrucian Symbolical Philosophy*, London：Philosophical Research Society, 1999, p. 372.

④ [美] 米尔恰·伊利亚德著，段满福译：《萨满教——古老的入迷术》，北京：社会科学文献出版社 2018 年版，第 271—275 页。

界树——建木。《淮南子·地形训》有："建木在都广,众帝所自上下,日中无景,呼而无响,盖天地之中也。"①《山海经·海内经》说建木生于九丘,"有九丘……神民之丘。有木,青叶紫茎,玄华黄实,名曰建木,百仞无枝"②。"都广"有首都、中心之意,"九丘"有世界标识之意。因此,高百仞的建木伫立于天地中央、宇宙中心,它是各方的天帝上天或下地的梯子,众帝援着这棵直入云霄的树上下往来于天地之间。

古代一般认为,宇宙之树的根在地下世界,其树枝在最高的苍天之上;但有时也是颠倒的,将宇宙等同于一棵倒置的树并非个例。在古印度吠陀时期,菩提树被描述为一棵巨大的树,扎根于天空,通过它转向大地的枝干分配它的智慧和创造能量。菩提树作为倒置的宇宙树出现于《卡达奥义书》之中,其中说道:"上面有根,下面有树枝,不朽的无花果树矗立着,这是纯洁的,这是婆罗门,这是不朽的,所以人们说,在它上面所有的世界都建立在它之上。这就是真理。"③倒立的树的形象也可以在瑜伽的倒立姿势中看到。在瑜伽中,树根被设想为阳光和其他神圣能量的容器,当树在光合作用中将光转化为其他能量时,这些能量将被转化。中世纪的喀巴拉主义者(犹太教神秘主义体系)把万物描绘成一棵树,它的根在现实的精神(天空)上,枝条在地球上(物质的现实)。④

作为宇宙之轴的树,它被视为连接天地的纽带,代表着神

① (汉)刘安撰,何宁集释:《淮南子集释》,北京:中华书局1998年版,第328—329页。

② 袁珂校注:《山海经校注》,北京:北京联合出版公司2014年版,第377页。

③ Rituals A. Dafni, "Ceremonies and Customs Related to Sacred Trees with A Special Reference to the Middle East", *Journal of Ethnobiology and Ethnomedicine*, 2007, 28 (3):15—28.

④ J. Crews , "Forest and Tree Symbolism in Folklore", *Unasylva*, 2003, 213(54): 37—43.

与人之间的重要联系。因此,作为宇宙之轴的圣树实际上是一棵有神灵居住的神树,这在世界各古代神话中是极为常见的。埃及人相信有神灵或女神住在枝叶繁茂的梧桐树上。① 另外,梧桐树还是太阳神拉落脚的神圣居所。据古埃及的《亡灵书》,一对梧桐树伫立在天堂的东门,太阳神拉每天清晨从那里出现。书中第109章中详细地描述了两株矗立在天堂东门口,像绿松石一样光芒四射的梧桐树:"我知道太阳神拉当它越过支撑物舒,来到东方之神的门口,它将在这两株梧桐树之间升起。"②梧桐树位于东方,是人与神沟通的媒介和工具,更是神灵栖息的居所。金字塔文本1485a描述了这样一棵超自然树:"向保护地狱诸神的梧桐树致敬。"③又见金字塔文本916a—b:"当那高高的梧桐树垂下它的枝干(神的居所),它将从高处带他(死者)去往塞特的地方和东方的天空。"④文中还提到了死者和他去东方地平线上的梧桐树的最后一次旅行。众神习惯于坐在这棵树上,就像那些由死者的灵魂变成的鸟一样。树作为神灵居所同样也见于古印度。在吠陀经典中,菩提树是所有神的住所,这里也居住着一些被称为飞天的神灵(天上的水仙女),他们被认为是吉祥的,被视为在婚礼中送祝福的神灵。吠陀中描述了天神伐楼那顺着菩提树升天的场景:"在无底深渊中的国王伐楼拿,以他纯洁意志的力量升到了菩提树(宇宙树)的树冠之上,在他身下是树枝,上为树根。

---

① B. Marie-Louise,"The Goddesses of the Egyptian Tree Cult",*Journal of Near Eastern Studies*,1947,6(2):80—97.

② B. Marie-Louise,"The Goddesses of the Egyptian Tree Cult",*Journal of Near Eastern Studies*,1947,6(2):80—97.

③ B. Marie-Louise,"The Goddesses of the Egyptian Tree Cult",*Journal of Near Eastern Studies*,1947,6(2):80—97.

④ B. Marie-Louise,"The Goddesses of the Egyptian Tree Cult",*Journal of Near Eastern Studies*,1947,6(2):80—97.

愿我们内心坚定地树立他圣光的旗帜。"①在中国古代神话传说也有三棵供太阳栖息的神树,就是东方的扶桑、中央的建木、西方的若木。《山海经·海外东经》说:"汤谷上有扶桑,十日所浴,在黑齿北。居水中,有大木,九日居下枝,一日居上枝。"②《淮南子·地形训》曰:"若木在建木西,末有十日,其华照下地。"③可见,扶桑、若木、建木乃太阳神的居所。

三、 作为生命之源的圣树

世界树的象征意义暗含着几个宗教观点。一方面,它象征着天空或现世的天堂;另一方面,它象征着处于不断再生状态中的宇宙、永不枯竭的宇宙生命的源泉以及神圣物至高无上的载体。④ 也就是说,世界树有时既作为神的居所,象征"世界中心",还经常作为不朽的生命树。

在世界各地的古代神话传说中,世界树与女神紧密联系在一起,以生命给予者或掌控者的形象呈现,传达着不死、重生或繁殖之意。在两河流域古文明中,枣椰树与伊斯塔尔关系密切。伊斯塔尔是象征生育的女神,她与枣椰树的联系见于亚述时期。伊斯塔尔神庙附近发现的墓葬装饰着女神和枣椰树。在此后的新亚述印章上,伊斯塔尔站在她的狮子上,她身前为一棵枣椰树。在一些文献中可以看到伊斯塔尔与枣椰树的联系,例如亚述晚期伊斯塔尔的赞美诗把她称为"枣椰

---

① P. Granziera, "The Indo-Mediterranean Caduceus and the Worship of the Tree, the Serpent, and the Mother Goddess in the South of India", *Comparative Studies of South Asia Africa and the Middle East*, 2010, 30(3):610—620.

② 袁珂校注:《山海经校注》,第 231 页。

③ (汉)刘安撰,何宁集释:《淮南子集释》,第 328—329 页。

④ [美]米尔恰·伊利亚德著,段满福译:《萨满教——古老的入迷术》,第 271—275 页。

树,尼尼微的女儿,土地上的牡鹿"①。可见,与生育女神相似,枣椰树被拟人化、被喻为生命的创造者。在古埃及,枣椰树也被视作孕育生命的女神。女神哈索尔生有牛耳,她的名字意为"荷鲁斯之家",即"荷鲁斯之母",在碑文中母亲通常被称为她孩子的家。她还被称为"枣椰树的情人",因为哈索尔最初不是牛,而是为树女神。② 树与女神紧密联系的形象还见于古代的北亚、中亚地区。在公元前4世纪,阿勒泰的巴泽雷克5号墓中出土的一件毛毡上表现了一名女神坐在宝座上,她拿着一根大树枝,树枝上的枝条末端是五朵花,宝座的腿像植物,尾部明显地生出了根,她长方形的头饰让人联想到肥沃的土地。这样,生育之神的所有基本属性都展现了出来:"生命之树"从神的膝盖上长出。③ 在古印度,女神与生命树的信仰可早至印度河文明。在摩亨佐·达罗发现的一个印泥中,一位女神出现在一棵菩提树的树枝之间。另一个有趣的哈拉帕印章表现了一个女人的子宫里生长着一株植物,这个女性形象很可能是大地母亲。④ 这里强调植物和神圣的女性存在着密切的关系。似乎在印度河文明中,树的生命力被视为与伟大的女神——大地母亲紧密相连。

生命树不仅借助女神显示自己,同时呈现出再生和不死生命源泉的形象。也就是说,除女神以外,生命树也借助泉源、花果、根茎、动物等补充和丰富其作为永恒生命的象征意

---

① B. N. Porter, "Sacred Trees, Date Palms, and the Royal Persona of Ashurnasirpal II", *Journal of Near Eastern Studies*, 1993, 52(2): 129—139.

② B. Marie-Louise, "The Goddesses of the Egyptian Tree Cult", *Journal of Near Eastern Studies*, 1947, 6(2): 80—97.

③ A. I. Martynov, "The Solar Cult and the Tree of Life", *Arctic Anthropology*, 25(2): 1988: 12—29.

④ P. Granziera, "The Indo-Mediterranean Caduceus and the Worship of the Tree, the Serpent, and the Mother Goddess in the South of India", *Comparative Studies of South Asia Africa and the Middle East*, 2010, 30(3): 610—620.

义。在印度教中,创造之神梵天是从毗湿奴的肚脐里长出来的一朵莲花上诞生的。由于毗湿奴躺在盘成无数圈的世界之蛇上,而这条蛇又漂游在无垠的宇宙之海中。水、莲花、蛇和毗湿奴象征着唯一的宇宙物质或能量,通过它生命得以诞生。① 这里水代表种子,是隐藏的力量;花代表宇宙的创造,生命和再生从水与植物生长的关系中得以显现。在埃及,与生命之树相对应的是"生命之花"。新王国时期,埃及人非常渴望圣树的花朵,他们认为这些花朵能赋予生命,因此称它们为"生命之花"。葬仪中使用的是莲花和荷花车,就像现代中葬礼仍然使用花车一样,死者的雕像和棺材上装饰着花环。② "生命之树"的形象在欧亚草原地区也颇为盛行,它们多与动物形象相结合,以程式化的方式表现,例如在鸟喙或动物的头上生长出有树枝的树干。在阿尔泰、叶尼塞和阿尔泰—萨彦地区岩画上有许多树状角的动物。人们用不同的方式描绘了岩羊、羚羊和西伯利亚野羊的树状羊角,有呈直线状或弯曲状的,也有螺旋状的或类似冷杉树有许多波浪状或浓密的树枝。③ 羊角的再生和生长的能力与生命树有相似之处。因此,羊角和树木被当地猎人和牧民同等看待。人们注意到西伯利亚西部森林出土了很多树状青铜铸件,它们曾被放置在古代的祭祀场所,与烧焦的黏土堆放在一块。这些树状青铜铸件作为祭祀品用于祭祀生育和森林生命再生的神秘仪

---

① P. Granziera,"The Indo-Mediterranean Caduceus and the Worship of the Tree, the Serpent, and the Mother Goddess in the South of India", *Comparative Studies of South Asia Africa and the Middle East*,2010,30(3):610—620.

② B. Marie-Louise,"The Goddesses of the Egyptian Tree Cult", *Journal of Near Eastern Studies*,1947,6(2):80—97.

③ A. I. Martynov,"The Solar Cult and the Tree of Life", *Arctic Anthropology*,25(2):1988:12—29.

式。① 在中国古代的传说中有"不死之药"生长于"不死之树"上，《山海经·海内西经》："昆仑开明山有不死之树，食之长寿。"西王母掌管的不死之药是从昆仑山不死树上采摘下来的，再经玉兔加工炼制而成。汉乐府诗曰："采取神药若木端，白兔长跪捣药虾蟆丸。奉上陛下一玉柈，服此药可得神仙。"②可见，早在先秦时期，采服不死之树上的仙果、药丸，能使人不死的神话就已流传。生命、圣神的力量都围绕一棵树展开，树作为生命的造物主也提供着源源不断的生命之泉。

四、 人与树的关系

在世界范围内，圣树崇拜中以树象征宇宙之轴、生命循环的概念也涵盖了人与树的神秘联系。这些神话中最著名的莫过于某个特定部族借助树登天的故事，例如前面所提及的萨满登天时，爬上一棵有七道阶梯的桦树，或者伐楼那攀爬菩提树升天，亦或众帝由建木上天下地。另一方面，世界之树又表现为生命之树，人们对再生、重生以及不朽的愿望往往借助于与树建立某种联系得以实现。树作为超自然的存在，隶属于土地，从而获得大地的生命特性。人接触圣树，或住在树上，通常意味着个体的再生或重生。在印度，人们相信女人只要轻轻一碰，树就会开花或结果。因为女性强大的生育能力可以转移到树上，反过来，女人可以通过与树接触获得生育能力。③ 女性拥抱树的现象非常古老，在早期佛教艺术和后来

---

① A. I. Martynov, "The Solar Cult and the Tree of Life", *Arctic Anthropology*, 25(2): 1988:12—29.

② 逯钦立辑校：《先秦汉魏晋南北朝诗·董逃行》，北京：中华书局1983年版，第264页。

③ P. Granziera, "The Indo-Mediterranean Caduceus and the Worship of the Tree, the Serpent, and the Mother Goddess in the South of India", *Comparative Studies of South Asia Africa and the Middle East*, 2010, 30(3):610—620.

的笈多艺术中佛庙的门上都有描绘。这些女人或树精站在一棵菩提树或芒果树下,一只手抓着树枝,一只脚接触树干。菩提树开满了花,芒果结满了果实。释迦牟尼的诞生就与菩提树有关,树摩耶夫人伸展右臂,攀住菩提树枝,从右腋诞下了佛祖。

在许多史诗故事中,英雄会死在圣树上,然后重生。在古埃及,奥西里斯因为受到弟弟赛特的嫉妒而被骗到箱子中闷死。他的棺材(木制的华丽箱子)被邪恶的兄弟塞特扔进海里,被波浪冲到叙利亚的比勃洛斯,搁浅在海滩上。那儿长出一棵神圣的树,围绕着棺木生长,并把棺木包含在巨大的树干里。这里的树干便是母体和子宫的象征,奥西里斯死在木制的箱子中,又经历了树中重生。也就是说,树木会庇护人的重生。① 在北亚的古代文物中也有类似的场景。在彼得一世收藏的一对西伯利亚金腰带饰品上,表现了英雄之死的主题。树是画面的中心,它显得极不寻常,由九根粗枝组成。树的旁边站着两匹备好鞍的马,一根树枝与其中一匹马的嘴相连。坐在树下的一人牵着另一匹马的缰绳;树干另一边坐着一个头戴王冠之人,一根长长的树枝从这个人脖子上长出来,与树木的枝桠结合并交织在一起。在这两名男子之间躺着一名死去的男子,树从死去男子的肩膀上长出。② 在这一叙事场景中,所有的演员都被"生命之树"的树枝连接起来,树的出现象征着新生。这暗示着死去的英雄在生命树边重新获得了生命与能量。

生命之树还讲述了祖先的故事,树被视作某些部族的祖

---

① B. Marie-Louise,"The Goddesses of the Egyptian Tree Cult",*Journal of Near Eastern Studies*,1947,6(2):80—97.

② B. Marie-Louise,"The Goddesses of the Egyptian Tree Cult",*Journal of Near Eastern Studies*,1947,6(2):80—97.

先。在印度的某些达罗毗荼人部落,女孩首先要嫁给一棵树。只有这样,她在嫁给男人的时候,才会丰产多子。这是因为进入妇女子宫的祖先灵魂先住在树上,它进入嫁给这棵树的女孩体内,在她怀孕后再次进入树中。① 树作为部族始祖的神话还见于中国云南的古哀牢国。《华阳国志·南中志》载国王元隆故事云:"永昌郡,古哀牢国……其先有一名妇人,名曰沙壶,依哀牢山下居,以捕鱼自给。忽于水中触一沈木,遂感而有娠。度十月,产子男十人。后沈木化为龙出,谓沙壶曰:'若为我生子,今在乎?'而九子惊走。惟一小子不能去,陪龙坐,龙就而舐之。沙壶与言语,以龙与陪坐,因名曰元隆。犹汉言陪坐也。"② 沙壶触木(龙)而怀孕生子,木化身古哀牢人的祖先。另外,树木也被认为是祖先灵魂的住所。印度南部和东部的一些部落把树作为逝者的精神安息之地。孩子们被警告要提防树之灵,因为树之灵与生命和青春是对立的。树之灵是未出生的,因此饥饿,必须向这些树供奉牺牲来满足它们危险的生存欲望。③ 树作为灵魂的居所,被认为是对立的集合。一方面,树是死者出没的地方,他们饥饿的灵魂要求牺牲生命;但另一方面,它是生命的本质。树的中心意义是重生,而重生首先需要经历死亡。

五、 结语

圣树崇拜在世界古代文明的普遍性揭示了树在早期人类

---

① P. Granziera,"The Indo-Mediterranean Caduceus and the Worship of the Tree, the Serpent, and the Mother Goddess in the South of India", *Comparative Studies of South Asia Africa and the Middle East*,2010,30(3):610—620.

② (晋)常璩著,刘琳校注:《华阳国志校注》,成都:巴蜀书社 1984 年版,第424 页。

③ P. Granziera,"The Indo-Mediterranean Caduceus and the Worship of the Tree, the Serpent, and the Mother Goddess in the South of India", *Comparative Studies of South Asia Africa and the Middle East*,2010,30(3):610—620.

思想信仰中的重要地位。无论是象征无边无际宇宙的大树，或是沟通神人的天梯，或是与女性生育密不可分的关系，还是生出永不衰败的植物果实，树都象征着不断更新的宇宙，具有宇宙树、生命树的神圣意义。圣树的神圣性在不同的文化中显现出某种具体的模态，但作为宇宙树、生命树的神话象征是普遍的，它们隐藏在世界各文明之中。早期人类相信圣树就是宇宙，或者宇宙的一部分，它不断地创造，以无限多样的形式再生，并且永葆生机。正因如此，树成为了超越的存在，变成了神圣的象征。作为神圣的存在，人们将树作为神灵一般地看待，他们渴望与树建立某种密切的关系，从而获得神灵的庇佑、恩赐乃至永生。因此，在世界各地的神话中，我们经常可以看到人与树接触后获得神力的故事。例如萨满仪式性地攀登圣树以升上天界，食用了圣树的果实，分享着树永恒的生命，或者让妇女触摸一棵树以怀孕，以及将死者安放于树边或木制棺材中获得重生。

在现代世界中，虽然对树木的崇拜已经大部分消失了，但对某些树木或树林的崇拜在一些少数民族的传统中仍然存在。然而，保留在语言、知识和文化中的符号提醒人们，人类思想和森林世界之间有着丰富的关系。现代人对森林保护的关注，或许是古代圣树崇拜的自然延伸。昔日的神圣森林，如今已成为生态保护区、自然遗产。深入研究树木的象征通常有助于解释古代价值体系和现代实践之间的联系。

（原载《世界林业研究》2022 年第 4 期）

圣树崇拜在世界范围内的显现及意义

中国上古时期园林中的植被及其文化意蕴

罗启龙（贵州大学）

　　中国园林是中华文化的重要组成部分，不同的历史时期的园林风格差异极大，而植被的选种是形成此差异的主要因素之一。目前学界对古代园林艺术与文化的研究成果颇丰，但囿于资料所阙，相关成果多集中于魏晋以后。而关于秦汉及其以前的园林，讨论方向主要为建筑格局、职官等方面，对植被的研究较少。因此，本文拟基于传世文献，并结合考古资料，探析中国古代早期——商周至秦汉时期的园林中的植被及其文化内涵，从不同角度明晰中国古典园林文化之源流与发展脉络，进而为现今的园林建设提供文化理论依据。

一、 古代早期园林植被作用的演变

　　据郭沫若对殷墟卜辞的考证中发现，"文字上有圃，有囿，有果，有树，有桑，有栗"①。殷商时的公、私园囿中已开始种植生活中常需用到的经济林木。然而甲骨文中囿几种字体之象形均似围墙之内有草木之形。且部分字体显示土地均有划

---

① 郭沫若：《中国古代社会研究》，北京：人民出版社1954年版，第185页。

定①,这说明当时的园圃很可能主要用于粮食作物的生产,树应并非为种植的主要物种。

因周以降,纺织桑麻已成为社会重要的家庭手工业,且随着生产力的进步,种植区域已分划明显,园圃中已鲜有谷物的种植,多是植以"桑萩杂菜"以及果树②等农副产品。这种园中植物的规划及选择,在后世一直为人们所沿用。可以说,在先秦,甚至沿及整个中国古代,民间园圃多数是呈现出自然朴实的农家风貌。

除经济因素外,先秦时人们已注重私人的庭院及园圃的美化。如《小雅·鹤鸣》载:"乐彼之园,爰有树檀,其下维萚……乐彼之园,爰有树檀,其下维穀。"关于"檀",是否为现在的檀木,因史料语焉不详,尚难以判断。孔颖达疏云:"王若置贤人於朝,则人言云:'我何以乐彼之园而欲往观之乎?'曰:'以上有善树之檀,而其下维有恶木之萚。'"按孔疏,檀木应为高大且材质优良的乔木。③ 而"萚""穀"应属于小乔木或灌木。从二者名称及其为"恶木"来判断,应均非经济林木。以此推测,引文中的几类树种或均是用于美化园林的。另,《郑风·将仲子》载:"将仲子兮,无逾我里,无折我树杞……将仲子兮,无逾我墙,无折我树桑……将仲子兮,无逾我园,无折我树檀。"④文中所提及的"园"位于里门之内与家舍之旁,形成

---

① 参看徐中舒主编:《甲骨文字典》,成都:四川辞书出版社1989年版,第104页。

②《诗经》中亦多载有园圃中的果树,如《魏风·园有桃》云:"园有桃,其实之肴……园有棘,其实之食。"(汉)毛公传,(汉)郑玄笺,(唐)孔颖达疏:《毛诗正义》卷15《魏风·园有桃》,(清)阮元校刻:《十三经注疏》,北京:中华书局1980年版,第357—358页。

③ (汉)毛公传,(汉)郑玄笺,(唐)孔颖达疏:《毛诗正义》卷11《小雅·鹤鸣》,(清)阮元校刻:《十三经注疏》,第433页。

④ (汉)毛公传,(汉)郑玄笺,(唐)孔颖达疏:《毛诗正义》卷4《郑风·将仲子》,(清)阮元校刻:《十三经注疏》,第337页。

了园、宅相结合的布局模式,应当是后世私家园林的雏形。①
关于"杞",陆机《疏》云:"杞,柳属也,生水傍,树如柳,叶粗而
白色,理微赤,故今人以为车毂。今共北淇水傍,鲁国泰山汶
水边,纯杞也。"②"杞"为柳属,为湿生植被,古人常植于河堤
或湖水旁以作为行道林或河堤林,该树种具有较高的观赏性。

至秦汉时,庭院及园囿中种树也益加普遍,《睡虎地秦墓
竹简·封诊式》记载,某里士五(伍)有"内室皆瓦盖,木大具,
门桑十木"③。不难看出,桑树仍是民居周边种植最为普遍的
树种。除受政府鼓励农桑政策的影响外,在长期的生产实践
中,人们已了解到桑树所能带来的可观的经济效益,是时人广
植桑树的另一主要原因。如蚕桑丝织能直接为人们提供衣食
所需。此外,《氾胜之书》载:"当种麦,若天旱无雨泽,则薄责
麦种以酢浆并蚕矢,夜半渍,向晨速投之,令与白露俱下。酢
浆令麦耐旱,蚕矢令麦忍寒。"④养蚕所得的蚕粪也是常用的
肥料,并可以养护所种麦谷。而桑树所结的桑椹亦可食用,甚
至在荒年可用于应对饥荒。⑤ 正因其具有多种功用,秦汉时

---

① 《孟子注疏》卷5上《滕文公章句上》载赵岐注:"方一里者,九百亩之地也,为
一井。八家各私得百亩,同共养其公田之苗稼。公田八十亩,其馀二十亩以为
庐宅园囿,家二亩半也。"可知周代园囿与耕田不同,与"庐宅"相连,与《郑
风·将仲子》所载情况相合。且"家二亩半",虽然实际情况未必如郑注所言,
但据上引《诗经》所反映的情况来看,平民家中置有"园"的情况应当是比较普
遍的。(汉)赵岐注,孙奭疏:《孟子注疏》卷5上《滕文公章句上》,(清)阮元校
刻:《十三经注疏》,第2703页。
② (宋)李昉等:《太平御览》卷956《木部五》,北京:中华书局1960年版,第4246页。
③ 睡虎地秦墓竹简整理小组编:《睡虎地秦墓竹简》,北京:文物出版社1990年
版,第149页。
④ 万国鼎辑释:《氾胜之书辑释》,北京:农业出版社1980年版,第110页。
⑤ 《太平御览》卷955《木部四》引《魏略》曰:"杨沛为新郑长。兴平末,人多饥
穷。沛课民益畜干椹,收豆。阅其有余,以补不足,积椹得千余斛。会太祖西
迎天子,所将千人,皆无粮。沛谒见,乃进干椹。太祖甚喜。及太祖辅政,超为
邺令;赐其生口十人,绢百匹;既欲励之,且以报干椹也。"(宋)李昉等:《太平
御览》卷955《木部四》,第4240页。

期民家庭院及周边常种桑树,可达到"尽地力"的效果。至汉代,甚至出现"还庐树桑"的景象。

除桑树外,果树与榆树亦为当时庭院及私人园圃中人们常种的树种,如《汉书·王吉传》载:"始吉少时学问,居长安。东家有大枣树垂吉庭中,吉妇取枣以啖吉。"①又东汉冯衍《显志赋》云:"捷六枳而为篱兮,筑蕙若而为室;播兰芷于中庭兮,列杜衡于外术。"②显然,这些果木具有较高的经济价值,当时的士大夫阶层也极力主张在耕田之外多植桑果等木。盐铁会议上,贤良文学就曾对三辅地区的"桑榆菜果不殖,地力不尽"的情况表示不满。据成都曾家包东汉画像砖石墓出土的"养老图"③显示,图中仓房侧旁挺立一株棕榈树,庑殿式吊脚楼房右侧为一棵曲直相济的大树,其左侧则为两棵长势良好的桑木,该图所反映的庭院树的情况与前述文献相合。汉代庭中种植榆树的情况也十分普遍,如《全后汉文》卷 15 引《新论·辩惑》载:"刘子骏信方士虚言……余见其庭下有大榆树,久老剥折。"④此外,河南内黄三杨庄出土的汉代聚落遗址中,第二处庭院中部东侧及第三处庭院西北处均有不少残存的树木遗迹,刘海旺根据土壤中的树叶遗迹判断,这些树应为桑树与榆树⑤,与文献所记载的情况相同。前引郑浑"课民树榆为篱",此外汉代渤海太守龚遂全民农桑时,即"令口种一树榆",可知汉魏时期政府对民户种榆树是极为重视的。

---

① 《汉书》卷 72《王吉传》,北京:中华书局 1962 年版,第 3066 页。
② 《后汉书》卷 28 下《冯衍传下》,北京:中华书局 1965 年版,第 1000 页。
③ 陈显双:《四川成都曾家包东汉画像砖石墓》,《文物》1981 年第 10 期。
④ (清)严可均辑:《全后汉文》,北京:商务印书馆 1999 年版,第 141 页。
⑤ 河南省文物考古研究所、内黄县文物保护管理所:《河南内黄三杨庄汉代聚落遗址第二处庭院发掘简报》,《华夏考古》2010 年第 3 期;刘海旺:《首次发现的汉代农业闾里遗址——中国河南内黄三杨庄汉代聚落遗址初识》,《法国汉学》丛书编辑委员会编:《考古发掘与历史复原》,北京:中华书局 2006 年版,第 74—75 页。

从上述情况来看,汉代桑、榆及果树地位相近,均受到人们极高的重视。故榆树应与桑、果树相同为当时重要的经济林木。关于这一方面,《齐民要术》卷5《种榆白杨》载:

> 凡种榆者,宜种刺、梜两种,利益为多;其余软弱,例非佳木也……梜榆、刺榆、凡榆三种,色别种之,勿令和杂。梜榆荚叶味苦,凡榆荚味甘。甘者,春时将煮卖,是以须别也……三年春,可将荚叶卖之。五年之后,便椹作椽。不梜者即可斫卖……十年之后,魁、碗、瓶、榼、器皿,无所不任。十五年后,中为车毂及蒲桃瓮……卖柴之利,已自无赀,况诸器物,其利十倍。斫后复生,不劳更种,所谓一劳永逸。能种一顷,岁收千匹。唯须一人守护、指挥、处分,既无牛、犁、种子、人功之费,不虑水、旱、风、虫之宰,比之谷田,劳逸万倍。①

按引文,榆树材质较好,可制各类器物,无论其种植时间长短或长势如何,均有一定的用途,榆荚叶等亦有经济价值。且榆树易于耕种,亦能适应各种恶劣天气,砍斫后仍能再生,可长期用于薪炭,亦可提供大量的木材。因此,种榆不仅成本低廉,其经济效益也较大。

然而《诗经》等先秦典籍中对园中种植榆树的记载并不多见,这是值得注意的现象。据《诗经》所载,先秦时人们亦在庭院及周边种有可用于器物的树种"檀木",如《魏风·伐檀》载"坎坎伐檀兮""坎坎伐辐兮""坎坎伐轮兮"②可知当时人们尚以檀木制车。虽同为用于制造器物的良才,但并无明文记

---

① （北魏）贾思勰著,石声汉校释:《齐民要术今释》,北京:中华书局2009年版,第424—426页。
② （汉）毛公传,（汉）郑玄笺,（唐）孔颖达疏:《毛诗正义》卷5《魏风·伐檀》,（清）阮元校刻:《十三经注疏》,第358—359页。

载,两汉政府亦鼓励民众种植此类树种。此外,《太平御览》卷956引《管子》曰:"五沃之土,其榆条长。"①又《陈风·东门之枌》:"东门之枌,宛丘之栩。"②《尔雅·释木》:"榆,白枌"③;东门即指陈国国之东门,"枌"应为行道树。说明榆树的种植技术在先秦时应已为人们所掌握,汉代榆树的大量种植应非技术革新的原因。而前引郑浑"以郡下百姓,苦乏材木",可知当时该郡地区材木已较为匮乏。且如前述,榆树不仅成材时间短,易于培育,且适合制作各类器物。因此,在木材匮乏处广植榆树在短期内即能使民材木丰饶,这应当是两汉政府鼓励民众种植榆树的主要原因。同时植榆之风的兴起,应当亦可反映出两汉时多处地区的天然林木已破坏较为严重了。

除经济林木外,汉代庭院亦常见有樗、柳、柏等观赏型林木。曹植《柳颂》曰:"过友人杨德祖之家,视其屋宇廖廓,庭中有一柳树。"④四川德阳市黄许镇出土的汉代《甲第画像砖》中,庭院右侧种有一株垂柳,树上栖有一鸟,其左侧种有一阔叶树,二者应均属观赏型植被。另,四川省彭山县凤鸣乡与新都马家乡出土的画像砖中均见有树木与建筑组合,且均规划整齐,讲究对称分布⑤,这也是当时人们运用树木美化庭院的一种方式。

二、 园林中植被文化内涵的嬗变

如上所述,自周以降,民间庭院与园圃中所植观赏型树种

---

① (宋)李昉等:《太平御览》卷956《木部五》,第4244页。
② (汉)毛公传,(汉)郑玄笺,(唐)孔颖达疏:《毛诗正义》卷7《陈风·东门之枌》,(清)阮元校刻:《十三经注疏》,第376页。
③ (晋)郭璞注,(宋)邢昺疏:《尔雅注疏》卷9《释木》,(清)阮元校刻:《十三经注疏》,第2637页。
④ (宋)李昉等:《太平御览》卷957《木部六》,第4248页。
⑤ 张学涛等:《四川汉画像砖中树木图像研究》,《农业考古》2014年第1期。

的比重逐渐增加且趋于多样化①，此类树种不仅能给人带来直观的美感，更与院中的经济树种相搭配，营造出一种错落有致、色彩和层次更加丰富的艺术效果。再通过树木植被与建筑之间格局的合理布局，形成了一幅美轮美奂的农家田园景致。而东晋名士陶渊明在其《归园田居》中更是表达了对这种园林化的农家生活的向往与喜爱。

春秋时，关于各诸侯王所建的台榭、宫殿及园林已多见诸于文献。以春秋吴越之地为例，《吴地记》见有"馆娃宫"与"华林园"，该宫、园的确切位置虽仍需待考，但当时诸侯王拥有大规模的私人园林当无疑义。此外，《太平御览》卷956引任昉《述异记》曰："梧桐园，在吴夫差旧国也。一名琴川。梧园宫，在句容县。传云吴王别馆，有楸梧成林焉，其梧子可食。《古乐府》云：'梧宫秋，吴王愁'是也。"②当时的贵族私人园林应已大面积耕种楸、梧等观赏型林木。

战国以降，贵族阶层建设私人园林已较为普遍。据目前所见资料显示，当时贵族私人园林分置有高台、轩榭等园林建筑，其面积较大，湖泊池沼等元素均有具备，并广植林木，较为奢华。如卫国端木叔"子贡之世也。藉其先赀，家累万金。不治世故，放意所好。其生民之所欲为，人意之所欲玩者，无不为也，无不玩也。墙屋台榭，园囿池沼，饮食车服，声乐嫔御，拟齐、楚之君焉"③。这类园林与王室苑囿相似，形成了建筑、理水及植被相结合的人工园林景观，说明这类具有较高娱乐及审美价值的园林艺术已为当时的贵族阶层所喜爱。这一点在河南辉县出土赵固发掘的战国墓中出土的"燕乐射猎图案

---

① 如除树木外，芍药、兰草、梨花等观赏型的植被在先秦时已常被人们种植于私家园囿之中。
② （宋）李昉等：《太平御览》卷956《木部五》，第4245页。
③ 杨伯峻：《列子集释》卷7《杨朱》，北京：中华书局1979年版，第227—228页。

刻纹铜鉴"中亦有体现:图案中除见有二层楼阁、池沼等情景外,亦有田猎、荡舟、众人舞乐等景象,其中铜鉴口缘一列刻有松鹤图案,约三松间一鹤,共有松三十七棵。① 大量松树的图案,也说明当时的私人园林有大量林木等植被覆盖,这与当时人们钟爱自然景致的喜好相关,也是时人崇尚自然观的一种表达形式。

至秦汉,私人园林规模有所发展,王公贵族、富商巨贾均有广置园林之风②,且随着树木移栽及养护技术的发展,园内人工植树繁盛。如梁孝王"好营宫室、苑囿之乐,作曜华宫,筑兔园……其诸宫观相连,延亘数十里,奇果异树,珍禽怪兽毕有";又《西京杂记》载茂陵富人袁广汉"于北邙山下筑园……其中致江鸥海鹤,孕雏产觳,延漫林池。奇树异草,靡不具植。屋皆徘徊连属,重阁修廊,行之,移晷不能遍也。广汉后有罪诛。没入为官园。鸟兽草木,皆移植上林苑中"③。河南郑州南关 159 号汉墓出土的空心砖中的庭院的图案中,从其所刻画的车马及凤凰等形象来看,院主应具有较高的地位。另,其院围墙内外具有大量排列整齐有序的树木④,数量远非平民家庭可比。当时的私人园林所置内容与皇家苑囿基本相同,如域内养有珍禽野兽,并广植珍贵草木,仅规模偏小。汉代园林中广植"奇树异草",与当时文化与审美的发展有关。

首先,先秦诸子中,对中国文化影响最为深远的儒家与道

① 中国科学院考古研究所:《中国田野考古报告集第一号———辉县发掘报告》,北京:科学出版社 1956 年版,第 116 页。
② 如汉成帝时曾诏书中提及"方今世俗奢僭罔极,靡有厌足……或乃奢侈逸豫,务广第宅,治园池,多畜奴婢"。东汉时,随着庄园经济的发展,建置园林的风俗也益加昌盛。《汉书》卷 10《成帝纪》,第 324 页。
③ (晋)葛洪撰,周天游校注:《西京杂记》,西安:三秦出版社 2006 年版,第 114、137 页。
④ 王与刚:《郑州南关 159 号汉墓的发掘》,《文物》1960 年第 1 期。

家均持有"悦水乐山""崇尚自然"的观点与态度。有所不同的是，儒家将山水进行道德化的比附，如《论语·雍也》称："知者乐水；仁者乐山。知者动，仁者静。"①虽然此条记载是将"山""水"的特点比附于人，但亦可从侧反映出儒家对"自然"的赞美。而以庄子思想为代表的道家，则更追求人与自然的交融浑化，在与"天地有大美而不言"的自然相处当中，欣赏自然美——"山林与！皋壤与！使我欣欣然而乐与！"②为魏晋时期的山水园林以及后世的山水画的出现打下了理论基础。汉代思想家们在吸收、融汇先秦诸子的思想的基础上，提出了"养生乐林"的隐逸思想，如《淮南子·原道训》云："处穷僻之乡，侧溪谷之间，隐于榛薄之中……逍遥于广泽之中，而仿洋于山峡之旁。"③主张贴近自然，但都并非完全继承庄子"独与天地精神往来而不傲倪于万物"④的逍遥境界，而是认为这种深邃幽静的自然环境可使人"病疵瘕者，捧心抑腹，膝上叩头，踡跼而谛，通夕不寐"⑤；且"内有以通于天机，而不以贵贱、贫富、劳逸失其志德者也"⑥，有利于人们身与心的修养。所谓"乔木之下，空穴之中，足以适情"⑦。熹平三年（174 年）《娄寿碑》载有"甘山林之杳蔼"⑧等字，关于"杳蔼"，有学者认

---

① 程树德撰，程俊英、蒋见元点校：《论语集释》卷 12《雍也》，北京：中华书局 1990 年版，第 408 页。

② （清）郭庆藩撰，王孝鱼点校：《庄子集释》卷 7《知北游》，北京：中华书局 1985 年版，第 765 页。

③ （汉）刘安撰，何宁集释：《淮南子集释》卷 1《原道训》，北京：中华书局 1998 年版，第 76—77 页。

④ （清）郭庆藩撰，王孝鱼点校：《庄子集释》卷 10《天下》，北京：中华书局 2012 年版，第 1098 页。

⑤ （汉）刘安撰，何宁集释：《淮南子集释》卷 7《精神训》，第 546 页。

⑥ （汉）刘安撰，何宁集释：《淮南子集释》卷 1《原道训》，第 79 页。

⑦ （汉）刘安撰，何宁集释：《淮南子集释》卷 1《原道训》，第 69 页。

⑧ 高文：《汉碑集释（修订本）》，开封：河南大学出版社 1997 年版，第 412 页。

为是"隐姓埋名"之意,王子今则释之为形容山林幽深、茂密。①
但无论其意为何,均能体现出时人乐于亲近自然的生活态度。

其次,据《淮南子·泰族训》所载:

> 凡人之所以生者,衣与食也,今囚之冥室之中,虽养
> 之以刍豢,衣之以绮绣,不能乐也……见日月光,旷然而
> 乐,又况登泰山,履石封,以望八荒,视天都若盖,江、河若
> 带,又况万物在其间者乎! 其为乐岂不大哉!②

这种充分肯定自然美为人内心所带来的愉悦感,并极力追崇
向未知的自然世界开拓的观念,代表了汉代士人普遍的审美
观。时人将"奇树异草"植于园林之中,不仅可以满足其对珍
贵植被的喜爱,更使其园充满自然风味。如东汉梁冀"广开园
圃,采土筑山,十里九坂,以像二崤,深林绝涧,有若自然,奇禽
驯兽,飞走其间"③则是以崤山风景为蓝本,植林造园,是对上
述观点的一种反映。

因统治者受蓬莱神话等神仙思想的影响,秦汉时期的皇
家苑囿的筑造风格别具一格。秦始皇统一六国后,热衷于求
仙活动,他除了将其成仙理想寄托于入海寻仙,更将皇家苑囿
之中注入"蓬莱仙岛"中的元素,如《史记·秦始皇本纪》注引
《秦记》云"始皇都长安,引渭水为池,筑为蓬、瀛,刻石为鲸,
长二百丈"④,以期冀自己能时常身处于理想世界之中。为能
达到此目的,这一时期包括移植草木、奇珍异兽在内的人工创
作性逐渐成为皇家苑囿的主要特征。至汉武帝一朝,求仙的
影响和规模远甚于秦始皇。而在苑囿的营建上,武帝将蓬莱

① 王子今:《秦汉社会的山林保护意识》,《经济社会史评论》2008 年第 1 期。
② (汉)刘安撰,何宁集释:《淮南子集释》卷 20《泰族训》,第 1418—1419 页。
③ 《后汉书》卷 34《梁统列传·梁冀》,第 1182 页。
④ 《史记》卷 6《秦始皇本纪》,北京:中华书局 1959 年版,第 251 页。

神话中的元素融入得更加彻底。如《汉书·扬雄传》载：

> 武帝广开上林，南至宜春、鼎胡、御宿、昆吾，旁南山
> 而西，至长杨、五柞，北绕黄山，濒渭而东，周袤数百里，穿
> 昆明池象滇河，营建章、凤阙、神明、馺娑，渐台、泰液象海
> 水周流方丈、瀛洲、蓬莱。游观侈靡，穷妙极丽。①

据此，不难看出武帝时上林苑中人工造景的规模已十分宏大
了，其中仿制仙境而造的"方丈、瀛洲、蓬莱"更是开创了我国
园林史上"一池三山"人工山水布局的先河，其内容应远较秦
时的丰富。而在人工造景的过程中，引种植物则是不可缺少
的环节。尤其是"一池三山"的营造上，因统治者视之为仙境，
往往植以奇花异木。如班固《西都赋》描写建章宫太液池，
"揽沧海之汤汤。扬波涛于碣石，激神岳之蒋蒋。滥瀛洲与方
壶，蓬莱起乎中央。于是灵草冬荣，神木丛生。岩峻嶕峍，金
石峥嵘"②很好地说明了该处植被的特点。正如前文所述，武
帝时期苑囿中的林木种植达到前所未有的繁盛，而这一时期
亦为先秦两汉神仙思想流传的鼎盛期，说明二者应当有密切
的联系。关于这一点，从文献所载当时苑内所植的树种亦可
得到证实。如《史记·司马相如列传》中载有"沙棠"③，《山海
经·西山经》载其产于"昆仑之丘"④。另《西京杂记》卷 1 载
有"丹青树"，在当时产于"熊耳山"（即终南山）。⑤ 虽然目前
已难以考证以上树种为何，但其产地在汉代均为神山。据此，
不难看出当时的神仙思想对苑囿内林木种植的影响。

---

① 《汉书》卷 87 上《扬雄传上》，第 3541 页。
② 《后汉书》卷 40 上《班彪列传上·班固》，第 1342 页。
③ 《史记》卷 117《司马相如列传》，第 3028 页。
④ 周明辑撰：《山海经集释》卷 2《西山经》，成都：巴蜀书社 2019 年版，第 76 页。
⑤ （晋）葛洪撰，周天游校注：《西京杂记》，第 24 页。

三、 秦汉园林中生态审美观念对现今园林建设的启示

中国园林文化的主要特点是意与境的结合,即造园者借助山水、建筑、植被等实物,通过一定方式的布局营造,进而体现出其哲学观念、审美意识的园林景致。前已述及,先秦秦汉时期影响深远的儒、道两家均崇尚融入自然观念。此背景下,时人筑园往往以自然山水为摹本,从而达到"悦水乐山"的目的。而将"朴素自然"的审美观念融糅于现今的园林建设中去,则能体现出我国独有的民族美学与生态文化。

以《上林》《子虚》《羽猎》《甘泉》为代表的汉赋为汉代园林中"意"的主要表达方式。而讲求时令、顺应天时的生命本体论思想为该审美意象中的基本内容,如李善注《文选》云:"四时所观之物色而为之赋。"[1]因此,现今的园林建设要表现出传统园林文化特色,首先要以顺应时令为基础,将自然的四时变化融入于园林之中。而植物作为传统园林的主要构景要素,对其种类的选种与搭配是体现园林"顺应四时"的审美意识的重要手段。如配置植物时,不仅要注重选种植物本身所具有的文化意蕴,更要注重不同色彩植被的合理搭配及其季节性,达到"一年无日不看花"的观赏效果,从而使园林随着季节的变化,呈现出不同的景色,使人们感受到大自然的变化。

另一方面,前揭秦汉时期不同园林配比植物的方式,亦可资现代造园者借鉴。如私人园林中的乔灌木搭配使园林更具层次感,且利用当地原产植物,结合该地区的地形地貌进行配比,使园林与城市景观互相联系,达到无限外延的空间视觉效果,可将该园林营造成当地的特色景观;此外,秦汉统治者,尤

---

① (梁)萧统编,(唐)李善注:《文选》卷 13《物色》,北京:中华书局 1977 年版,第 190 页。

其汉武帝时期"外攘夷狄"、思想上亦"罢黜百家、独尊儒术"，在此背景下，武帝时形成了"王者无外""天下一家"的政治理念，并将该理念融入皇家园林之中。如秦汉上林苑中已考释出的木本植被就多达 34 科、71 种，其中秦岭淮河以南的亚热带与热带木种有 27 种，占 38%。因此，在我国大型园林的建设中，除了讲求水文、地貌、光影、气流等因素，外地植被的引种不仅可增加人体的舒适性，更能体现出不同于小型园林的豪迈、雄壮的意境。

最后在植物布局上，以先秦两汉时期"不违天时""不夺物性"的自然观念为出发点，以自然山水为蓝本，根据园内水文、土壤等自然条件，选种不同类别的植被，与园中山石、建筑、街道、水体等相结合，把握"大"与"小"的相对性，从而使自然风景中的峰峦沟壑呈现于园中，以达到"悦水乐山"、崇尚自然的旨趣。

总而言之，中国古代园林概念肇始时期，园内植被以粮食作物为主，随着生产力水平的发展，其他经济林木逐渐替代粮食作物，占据主要地位，且此类种植布局始终贯穿于先秦两汉时期。西周至秦汉时期，因政治体制的发展与阶层的分化，园林模式逐渐呈现出多元化趋势。随着当时儒家与道家学说的盛行，人们逐渐将各派自然观与审美观念相结合，融入园林之中，这一点在各类园林的布局及其植被选种上已有所体现。除此之外，周秦鼎革之际，统治阶层笃信神仙思想，以及中央集权逐渐加强等原因，帝王园囿十分宏大，各地奇花异木耕植其中，凸显出秦汉时期园林文化的特性。而先秦两汉时期园林的多元文化也成为我国园林文化之滥觞，并为我国现代园林的建设提供了重要的借鉴意义。

（原载《世界林业研究》2020 年第 3 期）

郴州晋简"县领水田"解析

陆　帅(南京师范大学)　晋　文(南京师范大学)

2003 年 11 月至 2004 年 2 月,郴州市文物处与湖南省文物考古研究所在郴州市苏仙桥遗址抢救性发掘了东汉至宋元时期的 11 座古井,其中 10 号井中出土的 909 枚简牍为西晋桂阳郡官方档案文书。2009 年 12 月,《湖南郴州苏仙桥遗址发掘简报》(《湖南考古辑刊》第 8 集)公布了部分简牍的图版、编号和释文。在这批公布的郴州晋简中,简 1—53、2—387、1—30、1—20、1—32 可缀合为一份完整的"县领水田"田租征收文书,为进一步认识西晋统一后的南方新占地政策、魏晋田租制度,提供了弥足珍贵的资料。本文试作一些解析。

一、 "县领水田"的官田性质

郴州晋简公布后,孔祥军在《西晋上计簿书复原与相关历史研究——以湖南省郴州苏仙桥出土晋简为中心》中首次对该文书进行缀合,兹转录如下:

县领水田八百一十八顷一亩六十步(1—53)

今年应田租者八百四顷五十六亩六十步定入租谷三万二(2—387)

千一百八十二斛五斗依丁亥诏书稻穬一斛(1—30)

入米四斗五升合为米一万四千四百八十二斛
(1—20)

一斗二升五合别收责输付耒阳氏阁(1—32)①

孔祥军的缀合准确,使之成为一份完整的西晋县级田租
上计文书,功不可没。但他将"县领水田"默认为民田的做法,
却不无偏颇。中国古代除了私有民田,还存在着大量国有土
地亦即官田租佃的情况。这两种土地的税收均可被称为
"租"。因此,要正确理解文书中的各类信息,首先应判明"县
领水田"的性质。

据郴州晋简1—64,桂阳郡土地总面积为"领堤封水陆田
十七万一千三百五十七顷五十亩"。又简2—174载:"十四万
四千廿顷六十五亩不任垦。"简2—403载:"其五千九百七十
九顷卅五亩任垦。"②可知该郡"不任垦"田地的总面积为
14 402 065亩,"任垦"田地的总面积为597 935亩。众所周
知,汉代提封田均分为不可垦田、可垦不垦田和垦田三类。桂
阳郡提封田中的"不任垦"田即其不可垦田,当无疑义。关键
是"任垦"田该如何理解。考虑到"任"通"可",且"不任垦"
"任垦"词型对仗,我们倾向于"任垦"田即汉代的可垦不垦
田,只不过略写了"不垦"二字。至于垦田的面积,已公布晋简
中暂无记载,但可用排除法算出为2 135 750亩。

需要注意的是,郴州晋简2—60载桂阳郡户口数为:"领

<hr />

① 孔祥军:《西晋上计簿书复原与相关历史研究——以湖南省郴州苏仙桥出土晋
简为中心》,董劭伟主编:《中华历史与传统文化研究论丛》第1辑,北京:中国
社会科学出版社2015年版,第172—173页。

② 孔祥军:《西晋上计簿书复原与相关历史研究——以湖南省郴州苏仙桥出土晋
简为中心》,董劭伟主编:《中华历史与传统文化研究论丛》第1辑,第171—
172页。

户九千七百五十六,口三万二千二百四。"①若用 2 135 750 亩垦田数除以户数,则平均每户有田约 219 亩,似乎过多。不过,正如唐长孺在《三至六世纪江南大土地所有制的发展》一书中所言,汉末孙吴以来,伴随南方大土地所有制的发展,豪强地主大量藏匿劳动人口,以至于"僮仆成军,闭门为市"②。降至西晋,这种状况依然持续。如果将大量编户外劳动力考虑在内,该数据也就不难理解了。实际上,如果用简 2—60 中的口数除以户数,则当时桂阳郡平均每户仅 3.3 人,同样很不正常。其主要原因,应该也在于豪强隐匿劳动力所造成的户口数据失真。另一方面,秦汉魏晋时期还有着数量颇多的休耕田地,通常要占到耕地的一半以上。在农业生产相对粗放的南方腹地,休耕田地的比例甚至会更高一些。以此推算,则桂阳郡每户垦田为 100 亩左右。尽管其垦田数仍然较多,但考虑到当时的人口隐匿,这大体上也可以说通。

根据上述论证,则"八百一十八顷一亩六十步",即 81 801.25 亩的"县领水田"约为全郡 2 135 750 亩垦田面积的 3.8%。即便退一步讲,以 597 935 亩"任垦"田作为全郡垦田的总面积,"县领水田"占比也仅为 13.7%。如果将"县领水田"视为民户水田的总和,或视为官、民水田的总和,3.8%(或13.7%)的垦田占比都非常之少。张泽咸曾在《汉晋唐时期农业》一书中指出,桂阳郡所在的荆湘地域,基本农业生产方式为稻作水田。随着魏晋之际屯田制的逐渐废除,民田为主,官田为辅,成为当时土地占有形态的主流。③ 基于这些事实,再考虑到

---

① 孔祥军:《西晋上计簿书复原与相关历史研究——以湖南省郴州苏仙桥出土晋简为中心》,董劭伟主编:《中华历史与传统文化研究论丛》第 1 辑,第 167 页。

② 杨明照:《抱朴子外篇校笺》卷 34《吴失》,北京:中华书局 1991 年版,第 145 页。

③ 张泽咸:《汉晋唐时期农业》,北京:中国社会科学出版社 2003 年版,第 428—506 页。

"县领"的限定语义,将这些水田理解为官田,即桂阳郡各县管理并出租的国有水田,应该更为恰当。捎带一提,上引文书记载,这些田租最终并非送往州郡粮仓,而是"输付"军事色彩更为浓厚的"耒阳邸阁",也从一个侧面显示出"县领水田"的特殊性。

二、 官田经营与西晋的新占地政策

虽然"县领水田"在全郡垦田总面积中占比不高,但就绝对面积而言,8 万多亩也不能说少。按西晋桂阳郡下辖 6 县算,每县平均约有 13 410 亩。至于具体租额,如上引史料所见,征收田租的"县领水田"共计 80 456.25 亩。所收稻谷 32 182.5 斛(石),恰好为每亩田租 4 斗(321 825 ÷ 80 456.25 = 4)。那么,8 万多亩的"县领水田"究竟从何而来? 其每亩 4 斗租额在官田租佃中属于多高水平? 反映了西晋统一后在南方新占地有哪些政策导向? 这些问题值得深究。

出土于长沙地区的走马楼吴简表明,西晋之前的三国时期,孙吴政权曾在同属荆湘地域且与桂阳郡相邻近的长沙郡实行过大规模的官田租佃。尤其在《嘉禾吏民田家莂》中,能够看到大量"二年常限"田的收租记录。对于"二年常限"田的理解,学界虽众说纷纭,但多数认为"限田"应属于官田租佃。郴州晋简 1—43 载:"出限外水陆田五百八顷三亩不应收租。"又 1—49 载:"八十顷新 开 限外田。"[1]其中"限外"两字值得重视。存在"限外"田,也就对应存在着"限田"。另据《湖南郴州苏仙桥 J4 三国吴简》披露,井中发现了"诸□佃民"

---

① 孔祥军:《西晋上计簿书复原与相关历史研究——以湖南省郴州苏仙桥出土晋简为中心》,董劭伟主编:《中华历史与传统文化研究论丛》第 1 辑,第 172 页。

(14)、"□逐亡叛不得佃种"(19)①等残简,说明孙吴时期的桂阳郡也有官田出租经营的情况。故西晋统一后,桂阳郡原有孙吴官田很可能被保留下来,由官方继续租佃经营。这应当是 8 万多亩"县领水田"的由来。

荆湘地区在孙吴统治时期的官田亩租额,上文提及的走马楼吴简有大量记载。据蒋福亚统计,孙吴嘉禾四年(235年)、五年(236 年),平民的"二年常限"田一般每亩需交纳稻米 1 石 2 斗,以"县领水田"田租征收文书所载 45% 的脱谷率计,合稻谷 2 石 6 斗;以平均 50% 的脱谷率计,也要合稻谷 2 石 4 斗。② 除此之外,每亩还需交纳 2 尺布,70 或 80 钱。而郴州晋简中的"县领水田",平均每亩的租额只有稻谷 4 斗。民众的负担远远低于走马楼吴简中孙吴官田的一般亩租额。

从产量来看,长沙国(郡)是东汉至魏晋时期长江中游地区稻作最发达的区域,有"江表唯长沙有好米"③的说法,平均亩产量要比桂阳郡高。这多少可以作为孙吴官田租额高的一个理由,但主要原因还在于:孙吴时期有应对战争的迫切需要,对大多数民众实行了高田租政策。另如于振波和孟彦弘所说,孙吴"二年常限"田带有强制性,并非真正意义上的官田租佃。④ 而西晋统一后,通过"罢州郡兵"让国家走出战时体制,需要征发的军粮数也大大减少了。并且为了安抚吴、蜀故

---

① 张春龙、唐涛、曹彪:《湖南彬州苏仙桥 J4 三国吴简》,中国文物研究所编:《出土文献研究》第 7 辑,上海:上海古籍出版社 2005 年版,第 153 页。
② 蒋福亚:《走马楼吴简经济文书研究》,北京:国家图书馆出版社 2012 年版,第 21—36 页。
③ (唐)欧阳询撰,汪绍楹校:《艺文类聚》卷 85《百榖部·秔》,北京:中华书局 1965 年版,第 1449 页。
④ 于振波:《走马楼吴简所见佃田制度考略》,《湖南大学学报(社会科学版)》2003 年第 6 期;孟彦弘:《〈吏民田家莂〉所录田地与汉晋间民屯形式》,中国社会科学院历史研究所学刊编委会:《中国社会科学院历史研究所学刊》第 2 集,北京:商务印书馆 2004 年版,第 173—192 页。

地，还出台了针对"边郡"的一系列经济优惠政策，如户调征收"诸边郡或三分之二，远者三分之一"①。西晋桂阳郡"县领水田"的租额远低于孙吴长沙郡的官田租额，正可置于以上背景来理解。

由此看来，西晋政权在南方新占地的政策，实际可分为两个导向层面。其一是合理继承孙吴旧制，比如延续了大量经营官田的地方经济传统；其二是切实减轻百姓负担，比如制定较为惠民官田的租额。这一方面减轻了新占区的行政成本，另一方面也能够获得多数孙吴旧民的支持。而通过这一地方性微观史料的勾勒，《晋书·武帝纪》所载西晋统一后"其牧守已下皆因吴所置，除其苛政，示之简易，吴人大悦"②的宏大叙事，也就有了更为生动而具象的历史内涵。

当然，郴州晋简的学术价值远不止此。如果立足于魏晋田租制度研究的学术背景，上文所记"县领水田"每亩4斗的租额，同样引人注目。

三、"亩收四斗"与相关争议

关于曹魏、西晋时期田租的征收数额，以往仅有两条直接史料。一是《三国志·武帝纪》裴松之注："其收田租亩四升。"③二是《初学记·宝器部》引《晋故事》："凡民丁课田，夫五十亩收租四斛。"④围绕这两条史料，国内外学界长期存在两种争议。一种主张其文本无误，在曹魏时期，国家向民田征收的田租定额为每亩4升，西晋时期50亩4斛（石），合每亩8

①《晋书》卷26《食货志》，北京：中华书局1974年版，第790页。
②《晋书》卷3《武帝纪》，第71页。
③《三国志》卷1《魏书·武帝纪》，北京：中华书局1959年版，第26页。
④（唐）徐坚等：《初学记》卷27《宝器部·绢九》引《晋故事》，北京：中华书局1962年版，第657页。

升;另一种主张在古代文献中"升""斗""斛"字经常讹误,裴注之"升"当讹"斗"为"升",《晋故事》之"斛"当误"斛"为"斗",在"五十亩"后原先也应有重文,实为"夫五十亩,亩收租四斗",则曹魏与西晋时期,国家向民田征收的田租定额皆每亩4斗。此即魏晋田租研究中的"升斗之辩"。

由于史料匮乏,"升斗之辩"作为一个聚讼之所,至今未有定谳。郴州晋简中的这份田租征收文书,便显示出独特价值。"县领水田"的田租每亩恰为4斗,看似有力支持了"亩收四斗"说,最初缀合文书的孔祥军亦持此说。但值得注意的是,郴州晋简中的田租来自稻作水田,而《晋故事》作为西晋国家的条令,当与华北旱作农业的关系更为紧密。旱田、水田的作物不同,产量亦有差别,不能因为数值吻合,就将二者简单予以等同。更重要的是,如上文所言,"县领水田"的性质并非民田,实际应是官田,而租佃官田的租额通常要明显高于民田。因此,这份收租记录反而很可能是西晋民田"亩收四斗"说的一个反证。

令人困惑的是,目前公布的郴州晋简中还有一个数据:"十万六千五百六十八斛七斗一升五合四勺三撮"(2—406)①。如果把它视为桂阳郡某年的田租总额,除以本文推算的 2 135 750 亩垦田面积,按征收稻谷或稻米算,约为每亩4.98 升或 1.11 斗。而如果除以 597 935 亩"任垦"田的面积,则约为每亩 1.78 斗或 3.96 斗。上述两组数据,前一个接近于"亩收四升",后一个约等于"亩收四斗"。从休耕和各种减免来看,若按实际收租垦田占总垦田数不到一半或超过一半算,似以每亩平均收谷一斗左右为是。仅就灾害减免而言,据

---

① 孔祥军:《西晋上计簿书复原与相关历史研究——以湖南省郴州苏仙桥出土晋简为中心》,董劭伟主编:《中华历史与传统文化研究论丛》第 1 辑,第 173 页。

阿部幸信《嘉禾吏民田家莂数值一览（I）》统计,孙吴嘉禾四年（235年）、五年（236年）长沙郡临湘国的垦田受灾率便分别高达77.11%与44.16%。西晋桂阳郡亦属于灾害频繁的区域,按秦汉魏晋一以贯之的"荒政"做法,受灾田地的租额均应予以减免。如太康三年(282年)十二月,武帝"诏四方水旱甚者无出田租"①。

不过,由于前后文不明,这份数据究竟是不是田租、与已公布各类田地面积是否属于同一财政年、计量单位是稻谷抑或稻米,尚不得而知。但以上讨论,至少揭示了郴州晋简在魏晋田租制研究中蕴含的重要价值与丰富可能。我们也期待郴州晋简尽早全面公布,这或许能为彻底解决"升斗之辩"问题提供关键性史料。

（原载《光明日报》,2021年5月24日,第14版）

---

① 《晋书》卷3《武帝纪》,第74页。

岳麓秦简《金布律》中"质"的几个问题

朱德贵(哈尔滨商业大学)

[**摘　要**]秦简表明,"质钱"是指官府对"买及卖马牛、奴婢"者征收的一种交易税。如果黔首"买及卖马牛、奴婢它乡、它县",还需同时满足两个前提条件:一是获得乡级政府核发的质书;二是取得县廷颁发的传书。不仅如此,作为市场监管者"市亭"还会勘验以上文书,并依法对交易双方征收质钱。所有这些有关"马牛、奴婢"等大型商品的交易,皆由秦《质律》所约束和规范。值得一提的是,《质律》为以往秦文献所未载,属首次披露,它显然填补了秦法制史研究的史料空白。

[**关键词**]岳麓秦简马牛奴婢质

自 20 世纪 70 年代以来,秦及汉初的法律文书中陆续出现了一些有关"质"的条文。正确理解这些律文中的"质",不仅有利于我们正确认识秦汉的法律构成及其适用范围,更有利于我们拓展秦汉经济史研究的领域。

正是基于这种考虑,学术界对秦汉律中"质"的问题给予了高度的关注。迄今为止,学术界对秦汉律令中"质"的研究大致有如下三种不同的意见,即"抵押"说[1]、"契税"说[2]以及

---

① 参见睡虎地秦墓竹简整理小组编:《睡虎地秦墓竹简》,北京:文物出版社 1990 年版,第 128 页。

② 陈伟:《关于秦与汉初"入钱缿中"律的几个问题》,《考古》2012 年第 8 期。

"债的一种担保方式"说①。那么,秦律令中的"质"究竟为何意?《岳麓书院藏秦简(肆)》较为完整地向世人展示了秦《质律》及官府征收质钱的历史真相。本文拟在前人研究的基础上利用这批简牍,并结合以往出土材料及传世文献专门对秦律中"质"的若干问题作一初步探讨。

一、 对岳麓秦简《金布律》的解释

20 世纪 70 年代,云梦秦简公布了一些有关"质"的史料。其后,《里耶秦简》《岳麓书院藏秦简》《二年律令》又陆续披露了一批相关的新材料②,其中以岳麓秦简《金布律》中的材料尤为引人瞩目。其文曰:

> ·金布律曰:黔首卖马牛勿献(谳)廷,县官其买殹(也),与和市若室,勿敢强。买及卖马牛、奴婢它乡、它县,吏为(?)取传书及致以归及(?)免(?),弗为书,官啬夫吏主者,赀各二甲,丞、令、令史弗得,赀各一甲。其有

---

① 李力:《秦汉律所见"质钱"考辨》,《法学研究》2015 年第 2 期。
② 如云梦秦简《法律答问》载:"‘百姓有责(债),勿敢擅强质,擅强质及和受质者,皆赀二甲。’廷行事强质人者论,鼠(予)者不论;和受质者,鼠(予)者□论。"陈伟主编:《秦简牍合集·释文注释修订本(壹)》,武汉:武汉大学出版社2016 年版,第 239 页。又,《岳麓书院藏秦简(肆)·金布律》载:"官府为作务、市受钱,及受赍、租、质、它稍入钱,皆官为缿……"参见陈松长主编:《岳麓书院藏秦简(肆)》,上海:上海辞书出版社2015 年版,第 108 页。再如里耶秦简载:"……租质计……(简8—488)"参见陈伟主编:《里耶秦简牍校释》第 1 卷,武汉:武汉大学出版社 2012 年版,第 167 页。汉初的《二年律令》也有相似之记载。其文曰:"官为作务、市及受租、质钱,皆为缿,封以令、丞印而入,与参辨券之,辄入钱缿中,上中辨其廷。质者勿与券。租、质、户赋、园池入钱……"参见彭浩、陈伟、[日]工藤元男主编:《二年律令与奏谳书——张家山二四七号汉墓出土法律文献释读》,上海:上海古籍出版社2007 年版,第 254 页。相关研究,可以参见陈松长:《睡虎地秦简"关市律"辨正》,《史学集刊》2010 年第 4 期;杨振红:《从张家山汉简看秦汉时期的市租》,杨振红、[日]井上彻编:《中日学者论中国古代城市社会》,西安:三秦出版社2007 年版,第 55 页;高敏:《关于汉代有"户赋"、"质钱"及各种矿产税的新证——读〈张家山汉墓竹简〉》,《史学月刊》2003 年第 4 期。

事关外,以私马牛羊行而欲行卖之及取传卖它县,县皆为传,而欲徙卖它县者,发其传为质。黔首卖奴卑(婢)马牛及买者,各出廿二钱以质市亭。皇帝其买奴卑(婢)、马,以县官马牛羊贸黔首马牛羊及买,以为义者,以平贾(价)买之,辄予其主钱。而令虚质、毋出钱、过旬不质,赀吏主者一甲,而以不质律论。黔首自告,吏弗为质,除。黔首其为大隃取义,亦先以平贾(价)直之。质奴婢、马、牛者,各质其乡,乡远都市,欲徙(?)(缺简)老为占者皆罢(迁)之。舍室为里人盗卖马、牛、人,典、老见其盗及虽弗见或告盗,为占质,黥为城旦,弗见及莫告盗,赎耐,其伍、同居及一典,弗坐。卖奴卑(婢)、马、牛者,皆以帛书质,不从令者,赀一甲。卖半马半牛者,毋质诸乡。①

如何理解以上法律文书?我们认为,其中"献""和市若室""传"三个术语的理解至关重要。

一是关于"献(谳)"的理解问题。很显然,在上引"黔首卖马牛勿献(谳)廷"中,"献"通"谳",或"瀛"。郑玄解释说:"谳之言白也。"②孔颖达亦曰:"谳,白也。"③可见,简文并非指"议辠(罪)"或"议狱"④,而是指报告、报备之意。如此理解,上下文意才通达。

二是关于"和市若室"的理解问题。所谓"和",《说文》

---

① 陈松长主编:《岳麓书院藏秦简(肆)》,第133—136页。
② 汉代经学家郑玄在《礼记·文王世子》"有司谳于公"条目下解释说:"谳之言白也。"参见(汉)郑玄注,(唐)孔颖达等正义:《礼记正义》,(清)阮元校刻:《十三经注疏》,北京:中华书局1980年版,第1409页。
③ (汉)郑玄注,(唐)贾公彦疏:《周礼注疏》,(清)阮元校刻:《十三经注疏》,第877页。
④ 分别参见(汉)许慎:《说文解字(附检字)》,北京:中华书局1963年版,第237页;(宋)陈彭年等重修:《广韵》,中华书局编辑部编:《小学名著六种》,北京:中华书局影印本1998年版,第73页。有学者认为,此"谳"乃"议辠(罪)""议狱"之意,实误!

曰:"相应也。"①又,《广韵》曰:"和,顺也,谐也。"②可见,"和市",意为符合双方意愿的交易。③"和市"作为一种市场交易制度,在先秦两汉传世文献中不见任何记载。但《宋书》所记确证,宋武帝在永初元年(420年)七月,早已颁布和实施了"和市"制度。如《宋书·武帝纪》载:"……府所须,皆别遣主帅与民和市,即时裨直,不复责租民求办。"④可见,此时之"和市",指的是官府以平价与民交易。至唐代,"和市"制度已成了一种国家敛财的工具。如《新唐书·韩琬传》载:"……今和市颛刻剥,名为和而实夺之。"⑤

那么,何谓"若室"?据岳麓秦简整理小组的解释,"若室"指的是在室内交易。⑥愚以为,此种解释与上下文相抵牾,其文意断然也是扞格不通的。试问:古代马牛怎么可能在室内交易?!又,据许慎《说文》载:"室,实也。"⑦汉代经学家刘熙亦在《释名》中曰:"室,实也。"⑧因此,联系前引上下简文,我们认为,"若室"应理解为如实之意。其确切的意思是说,县官与黔首交易马牛时,应在征得黔首同意的前提下如实

---

① (汉)许慎:《说文解字(附检字)》,第32页。

② (宋)陈彭年等重修:《广韵》,中华书局编辑部编:《小学名著六种》,第41页。

③ 戴望在《管子·问篇》"万人之所和而利也"条目下解释说:"和,谓交易也。万人因市交易而得利。"黎翔凤撰,梁运华整理:《管子校注》,第498—499页。亦可参见(清)戴望:《管子校正》,国学整理社辑:《诸子集成(五)》,北京:中华书局影印本1954年版,第149页。毋庸置疑,戴望在此显然承袭了唐代尹知章《管子注》的说法。但愚以为,如此解释,显然带有后世对"和市"固有之观念,不可作为解释秦代之"和市"的依据。如果我们将"和"释为"交易",则与"市"之意雷同,不妥。

④ 《宋书》卷3《武帝纪》,北京:中华书局1974年版,第54页。

⑤ 《新唐书》卷112《韩琬传》,北京:中华书局1975年版,第4166页。

⑥ 整理小组认为,"若室"指的是在室内交易。参见陈松长主编:《岳麓书院藏秦简(肆)》,第170页。

⑦ (汉)许慎:《说文解字(附检字)》,第150页。

⑧ (汉)刘熙:《释名(附音序、笔画索引)》,北京:中华书局影印本2016年版,第77页。

按平价交易，"勿敢强"。

三是关于"传"的问题。《说文》曰："传，遽也。从人专声。"①郑玄也解释说："传遽，若今时乘传骑驿而使者也。"②正由于此，"传"也具有过关通行文书之意。所以郑玄才解释说："传，如今移过所文书。"③关于"传"，在传世文献中记载颇多。如《史记·孝景本纪》载："复置津关，用传出入。"如淳注曰："传，音'檄传'之'传'，两行书缯帛，分持其一，出入关，合之乃得过，谓之传。"④

根据上引简文所载可知，黔首"买及卖马牛、奴婢它乡、它县"，首先必须向官府申请传书。由于出关服役的黔首贩卖的是"马牛、奴婢"等商品，因此，核发此类"传"的机构必定是"县"，而非"乡"。⑤

---

① （汉）许慎：《说文解字（附检字）》，第165页。

② （汉）郑玄注，（唐）贾公彦疏：《周礼注疏》，（清）阮元校刻：《十三经注疏》，第899页。

③ （汉）郑玄注，（唐）贾公彦疏：《周礼注疏》，（清）阮元校刻：《十三经注疏》，第739页。

④ 《史记》卷11《孝景本纪》，北京：中华书局1959年版，第557页。金关汉简亦载有经商"取传"的记录。如汉简载："□嘉二年七月丁丑朔丁丑，西乡啬夫政敢言之：成汉男子孙多牛自言：为家私市居延，传。谨案：多牛毋官狱征事，当得取传。谒移肩水金关、居延县索，出入毋苛留止。七月戊寅，觻得长守丞顺移肩水金关、居延县索。写移书到，如律令/掾尊、守□。"参见甘肃简牍保护研究中心等编：《肩水金关汉简（壹）》下册，上海：中西书局2011年版，第65页。此类记载很多，此不一一备举。此外，学术界对"传"已有深入的研究，此不赘述。如高敏先生言："信息传递者及使者、官吏需要通过关津、止宿亭传、就食食厨和更换车、马，必须有信物以为凭证。因此，适应着邮传制度的建立，也产生了一整套与之有关的凭证制度。秦汉时期用于邮传系统的凭证，统称为'符传'。"参见高敏：《秦汉邮传制度考略》，《历史研究》1985年第3期，亦可参见高敏：《秦汉邮传制度考略》，收入氏著：《秦汉史探讨》，郑州：中州古籍出版社1998年版，第216页。

⑤ 李均明先生对"传"的发放问题有过详细的论述。李先生云："公用传通常由当事人所在县级机构或县级以上乃至朝廷颁发……私事用传是因私事出行持用的通行证，有一定的申请报批程序：出行者首先必须向所在乡提出申请，经乡政府审核通过，然后报请所在县批准发放。私传须盖有县令、丞或相当登记的官印才有效。"参见李均明：《秦汉简牍文书分类辑解》，北京：文物出版社2009年版，第65—68页。

四是关于"质"的理解问题。何谓"质"？《说文》曰："以物相赘。从贝从所。"①至于"赘"，段玉裁解释说："以物质钱。若今人之抵押也。"②但"质"还可引申为"信"。如《玉篇》曰："质，信也。"③也就是说，根据简文所载，交易双方均需取信于官府，并由官府提供担保，目的在于确保交易的完成。

在理解以上问题的基础上，我们再来详细探讨秦代"质律""质钱"等关键问题。

二、《质律》

前引《金布律》载："……而令虚质、毋出钱、过旬不质，赀吏主者一甲，而以不质律论。"所谓"以不质律论"的意思是指，如不依律办理，相关官吏以《质律》论罪。可见，秦代确实颁布了《质律》。此律完整的内容，由于文献阙如，不得而知。但通过对以上《金布律》的分析，我们可以探知一二。

（一）对交易对象的规定——奴婢、马和牛。在秦代，由于货币经济发达，商业贸易非常繁荣，各类商品均可在法律规定的范围内交易。但有一点必须明确，即并非所有参与交易的商品都必须上交质钱。按秦《质律》规定，凡符合"质"于官府的交易商品，仅限奴婢、马和牛等。为了明白这个问题，我们有必要对秦代奴婢、马和牛等商品的交易情况作一简略回顾。

1. 奴婢的交易。勾稽相关史料，我们发现，在里耶秦简、岳麓秦简和云梦秦简中有大量奴婢交易的历史资料。兹列举几例如下：

---

① （汉）许慎：《说文解字（附检字）》，第130页。
② （清）段玉裁：《说文解字注》，北京：中华书局2013年版，第284页。
③ （南朝梁）顾野王：《玉篇》，中华书局编辑部编：《小学名著六种》，第98页。

□□新买大奴曰齐□8—1604①

……（新地吏及其舍人）其赍买新黔首奴婢畜产及它物盈三月以上而弗予钱者坐所赍贾＜买＞钱数，亦与盗同灋。②

……利居室，入货、人民、畜生。（日乙60）③

……入人民、畜牲，取妻、嫁女、□□□□□□□【不可】复（覆）室。（日乙53）④

……出入人民、畜生。（日乙62）⑤

……可以入人民、马牛、禾粟，入室、取妻及它物。（日甲23正贰）⑥

上引云梦秦简中之"入人民"，显然指的是买奴婢之意。除此以外，官府也参与奴婢买卖。如云梦秦简载："爰书：某里士五（伍）甲缚诣男子丙，告曰：'丙，甲臣，桥（骄）悍，不田作，不听甲令。谒买（卖）公，斩以为城旦，受贾（价）钱。'•讯丙，辞曰：'甲臣，诚悍，不听甲。甲未赏（尝）身免丙。丙毋（无）病殿（也），毋（无）它坐罪。'令令史某诊丙，不病。•令少内某、佐某以市正贾（价）贾丙丞某前，丙中人，贾（价）若干钱……"⑦这里有两点必须注意：一是官府可以购买私人奴婢；二是奴婢的价格以其健康状况而定。

那么，秦代奴婢的价格究竟为何？据湘西里耶秦简载："卅一年十月乙酉朔朔日，贰春乡守☑Ⅰ大奴一人直（值）钱四千三百。☑Ⅱ小奴一人直（值）钱二千五百。☑Ⅲ•凡直（值）

---

① 陈伟主编：《里耶秦简牍校释》第1卷，武汉：武汉大学出版社2012年版，第367页。
② 陈松长主编：《岳麓书院藏秦简（伍）》，上海：上海辞书出版社2017年版，第52页。
③ 陈伟主编：《秦简牍合集•释文注释修订本（贰）》，武汉：武汉大学出版社2016年版，第487页。
④ 陈伟主编：《秦简牍合集•释文注释修订本（贰）》，第486页。
⑤ 陈伟主编：《秦简牍合集•释文注释修订本（贰）》，第487页。
⑥ 陈伟主编：《秦简牍合集•释文注释修订本（贰）》，第339页。
⑦ 陈伟主编：《秦简牍合集•释文注释修订本（壹）》，第279页。

钱六千八百。☑Ⅳ8—1287 廷仓曹。8—1288 廿五年六月戊午朔己巳,库建、【佐】☑8—1289"也就是说,在经过官府诊断为大体健康的情况下,大奴为 4 300 钱/人,小奴 2 500 钱/人。①

2. 马和牛的交易。在秦代,马牛的交易是非常普遍的。如岳麓秦简载:"☑□敢令其奴婢、私属、免婢市贩马牛犊为贾,不从令者,黥奴婢、私属、免婢为城旦舂,黥其【颜頯】☑(163/1795) 禁市贩。·廷卒甲廿七。(164/1699－1)"②可见,秦律规定,"奴婢""私属""免婢"不得从事贩卖"马牛"的交易。换言之,当时存在大量"奴婢""私属""免婢"贩卖马牛的现在。正因为如此,官府才出台此律文予以禁止。

那么,官府为什么对奴婢、马和牛的交易要以《质律》予以规范? 我们认为其原因不外乎如下三点:

一是奴婢、马和牛皆为国家或私人的大宗商品,官府依据《质律》,保留交易的档案,以备必要之时审查。

二是既然为大宗商品,这三者的售价定然非常昂贵。因此,只有按照《质律》交易,才能有效保护交易双方的权益。

三是依据《质律》交易,官府可以向交易双方征收"质钱",打击偷漏税的违法行为。

(二) 奴婢、马和牛交易的法定手续。如上引《金布律》记载,这种手续大略有如下几个步骤:

第一,奴婢、马和牛的交易必须要取得县级机构颁发的传书。如上引《金布律》所记,黔首"买及卖马牛、奴婢它乡、它

---

① 至于"婢"的价格,在战乱的秦汉之际非常昂贵。如《奏谳书》载:"十一年八月甲申朔丙戌,江陵丞鳌敢谳之:三月乙巳大夫禒辥(辞)曰:'六年二月中买婢媚士五(伍)点所,贾(价)钱万六千,乃三月丁巳亡,求得媚,媚曰:不当为婢'……(媚)年卅岁,它如辥(辞)。"此名曰"媚"的婢,年龄为 40 岁,即所谓的"大婢",当时交易的价格为 16 000 钱。参见彭浩、陈伟、[日] 工藤元男主编:《二年律令与奏谳书》,上海:上海古籍出版社 2007 年版,第 337 页。
② 陈松长主编:《岳麓书院藏秦简(伍)》,第 122 页。

县",则必须有县廷核发的传书。若吏"弗为书",则"官啬夫吏主者,赀各二甲,丞、令、令史弗得,赀各一甲"。到"关外"服役者,如果携带私人"马牛羊"随行,"欲行卖之及取传卖它县",那么"县皆为传"。尤其是"欲徙卖它县"者,县官须"发其传为质"。

第二,"占质"。按上引《金布律》规定,"占质"由里典和伍老负责。① 那么,何谓"占质"? 为了回答这一问题,我们首先有必要明确"占"之确切含义。据《说文解字》曰:"占,视兆问也。从卜从口。"②《周易·革》载:"未占,有孚。"③ 又,《论衡·佚文》载:"故夫占迹以睹足,观文以知情。"④ 可见,"占"的本意就是观察。其后才引申为验证并加以估判之意。如《荀子·赋篇》载:"臣愚而不识,请占之五泰。"清代国学大师王先谦注曰:"占,验也。"⑤ 结合上引岳麓秦简可知,"占质"中的"占"即具此意。

正如简文所言,里典和伍老在观察并勘验用于交易的马、牛、奴婢后才会提供质书。这也就是说,如果交易之马、牛、奴婢没有问题,里典和伍老应该为其"占质"。但是,若"舍室为里人盗卖马、牛、人,典、老见其盗及虽弗见或告盗",而里典和伍老仍旧为其"占质",那么,里典和伍老应处"黥为城旦"之罪。毫无疑问,这一法律规定证明了秦里典和伍老占质制度的存在。

---

① 此处之"老"就是"伍老",相当于后世之保甲长。
② (汉)许慎:《说文解字(附检字)》,第70页。
③ (魏)王弼注,(唐)孔颖达正义:《周易正义》,(清)阮元校刻:《十三经注疏》,第61页。
④ 黄晖:《论衡校释(附刘盼遂集解)》,北京:中华书局1990年版,第870页。亦可参阅(汉)王充:《论衡》,国学整理社:《诸子集成(七)》,第202页。
⑤ (清)王先谦撰,沈啸寰、王星贤点校:《荀子集解》,北京:中华书局1988年版,第478页。亦可参见(清)王先谦:《荀子集解》,国学整理社:《诸子集成(二)》,第316页。

既然通过"占质"可以发现黔首"盗卖马、牛、人"的行为，那么具体勘验哪些内容？我们认为，里典和伍老勘验的应当是用于交易之马、牛、奴婢的来源、肤色、年龄、价值以及质钱数额等内容。① 我们以马匹为例，对此作一简略说明。如秦简《金布律》载：

> ・金布律曰：禁毋敢以牡马、牝马高五尺五寸以上，而齿未盈至四以下，服轑车及狠（垦）田、为人（简127/1229）就（僦）载，及禁贾人毋得以牡马、牝马高五尺五寸以上者载以贾市及为人就（僦）载，犯令者，皆（简128/1279）赀各二甲，没入马县官。有能捕告者，以马予之。乡亭啬夫吏弗得，赀各一甲；丞、令、令史赀（简129/1410）各一盾，马齿盈四以上当服轑车、狠（垦）田、就（僦）载者，令厩啬夫丈齿令、丞前，久（灸）右肩，章曰：当乘。（简130/1398）不当乘，窃久（灸）及诈伪令入久（灸），皆罢（迁）之，没入马县官。（简131/1365）②

从上引简文可知，即使"牡马、牝马高五尺五寸以上"，但其口齿年龄"未盈至四以下（即4岁以下）"，则任何人不得用之"服轑车及狠（垦）田、为人就（僦）载"。③ 可见，马之身高和口齿年龄确实是官府勘验的重要内容。又，悬泉汉简载："建昭元年八月丙寅朔戊辰，县（悬）泉厩佐欣敢言之：爰书：传马一匹骍驳（駮），牡，左剽，齿九岁，高五尺九寸，名曰骍鸿。

---

① 质书，由乡级政府核发。
② 陈松长主编：《岳麓书院藏秦简（肆）》，第110—111页。
③ 其中，"为人就（僦）载"就是一种商业盈利行为。所谓"就（僦）"，《说文》曰："僦，赁也。从人、就，就亦声。"（汉）许慎：《说文解字（附检字）》，第168页。又，云梦秦简《效律》载："……上节（即）发委输，百姓或之县就（僦）及移输者，以律论之。"陈伟主编：《秦简牍合集・释文注释修订本（壹）》，第151页。可见，这些文献中的"就（僦）"都是指是租赁之意。

病中肺,欬涕出睪,饮食不尽度。即与啬夫遂成、建杂诊:马病中肺,欬涕出睪,审证之。它如爰书。敢言之。(II0314②:301)"①可见,在这类官方文书中,马的毛色、烙记、口齿年龄、身高等皆由官府一一载明。至于简文中的"齿未盈至四",张俊民曾说:"在马匹的使用过程中,人们比较重视马匹口齿年龄的判断,因为口齿年龄是判断马匹能否正常劳作的一个条件,也是判断马匹身体是否强壮的标准。"②这个结论是可靠的。既然马之身高和口齿年龄如此重要,秦律当然有特别之规定。如上引简文就提到了"禁贾人毋得以牡马、牝马高五尺五寸以上者载以贾市及为人就(僦)载,犯令者,皆赀各二甲,没入马县官"③。其大意是说,即使"贾人"的马"高五尺五寸以上",但口齿年龄未及4岁,"贾人"不得用之"载以贾市及为人就(僦)载"。

除此以外,秦律对"马齿盈四以上"的马匹在使用和管理上亦有详细的规定。简文显示,马匹"齿盈四以上"的,可以"服樏车、狠(垦)田、就(僦)载"。④ 在马匹的管理上,官府对

---

① 胡平生、张德芳编撰:《敦煌悬泉汉简释粹》,上海:上海古籍出版社2001年版,第24页。张俊民先生说:"汉代初年的马驽关令以马'五尺九寸'作为马匹不得出关的标准,可见'五尺九寸'在当时马匹管理制度中是一个非常重要的标尺。"参见张俊民:《敦煌悬泉置出土文书研究》,兰州:甘肃教育出版社2015年版,第336页。但从上引岳麓秦简《金布律》来看,汉简中"五尺九寸"的标准与岳麓秦简"牡马、牝马高五尺五寸"相比,笔者以为,秦简所记更符合历史真相。
② 张俊民:《敦煌悬泉置出土文书研究》,第335页。
③ 此处显然省略了"齿未盈至四以下"一语,否则该律文在逻辑和语义上都无法理解。
④ 那么,何谓"樏车"?《史记·夏本纪》:"陆行乘车,水行乘船,泥行乘橇,山行乘樏。"如淳解释说:"樏车,谓以铁如锥头,长半寸,施之履下,以上山不蹉跌也。"《史记》卷2《夏本纪》,第65—66页。可见,"樏车"是一种适合在崎岖不平的山路上行驶的马拉车。《史记》卷29《河渠书》对此的表述有所不同,其文曰:"陆行载车,水行载舟,泥行蹈毳,山行即桥。"《集解》注引徐广曰:"桥,近遥反。一作'樏'。樏,直辕车也。"第1687页。关于"狠(垦)田、就(僦)载",其意已明,此不赘述。

于达到"齿盈四以上"的马一律"久（灸）右肩"，并印上"当乘"字样。由此可见，秦官府对衡量马匹"服檐车、狠（垦）田、就（僦）载"的标准不仅体现在马的身高上，而且更注重马的口齿年龄。但凡达到"齿盈四以上"之马，经官府烙上"当乘"字样后皆可供人驱使而不违法。

因此，秦基层里典和伍老在"占质"后，应当详细地在质书中登记所"卖奴卑（婢）、马、牛"的详细信息。① 这种质书，在上引简文中也有体现。如简 206/1263 即规定了"卖奴卑（婢）、马、牛者"在"占质"后还须"以帛书质"。"以帛书质"中之"质"显然用作名词，指的是以帛为书写材料的质书。

第三，审核和报批程序。"占质"以后，"卖奴卑（婢）、马、牛者"还需携带这份经过里典和伍老核验的质书前往政府机构办理报批及相关手续。秦质书的审核和批复是由乡级行政机构执行的。如简文所言"质奴婢、马、牛者，各质其乡"一句，就正好反映了这一行政程序。由于里典和伍老对本里的户籍人口、各家财产情况，尤其是各户所拥有的奴婢、马和牛等财产情况比较熟悉，故由里典和伍老来"占质"，才能确保乡级机构"质奴婢、马、牛"的准确性。因此，乡政府以这些核实的质书为依据审核并签发质书。

但是，仅仅拥有由乡级政府签发的质书是不够的，黔首"买及卖马牛、奴婢它乡、它县"必须取得县级机构核发的"传"才能正式生效。当然，如果是因私之"传"，"出行者首先必须向所在乡提出申请，经乡政府审核通过，然后报请所在县批准发放。私传须盖有县令、丞或相当等级的官印才有效"②。县级机构正是根据这种乡级机构审核后之"传"，再将

---

① 里典和伍老"占质"的文书是乡政府审批"传"和出具质书的最为直接而可靠的依据。

② 李均明：《秦汉简牍文书分类辑解》，第 68 页。

质书内容写进"传"中,并最终签发买卖双方用于交易"马牛、奴婢"的通行证——"传"。而"市亭"则根据详细登记买卖双方个人和"马牛、奴婢"信息的"传"及卖方出示的质书,征收相应的质钱,并出具相应的证明文书。

三、 质钱

上引《金布律》规定,黔首买卖"奴卑(婢)马牛"等大宗商品时,买方和卖方皆须"各出廿二钱以质市亭"。那么,如何理解这一规定中"质钱"的性质?笔者以为有以下几个问题应引起我们的注意:

其一,此律中卖者为"黔首",而买者既可以是普通黔首,亦可为官府及其相关机构,如简 201/1301 中的买者就是"皇帝"。①

其二,简 201/1301 首次披露了质钱的数额及收缴机构。简文显示,官府对大宗商品诸如奴婢、马和牛的交易征收"廿二"钱作为质钱。那么,此处"廿二"钱又是如何得出来的?根据简 204/1226 中的"占质"可推知,简文中之"廿二钱"可能为买卖双方交易一名奴婢或一匹马或一头牛应向官府缴纳的质钱。我们可以设想一下,如果双方交易之"奴卑(婢)马牛"的数量在 10 或 100 以上,难道官府还"各出廿二钱以质市亭"吗?所以,秦质钱就是指官府按成交额对"买及卖马牛、奴婢"者征收的一种交易税。②

其三,根据简 202/1305 可知,秦官府为了征收更多赋税,

---

① 此律中出现了"皇帝",说明该《金布律》刊行于秦始皇建国以后。当然,此"皇帝"概指秦之皇室机构。另外,从该文下一句"而令虚责、毋出钱、过旬不质"可知,官私交易"马牛、奴婢"时,官府不用缴纳质钱,而卖方必须"质市亭"。因此,此段律文应从整体上加以理解和把握。
② 法律还特别规定了"市亭"为质钱的征收和管理机构,"市亭"就是秦汉时期管理市场交易的机构。

专门制定了针对大宗商品交易的"质律"。由于材料的限制，我们对有关秦"质律"的内容不甚了解。但从上引岳麓秦简《金布律》对触犯"质律"者的处罚措施来看，其大致包含如下几个内容：

一是"虚质、毋出钱、过旬不质"。此处之"虚质"，应当指的是虚报"奴卑（婢）马牛"的数量，并借此达到逃避税款的目的；"毋出钱"就是指买卖双方成交后，双方或其中一方不向官府缴纳质钱；而"过旬不质"是法律对缴纳质钱在时间上的规定，即双方交易完成后，10 天之内必须向所在"市亭"缴纳质钱。因此，从上引岳麓秦简简 202/1305 可知，买卖双方或其中一方一旦违反了以上三种情况，那么"赀吏主者一甲"，并"以不质律"判处吏主者之罪。

二是买卖双方中其中一方向官府"自告"，而"吏弗为质"，则"吏主者"免职。其中的"吏弗为质"又为何意呢？根据上下关联的两枚简文，笔者以为，"为质"指的是市吏应有效监管"奴卑（婢）马牛"等交易并征收交易双方之质钱。

三是"质奴婢、马、牛"之前，官府必须"以平贾（价）直之"。换言之，官府对用于交换的"奴婢、马、牛"，应以当时的市场价格来判断其成交价格。此规定的目的在于判断交易物是否达到征税的标准，如"卖半马半牛者"，法律则规定"毋质诸乡（简 206/1263）"。此处之"质"显然用如动词。笔者以为，唐代贾公彦对"质"的解释较为合理，如其在《周礼注疏》中"马质掌质马"条目下疏曰："释曰：云'马质'者，质，平也，主平马力及毛色与贾直之等。"[1]可见，此处之"平"，不仅包括"主平马力及毛色"，还必须"平"马、牛和奴婢的"贾直"。根

---

[1]（汉）郑玄注，（唐）贾公彦疏：《周礼注疏》，（清）阮元校刻《十三经注疏》，第 842 页。

据上引岳麓秦简《金布律》可知，基层里典和伍老根据所交易之大宗商品"占质"其价后，再"各质其乡"。

据此可知，秦律对"质奴婢、马、牛"的规定是很严厉的，"质钱"就是指官府对买卖大宗商品双方征收的一种交易税。它不仅规定了违反"质律"的处罚措施，而且对征管质钱的机构及征缴数额也进行了详细规定。

四、《质律》对后世的影响

我们发现，唐代法律对奴婢、马牛交易的规定，在许多方面直接继承了秦的《质律》。如《唐律疏议》载：

> 诸买奴婢、马牛驼骡驴，已过价，不立市券，过三日笞三十；卖者，减一等。立券之后，有旧病者三日内听悔，无病欺者市如法，违者笞四十。

> 【疏】议曰：买奴婢、马牛驼骡驴等，依令并立市券。两和市卖，已过价讫，若不立券，过三日，买者笞三十，卖者减一等。若立券之后，有旧病，而买时不知，立券后始知者，三日内听悔。三日外无疾病，故相欺罔而欲悔者，市如法，违者笞四十；若有病欺，不受悔者，亦笞四十。令无私契之文，不准私券之限。①

由此不难看出，唐律对交易奴婢、马牛等大宗商品的规定，在许多方面直接承袭了秦代的《质律》。

第一，与秦代《质律》的规定一样，唐代市场交易的需要立"市券"的商品仅限奴婢、马牛等大宗商品，只不过秦代所立"市券"，名曰"质书"而已。

第二，唐代交易的奴婢、马牛亦需要勘验身体健康状况。

---

① （唐）长孙无忌等撰，刘俊文点校：《唐律疏议》，北京：中华书局1983年版，第500—501页。

第三，唐代在交易奴婢、马牛时，亦必须遵循"和市"原则，不得强迫或欺诈交易。

但唐律的规定也有些许创新。如奴婢、马牛等大宗商品交易完成以后，唐律规定买卖双方在3日内必须"立券"。超过3日，买卖双方依律接受处罚，即"买者笞三十，卖者减一等"。与此同时，唐律还容许买卖双方反悔，期限为3天。按唐律规定，如果3日内买卖双方发现所交易的奴婢、马牛有健康问题，可以反悔弃约。但超过3天，交易的奴婢、马牛并无健康问题，而无故欺诈者，"市如法，违者笞四十"；如果交易的商品有病而隐瞒不报，对方又"不受悔"，同样"笞四十"。最后，唐律对"私券"也进行了规范，即交易双方私底下订立的"券书"一概无效。①

五、 结论

岳麓秦简《金布律》披露了一份较为完整的有关秦《质律》的文书。这份法律文书大致反映了如下几个历史真相：

第一，秦质钱指的是官府按成交额对"买及卖马牛、奴婢"者征收的一种交易税，而绝非"债的一种担保方式"。

第二，这批秦律令文书中还出现了以往秦文献未见记载的《质律》，这一记载显然填补了秦法律及经济制度研究的史料空白。秦"质律"显示，秦律不仅详细规定了"虚质、毋出钱、过旬不质"的处罚措施，而且还规定黔首"质奴婢、马、牛"之前，官府必须"以平贾（价）直之"。

---

① 唐律对违反奴婢、马牛交易行为 官员也作了规范。如《唐律疏议》载："即卖买已讫，而市司不时过券者，一日笞三十，一日加一等，罪止杖一百。【疏】议曰：卖买奴婢及牛马之类，过价已讫，市司当时不即出券者，一日笞三十。所由官司依公坐，节级得罪；其挟私者，以首从论。一日加一等，罪止杖一百。"参见（唐）长孙无忌等撰，刘俊文点校：《唐律疏议》，第501页。

第三,黔首"买及卖马牛、奴婢"有两个前提条件。第一个前提条件就是取得乡政府核发的质书,亦即简文所言,"质奴婢、马、牛者,各质其乡"。而黔首在"质其乡"之前,还必须通过里典和伍老的"占质"。此"占质"的具体内容就是,里典和伍老勘验并确定用于交易之"马、牛、人"的来源、肤色、年龄、价值以及质钱数额等内容,最后由乡政府予以核发。另一个前提条件就是"取传"。秦律规定,黔首"买及卖马牛、奴婢它乡、它县",县廷还须"发其传为质"。我们知道,秦汉时期,无论是因公之"传",还是因私之"传","县皆为传"。此"传"就是黔首过关之通行证。秦汉文献还显示,这类通行证一般会记录持"传"人之姓名、籍贯、爵位、外出缘由等,并须"盖有县令、丞或相当登记的官印才有效"。

第四,在获得以上两个前提条件之后,黔首才可在"市亭"监管下的市场交易"马牛、奴婢"。简文显示,交易"买及卖马牛、奴婢"之人必须接受"市亭"的监管。换言之,"市亭"不仅要核验买卖双方的"传""质书"并征收其质钱,还必须为其出具交易达成后的凭证,以便交易双方回乡登记各自的财产情况。

概言之,岳麓秦简《金布律》所披露的有关秦"质"问题的史料,使我们首次认识到秦律体系中还存在一个鲜为人知的《质律》。因此,正确认识这种《质律》,不仅有助于我们深入了解秦律的体系与结构,而且更有利于我们加深对后世法律制度的认识。

(原载《中国经济与社会史评论》2022 年第 10 辑)

青岛土山屯木牍所见汉代"更赋"新探

朱德贵（哈尔滨商业大学）

[摘　要] 最新公布的青岛土山屯西汉木牍首次披露了一些闻所未闻的财税名目，如"罢癃钱""罢癃卒钱""更卒钱""戍卒钱""过更卒钱"等。研究表明，汉代"更赋"实乃由"罢癃钱""罢癃卒钱""更卒钱""戍卒钱"和"过更卒钱"五部分组成。其中"罢癃钱""罢癃卒钱"和"过更卒钱"属官府固定征收的税目。从土山屯西汉木牍《堂邑元寿二年要具簿》和《元寿二年十一月见钱及逋簿》上看，"更卒"既是本郡县"一月一更"之役的承担者，也是"岁更"戍边之役的承担者。同时，汉代的徭役并非"更卒徭役"和"戍卒徭役"的合称，"更卒钱"实乃雇人服役一月的代役金。

[关键词] 土山屯木牍；更赋；罢癃卒钱；卒更钱

汉代"更赋"是因徭役而产生，徭役又是秦汉史研究的重要内容之一。长期以来，中外学术界对汉代"更赋"制度进行了热烈的讨论。如平中苓次、楠山修作、范文澜、臧知非、崔曙庭、田泽滨、钱剑夫、黄今言和杨际平等先生分别就"更赋"的构成、"更赋"与徭役的关系等问题提出各自不同的意见。①

---

① ［日］平中苓次：《漢書食貨志に見える「更賦」について》，《立命館文學》卷265，1967年，第307—322頁；［日］楠山修作：《更賦と軍賦》，　　　（转下页）

大体说来,有如下三种观点:一是"更赋"即"过更";二是"更赋"由"卒更""过更"演变而来,是"戍边三日"300钱与雇人代役一月2000钱构成;三是"更赋"是"月为更卒"的代役金。可喜的是,最近刊布的青岛土山屯西汉木牍所记《元寿二年十一月见钱及逋簿》和《堂邑元寿二年要具簿》两份官文书为解决这一历史悬案提供了最为鲜活而有力的历史证据。①

一、 罢癃钱和罢癃卒钱

在青岛土山屯西汉木牍背面下栏有14行文字,记录了堂邑县在汉哀帝元寿二年(前1年)十一月的赋税征缴情况,彭峪等先生将之命名为《元寿二年十一月见钱及逋簿》。② 从这份《元寿二年十一月见钱及逋簿》的内容上看,它首次向世人展示了一些闻所未闻的财政收入名目:

元寿二年十一月见钱及逋薄·凡逋钱二百卅五万五

千七百卅一   (1)

见赋钱三万二千六十二   (2)

见税鱼钱千二百一十   (3)

(接上页)《研究紀要(立海南高等學校)》卷2,1968年,第19—37页;崔曙庭:《汉代更赋析辨》,中国历史文献研究会编:《中国历史文献研究集刊》第2集,长沙:湖南人民出版社1981年版,第116—126页;田泽滨:《汉代的"更赋"、"赀算"与"户赋"》,《东北师大学报》1984年6期;臧知非:《汉代更赋辨误——兼谈"戍边三日"问题》,《徐州师范学院学报》1987年2期;钱剑夫:《秦汉赋役制度考略》,武汉:湖北人民出版社1984年版,第142—143页;黄今言:《秦汉赋役制度研究》,南昌:江西教育出版社1988年版,第219页;胡大贵:《汉代更赋考辨》,《四川师范大学学报(社会科学版)》1995年第1期;范文澜等:《中国通史》第2册,北京:人民出版社1994年版,第60页;杨际平:《秦汉财政史》,长沙:湖南人民出版社2015年版,第583页。

① 青岛市文物保护考古研究所、黄岛区博物馆:《山东青岛土山屯墓群四号封土与墓葬的发掘》,《考古学报》2019年第3期。

② 青岛市文物保护考古研究所、黄岛区博物馆:《山东青岛土山屯墓群四号封土与墓葬的发掘》,《考古学报》2019年第3期。

　　·凡见钱三万三千二百七十二　　　　　　　　（4）

　　逋二年口钱三万九千七百八十二　　　　　　　（5）

　　逋二年罢癃卒钱十五万七百五十　　　　　　　（6）

　　逋二年所收事它郡国民秋赋钱八百　　　　　　（7）

　　逋二年所收事它郡国民口钱四百八十三　　　　（8）

　　逋二年所收事它郡国民更卒钱九千二百　　　　（9）

　　逋二年所收事它郡国民冬赋钱四百　　　　　　（10）

　　逋二年冬赋钱八十四万二千八百六十六　　　　（11）

　　逋二年过更卒钱五十九万六百　　　　　　　　（12）

　　逋二年罢癃钱千二百　　　　　　　　　　　　（13）

　　逋二年戍卒钱八十一万六百五十　　　　　　　（14）

在以上材料中，"罢癃卒钱""罢癃钱""更卒钱""戍卒钱""过更卒钱""冬赋钱"等在传世文献及以往出土材料中均不见记载。①如何理解和阐释这些财政收入名目，就成为摆在我们面前亟待解决的问题。在《元寿二年十一月见钱及逋簿》中，"罢癃钱"和"罢癃卒钱"是单列出来的，它们显然是两种不同的财政收入项目。就目前现存的所有秦汉文献资料来看，关于"罢癃钱"和"罢癃卒钱"，只有班固《汉书·食货志》简略提及了一下。如《食货志》载："（王莽下令曰）汉氏减轻田租，三十而税一，常有更赋，罢癃咸出，而豪民侵陵，分田劫假，厥名三十，实什税五也。"②按照上引《食货志》"常有更赋，罢癃咸

_____

① 在以往文献中，学界承袭了三国如淳的说法："天下人皆直戍边三日，亦名为更，律所谓繇戍也。虽丞相子亦在戍边之调。不可人人自行三日戍，又行者当自戍三日，不可往便还，因便住一岁一更。诸不行者，出钱三百入官，官以给戍者，是谓过更也。"《汉书·昭帝纪》，北京：中华书局1962年版，第229页。尽管该文献提及了"过更"，但并未言明此钱乃"过更卒钱"，故"过更卒钱"亦属首次披露。另外，"冬赋钱"属秦汉"赋算"中的一种，不在本文讨论的范围，此处从略。

②《汉书》卷24上《食货志上》，第1143页。

出"这一说法,"罢癃钱"和"罢癃卒钱"当归属于"更赋",是"更赋"下的 2 个税目。

但问题是,何谓"罢癃钱"和"罢癃卒钱"?它们之间又有何种区别和联系?就目前所见现存的传世文献来看,我们无法获得答案。但庆幸的是,上引青岛土山屯西汉木牍《元寿二年十一月见钱及逋簿》为我们解决这些问题提供了第一手原始资料。为了解决这些问题,我们首先必须弄清楚"罢癃""罢癃(癃)筭(算)"和"罢癃卒"在当时历史条件下的真实含义。

第一,"罢癃(癃)"。关于"癃(癃)",《广韵》曰:"胮胀,匹江切,又音庞五。"①此言"癃(癃)",即胮胀之病。又,《汉书·高帝纪》载:"(高祖十一年诏)年老癃病,勿遣。"颜师古解释说:"癃,疲病也,音隆。"②裴骃在《史记·平原君传》"臣不幸有罢癃之病"条目下注引徐广曰:"癃音隆。癃,病也。"司马贞亦在此解释曰:"罢音皮,癃音,吕宫反。罢癃谓背疾,言腰曲而背隆高也。"③可见,针对"罢癃(癃)",有两种不同的解释,即胮胀之病、腰曲而背隆。再结合汉律,我们即可了解"罢癃(癃)"之确切含义。据《二年律令·傅律》载:"当傅,高不盈六尺二寸以下,及天乌者,皆以为罢癃(癃)。"④可见,司马贞的解释是对的。也就是说,因年老或天生"腰曲而背隆",以至于身高不足"六尺二寸"(大约 1.426 米)者,皆为"罢癃(癃)"。

根据法律规定,在承担国家义务方面,"罢癃(癃)"与一

---

① (宋)陈彭年等重修:《广韵》,中华书局编辑部编:《小学名著六种》,北京:中华书局影印本 1998 年版,第 9 页。

②《汉书》卷 1 下《高帝纪下》,第 71 页。

③《史记》卷 76《平原君传》,北京:中华书局 1959 年版,第 2365—2366 页。

④ 彭浩、陈伟、[日]工藤元男主编:《二年律令与奏谳书——张家山二四七号汉墓出土法律文献释读》,上海:上海古籍出版社 2007 年版,第 234 页。整理者解释云:"乌,疑读为亚。《说文》:'亚,丑也,象人局背之形。'在此当指天生残疾丑恶。"同书,第 235 页。

般正常人是有所区别的。如简牍载：

> 罢癃（癃）守官府，亡而得，得比公癃（癃）不得？得比
> 焉。（简 133）①

> 诸当行粟，独与若父母居老如睆老，若其父母罢癃
> （癃）者，皆勿行。金痍、有□病，皆以为罢癃（癃），可事如
> 睆老。（简 408）②

在《法律答问》中，"罢癃（癃）"仍需承担部分劳役，如"守官府"等。③ 上引《徭律》则规定，若父母属"罢癃（癃）"者，家中男丁可以不"行粟"事，即不需要承担转运粮食的工作。如果因战争或其他原因导致"罢癃（癃）"的，可按"睆老"规定执行。何谓"睆老"？据《广韵》载："睆，大目也。"④又，《玉篇·目部》："睆，出目貌。"⑤意思是说，眼睛大而突出。对此，段玉裁进一步解释说："又许注淮南曰：'睆谓目内白翳也。'"⑥由此可知，简文中的"睆"，乃一种由于年老而引致目大之眼疾。又，据《二年律令·傅律》载："不更年五十八，簪褭五十九，上造六十，公士六十一，公卒、士五（伍）六十二，皆为睆老。"⑦可见，"睆老"指的是 58 岁至 62 岁的老年人。简文说明，爵位之高低决定了"睆老"年龄，而无爵位的"士伍"，只有到了 62 岁及以上才符合"睆老"的条件。

---

① 彭浩、刘乐贤等：《睡虎地 11 号秦墓竹简》，陈伟主编：《秦简牍合集·释文注释修订本（壹）》，武汉：武汉大学出版社 2016 年版，第 234 页。
② 彭浩、陈伟、[日]工藤元男主编：《二年律令与奏谳书——张家山二四七号汉墓出土法律文献释读》，第 247 页。
③ 该简文大意说，如果"罢癃（癃）"在当值的时候逃亡，与因公而"癃（癃）"者处罚相同。
④ （宋）陈彭年等重修：《广韵》，中华书局编辑部编：《小学名著六种》，第 72 页。
⑤ （南朝梁）顾野王：《玉篇》，中华书局编辑部编：《小学名著六种》，第 18 页。
⑥ （清）段玉裁：《说文解字注》，北京：中华书局 2013 年版，第 132 页。
⑦ 彭浩、陈伟、[日]工藤元男主编：《二年律令与奏谳书——张家山二四七号汉墓出土法律文献释读》，第 232 页。

由于罢癃者,"事如晥老",也就是说凡符合"晥老"条件的人能享受之优待,罢癃者同样也能享受。据《二年律令·徭律》载:"晥老各半其爵繇(徭)员,人独给邑中事。"①也即是说,"晥老(或罢癃)"者仅需承担普通人一半的劳役,而不必服全役。

正是由于"罢瘅(癃)"者享有政策优待,故"虚占""匿占"现象较为普遍。为此,法律作出了严格的惩罚规定。如简文载:"匿敖童,及占罢瘅(癃)不审,典、老赎耐,·百姓不当老,至老时不用请,敢为酢(詐)伪者,赀二甲;典、老弗告,赀各一甲;伍人,户一盾,皆罨(迁)之。"②

第二,"罢瘅(癃)筭(算)"③。所谓"罢癃算",即针对罢癃者征收的赋钱。据《汉书·贡禹传》记载:"自禹(贡禹)在位,数言得失,书数十上。禹以为古民亡赋算口钱,起武帝征伐四夷,重赋于民,民产子三岁则出口钱,故民重困,至于生子辄杀,甚可悲痛。宜令儿七岁去齿乃出口钱,年二十乃算。"④在这里,贡禹建议元帝,凡汉朝小孩"七岁去齿乃出口钱",至"年二十乃算"。后来,元帝采纳了前一条建议,而"年二十乃算",元帝并未采纳。

我们从《贡禹传》"年二十乃算"可知,"算"与年龄大小密切相关。又,东汉卫宏在《汉官旧仪》中说:"算民:年七岁以至十四

---

① 彭浩、陈伟、[日]工藤元男主编:《二年律令与奏谳书——张家山二四七号汉墓出土法律文献释读》,第 246 页。

② 彭浩、刘乐贤等:《睡虎地 11 号秦墓竹简》,陈伟主编:《秦简牍合集:释文注释修订本(壹)》,第 171 页。

③ 这里必须说明的是,"筭"尽管有时与"算"可以互换(即如段玉裁所言"旧书多假筭为算"),但它们之间其实是有所区别的。如《说文》曰:"筭,长六寸,计历数者。从竹从弄。"参见(汉)许慎:《说文解字(附检字)》,北京:中华书局1963 年版,第 99 页。《说文》又曰:"算,数也。从竹从具。读若筭。"参见(汉)许慎:《说文解字(附检字)》,第 99 页。段玉裁进一步解释说:"《汉志》云:筭法用竹径一分,长六寸。二百七十一枚而成六觚,为一握。此谓筭筹,与算数字各用。计之所谓算也,古书多不别。"参见(清)段玉裁:《说文解字注》,第200 页。也就是说,"筭"指的是筭筹,而"算"为计数之意。

④《汉书》卷 72《贡禹传》,第 3075 页。

岁出口钱,人二十三。[二十钱]以食天子。其三钱者,武帝加口钱,以补车骑马逬税。又令民男女年十五以上至五十六赋钱,人百二十为一筭(算),以给车马。"①也就是说,凡"民男女年十五以上至五十六"者,每人"百二十为一筭(算)",即 120 钱/算。②那么,汉代官府又是如何界定成丁的呢？据《居延汉简》载：

妻大女止□,年廿一,用谷二石一斗六升大。

☑ 弟使男陵,年十二,用谷二石一斗六升大。凡用谷四石三斗三升少。③

27·3

制虏隧　妻大女止耳,年廿六,用谷二石一斗六升大。

卒周贤　子使女捐之,年八,用谷一石六斗六升大。

　　　　子使男并,年七,用谷二石一斗六升大。　凡用谷六石。④

27.4

第五隧　妻大女眇,年卅五。

卒徐谊　子使女待,年九。　　见署用谷五石三斗一升少。⑤

　　　　子未使男有,年三。

203.3

妻大女待,年廿七。

☑ 子未使男偃,年三。　　省茭用谷五石三斗一升少。⑥

子小男霸,年二。

203.23

---

① (清)孙星衍等辑,周天游点校:《汉官六种》,北京:中华书局 1990 年版,第50页。

② 此处之"一筭(算)",指的就是一个成丁应承担的赋税额度。

③ 简牍整理小组编:《居延汉简(壹)》,台北:"中研院"历史语言研究所 2014 年版,第84页。

④ 简牍整理小组编:《居延汉简(壹)》,第84页。

⑤ 简牍整理小组编:《居延汉简(贰)》,台北:"中研院"历史语言研究所 2015 年版,第239页。

⑥ 简牍整理小组编:《居延汉简(贰)》,第243页。

据此可知,凡年龄2岁至6岁者为"未使男(女)";7岁至14岁者为"使男(女)";15岁至56岁者为"使大男(女)"或"大男(女)"。彭卫等也说:"(汉代)简牍文书载录的年龄分层是:大男和大女,年龄在15岁以上;使男和使女,年龄在7岁至14岁;未使男和未使女,年龄在2岁至6岁。又据《居延新简》收录的简文,汉代尚有'小男'和'小女'概念,分别包括使男、未使男和使女、未使女。"①也就是说,"使大男(女)或曰大男(女)"达到了"算"的条件,即15岁至56岁者。

但"事"的起始年龄为多少呢?为了回答这个问题,让我们先看看青岛土山屯木牍正面《堂邑元寿二年要具簿》的记载:

　　·堂邑元寿二年要具簿

　　城一舟(周)二里百廿五步,县东西百卅五里五十步,南北九十一里八十步

　　户二万五千七,多前二百卅七

　　口十三万二千一百四其三百卅奴婢,少前千六百八

　　复口三万三千九十四

　　定事口九万九千一十,少前五百卅四

　　凡筭(算)六万八千五百六十八,其千七百七十九奴婢

　　复除罢癃(癃)筭(算)二万四千五百六十五

　　定事筭(算)四万四千三多前六百廿二

　　凡卒二万一千六百廿九,多前五十一

　　罢癃皖老卒二千九十五

　　见甲卒万九千五百卅四

---

① 彭卫、杨振红:《中国风俗通史·秦汉卷》,上海:上海文艺出版社2002年版,第354页。

卒复除繇使千四百卅一

定更卒万七千三百八十三

一月更卒千四百卅六

……①

可见，当时堂邑县有人口"十三万二千一百四"，即 132 104
人，其中"复口三万三千九十四"人，即免除"役使"者 33 094
人。最后达到"事"条件者（7 岁以上）凡"口九万九千一十"，
即 99 010 人。那么，何谓"事"？《广韵》曰："事，使也。"②三国
如淳在《汉书·高帝纪》注曰："事，谓役使也。"③在《汉书·宣
帝纪》"且毋收事"条目下，晋灼注曰："不给官役也。"④因此，
事，指的是劳役。木牍中之"事"，则指的是由官府利用排他性
权力所摊派的劳役。

接下来的问题是，为什么达到"算"条件者（15 岁及以上）
才"六万八千五百六十八（68 568 人）"呢？其中 30 442 人又
属于哪一类人？根据前述，"事"的起始年龄为 7 岁，而"算"
的起始年龄为 15 岁。也就是说，这 30 442 人乃 7 岁至 14 岁
者，即"使男（女）"；68 568 人则为年龄 15 岁至 56 岁者，是
"使大男（女）"或"大男（女）"。因此，在这 68 568"使大男
（女）"中，显然包含年龄达到 15 岁以上且未达到"傅籍"标准
之"罢癃（癃）"。此类"罢癃（癃）"，汉代人称之为"罢癃（癃）
筭（算）"。

正是因为存在"罢癃（癃）筭（算）"，所以汉代"事"并不等
同于"事算"。从上引《堂邑元寿二年要具簿》可知，"事算"不

---

① 青岛市文物保护考古研究所、黄岛区博物馆：《山东青岛土山屯墓群四号封土
与墓葬的发掘》，《考古学报》2019 年第 3 期。

② （宋）陈彭年等重修：《广韵》，中华书局编辑部编：《小学名著六种》，第 91 页。

③ 《汉书》卷 1 下《高帝纪下》，第 55 页。

④ 《汉书》卷 8《宣帝纪》，第 244 页。

包括"罢瘝(癃)筭(算)"。"事算"等于"算"减去"罢瘝(癃)筭(算)",即 68 568 人 – 24 565 人 = 44 003 人(事算)。

在复除这些"罢瘝(癃)筭(算)"后,剩下的当然就是承担劳役的"事算"人数。关于"事算",汉代设有专门的登记簿书。如天长纪庄西汉木牍《算簿》载:

> 算簿
> ●集八月事算二万九复算二千卅五。
> 都乡八月事算五千卅五。
> 东乡八月事算三千六百八十九。
> 垣雍北乡八月事算三千二百八十五。
> 垣雍东乡八月事算二千九百卅一。
> 鞠(?)乡八月事算千八百九十。
> 杨池乡八月事算三千一百六十九。
> ●右八月。
> ●集九月事算万九千九百八十八复算二千六十五。①

其中"复算二千六十五",指的就是"罢瘝(癃)筭(算)"人数。我们认为,当时"罢瘝钱"征缴的对象为年龄达到 15 岁以上且未达到"傅籍"标准者。更关键的是,这种"罢瘝钱"应该是按人头依据一定额度而征收的固定税目,具体征税额度为多少,不得而知。另外,我们从《元寿二年十一月见钱及逋薄》中"逋二年罢瘝钱千二百"一句可以推测,当时(前 1 年)堂邑县对"罢瘝钱"征缴的税率很低。

第三,"罢瘝卒钱"。"罢瘝卒钱"与汉代"傅籍"制度密切相关。前引《堂邑元寿二年要具簿》,"事筭(算)四万四千三(44 003 人)",但卒为什么才"二万一千六百廿九(21 629

---

① 天长市文物管理所、天长市博物馆:《安徽天长西汉墓发掘简报》,《文物》2006 年第 11 期。

人）"呢？其中减去的 22 374 人为什么被剔除了？这得从汉代的"傅籍"制度和"卒"的身份谈起。

汉代的"傅籍"制度经历了三次重大变化。在汉初，"傅籍"标准以爵位高低为准。如《二年律令》载："不更以下子年廿岁，大夫以上至五大夫及小爵不更以下至上造年廿二岁，卿以上子及小爵大夫以上年廿四岁，皆傅之。公士、公卒及士五（伍）、司寇、隐官子，皆为士五（伍）。"①也就是说，在汉初，爵位越高，傅籍的年龄亦越大，这显然是对高爵位者的一种政策优待。降至汉景帝二年（前 155 年），傅籍年龄统一确定为 20岁。如《汉书·景帝纪》载："令天下男子年二十始傅。"②第三次傅籍制度的改革发生在汉昭帝时期。据《盐铁论·未通》载："（御史曰）今陛下（昭帝）哀怜百姓，宽力役之政，二十三始傅，五十六而免，所以辅耆壮而息老艾也。"③至此以后，"二十三始傅"的制度可能至汉末也未曾改变。

那么，何谓"傅"？"傅籍"又有何作用呢？如《集韵》曰："傅，著也。"④又，颜师古在《汉书·高帝纪》"萧何发关中老弱未傅者悉诣军"条目下注曰："傅，著也。言著名籍，给公家徭役也。"⑤云梦秦简整理小组亦指出："傅，傅籍，男子成年时的登记手续……据简文，本年喜十七周岁。汉制傅籍在二十或二十三岁。"⑥但是，我们据《堂邑元寿二年要具簿》可证，无论是整理小组的观点还是《汉书·高帝纪》的注释，皆值得商榷。这是因为

---

① 彭浩、陈伟、[日]工藤元男主编：《二年律令与奏谳书——张家山二四七号汉墓出土法律文献释读》，第 234 页。

②《汉书》卷 5《景帝纪》，第 141 页。

③ 王利器校注：《盐铁论校注（定本）》，北京：中华书局 1992 年版，第 192 页。

④（宋）丁度等：《集韵》，中华书局编辑部编：《小学名著六种》，第 114 页。

⑤《汉书》卷 1《高帝纪》，第 37—38 页。

⑥ 参见睡虎地秦墓竹简整理小组编：《睡虎地秦墓竹简》，北京：文物出版社 1990年版，第 9 页。

秦汉人 15 岁就已成丁,符合"算"的条件。而《汉书·高帝纪》注所云"给公家徭役"更是宽泛之言,因为编户齐民即使未傅籍也必须承担部分徭役。如《二年律令·徭律》载:"节(即)载粟,乃发公大夫以下子未傅年十五以上者。"①因此,《堂邑元寿二年要具簿》有力地证明,傅籍才是判断"卒"身份的唯一标准。也就是说,汉哀帝元寿二年(前 1 年),傅籍年龄为 23 岁,只有达到 23 岁者才可被称为"卒"。②

关键的问题是,"更卒"又是否等同于"甲卒"呢? 我们知道,堂邑县总共有"甲卒万九千五百卅四(90 534 人)",在剔除了"繇使千四百卅一(1 431 人)"后,剩下的就是服役的"更卒"。又由于"繇(徭)使"之官吏必须经常巡视各地政务情况,事务缠身,故上引《堂邑元寿二年要具簿》还必将徭使排除在"更卒"之列。③ 所以"更卒"并非"甲卒","更卒"实乃"甲卒"的主体构成部分。在秦汉时期,"甲卒"既承担作战任务,也是转输工作的主要承担者。如《汉书·翟方进传》载:"莽闻之,大惧……(孙建等)将关东甲卒,发奔命以击义(翟义)焉。"④又,《汉书·王莽传》:"募天下囚徒、丁男、甲卒三十万

---

① 彭浩、陈伟、[日]工藤元男主编:《二年律令与奏谳书——张家山二四七号汉墓出土法律文献释读》,第 248 页。

② 《肩水金关汉简》所披露的简文证明,我们的结论是正确的。

③ 这是因为秦汉"徭使"是"地方吏员日常工作之一,他们每年约有十分之一的时间徭使在外……(徭使)主要作用是处理文书行政无法解决的具体政务,如校勘律令、地图,处理刑狱等。同时也是了解地方情况,加强社会控制的手段"。参见沈刚:《徭使与秦帝国统治:以简牍资料为中心的探讨》,《社会科学》2019年第 5 期。关于"徭使",其实它还有一层更为宽泛的意义,即编户民所服之徭戍。如贾谊《新书》载:"古者天子地方千里,中之而为都,输将繇使,其远者不在五百里而至;公侯地百里,中之而为都,输将繇使,远者不在五十里而至。输将者不苦其繇,繇使者不伤其费。故远方人安其居,土民皆有欢乐其土,此天下之所能长久也。"参见(汉)贾谊撰,阎振益等校注:《新书校注》卷 3《属远》,北京:中华书局 2000 年版,第 116 页。当然,青岛土山屯木牍中之"徭使",确实指的是官吏之公差也。

④ 《汉书》卷 84《翟方进传》,第 3427 页。

人，转众郡委输五大夫衣裘、兵器、粮食……天下骚动。"①

简言之，汉代"卒"不等于"甲卒"，"甲卒"亦非"更卒"。前引《元寿二年十一月见钱及逋簿》中的"罢癃卒钱"，其征缴的对象是 23 岁至 56 岁的"罢癃卒"，与"罢癃钱"征缴的对象显然是不同的。也就是说，"罢癃卒"依律缴纳"罢癃卒钱"后，并不需要承担"甲卒"和"更卒"之役。

二、 更卒钱、过更卒钱以及戍卒钱

在现存所见的传世文献及以往出土材料中，我们均未发现"更卒钱""过更卒钱"和"戍卒钱"的任何记载。如何解释这些财政收入名目？这又是一个非常棘手的问题。庆幸的是，三国时期学者如淳的"更有三品"说或许能为我们提供一点历史线索。如《汉书·昭帝纪》载："（昭帝元凤）三年以前逋更赋未入者，皆勿收。"三国如淳在此注曰：

> 更有三品，有卒更，有践更，有过更。古者正卒无常人，皆当迭为之，一月一更，是谓卒更也。贫者欲得顾更钱者，次直者出钱顾之，月二千，是谓践更也。天下人皆直戍边三日，亦名为更，律所谓繇戍也。虽丞相子亦在戍边之调。不可人人自行三日戍，又行者当自戍三日，不可往便还，因便住一岁一更。诸不行者，出钱三百入官，官以给戍者，是谓过更也。律说，卒践更者，居也，居更县中五月乃更也。后从尉律，卒践更一月，休十一月也。食货志曰：'月为更卒，已复为正，一岁屯戍，一岁力役，三十倍于古。'此汉初因秦法而行之也。后遂改易，有谪乃戍边一岁耳。逋，未出更钱者也。②

---

① 《汉书》卷 99 中《王莽传中》，第 4121 页。

② 《汉书》卷 7《昭帝纪》，第 229 页。

针对如淳以上这段话,历史学家范文澜先生在解释"更赋"时曾说:"更是力役的一种。男子二十三岁至五十六岁,都得服役。每人每年在本郡或本县服役一个月,称为更卒或卒更。每人按一定次序轮流到京师服役一年,称为正卒。雇贫民代本人服役,每月出钱二千,称为践更。每人每年戍边三日,称为徭戍,不能去的人出钱三百,称为过更。"①但是,长期以来,学术界对如淳"更有三品"说提出了很多疑义。如钱剑夫先生说:"践更为正在服行更卒徭役,过更为已经服过更卒徭役……如淳以'卒更''践更''过更'为'三品',已是一个错误;又混淆更钱、更赋与服役为一,更是另一个错误……汉代的更赋实质上是后世的代役金。"②在此研究的基础上,黄今言先生提出了不同的意见。他说:"'更赋'是'戍边三日'的代役金,实际上也是按丁征收的一种固定赋目。"③但杨际平先生并不认同这种观点,他撰文指出:"'更赋'自然都是指时人视为重负的'月为更卒'的代役金,而绝不可能是区区'三日戍'的代役钱。"④

那么,"更赋"究竟是什么? 是一种固定税目吗? 上引《元寿二年十一月见钱及逋薄》为我们解决这一历史疑难问题提供直接证据:(1)"逋二年所收事它郡国民更卒钱九千二百";(2)"逋二年过更卒钱五十九万六百";(3)"逋三年戍卒钱八十一万六百五十"。不难看出,以上"更卒钱""过更卒钱"和"戍卒钱"在《见钱及逋薄》中都是单列的,它们属于不同的财政收入项目。

第一,"更卒钱"。上引如淳说:"古者正卒无常人,皆当

---

① 范文澜等:《中国通史》第2册,第60页。
② 钱剑夫:《秦汉赋役制度考略》,第142—143页。
③ 黄今言:《秦汉赋役制度研究》,第219页。
④ 杨际平:《秦汉财政史》,第583页。

迭为之，一月一更，是谓卒更也。"此"一月一更"之"卒更"指的就是"更卒"。如《汉书·食货志》："……又加月为更卒，已复为正一岁，屯戍一岁，力役三十倍于古"唐代颜师古注曰："更卒，谓给郡县一月而更者也。"①也就是说，"更卒"是在本郡县服役的。倘若"更卒"不去服役，必须"出钱顾之，月二千"。此代役金 2 000 钱就是《元寿二年十一月见钱及逋薄》中的"更卒钱"。如淳所言之"践更"，指的是代役者为了获取这笔代役金而亲自去服役的意思。这与"更卒"亲自服役不是一回事儿。可见，根据《元寿二年十一月见钱及逋薄》记载，如淳所言之"月二千"的"更卒钱"是确实存在的，不容怀疑！

第二，"过更卒钱"。上引《元寿二年十一月见钱及逋薄》中的"逋二年过更卒钱五十九万六百"一句证明，汉代"过更卒钱"也是确实存在的。它应是如淳所说的"戍边三日"的代役金。所谓"戍边三日"，实乃承袭了先秦的劳役制度。如《礼记正义·王制》记载："用民之力，岁不过三日。"②郑玄解释说："治宫室、城郭、道渠。"唐代孔颖达疏曰："三日，谓使民治城郭、道渠。年岁虽丰，不得过三日，自下皆然。"③再如：

> 古者税民不过什一，其求易共；使民不过三日，其力易足。④

> 古者宫室有制……任贤使能，什一而税，亡它赋敛繇戍之役，使民岁不过三日，千里之内自给，千里之外各置贡职而已。⑤

---

① 《汉书》卷 24 上《食货志上》，第 1137—1138 页。
② （汉）郑玄注，（唐）孔颖达等正义：《礼记正义》，（清）阮元校刻：《十三经注疏》，北京：中华书局 1980 年版，第 1338 页。
③ （汉）郑玄注，（唐）孔颖达等正义：《礼记正义》，（清）阮元校刻：《十三经注疏》，第 1338 页。
④ 《汉书》卷 24 上《食货志上》，第 1137 页。
⑤ 《汉书》卷 72《贡禹传》，第 3069 页。

古之田租,十税其一,一岁役兆庶不过三日也。①

以上材料中的"古者"指的是先秦时期,"使民"就是役使之意,属徭役范畴。但如淳所言之"三日",却是戍边。我们知道,《元寿二年十一月见钱及逋薄》中的"堂邑"属当时的临淮郡,即今南京市六合区北部。试想:如果以当时的交通技术,从"堂邑(今南京六合)"到边境"居延(今内蒙额济纳旗东南)"去服3天的戍役,是一件非常困难的事儿!正因为如此,如淳才说:"不可人人自行三日戍。"

但我们认为,如淳所言"出钱三百入官"确实值得怀疑。据《堂邑元寿二年要具簿》记载,在"甲卒"当中,复除"徭使"人数后,真正服役的就是"更卒"。这些"更卒"既要服"一月一更"之役,更是戍边之役的承担者。当时堂邑县有"更卒万七千三百八十三(17 383人)",如果按"出钱三百入官"计算,堂邑县当时应收5 214 900钱。但迄止元寿二年(前1年)十一月,未征收到的"过更卒钱"为"五十九万六百(590 600钱)"。也就是说,4 624 300钱已经入库了。但奇怪的是,当时堂邑县全年的财政收入"凡见钱三万三千二百七十二",即33 272钱。那么,这4 624 300钱为什么没有体现在簿书中?我们认为存在以下几种可能:一是"出钱三百入官"可能曾一度施行,但在汉哀帝时已改变;二是"出钱三百入官"是汉哀帝以后的制度;三是"过更钱"可能是分批次征收的;四是官府收取"过更卒钱"的标准可能并非300钱。

通过以上分析,我们认为"过更卒钱"是汉王朝借用古制而巧立的名目,其实质乃是针对具有"甲卒"(包括"更卒")身

---

① 《汉书》卷27《五行志》颜师古注,第1510页。

份者征收的一种固定税目。① 另据《见钱及逋薄》中的"逋二年过更卒钱五十九万六百（590 600 钱）"可知，"过更卒钱"对堂邑县来说是一笔非常庞大的财政收入。

第三，"戍卒钱"。何谓"戍卒钱"？为了弄清楚这一问题，我们首先必须明确"戍卒"的概念及相关问题。《说文》曰："戍，守边也，从人持戈。"② 又，《玉篇》曰："戍，守也。"③ 顾名思义，"戍卒"就是戍边的兵卒。在秦代，"戍卒"也称为"更戍卒"或"更戍"，如《里耶秦简牍校释》中的"更戍卒城父公士西平贺"④"更戍卒士五（伍）城父成里产"⑤"更戍士五（伍）城父西章义"⑥等。在秦代，戍者是一月一更换的。⑦ 但至汉初，这一制度发生了变化。据《史记·汉兴以来将相名臣年表》记载："（吕后五年）令戍卒岁更。"那么，问题的关键是，何谓"戍卒钱"？我们认为，"戍卒钱"应该就是秦汉"取庸代戍"制度中雇佣者向官府上交的代役金。据《肩水金关汉简》载：

> 戍卒淮阳郡陈安众里不更舒毕年廿四，庸同县不更夏归来年廿六。⑧
>
> 戍卒淮阳郡陈高里不更宋福年廿四，庸张过里不更

---

① 黄今言先生认为，"更赋"就是过更，是一种固定的税目。参见黄今言：《秦汉赋役制度研究》，第 219 页。我以为，此观点前半部分不正确，但"过更卒钱"是一种固定税目，则是正确的。

② （汉）许慎：《说文解字（附检字）》，第 266 页。

③ （南朝梁）顾野王：《玉篇》，中华书局编辑部编：《小学名著六种》，第 65 页。

④ 陈伟主编：《里耶秦简牍校释》第 2 卷，武汉：武汉大学出版社 2018 年版，第 220 页。

⑤ 陈伟主编：《里耶秦简牍校释》第 2 卷，第 199 页。

⑥ 陈伟主编：《里耶秦简牍校释》第 2 卷，第 433 页。

⑦ 如《岳麓书院藏秦简（肆）》载："·《戍律》曰：戍者月更。"参见陈松长主编：《岳麓书院藏秦简（肆）》，上海：上海辞书出版社 2015 年版，第 129 页。

⑧ 甘肃简牍保护研究中心等编：《肩水金关汉简（叁）》下册，上海：中西书局 2013 年版，第 104 页。

孙唐得年卅。①

　　戍卒淮阳郡陈逢卿里不更许阳年廿七,庸进贤不更
□常年卅三。②

　　戍卒梁国杼秋东平里士伍丁延年卅四,庸同县敬上
里大夫朱定□□。③

　　□庸同里累千年廿四□。④

　　□庸荥里黄齐年廿四□。⑤

我们发现,在这些"戍卒"中代为服役的一般都是青壮年,如
"夏随来年廿六""孙唐得年卅""朱定□""□常年卅三""累
千年廿四""黄齐年廿四"等。这些人显然都是 23 岁及以上
"傅籍"者。尤为重要的是,这些"戍卒"身高一般在 1.6 米以
上。如《肩水金关汉简》载:"济阴郡冤句谷里吕福年廿六,庸
同里大夫吕怒士年廿八 长七尺二寸黑色。"⑥又,同书载:"魏
郡内黄北安乐里大夫程延年五十五,庸同县同里张后来年卅
二长七尺二寸黑色。"⑦

　　可见,根据以上《肩水金关汉简》的记载,"戍卒钱"就是
由"舒毕""宋福""许阳""丁延"等雇佣者向"夏随来""孙唐

---

① 甘肃简牍保护研究中心等编:《肩水金关汉简(叁)》下册,第 104 页。
② 甘肃简牍保护研究中心等编:《肩水金关汉简(叁)》下册,第 105 页。
③ 甘肃简牍保护研究中心等编:《肩水金关汉简(壹)》下册,上海:中西书局 2011
　　年版,第 55 页。
④ 甘肃简牍保护研究中心等编:《肩水金关汉简(叁)》下册,第 14 页。
⑤ 甘肃简牍保护研究中心等编:《肩水金关汉简(叁)》下册,第 27 页。
⑥ 甘肃简牍保护研究中心等编:《肩水金关汉简(肆)》下册,上海:中西书局 2015
　　年版,第 82 页。
⑦ 甘肃简牍保护研究中心等编:《肩水金关汉简(肆)》下册,第 83 页。我们知道,
　　汉代 1 尺相当于现今 0.23 厘米,故身高 7.2 尺就是 1.656 米。也就是说,"罢
　　癃卒"(即身高 1.426 米以下)既不能充当"甲卒",也不能服戍役。这也进一
　　步证明,上引《堂邑元寿二年要具簿》中"甲卒"及"更卒"不包含"罢癃皖老
　　卒"。其中,堂邑县"更卒万七千三百八十三"人,既是本郡县"一月一更"的服
　　役者,又是戍边的"戍卒"。因此,秦汉的徭役不能划分为"更卒徭役"和"戍卒
　　徭役"两类。

得""□常""朱定□"等取代者支付的佣金。但上引《元寿二年十一月见钱及逋薄》说明，这笔佣金是由官府统一收取的，属官府财政收入的一部分。①

另外，由于汉代的戍期是一年，所以"戍卒钱"收取的额度肯定不小。上引《元寿二年十一月见钱及逋薄》中"逋三年戍卒钱八十一万六百五十"一句正好印证了我们的这一观点。

三、 木牍所反映的历史真相

综上所述，青岛土山屯西汉木牍《堂邑元寿二年要具簿》和《元寿二年十一月见钱及逋薄》刊布的这些新的财政收入名目，彻底颠覆了中国史学界对"更赋"研究的传统认识。

第一，"更赋"既不是"践更"和"过更"的合称，也不是仅指"过更"。汉代"更赋"实乃由"罢癃钱""罢癃卒钱""更卒钱""戍卒钱"和"过更卒钱"五部分组成。

第二，"罢癃钱"和"罢癃卒钱"是"更赋"下的两个固定税目。以往历史学家根据《汉书·食货志》所载"常有更赋，罢癃咸出"，认为汉代"罢癃"者也必须缴纳"更赋"，但具体为何？不得而知。《元寿二年十一月见钱及逋薄》证明，"罢癃"者纳税后，仅需承担部分徭役；同样，"罢癃卒"纳税后亦不必充当"甲卒"，更不必承担"更卒"之役。我们从《元寿二年十一月见钱及逋薄》中"逋（元寿）二年罢癃卒钱十五万七百五十"一句推测，当时"罢癃卒钱"缴纳的额度是很高的。

第三，从"更卒钱"和"戍卒钱"上看，汉代的徭役不能按"更卒徭役"和"戍卒徭役"划分。青岛土山屯西汉木牍《堂邑元寿二年要具簿》证明，"更卒徭役"和"戍卒徭役"的承担者

---

① 朱德贵：《岳麓秦简所见〈戍律〉初探》，《社会科学》2017 年第 10 期。由于史料阙如，"戍卒钱"所收额度及具体的分配方式，不得而知。

皆是"更卒"。木牍揭示,堂邑县"更卒"既从事本郡县"一月一更"之劳役,也承担"岁更"的戍边任务。

问题的关键是,青岛土山屯西汉木牍《堂邑元寿二年要具簿》和《元寿二年十一月见钱及逋薄》向世人首次展示了西汉晚期朝廷陷入了严重财政危机的历史真相。木牍揭示,堂邑县在元寿二年(前1年)有"户二万五千七(25 007户)",人口"十三万二千一百四(132 104人)"。这在当时算是一个非常大的县。据《汉书·百官公卿表》载:"县令、长,皆秦官,掌治其县。万户以上为令,秩千石至六百石。减万户为长,秩五百石至三百石。皆有丞、尉,秩四百石至二百石,是为长吏。"① 如此大的一个县级机构,全年的财政收入才"三万三千二百七十二(33 272钱)"。但拖欠未征缴的钱达到了2 455 741钱,即"凡逋钱二百卌五万五千七百卌一"。其中"赋钱"占了绝大部分,如"逋二年口钱三万九千七百八十二""逋二年冬赋钱八十四万二千八百六十六""逋二年过更卒钱五十九万六百"和"逋三年戍卒钱八十一万六百五十"等。那么,为什么当时的堂邑县会拖欠如此多的"更赋"?这么严重的财政危机又是由何种原因造成的呢?愚以为,我们应从自然灾害和政权更迭两方面予以分析。

第一,自然灾害。在《堂邑元寿二年要具簿》中登记了堂邑县元寿二年(前1年)的"垦田租簿"。据该"垦田租簿"记载:

> ……
> 提封三万五千五百六顷廿七亩
> 其七千七百九十八顷六十六亩邑居不可狠(垦)
> 八千一百廿四顷卌二亩奇卅二步群居不可狠(垦)

————————————

① 《汉书》卷19上《百官公卿表上》,第742页。

千七百卅九顷亩奇廿步县官波湖溪十三区

可垦（垦）不垦（垦）田六千卅顷九十八亩奇六十八步

垦（垦）田万一千七百七十五顷卅一亩

它作务田廿三顷九十六亩

凡垦（垦）田万一千七百九十九顷卅七亩半

其七千一百九十一顷六十亩租六万一千九百五十三石八斗二升菑害

定当收田四千六百七顷七十亩租三万六千七百廿三石七升

百四顷五十亩租七百卅一石五升园田

民种宿麦七千四百二顷五十九亩，多前百顷

……①

也就说，汉哀帝元寿二年（前 1 年），有"垦（垦）田万一千七百七十五顷卅一亩"，但其中有"它作务田廿三顷九十六亩"，即不用于农业耕作之田。剩下的就是实际耕种面积，即"田万一千七百七十五顷卅一亩（即 1 179 941 亩）"。这其中又有"其七千一百九十一顷六十亩（即 719 160 亩）"为"菑害"之田。那么，何谓"菑"？《诗经·小雅》载："于此菑亩。"②孔颖达疏曰："菑者，灾也。"③又，《诗经·大雅》："不坼不副，无菑无

---

① 青岛市文物保护考古研究所、黄岛区博物馆：《山东青岛土山屯墓群四号封土与墓葬的发掘》，《考古学报》2019 年第 3 期。

② （汉）毛公传，（汉）郑玄笺，（唐）孔颖达疏：《毛诗正义》，（清）阮元校刻：《十三经注疏》，第 425 页。

③ 《说文》曰"菑，不耕田也。从艸甾。《易》曰：'不菑畬。'甾，菑或省艸。"参见（汉）许慎：《说文解字（附检字）》，第 24 页。《易》即《周易》，"不菑畬"一语，参见（魏）王弼注，（唐）陆德明音义，（唐）孔颖达正义：《周易正义》，（清）阮元校刻：《十三经注疏》，第 39 页。

害。"郑玄注曰:"菑音灾,注同。"①颜师古在《汉书·严助传》"是以比年凶菑害众"条目下也注曰:"菑,古灾字。"②在汉文献中也有相关记载。如《史记·平准书》载:"郡国颇被菑害,贫民无产业者,募徙广饶之地。"③青岛土山屯木牍中的"菑"即为灾害之意。

我们联系上引简文可知,当年堂邑县可耕面积为 1 179 941 亩,其中受灾面积为 719 160 亩,占总面积的 61%。从田租上看,按往年之田租收入,堂邑县垦田"七千一百九十一顷六十亩",即 719 160 亩,应征收田租"六万一千九百五十三石八斗二升(61 953.82 石)"。但实际征收的田亩面积仅为"四千六百七顷七十亩(460 770 亩)",所收田租为"三万六千七百廿三石七升(36 723.07 石)"。这说明,堂邑县当年的田租收入仅占往年的 59%。田租收入下滑如此之大,这对堂邑县来说,可谓是特大自然灾害。

同时,由于当时堂邑县还存在园田"百四顷五十亩(10 450 亩)",因此又必须剔除田租"七百卅一石五升(731.05 石)"。那么,为什么必须减去"园田"之田租呢?据《后汉书·窦融传》载:"(窦)宪恃宫掖声执,遂以贱直请夺沁水公主园田,主逼畏,不敢计。"④又,《后汉书·黄香传》载:"延平元年,迁魏郡太守。郡旧有内外园田,常与人分种,收谷岁数千斛。"⑤毋庸置疑,"园田"指的是汉代贵戚所拥有的田产,属朝廷免征田租的范围。

---

① (汉)毛公传,(汉)郑玄笺,(唐)孔颖达疏:《毛诗正义》,(清)阮元校刻:《十三经注疏》,第 529 页。孔颖达解释说:"《閟宫》云:'无灾(菑)无害,弥月不迟。'亦谓生时无灾害,故彼笺引此解之,明其同也。"同书,第 529 页。
② 《汉书》卷 64《严助传》,第 2786—2787 页。
③ 《史记》卷 30《平准书》,第 1430 页。
④ 《后汉书》卷 23《窦融传》,第 812 页。
⑤ 《后汉书》卷 80 上《文苑列传上·黄香》,第 2615 页。

可见,百姓在如此天灾和权贵面前,啼饥号寒,饔飧不继,根本无力承担官府的毒赋剩敛。这才是导致汉哀帝元寿二年(前1年)"逋钱二百卅五万五千七百卅一"真实原因之所在。

第二,政权更迭。在汉哀帝元寿二年(前1年)前后,西汉社会进入了一个多事之秋。上引《元寿二年十一月见钱及逋簿》中的"元寿",指的是西汉末年哀帝的第2个年号,"元寿二年十一月"即公元前1年11月。我们知道,汉哀帝在元寿二年(前1年)六月就已经去世。如《汉书·哀帝纪》载:"六月戊午,帝(哀帝)崩于未央宫。"①其实,根据汉制,皇帝驾崩后,新皇即位,一般于次年改元建制。唐代颜师古对此解释说:"(新皇帝,即汉平帝)即位明年乃改元,(哀帝)寿二十六。"

据《汉书·平帝纪》记载,哀帝在元寿二年(前1年)六月驾崩后,王莽采取了一系列总揽朝中大权的措施。如在该年6月,依靠太皇太后的扶持,"新都侯王莽为大司马,领尚书事";7月,王莽"遣车骑将军王舜、大鸿胪左咸使持节迎中山王"。同时,"贬皇太后赵氏为孝成皇后,退居北宫,哀帝皇后傅氏退居桂宫"。8月,废成帝皇后赵飞燕、哀帝傅后,令她俩自杀。10月,"中山王(刘衎,即平帝)即皇帝位,谒高庙,大赦天下"②。由于当时平帝年仅9岁,故"太皇太后(王政君)临朝,大司马莽秉政,百官总己以听于莽"③。在这种政权更迭、社会巨变之时,全国政治和经济形势发生了一系列重大变化。青岛土山屯出土《堂邑元寿二年要具簿》和《元寿二年十一月见钱及逋簿》所反映的地方财政危机,正是这一特定历史时期的真实写照。

(原载《人文论丛》2020年第2辑)

---

① 《汉书》卷11《哀帝纪》,第344页。
② 《汉书》卷12《平帝纪》,第347页。
③ 《汉书》卷12《平帝纪》,第348页。

附记:青岛土山屯墓西汉简牍牵涉汉代徭役及更赋等重大史学问题,对解决汉代徭役,尤其是如淳"更有三品"之说提供了直接的史料依据,其史料价值巨大。此次修订,再次对文中所引文献进行了重新审视和校勘。另外,本文原载《人文论丛》2020 年第 2 辑。由于文章为我亲自撰写,此次重刊,删除我博士研究生的名字,特此说明。

朱德贵

2022 年 11 月 3 日

从出土简牍看先秦秦汉时期的亩制

秦一鸣(南京农业大学)　李恒全(南京师范大学)

[摘　要]"亩"是计量土地的基本单位。亩积与亩制、步制和尺制三种因素有关。西周井田制下亩制是以"六尺为步,步百为亩";春秋战国时期各国亩制不同,秦国在商鞅变法后以"五尺为步,二百四十步为亩";秦统一后至两汉时期为"六尺为步,二百四十步为亩"。西周时期有大小尺之分,在商鞅变法后,西周的大尺制、西周的小尺制被继承并一直沿用至汉代。自先秦至秦汉,亩积呈不断扩大趋势。亩制的扩大对于社会生产力的进步、社会经济的发展以及政府和农民收入的增加都起到重要作用。

[关键词]出土简牍;先秦秦汉;亩制;经济状况

亩制是先秦秦汉经济史研究中较为重要的问题之一,但由于史料缺乏,当前研究仅限于对极少传世文献的解读。1979年在青川出土的秦国《更修为田律》推动了先秦秦汉亩制问题的研究,并由此产生了一批值得关注的成果。于豪亮主要对阡陌、封等田间形制进行了释读;李学勤则梳理了周与秦商鞅变法时亩制的变化,又对阡陌的设置及封埒的消亡进行了探析。[①] 随

[①] 代表释文有于豪亮:《释青川秦墓木牍》,《文物》1982年第1期;李昭和:《青川出土木牍文字简考》,《文物》1982年第1期;李学勤:《青川郝家坪木牍研究》,《文物》1982年第10期;杨宽:《释青川秦牍的田亩制度》,《文物》1982年第7期。

着张家山汉简的公布,亩制问题受到了学界的高度重视。[1]
胡平生引阜阳汉简提出"卅步为一则",进一步证实了秦240
步为一亩的制度;晋文指出汉初存在大小亩并行的情况,且当
时有两种计算亩制的方法,一为毛算即粗略估算,另为实际核
算。这些丰硕成果为先秦秦汉亩制的研究提供了坚实基础。

近年来,虽然岳麓书院藏秦简、张家山汉简等一系列简牍
的出土,为研究先秦秦汉亩制问题提供了新的材料,但先秦秦
汉亩制仍然存在一些值得探讨的问题。如,先秦至秦汉的亩
积究竟是怎样演变的,田亩制度在此期间有何变化,国家是如
何推行这种亩制的,亩制的演变对国家和百姓有何影响等。
笔者拟就这些问题作进一步探究。

一、 先秦时期的亩制

亩制是中国古代田地最主要的计量单位。从文献材料
看,"亩"作为计量单位,最早出现于黄帝时期。《文献通考》
曰:"昔黄帝始经土设井,以塞争端,立步制亩,以防不足。"[2]
《说文解字》对"亩"字的解释为:"亩,六尺为步,步百为亩。"
可以看出,涉及亩制的因素有尺制、步制。亩积的大小由尺
制、步制和亩制三个因素决定。"六尺为步,步百为亩,亩百为
夫,夫三为屋,屋三为井,井方一里,是为九夫。"[3]这说明,西

---

[1] 主要成果可参见胡平生:《青山秦墓木牍〈为田律〉所反映的田亩制度》,《文史》第19辑,北京:中华书局1983年版;杨际平:《再谈汉代的亩制、亩产——与吴慧先生商榷》,《中国社会经济史研究》2000年第2期;晋文:《张家山汉简中的田制等问题》,《山东师范大学学报(人文社会科学版)》2019年第4期;李零:《论秦田阡陌制度的复原及形成线索》,《中华文史论丛》1987年第1期;臧知非:《简牍所见秦和汉初田亩制度的几个问题——以阡陌封埒的演变为核心》,《人文杂志》2016年第12期。

[2] (元)马端临:《文献通考》卷12《职役考》,北京:中华书局2011年版,第325页。

[3] 《汉书》卷24上《食货志上》,北京:中华书局1962年版,第1119页。

周时期的一亩为一步乘一百步的长方形地块，一步为六尺。西周关于"尺"的记载见于《说文》。《说文·尺步》曰："中妇人手长八寸，谓之咫，周尺也。"《说文·夫部》亦曰："夫，丈夫也。周制八寸为尺，十尺为丈。"但《礼记·王制》中有不同的记载："'古者以周尺八尺为步，今以周尺六尺四寸为步。'郑玄注曰：'周尺之数未详闻也，按《礼制》，周犹以十寸为尺。该六国时多变乱法度，或言周尺八寸，则步更为八八六十四寸。'"①根据以上记载可知，周尺有大尺、小尺之分，大尺为十寸，小尺为八寸。

吴慧在《春秋战国时期的度量衡》一文中提到，"在周代，尺已有大尺小尺之分，并且有其地区性：以大尺而论，较长的百粒黑黍横排的尺（长 24.36 厘米）早先起于晋国等夏民族的旧地，其后用于周鲁地区；较短的百粒红黍横排的尺（长 23.1 厘米）行于中原地区，到战国时这种稍短的红黍尺通行范围更见扩大，黍尺（黑黍尺）终于被后者所取代"②。由此可知，西周大尺的长度约为 24.36 厘米，小尺的长度约为 23.1 厘米。

综上，周时大小尺并行，六尺为步，一小步为 23.1×6，即约为 139 厘米，一大步为 24.36×6，即约 146 厘米。西周时期的亩制虽然是固定的，但由于尺制存在大小之分，导致大小亩的并行。一小亩的面积为 13 900×139，即 1 932 100 平方厘米，合193.21 平方米；一大亩的面积为 14 600×146，即 2 131 600 平方厘米，合 213.16 平方米。这种大小亩制并行容易导致亩积标准不同，在实践中易产生混乱。

春秋战国时，各国争相变革亩制，记载较为明确的有晋、齐、秦三国。其中，亩制改革力度最大者当为秦国。公元前

---

① （东汉）郑玄注，（唐）孔颖达疏：《礼记正义》卷 13《王制》，（清）阮元校刻：《十三经注疏》，北京：中华书局 2009 年版，第 2917 页。

② 吴慧：《春秋战国时期的度量衡》，《中国经济史研究》1991 年第 4 期。

361 年商鞅变法后,秦确立了以 240 步为亩的亩制。青川木牍记载了秦武王二年(前 309 年)的亩制情况:

> 田广一步,袤八则为畛。亩二畛,一百(陌)道。百亩为顷,一千(阡)道,道广三步。封,高四尺,大称其高。埒(埒),高尺,下厚二尺。以秋八月,修封埒(埒),正彊(疆)畔,及发千(阡)百(陌)之大草。九月,大除道及除隓(渠);十月为桥,修陂隄,利津梁。鲜草。离非除道之时,而有陷败不可行,相为之□□。①

据胡平生先生对青川木牍的解读,"则"为计量单位,一则等于 30 步。② 据此可推算秦国的亩制为 240 步一亩。步制自商鞅变法之后有"五尺为步""六尺为步"两种说法:

> 今卫鞅内刻刀锯之刑,外深铁钺之诛,步过六尺者有罚,弃灰于道者被刑……其去霸王之佐亦远矣。③

> 鞅献三数,内一,开通阡陌,以五尺为步,二百四十步为亩。④

笔者认为,秦自商鞅变法之后推行"五尺为步"的步制,较为符合历史实际,其理由如下:其一,秦国处在西部地区,铁犁牛耕还处在推广阶段,技术并不成熟完备,若实行六尺为步的步制,可能会导致土地浪费;其二,秦商鞅变法的目的在于改革周制。因此,秦在改革亩制时对步制、尺制同时进行变革是合情合理的。"步制"作为度量制度仅用于对土地面积的测算,

---

① 李昭和、莫洪贵、于采芑:《青川县出土秦更修田律木牍——四川青川县战国墓发掘简报》,《文物》1982 年第 1 期。

② 胡平生:《青川秦墓木牍"为田律"所反映的田亩制度》,《文史》第 19 辑,第 216—221 页。

③《史记》卷 68《商君列传》,北京:中华书局 1982 年版,第 2238 页。

④ (清)孙楷著,徐复订补:《秦会要订补》卷 17《田制》,北京:中华书局 1959 年版,第 272 页。

若只改亩制不改步制、尺制，会导致秦国出现一亩二制的分歧，不利于统一推行。

1986 年，在甘肃天水放马滩出土的一枚木质方条被确定为测量长度的度器，据此推算可得秦国一尺为 24 厘米。① 但由于木质度器随着年代变迁会腐化等情况，后根据出土的商鞅方升测量得出秦尺为 23.1 厘米。因方升是当时的标准度量器具，且青铜制品不易发生质变，所以此数据更加可信。② 这说明，秦在商鞅变法后废弃了西周的大尺制，继承了西周的小尺制。

秦国实行 240 步为一亩的亩制、五尺一步的步制和 23.1 厘米为一尺的尺制。一亩的面积约为（23.1 × 5）× 240 ×（23.1 × 5），即 3 201 660 平方厘米，合 320.17 平方米，比西周时期扩大了很多。这种变革适应了生产力的发展，使生产者可以更好地利用土地，且有助于减轻赋税。

春秋战国时期的其他诸侯国也不断进行亩制改革的探索。如银雀山汉简记载了晋国对亩制的改革。

> 吴王问孙子曰："六将军分守晋国之地，孰先亡？孰固成？"孙子曰："范、中行是（氏）先亡。"……孙子曰："可。范、中行是（氏）制田，以八十步为婉（畹），以百六十步为畛，而伍税之。其□田陕（狭），置士多。伍税之，公家富。公家富，置士多，主乔（骄）臣奢，冀功数战，故曰先【亡】。……公安富，置士多，主乔（骄）臣奢，冀功数战，故为范、中行是（氏）次。韩、巍（魏）制田，以百步为婉（畹），【之】二百步为畛，而伍税【之】。其□田陕（狭），

① 田建、何双全：《甘肃天水放马滩战国秦汉墓群的发掘》，《文物》1989 年第 2 期。
② 上海博物馆青铜器研究组：《商鞅方升容积实测》，上海博物馆馆刊编辑委员会编：《上海博物馆馆刊》第 1 期，上海：上海人民出版社 1981 年版。

其置士多。伍税之,公家富。公家富,置士多,主乔(骄)臣奢,冀功数战,故为智是(氏)次。赵是(氏)制田,以百廿步为娩(畹),以二百卌步为畛,公无税焉。公家贫,其置士少,主金(敛)臣收,以御富民。故曰固国,晋国归焉。'吴王曰:'善!王者之道,□□厚爱其民者也。"①

晋国六地的亩制分别以 160 步、180 步、200 步、240 步为亩,其中亩积最小者为范、中行氏,但其 160 步的亩制也已突破了周时"步百为亩"的亩制。银雀山汉简也记载了齐国的亩制情况:

一人而田大亩廿【四者王,一人而】田十九亩者朝(霸),【一人而田十】四亩者存,一人而田九亩者亡。②

从此条记载可知,齐国每人最多拥有 24 大亩土地,最少拥有 9 大亩,平均每人分得土地 14 亩便可保障生活。战国时期的家庭结构一般为五口之家,如《汉书·食货志》载李悝语:"一夫挟五口,治田百亩。"③由此可见,每户分得的土地数量也不相同,一家最多分得 125 大亩土地,最少分得 45 大亩土地。

岁收:中田小亩亩廿斗,中岁也。上田亩廿七斗,下田亩十三斗,大(太)上与大(太)下相復(覆)以为衔(率)。④

此条材料表明,在正常年景,中田每小亩产量为 20 斗,上田每小亩产量为 27 斗,下田每小亩产量为 13 斗。

卒岁田入少入五十斗者,□之。卒岁少入百斗者,罚

---

① 银雀山汉墓竹简整理小组:《银雀山汉简(壹)》,北京:文物出版社 1985 年版,第 30—31 页。
② 银雀山汉墓竹简整理小组:《银雀山汉简(壹)》,第 145 页。
③《汉书》卷 24 上《食货志上》,第 1125 页。
④ 银雀山汉墓竹简整理小组:《银雀山汉简(壹)》,第 146 页。

为公人一岁。卒岁少入二百斗者，罚为公人二岁。出之之岁□□□□□者，以为公人终身。卒岁少入三百斗者，黥刑以为公人。①

这条材料记录了对少交田租者的惩处措施，分别为少交50斗者、100斗者、200斗者、300斗者，其处罚措施各有不同。少交300斗者，处以黥刑并罚为公人，是最重的处罚。由此可以推断，齐国农民每户每年所交纳的田租一般为300斗。按照战国时期的"什一之税"的田租率，可知齐国农户每年所产粮食一般为300石。根据上文所述，齐国农户可拥有的土地分别为上田111小亩（300石/27）、中田150小亩（300石/20）、下田230小亩（300石/13）。

齐国的亩制虽为大亩、小亩并行，但在田租征收时是以"步百为亩"的小亩进行计算的。由此可以推测，小亩制在齐国仍为主流。

可见，春秋战国时期，各国亩制的改革虽然较为混乱，但扩大人均耕地面积是趋势。战国初期，李悝在魏国进行变法，其中一条是"尽地力之教"，应当是进一步扩大亩制，提高人均土地面积，促进耕地利用率的提升，以满足争霸的经济需求。

二、 秦汉时期的亩制

秦自商鞅变法起便开始实行以240步为一亩的亩制。除传世文献所载外，在出土简牍中也有颇多记载：

> 广百廿步，从（纵）百步，成田五十亩。
> 税田千步，廿步一斗，租五石。②

---

① 银雀山汉墓竹简整理小组：《银雀山汉简（壹）》，第146页。
② 韩巍：《北大秦简中的数学文献》，《文物》2012年第6期。

经考证,北大秦简的时间下限为秦始皇三十三年(前214年)。通过简单的数学计算120×100÷50,可知当时的亩制为240步一亩。

> 为积二千五百五十步,除田十亩,田多百五十步,其欲减田,耤令十三[步一]斗,今禾美,租轻田步,欲减田,令十一步一斗,即以十步乘十亩,租二石者,积二千二百步,田少二百步。①

此条材料表明,土地总面积为2 550平方步,按照240步为一亩的亩制计算,则为10亩余150平方步。

> 里田述(术)曰:里乘里,(里)也,因而参之,有(又)参五之,为田三顷七十五亩。②

此简记载的是秦朝平方里、亩、顷的单位换算方法,其换算方法与《春秋谷梁传》中所载相同:"古者,三百步一里,名曰井田。井田者,九百亩,公田居一。"③由此计算可得,一平方里为90 000平方步,除以240步正好等于375亩。换算成顷,就是3.75顷。

> 田广五分步四,启从(纵)三百步,成田一亩,以少广求之。(173)④

关于秦施行的亩制,在出土简牍中还有诸多记载,在此不一一列举。可知,秦统一后,继续施行240步为一亩的亩制。

关于秦统一后亩制的记载虽然较多,但关于步制的记载

---

① 朱汉民、陈松长主编:《岳麓书院藏秦简(贰)》,上海:上海辞书出版社2011年版,第8页。

② 朱汉民、陈松长主编:《岳麓书院藏秦简(贰)》,第10页。

③ (晋)范宁集解,(唐)杨士勋疏:《春秋谷梁传注疏》卷12《宣公十五年》,(清)阮元校刻:《十三经注疏》,第5242页。

④ 朱汉民、陈松长主编:《岳麓书院藏秦简(贰)》,第24页。

较为稀少。据《史记》记载，秦统一后尚水德，"水，北方，黑，终数六，故以六寸为符，六尺为步"①。据此可知，秦步制以六尺为步。

学界根据考古资料对秦代容量的测量发现，秦代容量单位与商鞅变法时期的容量单位基本一致。结合战国时期秦国长度单位的设置，笔者推测，秦在统一后仍延续了战国时期一尺为23.1厘米的尺制，并在全国加以推广。因此，秦统一后一亩的面积为$(23.1 \times 6) \times 240 \times (23.1 \times 6)$，即 4 610 390 平方厘米，合461.04平方米。

与秦代相比，有关汉代亩制的文献记载较为丰富。

> 里田术（術）曰：里乘里，里也，广、从（纵）各一里，即直（置）一因而三之，有（又）三五之，即为田三顷七十五亩。其广从（纵）不等者，先以里相乘，已乃因而三之，有（又）三五之，乃成。今有广二百廿里，从（纵）三百五十里，为田廿八万八千七百五十顷。直（置）提封以此为之。②

根据300步一里的标准，此简所反映的汉代亩制也为240步一亩。

> 田广一步，袤二百卌步，为畛，亩二畛，一佰（陌）道；百亩为顷，十顷一千（阡）道，道广二丈。恒以秋七月除千（阡）佰（陌）之大草，九月大除道□阪险；十月为桥，修波（陂）堤，利津梁。虽非除道之时而有陷败不可行，辄为之。乡部主邑中道，田主田道。道有败不可行者，罚其啬

---

① 《史记》卷6《秦始皇本纪》，第238页。
② 张家山二四七号汉墓竹简整理小组编著：《张家山汉墓竹简（二四七号墓）》（释文修订本），北京：文物出版社2006年版，第157页。

夫、吏主者黄金各二两。①

此条汉简的内容与青川木牍所载类似，均为 240 步一亩的田制，但在田间设置上，汉代较秦减少了封、埒等田界的设置。田间设置的变化是为了提高土地利用率。传世文献中也有关于汉代亩制的记载：

> 率十二夫为田一井一屋，故亩五顷，用耦犁，二牛三人，一岁之收常过缦田亩一斛以上，善者倍之。②

对此条文献，邓展注曰："九夫为井，三夫为屋。夫百亩，于古为十二顷。古百步为亩，汉时二百四十步为亩，古千二百亩，则得今五顷。"③古时 12 顷与汉时五顷亩积相同，即汉时五顷为 120 000 平方步，一亩等于 240 步。《盐铁论》中也有记载："先帝哀怜百姓之愁苦，衣食不足，制田二百四十步而一亩。"④

关于汉代的步制可由汉代农田规划推算得出。西汉氾胜之推行的区种法规定："以亩为率，令一亩之地，长十八丈，广四丈八尺。当横分十八丈作十五町；町间，分为十四道，以通人行。道，广一尺五寸；町，皆广一丈五寸，长四丈八尺。"⑤区种法下的土地一亩长 18 丈，宽四丈八尺。据汉制，一丈为 10 尺，可得一亩地面积为 8 640 平方尺。再根据汉代亩制，除以 240 步，正好可得汉代施行"六尺一步"步制。

在尺制方面，西汉延续了秦的尺度单位，这一点在出土的

---

① 张家山二四七号汉墓竹简整理小组编著：《张家山汉墓竹简（二四七号墓）》（释文修订本），第 42 页。

② 《汉书》卷 24 上《食货志上》，第 1139 页。

③ 《汉书》卷 24 上《食货志上》，第 1140 页。

④ 王利器校注：《盐铁论校注（定本）》卷 3《未通》，北京：中华书局 1992 年版，第 191 页。

⑤ （北魏）贾思勰著，石声汉校释：《齐民要术今释》，北京：中华书局 2009 年版，第 58 页。

西汉尺子上得以体现。1973 年,甘肃金塔县汉代肩水金关遗址出土两把西汉尺,竹尺长 23.6 厘米,另一把木尺经测定每尺长为 23.2 厘米。① 1979 年,江苏省邗江县出土一把骨尺,出土时残长 16.6 厘米,经测定每寸约为 2.3 厘米,一尺应合 23 厘米。② 根据西汉出土尺制可见,西汉时期仍延续了秦的长度单位,其一尺的长度仍为 23.1 厘米。

据此可知,西汉亩制延续了秦一亩为 461.04 平方米的标准。根据上文的讨论,可得出表 1:

表 1　先秦、秦汉亩积对照表

名称	西周	春秋战国	秦	汉
尺制（厘米）	23.1（小）24.36（大）	23.1	23.1	23.1
步制	六尺	五尺（秦）	六尺	六尺
亩制	100 平方步	240 平方步（秦）	240 平方步	240 平方步
亩积（平方米）	193（小）213（大）	320	461	461

注:上表春秋战国时期亩积以秦国为例,其他国家尺制、步制史未记载。

综上所述,先秦秦汉时期的亩制、步制变化大致为:西周时期井田制是"六尺为步,步百为亩";春秋战国时期各国亩制不同,秦国在商鞅变法后为"五尺为步,二百四十步为亩";秦统一后至两汉时期为"六尺为步,二百四十步为亩"。西周时期有大小尺之分,商鞅变法后,废弃了西周的大尺制,继承了西周的小尺制并一直沿用至汉代。

---

① 初仕宾、任步云:《居延汉代遗址的发掘和新出土的简册文物》,《文物》1978 年第 1 期。

② 扬州博物馆、邗江县文化馆:《扬州邗江县胡场汉墓》,《文物》1980 年第 3 期。

三、 亩制与农民的经济状况问题

关于农民的经济状况问题,历来为史学界所关注。通常认为,在秦汉时期,除了西汉初期,农民的经济状况均不容乐观。特别是在秦代,秦的灭亡正是政府横征暴敛、农民经济生活压力大造成的。随着简牍材料的出土,较为真实的状况逐渐展现在我们眼前。所谓农民的历史经济状况问题,是小农经济下关乎农民生存的问题,一方面是收入问题,另一方面是支出问题。这与田税的征收制度有关,也与亩制有关。有关秦汉田租征收制度,学界已有较多研究。① 而对农民的经济状况与亩制的关系研究,学界探讨则较少。新出的里耶秦简有:

> 迁陵卅五年垦田舆五十二顷九十五亩税田□顷□□
>
> 户百五十二租六百七十七石率之亩一石五
>
> 户婴四石四斗五升奇不率六斗
>
> 启田九顷十亩租九十七石六斗六百七十七石
>
> 都田十七顷五十一亩租二百卅一石
>
> 贰田廿六顷卅四亩租三百卅九石三
>
> 凡田七十顷卅二亩 · 租凡九百一十②

---

① 参见高敏:《秦汉史论集》,郑州:中州书画社 1982 年版,第 59—65 页;黄今言:《秦汉赋役制度研究》,南昌:江西教育出版社 1988 年版,第 56—57 页;杨振红:《从新出简牍看秦汉时期的田租征收》,武汉大学简帛研究中心编:《简帛》第 3 辑,上海:上海古籍出版社 2008 年版,第 331—342 页;肖灿《从〈数〉的“舆(舆)田”、“税田”算题看秦田地租税制度》,《湖南大学学报(社会科学版)》2010 年第 4 期;于振波:《秦简所见田租的征收》,《湖南大学学报(社会科学版)》2012 年第 5 期;李恒全:《从新出简牍看秦田租的征收方式》,《中国经济史研究》2018 年第 2 期;黄今言:《汉代田税征课中若干问题的考察》,《中国史研究》1981 年第 2 期;刘华祝:《关于两汉的地租与地税》,《北京大学学报(哲学社会科学版)》1981 年第 4 期。
② 湖南省文物考古研究所编著:《里耶秦简(壹)》,北京:文物出版社 2012 年版,第 75 页。

从此条简文看，秦始皇三十五年（前212年），秦迁陵县一亩地的产量平均为一石五，应纳税的土地总面积为5 295亩，而"税田"面积为451亩。税田面积约占应纳税土地总面积的8.5%，还不到10%。① 因此，可推断在迁陵地区，秦的田租征收并不算重，远未达到传世文献所载的"泰半之赋"。

> 提封三万五千五百六顷廿七亩
>
> 其七千七百九十八顷六十六亩邑居不可狼（垦）
>
> 八千一百廿四顷卅二亩奇卅二步群居不可狼（垦）
>
> 千七百卅九顷卅亩奇廿步县官波湖溪十三区
>
> 可狼（垦）不狼（垦）田六千卅顷九十八亩奇六十八步
>
> 狼（垦）田万一千七百七十五顷卅一亩
>
> 它作务田廿三顷九十六亩
>
> 凡狼（垦）田万一千七百九十九顷卅七亩半
>
> 其七千一百九十一顷六十亩租六万一千九百五十三石八斗二升蓄害
>
> 定当收田四千六百七顷七十亩租三万六千七百廿三石七升②

此材料为山东青岛土山屯出土的简牍。根据考证，其年代大约在西汉晚期，所载内容为当地的土地开垦和征收田租的账簿。当地垦田面积加作务田面积为11 799.375顷；其中7 000多顷遭受了灾害，最终确定应纳税面积为4 607.7顷，应当征

---

① 秦始皇三十五年（前212年），迁陵县"税田"面积不到应纳税土地总面积的10%，是因为存在部分土地免税的情况，正常情况下，秦的田租率为10%。参见李恒全：《从新出简牍看秦田租的征收方式》，《中国经济史研究》2018年第2期。

② 青岛市文物保护考古研究所、黄岛区博物馆：《山东青岛土山屯墓群四号封土与墓葬的发掘》，《考古学报》2019年第3期。

收 36 723.7 石的田税。由此可知,遭受自然灾害的土地是不用纳税的。在此条材料中,实际纳税田在应纳税田中约占39%,其田租率每亩约为 7.97 升。

秦汉时期的田租是按实际产量的一定比率征收的,其方法是从应纳税的垦田面积中按税率先计算出"税田"的面积,"税田"的产量就是总土地面积应交纳的田租。① 在这种情况下,农户的土地越多,政府征收的田税就越多,农户获得的收益也就越多。因此,农户愿意耕种更多的土地,政府也愿意让农民扩大垦田面积。将 100 步的小亩扩大到 240 步的大亩,有以下几点好处:

第一,可以将耕地划分成小块,合理规划种植作物种类,使其利用效率最大化;第二,对土地的计量都以亩为单位,亩积越大,农民能支配的土地就越多,百姓和国家所获收益也更多;第三,亩制的稳定对小农经济的稳定和社会的发展也有重要的促进作用。

总之,自亩制实施以来,尺制经历了一次变革,步制和亩制都经历两次变革,最后终于稳定了下来。亩制的扩大对于社会生产力的进步和社会经济的发展以及政府和农民收入的增加都起到了重要作用。

(原载《江苏科技大学学报(社会科学版)》2021 年第 1 期)

---

① 李恒全:《从新出简牍看秦田租的征收方式》,《中国经济史研究》2018 年第2 期。

新出秦简所见涉田诸吏考辨

刘　鹏（扬州大学）

[摘　要]里耶秦简所见的"左田""右田"是负责民田事务的机构，二者正职分设左田、右田，应是田啬夫下辖的两个小官啬夫，其设置或与民田事务日渐繁重的时代背景有关。田佐是田啬夫设于县治所在地的副手，田部佐则是田啬夫在各离乡中的离官。在田地事务的直接管理上，田部佐与田啬夫更多的是一种并列分工关系。田设于离乡的分支机构级别虽低，仍是较为重要的机构，这当与其所承担的重要职能是紧密相关的。秦简中单独出现的"典"有时指代里典、田典二者，一般情况下仍以理解为里典为宜。田典的职责较为单一，主要协助管理与百姓田地、田作相关的事务。

[关键词]田啬夫；左田；田部佐；田典；里耶秦简

秦代地方农官问题是秦史研究中的重要课题。限于材料，以往相关问题的研究主要基于传世文献和出土实物资料展开。睡虎地秦简公布后，有关"田啬夫"等涉及田地管理的地方农官即引起了学界的高度重视。① 里耶秦简刊布后，学

---

① 代表性成果主要有高敏：《论〈秦律〉中的"啬夫"一官》，《社会科学战线》1979年第1期；裘锡圭：《啬夫初探》，中华书局编辑部编：《云梦秦简研究》，北京：中华书局1981年版；高恒：《秦简牍中的职官及其有关问题》，《秦汉简牍中法制文书辑考》，北京：社会科学文献出版社2008年版；王勇：《秦汉地方农官建置考述》，《中国农史》2008年第3期。

界又围绕"田"与"田官"等农官系统进行了热烈探讨,取得了丰硕成果。① 可以说,学界在诸如田、田官的级别、性质等基本问题上逐渐达成了共识,但"田部佐""田部史"等属吏问题似仍有进一步的探讨空间。又近年刊布的岳麓秦简(肆)有若干田典材料,使以往对相关问题的研究还有重新检讨的必要。此外,新近公布的里耶秦简(贰)中更是出现了"左田""右田"等名目,这是学界所始料未及的。本文不揣谫陋,拟在前人研究基础上,对新出秦简中的左田、右田,属吏中的田佐、田部佐、田部史、田典等涉田诸吏作些探讨,以就教于方家。

一、 左田、右田

对于秦的地方农官,我们曾基于睡虎地秦简和里耶秦简(壹)等资料指出,"田"与"田官"均为迁陵县属诸官机构之一,其主管官员田(守)或田官(守)都是县级吏员,前者总管全县田地等事,后者则经营管理县级公田。② 新近刊布的里耶秦简(贰)又首次出现了"左田""右田"。它们究竟是一种怎样的机构? 与前述田、田官的关系若何? 这些都是值得探

---

① 王彦辉:《田啬夫、田典考释——对秦及汉初设置两套基层管理机构的一点思考》,《东北师大学报(哲学社会科学版)》2010 年第 2 期;陈伟:《里耶秦简所见的"田"与"田官"》,《中国典籍与文化》2013 年第 4 期;[韩]金钟希:《秦代县的曹组织与地方官制:以里耶秦简中出现的迁陵县土地与财政运营为中心》,《东洋史学研究》128,2014 年;邹水杰:《再论秦简中的田啬夫及其属吏》,《中南大学学报(社会科学版)》2014 年第 5 期;魏永康:《里耶秦简所见秦代公田及相关问题》,《中国农史》2015 年第 2 期;李勉:《再论秦及汉初的"田"与"田部"》,《中国农史》2015 年第 3 期;李勉、晋文:《里耶秦简中的"田官"与"公田"》,杨振红、邹文玲主编:《简帛研究二〇一六(春夏卷)》,桂林:广西师范大学出版社 2016 年版。

② 此外,从职官层面上看,"田守"当为"田"之代理,"田"亦当是"田啬夫"的省称。参见刘鹏:《也谈简牍所见秦的"田"与"田官"——兼论迁陵县"十官"的构成》,武汉大学简帛研究中心编:《简帛》第 18 辑,上海:上海古籍出版社 2019 年版。

讨的问题。

为便于讨论,现辑录相关材料如下:

　　[1]☒□朔壬寅,司空敬敢言之:敬故为迁陵左田□□,今□为

　　☒告迁陵□二月丁酉,史敬养马,仆及□马二匹食。敢言之。

　　☒阳守丞□敢告迁陵丞主:令史可以律令从事。□□□(正)

　　☒陵守丞□之敢告□、告仓、少内、右田:亟以律令从事,以次传。□(9—470)(背)

　　[2]田刍稟钱千一百卅四。元年二月癸酉朔辛巳,少内守疵受右田守□。令佐丁监。(9—743)

　　[3]☒臧令佐义爰书:令史、官佐未尝□当出☒

　　☒□客已去☒(正)

　　☒□佐狐三斗。

　　☒尉史□三斗。

　　☒□□□□三斗。

　　☒少内佐䜣三斗。(第一栏)

　　右田佐意三斗。

　　都乡佐□三斗☒

　　启陵佐蔡三斗☒(第二栏)

　　田官佐□☒(第三栏)(9—1418 + 9—1419 + 9—2190)(背)①

简[1]出现了"左田"。该简虽然残断,但文书传送情形较为明晰:司空敬就马匹粮秣之事致书□阳守丞,后者再行书迁陵

---

① 简[1]至[3]分见陈伟主编:《里耶秦简牍校释》第2卷,武汉:武汉大学出版社2018年版,第134、196、304页。

丞。迁陵丞收到相关文书后，又告知迁陵的仓、少内等机构按照律令处理。从秦的文书行政惯例可知，司空敬当时是□阳县司空的主管吏员。而在调任该职前，他还有一段在迁陵左田任职的履历。如此，迁陵县确曾设有"左田"这种机构。此外，简［1］"☑陵守丞□之敢告□、告仓、少内、右田"云云显示，当时迁陵县还同时设有"右田"。

简［2］信息完整，系少内守疕接受了右田守□一笔金额为 1 134 钱的田刍稾钱。由此可知，秦二世元年（前 209 年）二月迁陵县设有"右田"这种机构，这与简［1］显示的情形也是吻合的。结合简［3］"右田佐意三斗"的记录看，该机构的主官是右田（守），副手设佐，是为管理层成员。且从机构名称的对称性看，"左田"的管理层人员设置亦当可作如是观。

那么，"左田""右田"究竟是负责民田事务还是经营管理公田呢？我们认为，这两种机构都主要是负责民田事务的。今试作若干论证。

首先，从机构职能上看，简［2］少内守疕从右田守□手中接受的 1 134 钱是"田刍稾钱"，这说明右田守当时负责了"田刍稾"的征收事宜。睡虎地秦简《田律》简 8 云："入顷刍稾，以其受田之数，无垦(垦)不垦(垦)，顷入刍三石、稾二石。"从"以其受田之数"看，该律文显然是针对民田之刍稾征收的。又《田律》简 8—9 继而规定："入刍稾，相输度，可殹(也)。"① 释文注释修订小组援引张家山汉简《二年律令·田律》简 240—241"收入刍稾，县各度一岁用刍稾，足其县用，其余令顷入五十五钱以当刍稾。刍一石当十五钱，稾一石当五钱"，认

---

① 陈伟主编：《秦简牍合集：释文注释修订本（壹）》，武汉：武汉大学出版社 2016 年版，第 44 页。

为"相输度"是指刍稾折合成钱缴纳。① 此说甚是。这也是为何实际运作中，简[2]是"田刍稾钱"而非刍稾之实物。此外，里耶简9—835云：

> [4] 刍稾志。□□□□□□□□。·凡千一百七钱。（第一栏）都乡黔首田启陵界中，一顷卌一亩，钱八十五。都乡黔首田贰【春界中者，二顷卌七亩，钱百卌九。】·未入者十五□（第二栏）（9—543＋9—570＋9—835）②

简[4]"刍稾志"所载的征收对象，也是迁陵县所辖三乡——都乡、启陵、贰春的"黔首田"，亦即普通百姓耕种的民田。与此形成鲜明对比的是，若是由政府经营管理的公田，则其上所有收入皆归官府所有，因之也不必再单独缴纳刍稾税。

其次，从职官称谓上看，与"左田""右田"较为相似的是里耶简中的"左公田"。简8—63云：

> [5]廿六年三月壬午朔癸卯，左公田丁敢言之：佐州里烦故为公田吏，徙属。事荅不备，分负各十五石少半斗，直钱三百一十四。烦冗佐署迁陵。今上责校券二，谒告迁陵令官计者定，以钱三百一十四受旬阳左公田钱计，问可（何）计付，署计年为报。敢言之。
>
> 三月辛亥，旬阳丞滂敢告迁陵丞主：写移，移券，可为报。敢告主。（8—63）③

佐烦曾担任旬阳县的公田吏，期间由于出入小豆不足数，需赔偿15石1/3斗，所值为314钱。后来佐烦在迁陵县供役，故

---

① 陈伟主编：《秦简牍合集：释文注释修订本（壹）》，第45—46页。

② 陈伟主编：《里耶秦简牍校释》第2卷，第152页。

③ 陈伟主编：《里耶秦简牍校释》第1卷，武汉：武汉大学出版社2012年版，第48页。

旬阳左公田行书旬阳丞,欲将其债权移交给迁陵县的相关官署。① 从旬阳县设有"左公田"的情形看,当时县级政府都应普遍设有此类机构来经营管理公田业务。

但值得注意的是,这种"公田"名目大体只存在于秦统一之前。据李勉、晋文先生研究,战国至秦代"公"的含义逐渐由公家变为官府。秦始皇"书同文字"后,"田官"取代"公田"成为县级公田管理机构的代称,县级公田也可能改称"官田"。② 现有资料亦显示,自简 8—16"廿九年尽岁田官徒薄(簿)廷"③最早出现"田官"后,该机构在里耶简中一直频繁出现,如秦始皇三十年(前 217 年)二月(简 8—672)、六月(简 8—1566)、九月(简 9—982),三十一年(前 216 年)正月(简 8—764)、四月(简 9—901)、六月(简 8—781 + 8—1102)、七月(简 8—1574 + 8—1787),三十二年(前 215 年)十月(简 9—2294 + 9—2305 + 8—145)、三月(简 9—500),三十四年(前 213 年)十二月(简 10—1170),三十五年(前 212 年)八月(简 8—900),秦二世元年(前 209 年)八月(简 9—2032)。如此,断无在"田官"一直履行着经营管理县级公田职能的同时,还存在另外一种名为"公田"的机构。又简[2]显示"右田"出现的时间为秦二世元年(前 209 年)二月,正好在"田官"存在的时段内,因此可以肯定,"左田""右田"绝非"左公田""右公

① 王伟:《里耶秦简"付计"文书义解》,《鲁东大学学报(哲学社会科学版)》2015 年第 5 期;黄浩波:《里耶秦简牍所见"计"文书及相关问题研究》,杨振红、邬文玲主编:《简帛研究二〇一六(春夏卷)》,桂林:广西师范大学出版社 2016 年版;吴方基:《里耶秦简"校券"与秦代跨县债务处理》,《中国社会经济史研究》2017 年第 4 期。

② 李勉、晋文:《里耶秦简中的"田官"与"公田"》,杨振红、邬文玲主编:《简帛研究二〇一六(春夏卷)》。

③ 陈伟主编:《里耶秦简牍校释》第 1 卷,第 31 页。

田”的省称。① 至于二者是否可能分别为“左田官”“右田官”的省称,我们认为答案亦是否定的。如前文所述,“田”与“田官”是两个判然有别的县属诸官机构,现有里耶简中从未出现二者混称的实例。且上揭简[2]显示“右田”的职能是经营管理民田事务的,亦与“田官”的基本职能相左。

“左田”“右田”既是负责民田事务的机构,且从机构名称看,二者之上应还设有一个综管民田事务的机构,这应当就是里耶简中常见的“田”。田的正职设田(守),亦即秦简中常见的田啬夫(或其代理),为迁陵县属官啬夫之一。左田、右田的正职分别设左田(守)、右田(守),应是田啬夫下辖的两个小官啬夫。在具有明确时间的简文中,田(守)出现于秦始皇二十九年(前218年)四月(简9—699)、三十一年(前216年)十二月(简9—710)、三十三年(前214年)六月(简9—2350),右田守则见于秦二世元年(前209年)二月(简9—743)。因此我们推测,左田、右田很可能是随着民田事务的日渐繁重而增设的。

如所周知,迁陵自秦王政二十五年(前222年)设县后,就被纳入秦的统治秩序之中。里耶简8—756等简云:

[6]卅四年六月甲午朔乙卯,洞庭守礼谓迁陵丞:丞言徒隶不田,奏曰:司空厌等当坐,皆有它罪,耐为司寇。有书,书壬手。令曰:吏仆、养、走、工、组织、守府门、削匠

---

① 里耶简9—3225云:“☒八月壬戌水下尽,过西阳东田,毋印。/八月丁卯面☒ ☒七月丙午水十一刻刻下九,过舞乡。☒”湖南省文物考古研究所编著:《里耶秦简(贰)》,北京:文物出版社2017年版,第115页。原释文无句读,系笔者断读。“过西阳东田”“过舞乡”等信息显示,“东田”似为西阳县东边的公田。若从地理上东为左、西为右的称谓习惯看,此“西阳东田”或即西阳县的“左公田”,而与本文所要讨论的“左田”并非一事。今按:里耶秦简牍校释小组援引赵翠翠的看法,将“东田”改释为“桑田”。参见陈伟主编:《里耶秦简牍校释》第2卷,第561页。如此,则更与本文讨论的“左田”无涉。

及它急事不可令田,六人予田徒四人。徒少及毋徒,薄
(簿)移治虏御史,御史以均予。今迁陵廿五年为县,廿九
年田廿六年尽廿八年当田,司空厌等失弗令田。弗令田
即有徒而弗令田且徒少不傅于奏。及苍梧为郡九岁乃往
岁田。厌失,当坐论,即如前书律令。(8—755 + 8—756
+ 8—757 + 8—758 + 8—759)①

秦政府对垦种公田极为重视。秦王政二十五年(前 222 年)在
迁陵设县,统治秩序刚刚建立,次年就要垦种公田。当时甚至
以"令"的形式规定:"徒少及毋徒,簿移治虏御史,御史以均
予。"即用于垦种公田的徒隶数量不足或没有徒隶,相关部门
要及时上报治虏御史,由治虏御史调配。简[6]中司空厌正是
管理迁陵县徒隶的部门长官,因"失弗令田"而坐罪,具体包括
"有徒而弗令田"与"徒少不傅于奏"两个方面。

　　以上虽是针对垦种公田而言的,秦政府对耕种民田的重
视更可作如是观。《商君书》中排在开篇《更法》之后的便是
《垦令》。高亨先生在该篇的"解题"中指出,"这篇集中说明
商鞅重农政策的具体办法,共提出了二十种办法⋯⋯来督促
人民积极耕垦土地"②。文中反复出现的"则草必垦矣"③,就
是不断强调开垦荒田(草田)的重要性。秦简中亦有百姓开垦
草田的实例,如里耶简 9—14:"卅五年三月庚寅朔丙辰,贰春
乡兹爰书:南里寡妇愁自言谒狠(垦)草田故枲(桑)地百廿
步,在故步北,恒以为枲(桑)田";简 9—2350:"卅三年六月庚
子朔丁巳,守武爰书:高里士五(伍)吾武自言谒狠(垦)草田
六亩武门外,能恒籍以为田。典缦占。九【月】丁巳,田守武敢

① 陈伟主编:《里耶秦简牍校释》第 1 卷,第 217 页。
② 高亨:《商君书注译·垦令》,北京:中华书局 1974 年版,第 19 页。
③ 蒋礼鸿:《商君书锥指》卷 1《垦令》,北京:中华书局 1986 年版,第 6—19 页。

言之：上黔首狠（垦）草一牒。敢言之。"①随着秦统治秩序的日渐稳固，此类垦田面积必将逐步扩大，综管民田事务的机构职责亦将日益加剧。由此，扩充机构或增设吏员也成为可能，"左田""右田"的设置或即在此背景下发生的。

综上所见，"左田""右田"主要是负责民田事务的机构，二者的正职分设左田（守）、右田（守），应是田啬夫下辖的两个小官啬夫。左田、右田的设置或与民田事务日渐繁重的时代背景有关。

二、 田佐、田部佐、田部史

对于秦简中的田佐、田部佐、田部史等吏员，邹水杰先生指出："设于县廷的'田'虽不分部，为了管理上的方便，除在县廷设有佐史外，在各离乡也设田部佐和田部史。而设于离乡中的田佐，则需要按乡分部，因而称为'田部佐'，意为田设于乡的部佐。"②我们赞同邹先生除县廷设有田佐、田史外，各离乡中也设有田部佐、田部史的看法。但就现有资料看，离乡中的"田部佐"是否也可称"田佐"，则是很值得怀疑的。兹就田系统的属吏设置问题再作些探讨。

睡虎地秦简《效律》简52—53 云："都仓、库、田、亭啬夫坐其离官属于乡者，如令、丞。"③律文中的"都某啬夫"应即设于都乡（县治所在地）的啬夫，他们既直接管理都仓、库、田、亭，

---

① 里耶秦简博物馆、出土文献与中国古代文明研究协同创新中心中国人民大学中心编著：《里耶秦简博物馆藏秦简》，上海：中西书局2016年版，第179、194页。

② 邹水杰：《再论秦简中的田啬夫及其属吏》，《中南大学学报（社会科学版）》2014年第5期。按邹先生文意，也是将田部佐视作田啬夫的离官。但邹先生将论述田部佐的小节标题作"田部佐是田啬夫的离官佐"，似易让人认为在"田部佐"外，离乡中还有离官主官。我们认为这种写法是不太妥当的。

③ 陈伟主编：《秦简牍合集：释文注释修订本（壹）》，第152页。

又主管全县的仓、库、田、亭。① 具体到田系统上,一方面田啬夫是全县田地事务的负责人,田佐、田部佐、田部史等皆为其属吏;另一方面,设于离乡中的田部佐是田啬夫的离官。在田地事务的直接管理上,田啬夫负责都乡,田部佐负责离乡。睡虎地秦简《田律》简 12 规定:"百姓居田舍者毋敢酤(酤)酉(酒),田啬夫、部佐谨禁御之,有不从令者有辠(罪)。"②即禁御居田舍之百姓沽酒的责任人是田啬夫和部佐,而不包括田佐。这很有可能是因为在田地事务的直接管理上,田佐只是辅助田啬夫而已。如此,仅田啬夫与部佐就可以完全覆盖都乡和各离乡③,这正体现了二者在相关事务的直接管理上更多的是一种并列分工关系④。

此外,睡虎地秦简《法律答问》简 157 云:"部佐匿者(诸)民田,者(诸)民弗智(知),当论不当? 部佐为匿田,且可(何)为? 已租者(诸)民,弗言,为匿田;未租,不论为匿田。"⑤依简文之意,田部佐是完全存在"匿民田"可能的。这当与其主管

① 参见裘锡圭:《啬夫初探》,中华书局编辑部编:《云梦秦简研究》,第 232 页;刘鹏:《也谈简牍所见秦的"田"与"田官"——兼论迁陵县"十官"的构成》,武汉大学简帛研究中心编:《简帛》第 18 辑,上海:上海古籍出版社 2019 年版。
② 陈伟主编:《秦简牍合集:释文注释修订本(壹)》,第 47 页。
③ 按岳麓秦简 280 云:"黔首居田舍者毋敢醢〈酤(酤)〉酒,有不从令者□(迁)之,田啬夫、士吏、吏部弗得,赀二甲。"陈松长主编:《岳麓书院藏秦简(肆)》,上海:上海辞书出版社 2015 年版,第 161 页。从田啬夫、士吏、吏部的表述上看,此处"吏部"当为"田部佐"的另称,则禁止醢酒的负责人仍然包括田啬夫、部佐,这与上述睡虎地秦简《田律》的规定也是一致的。需要指出的是,民田管理的业务由"田部"与"乡部"之间相互协助([韩]金钟希:《秦代县的曹组织与地方官制:以里耶秦简中出现的迁陵县土地与财政运营为中心》,《东洋史学研究》第 128 辑,首尔:东洋史学会 2014 年版),此处仅是就田系统管理田地事务的职能而言的。
④ 值得注意的是,前文述及迁陵县后来还设有"左田""右田"。二者系田啬夫下辖的两个小官啬夫,机构职能与后者极为相似,只是级别稍低。故在田地事务的直接管理上,左田、右田与设于离乡中的田部佐,也应更多地呈现为一种并列分工关系。只是由于史料阙如,相关问题尚待进一步论证。
⑤ 陈伟主编:《秦简牍合集:释文注释修订本(壹)》,第 241 页。

离乡田地事务的职能关系极大。与之相较，田啬夫对离乡中的田地事务只能是间接管理，不太存在"匿民田"的可能。田佐则由于是田啬夫设于县治所在地的佐贰，在相关事务的管理上只是起辅助田啬夫的作用，就更不太可能存在"匿民田"的可能了。

从田部佐的级别上看，《汉书·百官公卿表上》："百石以下有斗食、佐史之秩，是为少吏。"师古注曰："《汉官名秩簿》云斗食月奉十一斛，佐史月奉八斛也。一说，斗食者，岁奉不满百石，计日而食一斗二升，故云斗食也。"[1]可见"佐史"之秩较"斗食"更低。而里耶简 10—15 所载阀阅簿曰："为官佐六岁。为县令佐一岁十二日。为县斗食四岁五月廿四日。为县司空有秩乘车三岁【八】月廿二日。守迁陵丞六月廿七日。"[2]可知"佐"还有"官佐""县令佐"之分，但都位于"斗食"之下，是极为低级的吏员。张家山汉简《二年律令·秩律》所见汉初田啬夫的秩次均为二百石[3]，结合县长秩五百石至三百石的情形看，田啬夫的秩次并不算低。相较之下，其离官仅设田部佐，尚属最为低级的"官佐"之列。从这个层面上讲，田系统设于离乡的分支机构的级别似是很低的。但从其还设有田部史的情况看，该分支机构的重要性还值得注意。

里耶简 8—269 云："资中令史阳里𨱏伐阅：十一年九月隃为史。为乡史九岁一日。为田部史四岁三月十一日。为令史

---

① 《汉书》卷 19 上《百官公卿表上》，北京：中华书局 1962 年版，第 742—743 页。
② 里耶秦简博物馆、出土文献与中国古代文明研究协同创新中心中国人民大学中心编著：《里耶秦简博物馆藏秦简》，第 196 页。
③ 张家山汉简《秩律》涉及"田"之秩次有三种情形，即八百石、六百石、秩次不明之县的"田"均为二百石。参见彭浩、陈伟、［日］工藤元男主编：《二年律令与奏谳书——张家山二四七号汉墓出土法律文献释读》，上海：上海古籍出版社 2007 年版，第 264、269—270、291 页。结合前文分析，二百石就是"田"之主官田啬夫的秩次。

二月……可直司空曹。”①足见除田部佐外,还有田部史。李勉先生认为,原则上田的属吏都可称为田佐或田史,但该阀阅簿将田史记为田部史,是统计官吏劳绩的方法使然。② 李先生的看法或许提供了一个看待相关问题的新视角。但我们认为,该阀阅簿可能只是对釦仕途履历的如实记录。如睡虎地秦简《编年纪》记录墓主喜的履历为:“(秦王政三年)八月,喜揄史。(四年)十一月,喜除安陆□史……六年,四月,为安陆令史。七年,正月甲寅,鄢令史……十二年,四月癸丑,喜治狱鄢。”③史→安陆□史→安陆令史→鄢令史→治狱鄢,皆为喜生平任职的如实记录。同样,釦的履历“史→乡史→田部史→令史→可直司空曹”,亦当作如是观。而据前文所述,田部史当为设于离乡中的田系统吏员,田史应是设于县(都乡)中的田啬夫属吏④,二者尚有明显区别。

一般而言,机构属吏设置的多寡,是与其行政级别或事务繁简成正相关的。如里耶简所载县仓的禀食记录,除主管人员仓官和禀人外,既有“佐”参与的(如简 8—56、8—760、8—1551 等),又有“史”参与的(如简 8—45、8—211、8—1540),而离邑仓则只有“佐”参与的记录,如启陵乡仓(简 8—925 +

① 陈伟主编:《里耶秦简牍校释》第 1 卷,第 125—126 页。

② 李勉:《再论秦及汉初的“田”与“田部”》,《中国农史》2015 年第 3 期。李先生进而认为,田部史主管某个田部的事务,属于秦律中的“吏主者”,因担负主要责任而在考核劳绩时,比普通佐史要得到优待。故在登录阀阅簿时,要明确记录担任“田部史”的履历,以与普通佐史相区分。

③ 陈伟主编:《秦简牍合集:释文注释修订本(壹)》,第 11 页。

④ 按:在里耶秦简(贰)刊布前,秦简所见只有“田佐”,如里耶简 8—149 + 8—489“田佐□一甲”,简 8—1610“田佐囚吾死”(分见陈伟主编:《里耶秦简牍校释》第 1 卷,第 89、368 页),尚未明确出现“田史”。但我们认为,田啬夫的离官机构中尚有“田部史”,田啬夫属下设有“田史”,应当是完全可以想见的。幸运的是,新近刊布的里耶秦简(贰)中,简 9—64 云:“卅二年三月丁丑朔乙酉,田守武、史邀隄(题)迁陵丞昌前。☑”陈伟主编:《里耶秦简牍校释》第 2 卷,第 58 页。“史邀”紧列于“田守武”之后。依照秦简辞例,史邀当为“田史”。

8—2195、8—1550、8—1839）、贰春乡仓（简 8—1557、8—2247）皆是如此,而绝不见有"史"。这很可能是因为县仓级别较高,其属吏既设有"佐",也设有"史",而离邑仓级别较低,只设有"佐"。再如里耶简中频繁出现的"田官",无论是进行禀食（简 8—764、8—1328、8—1574＋8—1787、8—2246、9—762）,还是贷食（简 8—781＋8—1102）①,均是"佐"参与其中,绝不见有"史",这也极可能是因为田官属吏只设有"佐",而没有"史"。相较而言,田设于离乡的分支机构级别虽然较低,但从其既设有"田部佐",又设有"田部史"的情形看,该机构的重要性又是可想而知的。这当与其所担负的"计户授田,编订田籍;管理农田水利,督促生产;饲养官有牛马,保护耕牛不受伤害;征收田租和刍稿税"②等广泛而重要的基本职责有密切关系。

由上,田佐是田啬夫设于县治所在地的佐官,田部佐则是田啬夫在各离乡中的离官。在田地事务的直接管理上,田部佐与田啬夫更多的是一种并列分工关系。尽管田设于离乡的分支机构级别很低,但仍是较为重要的机构,这当与其所承担的重要职能是紧密相关的。

三、 田典

关于秦简中的"田典",邹水杰先生亦曾作有集中论述。他认为田典是设于里中的田吏,协助管理与百姓田地、田作相

---

① 里耶简第八层简文均见陈伟主编:《里耶秦简牍校释》第 1 卷;简 9—762 见里耶秦简博物馆、出土文献与中国古代文明研究协同创新中心中国人民大学中心编著:《里耶秦简博物馆藏秦简》,第 184 页。

② 王彦辉:《田啬夫、田典考释——对秦及汉初设置两套基层管理机构的一点思考》,《东北师大学报（哲学社会科学版）》2010 年第 2 期。

关的事务,而不插手里典的行政事务。① 限于秦简资料的匮乏,邹先生所论主要基于张家山汉简的相关材料展开。幸运的是,近年刊布的岳麓秦简(肆)、(伍)中又出现了若干田典材料,使相关问题仍有进一步的探讨空间。

为便于讨论,现辑录相关材料如下:

[7]匿罪人当赀二甲以上到赎死,室人存而年十八岁以上者,赀各一甲,其奴婢弗坐,典、田典而舍之,皆赀一甲。(1—2)

[8]主匿亡收、隶臣妾,耐为隶臣妾,其室人存而年十八岁者,各与其疑同法,其奴婢弗坐,典、田典、伍不告,赀一盾,其匿□□归里中,赀典、田典一甲,伍一盾,匿罪人虽弗敝(蔽)貍(埋),智(知)其请(情),舍其室,□□□吏遣,及典、伍弗告,赀二甲。(3—5)

[9]盗贼瀺(遂)者及诸亡坐所去亡与盗同法者当黥城旦舂以上及命者、亡城旦舂、鬼薪、白粲舍人室、人舍、官舍,主舍者不智(知)其亡,赎耐。其室人、舍人存而年十八岁者及典、田典不告,赀一甲。伍不告,赀一盾。当完为城旦舂以下到耐罪及亡收、司寇、隶臣妾、奴婢阑亡者舍人室、人舍、官舍,主舍者不智(知)其亡,赀二甲。其室人、舍人存而年十八岁以上者及典、田典、伍不告,赀一盾。(60—64)②

对于简[9]中的"典"与"田典",整理者注曰:"典,里典,即里正。简文省作典,当系避秦始皇名讳而改。《龙岗秦简》:'租者且出以律,告典、田典,典、田典令黔首皆知之。'田典是隶属

① 邹水杰:《再论秦简中的田啬夫及其属吏》,《中南大学学报(社会科学版)》2014 年第 5 期。
② 简[7]至[9]分见陈松长主编:《岳麓书院藏秦简(肆)》,第 39、39—40、58—60 页。

于田啬夫、田佐的基层官吏。"①由上可见，秦简中"田典"常与"典"一起出现，但亦有如简[8]中"典"单独出现的情形。此种情况下"典"之所指似乎还不太明晰，需审慎甄别。兹就相关问题辨析如下。

首先来看简[7]、[8]。简[7]规定藏匿犯有当处以赀二甲以上到赎死罪行的人，里典、田典如果舍匿罪犯，都要赀一甲。简[8]则规定藏匿亡收、隶臣妾这两类人，里典、田典、伍人如果不告发，要赀一盾；若"匿□□归里中"，里典、田典要赀一甲，伍人一盾；收留罪人虽然没有刻意掩饰，但知晓实情仍将其藏于家中的，以及典、伍人不予告发，都要赀二甲。显而易见，简[7]、[8]皆与对藏匿罪犯行为的定罪有关，属于同类性质的法律条文。特别是简[8]中，由"典、田典、伍不告，赀一盾"到"赀典、田典一甲，伍一盾"，进而到"典、伍弗告，赀二甲"，处罚力度依次加大的情形格外明晰。但简[7]涉及典、田典，简[8]中前二者也都有典、田典、伍人，后者却只有典、伍人。如将此处的"典"理解为通常意义上的里典，则殊不合理。因为在上揭三种层次的处罚中，断无前二者都针对里典、田典、伍人，而后者则仅针对里典、伍人的道理。由此，简[8]"典、伍弗告，赀二甲"中的"典"应当包含里典、田典二者。②

此外，简[9]亦与对藏匿罪人行为的定罪有关，与简[7]、[8]的性质大体类似。简文规定以"盗贼遂者"为代表的人逃亡，"典、田典不告，赀一甲。伍不告，赀一盾"；以"当完为城

---

① 陈松长主编：《岳麓书院藏秦简（肆）》，第79页。

② 此处或许还存在另外一种可能，即相关法律条文的抄写者在"典""伍"之间漏抄了"田典"二字。然而，岳麓秦简54—55云："来入之中县、道，无少长，舍人室，室主舍者，智（知）其请（情），以律罢（迁）之。典、伍不告，赀典、田典一甲，伍一盾。不智（知）其请（情），主舍，赀二甲，典、伍不告，赀一盾。"陈松长主编：《岳麓书院藏秦简（肆）》，第56—57页。该律文也是对藏匿罪人行为的惩处规定，同样都是以"典、伍"形式出现，故这种漏抄的可能性较小。

旦舂以下到耐罪"为代表的人逃亡,"典、田典、伍不告,赀一盾"。同样都涉及里典、田典,由此亦可佐证简[8]"赀二甲"中的"典"应当包含里典、田典。从这个层面上看,上揭岳麓简54—55"来入之中县、道,无少长,舍人室,室主舍者,知其情,以律迁之。典、伍不告,赀典一甲,伍一盾。不知其情,主舍,赀二甲,典、伍不告,赀一盾"中的"典",也应可作如是观。

岳麓秦简中尚有如下律文值得注意:

> [10]律曰:黔首不田作,市贩出入不时,不听父母笱若与父母言,父母、典、伍弗忍告,令乡啬夫数谦(廉)问,捕毄(系)【献廷】,其皋当完城旦以上,其父母、典、伍弗先告,赀其父若母二甲,典、伍各一甲。乡啬夫弗得,赀一甲,令、丞一盾。(196—197)①

简文涉及百姓不田作、市贩出入不时、不听父母训斥或对父母有怨言等情形。揆诸情理,百姓不田作正在田典的管理职责之内,而市贩出入不时、不听父母训斥等则与里典的职责更为相关。又张家山汉简《二年律令·户律》305—306 云:"自五大夫以下,比地为伍,以辨□为信,居处相察,出入相司。有为盗贼及亡者,辄谒吏、典。田典更挟里门篇(钥),以时开;伏闭门,止行及作田者。"②据日本三国时代出土文字资料研究班、陈伟先生研究,简文后半部分当改读为"有为盗贼及亡者,辄谒吏。典、田典更挟里门篇(钥),以时开"③。如此,里门钥匙

---

① 陈松长主编:《岳麓书院藏秦简(伍)》,上海:上海辞书出版社 2017 年版,第 133 页。

② 彭浩、陈伟、[日]工藤元男主编:《二年律令与奏谳书——张家山二四七号汉墓出土法律文献释读》,第 215 页。

③ [日]三国时代出土文字资料研究班:《江陵张家山汉墓出土〈二年律令〉译注稿 其(二)》,《东方学报》京都第 77 册,2005 年;陈伟:《〈二年律令〉新研》,中国政法大学法律古籍整理研究所编:《中国古代法律文献研究》第 5 辑,北京:社会科学文献出版社 2012 年版。

由里典、田典轮流掌管,二者共同负责里门的按时开闭。而简文中的"行者""作田者",在人员类别上又分别与简[10]中的"市贩出入不时者""不田作者"大体对应,由此亦可见该简中的"典"也应包括里典、田典二者。

但必须指出的是,秦简中单独出现的"典",一般情况下仍应理解为里典。先看下列简文:

> [11](繇)律曰:岁兴縣(繇)徒,人为三尺券一,书其厚焉。节(即)发縣(繇),乡啬夫必身与典以券行之。田时先行富有贤人,以闲时行贷者,皆月券书其行月及所为日数,而署其都发及县请(情)。其当行而病及不存,署于券,后有縣(繇)而聂(躡)行之。节(即)券縣(繇),令典各操其里縣(繇)徒券来与券以畀縣(繇)徒,勿徵赘,勿令费日。其移徙者,辄移其行縣(繇)数徙所,尽岁而更为券,各取其当聂(躡)及有赢者日数,皆署新券以聂(躡)。(244—247)①

对于简[11]中的"典",整理者注曰:"指里典、田典。本组后1363简有'令典各操其里縣(繇)徒券来与券',其中的典应与此处'典'同义。"②我们认为,简文中的两处"典"确实同义,但将其释为典、里典的看法还值得进一步检讨。该简是关于征发普通百姓服繇役的法律规定,其中涉及"典"的职责。睡虎地秦简《法律答问》简 164 云:"可(何)谓'逋事'及'乏縣(繇)'?律所谓者,当縣(繇),吏、典已令之,即亡弗会,为'逋事';已阅及敦(屯)车食若行到縣(繇)所乃亡,皆为'乏縣(繇)'。"③同样是关于征发百姓服繇役,也出现了"典",故可

---

① 陈松长主编:《岳麓书院藏秦简(肆)》,149—150 页。
② 陈松长主编:《岳麓书院藏秦简(肆)》,第 173 页。
③ 陈伟主编:《秦简牍合集:释文注释修订本(壹)》,第 245 页。

与简[11]结合考虑。

揆诸情理,征发徭役应是乡里吏员的职责。简[11]"即发徭,乡啬夫必身与典以券行之"涉及乡啬夫、典,前者既是综管全乡事务的吏员,则将后者视作管理同类事务的里典更为恰当,而与主要负责百姓田地、田作事务的田典无涉。整理者或是受到简文中"田时"等信息的影响,认为"典"的职责亦涉及百姓田作事务,故将简文中的"典"释为典、田典。但细绎之,简文只是说在农忙季节要先征发富有多财之人,待到清闲无事之时再征发贫穷百姓,如此正说明秦政府充分考虑和保护了百姓农时。里耶简16—6云:"传送委【输】,必先悉行城旦舂、隶臣妾、居赀赎责(债),急事不可留,乃兴繇(徭)……田时殹(也),不欲兴黔首……有可令传甲兵,县弗令传之而兴黔首,兴黔首可省少弗省少而多兴者,辄劾移县,县亟以律令具论。"①同样体现了秦政府保护百姓农时的考量。由此,从制度精神层面上看,农忙期间征发徭役之事与贫苦百姓干系较小,与百姓田作更加无涉。简[11]中的"典"应当仅指里典。

秦简中单独出现的"典"仅指"里典"的情形,还有下列例证:

[12]尉卒律曰:里自卅户以上置典、老各一人,不盈卅户以下,便利,令与其旁里共典、老,其不便者,予之典而勿予老。公大夫以上擅启门者附其旁里,旁里典、老坐之。(142—143)②

简文是秦政府设置典、老的相关规定。"里自卅户以上置典、

---

① 里耶秦简博物馆、出土文献与中国古代文明研究协同创新中心中国人民大学中心编著:《里耶秦简博物馆藏秦简》,第207页。

② 陈松长主编:《岳麓书院藏秦简(肆)》,第115页。

老各一人"云云，表明三十户以上的里设置典、老各一人。既然此处"典"是由一人担任的，则其所指除"里典"一职外，不会再包括其他职务。且该律文出自《尉卒律》，说明典、老的任命与尉有关。里耶简8—157云："卅二年正月戊寅朔甲午，启陵乡夫敢言之：成里典、启陵邮人缺。除士五（伍）成里匄、成，成为典，匄为邮人，谒令尉以从事。敢言之。正月戊寅朔丁酉，迁陵丞昌却之启陵：廿七户已有一典，今有（又）除成为典，何律令应（应）？尉已除成、匄为启陵邮人，其以律令。"①该简所载是任命典、邮人的行政实例。其中"廿七户已有一典""除成为典"等信息都清楚表明，此处的"典"为里典，这在学界也从无异议。简文中启陵乡夫提出"除士伍成里匄、成，成为典，匄为邮人，谒令尉以从事"，迁陵丞昌则回复"尉已除成、匄为启陵邮人"，表明里典由尉任命，亦与简［12］相合。综上所述，简［12］"典、老"之"典"应当仅指里典，并不包括田典。②

至于田典的职掌，上揭简［7］至简［9］皆是针对百姓藏匿罪犯等行为，若里典、田典、伍人等不予告发，则要受到相应处罚。揆诸情理，一般情况下同伍、同里之人最容易知晓此类犯罪行为，故而正如邹水杰先生所言，伍人不告发而被罚，是由于什伍连坐法的规定；正典、田典不告发被罚，是因为他们隶属于行政系统，对百姓触犯法律的事有向上级报告的责任，但并不能因此而认为田典与正典一样，具有管理民众的职责或职掌。③ 因此，

① 陈伟主编：《里耶秦简牍校释》第1卷，第94页。
② 秦简中"典"仅指"里典"的情形，亦可与传世文献相互印证。《韩非子·外储说·右下》云："秦襄王病，百姓为之祷；病愈，杀牛塞祷……王因使人问之，何里为之，訾其里正与伍老屯二甲。"（清）王先慎：《韩非子集解》卷14《外储说右下》，北京：中华书局2013年版，第364—365页。此处对里中相关人等进行惩处，具体包括里正（即里典）、伍人、老，同样不含田典在内。
③ 邹水杰：《再论秦简中的田啬夫及其属吏》，《中南大学学报（社会科学版）》2014年第5期。

仅从简[7]、[8]、[9]等资料看,田典的职责仍不出邹先生所论范围。

简[10]百姓不田作、市贩出入不时等行为,应可以与里典、田典轮流掌管里门钥匙、按时开关里门相联系。上揭邹文即针对前引"典、田典更挟里门鑰,以时开"论述云,其中田典监管里门钥匙,仍然可能是因为里门的开闭与百姓田作出入有关。此说甚是。我们甚至可以进一步推测,田典应主要是在农忙时节掌管里门的开闭,其他时期则更多地由里典掌管。只是限于资料,相关细节情况尚难确知。

综上,秦简中单独出现的"典"有时指代里典、田典二者,一般情况下仍应理解为里典。田典的职责较为单一,以协助管理与百姓田地、田作相关的事务为主。

四、 结语

随着近年来里耶秦简的大量刊布,以"田"与"田官"为代表的地方农官系统成为秦代制度史、经济史研究中的热门课题。本文即在前人研究基础上,依据原有相关材料和部分新近刊布的秦简资料,对左田、右田、田佐、田部佐、田部史、田典等涉田诸吏进行了一定的考证辨析。我们认为,"左田""右田"是负责民田事务的机构,其主官应是田啬夫下辖的两个小官啬夫,其设置或与民田事务日渐繁重的时代背景有关。田佐与田部佐有所差别,前者是田啬夫设于县治所在地的副手,后者则是田啬夫在各离乡中的离官。在田地事务的直接管理上,田部佐与田啬夫更多的是一种并列分工关系。此外,设于里中的田典职责较为单一,主要协助管理与百姓田地、田作相关的事务。

依此看来,包括田啬夫、左田、右田、田佐、左田佐、右田佐、田部佐、田史、田部史、田典等在内的农官及属吏,都应是秦代县级农官系统——田系统中的吏员。它们的设置贯通了县、乡、里三级,共同承担起了秦帝国县行政中百姓田地、田作相关事宜的主要管理职责,对维系帝国农业的正常运转与长远发展,发挥了重要而广泛的基础性作用。不过应当指出的是,以上吏员设置情形在秦县中究竟具有多大的普遍性,尚有待更多的资料检验。即以迁陵县田系统而言,诸如左田、右田等吏员很可能都不是一开始就有的。这说明相关吏员的设置或许还存在一个动态发展过程。更何况由于各种因素的影响,秦帝国各县的吏员设置还可能存在区域差异。相信随着秦简资料的更多刊布,相关问题会愈加明晰。

(原载《古代文明》2021 年第 4 期)

战国秦汉时期长臂猿的形象内涵

李　勉（重庆师范大学）

[摘　要] 里耶秦简有多枚与"捕爰"相关的简牍,记录了迁陵县安排大量人力捕捉长臂猿作为贡品献给秦始皇的史实。自秦始皇二十七年(前 220 年)至三十年(前 217 年)的四年间,每年迁陵县都会捕捉长臂猿,已成定制。这批简牍揭示了秦代湘西地区长臂猿的分布情况。长臂猿的形象大量出现在战国秦汉时期的画像石、画像砖和器物中,并在秦国夏太后墓中发现了随葬长臂猿的遗骸。长臂猿形象大量出现当源于战国秦汉时期盛行的导引、房中等方术和升仙思想。长臂猿作为贡品的史实一方面与禁苑饲养宠物有关,另一方面更与长臂猿背后的长生、升仙的内涵有关。

[关键词] 长臂猿;里耶秦简;秦始皇;长生;导引术

长臂猿是亚洲东南部特有的类人猿①,也是唯一分布在

---

① 早在旧石器至新石器时代,中国华南地区广西田东中山遗址和泰国北部仙人洞遗址中的人们就曾捕捉长臂猿作为食物,人与长臂猿的关系当然在更早于此的时代就已展开,但中国人与长臂猿的关系也不仅仅作为人类食物这么简单。陈君等:《广西田东中山遗址洞外岩厦出土动物骨骼的初步研究》,《人类学学报》2017 年第 4 期;Chester F. Gorman, "Excavations at Spirit Cave, North Thailand:some interim interpretations", *Asian Perspectives*, Vol. 13 (Jan. 1970), pp. 79—107。

中国的类人猿，属高等灵长目动物，与人类在亲缘关系上较为密切。历史上，中国长臂猿的分布广泛，曾遍及我国中部、南部山林之中，10 世纪猿类的栖息地覆盖中国疆域的四分之三①，直到 500 年前，甘肃庆阳仍有关于长臂猿的记载②。长臂猿由于独特的形态和习性，成了我国古代文学常见意象，猿鹤图也是中国画常见题材，具有长寿、升仙的文化含义。《里耶秦简》公布了多枚与捕猿相关的简，从侧面为我们揭示了秦人与长臂猿的别样历史。本文试通过分析相关简文，结合秦汉考古资料，分析秦汉时期的人猿关系，探讨这种关系显示的中国人赋予长臂猿的特殊内涵，以求教于方家。

一、 里耶秦简中的长臂猿

为便于论述，现将里耶秦简中的相关简文抄录于下：

简 1：卅一年五月壬子朔辛巳，将捕爰，段（假）仓兹敢言之：上五月作徒薄及冣（最）卅牒。敢言之。

五月辛巳旦，佐居以来。气发。居手。（8—1559）③

简 2：☑□佐居将徒捕爰

☑□二、黑爰一

☑百五十人。·皆食巴葵。

☑□年（8—207）④

简 3：廿八年二月辛未朔庚寅，贰春乡守行敢言之：廿八年岁赋献黄二、白翰二、黑翰二、明渠鸟二、鹜鸟四，令令乡求捕，毋出三月。乡毋吏、徒，行独居，莫求捕。捕爰

---

① ［荷］高罗佩著，施晔译：《长臂猿考》，上海：中西书局 2015 年版，第 75 页。
② 周运辉、张鹏：《近五百年来长臂猿在中国的分布变迁》，《兽类学报》2013 年第 3 期。
③ 陈伟：《里耶秦简牍校释》第 1 卷，武汉：武汉大学出版社 2012 年版，第 358 页。
④ 陈伟：《里耶秦简牍校释》第 1 卷，第 113 页。

用吏、徒多。谒令官有吏、徒者将求捕,如廿七年捕爰乃可以得爰。敢言之(正)

仓□已付。……

二月戊戌□□□□□□□士五(伍)程人以来。/除半。行手。(9—31)①

简4:及有(又)数遣子捕爰,出入三月□至。(9—205)②

简5:☑狐初捕爰以 (9—961)③

简6:☑□虎、爰、木侯、田□、豺、□□□(9—1005)④

简7:廿九年□尽岁库及捕爰徒薄廷 (9—1116)⑤

简8:贰春乡黄爰皮一,☑黑爰皮二。☑(9—3311)⑥

简1是一则完整的公文,通过简文内容和公文用语"敢言之"来看,该简是秦代迁陵县"假仓兹"发给县廷的上行文书。根据学界研究,叚(假)仓的"假"有试用之意,而"仓"是县下诸官之一,直接管理县的粮仓。

"将捕爰"即简2"☑□佐居将徒捕爰"中"将徒捕爰"的省称。⑦"爰"《说文解字》释为"引",甲骨文写作,象两手相援引,中间为两手援引之物。所以"爰"字的本义即援引、攀援之意。先秦秦汉文献中,猿常写作"猨"或"蝯",在"爰"前加形旁"犭"和"虫"均表示"爰"是一种动物。如《楚辞·九章·涉

① 陈伟:《里耶秦简牍校释》第2卷,武汉:武汉大学出版社2018年版,第43—44页。
② 陈伟:《里耶秦简牍校释》第2卷,第87页。
③ 陈伟:《里耶秦简牍校释》第2卷,第230页。
④ 陈伟:《里耶秦简牍校释》第2卷,第240页。
⑤ 陈伟:《里耶秦简牍校释》第2卷,第262页。
⑥ 陈伟:《里耶秦简牍校释》第2卷,第569页。
⑦ 里耶秦简载:☑敢言之。遣佐□将徒遣采锡苍☑(12—447a)。里耶秦简博物馆、出土文献与中国古代文明研究协同创新中心中国人民大学中心编著:《里耶秦简博物馆藏秦简》,上海:中西书局2016年版,第200页。

江》："深林杳以冥冥兮,乃猨狖之所居。"《尔雅·释兽》曰"猱蝯善援"。高罗佩认为"'蝯'字或许是来自楚地方言的外来词","'猨狖'是汉语借用来表示猿的一个楚地方言词"。① 所以,简文中的"爰"就是先秦文献中的"猨"或"蝯",也就是长臂猿。

"上五月作徒薄及冣(最)世牒"即由仓负责的作徒劳作统计簿,包含每日的作徒劳作情况和月底的总计(最)。该则公文的书写时间为"卅一年五月壬子朔辛巳",即秦始皇三十一年(前216年)五月三十日,为五月的月底,因此仓官需要将该月的作徒使用统计簿上交县廷,以备审核。当然仓官仓吏率领作徒捕猿的记录也在五月份的作徒簿中。胡平生指出五月有三十天,再加上"最",总共应有三十一牒,而这里仅有三十牒,而且该文书的发文时间是五月三十日,因此缺少该月最后一天的数据,因此他认为造成这种现象的原因是"大家一窝蜂出动去'捕猨'了,也就无法考核绩效了"②。可见,捕猿耗费大量的人力,乃至官府"倾巢而出",也说明了捕猿受到迁陵县的高度重视。

简2是仓吏率领作徒捕猿的记录簿,该简残缺较为严重,从残存语句来看,这支捕猿的队伍可能由仓佐居率领,捕捉到黑猿一只,另外还有两只其他毛色的猿(很可能为黄色,因此"二"前阙字可能为"黄爰",后文将申明,不再赘述)。下文有百五十人的字样,很可能是捕猿作徒的数量。这里"百五十"也好,"×百五十"也好,应该不是作徒的实际人数,而是这几日捕猿作徒的累积人数。墨点之后的文字可能指的是喂食长

---

① [荷]高罗佩著,施晔译:《长臂猿考》,第33页。
② 胡平生:《也说"作徒簿及最"》,简帛网:http://www.bsm.org.cn/show_article.php? id=2026,2014年5月31日。

臂猿的食物为巴葵①。

简3是一则上行公文,是贰春乡守行发给迁陵县廷的上行文书。贰春乡守行在秦始皇二十八年(前219年)二月二十日发布命令称该年度要求献二只黄、二只白翰②、二只黑翰③、二只明渠鸟④、四只鹙鸟⑤,要求三月完成。其中白翰、黑翰、明渠、鹙鸟均为鸟类,秦朝廷要求贡献这些鸟类的原因,一方面可能因对羽饰的需求,另一方面也可能将其作为园林观赏鸟类饲养。迁陵县令规定捕捉这些鸟类不能超过该年三月。该文还规定如果本乡无"吏、徒","行独居",即役使"独居"的时候,"莫求捕",不要捕捉猿。"(捕爰)用吏、徒多",如果官府吏徒数量增加后再去捕爰,就像二十七年(前220年)一样。这一点与简8—207所言"☐百五十人"相合,捕捉长臂猿需要较多人力,同时也说明贰春乡吏徒数量很可能满足不了捕猿的需求。

简4、简5均为与捕爰相关的残缺文书。简6列举了几种动物,如虎、爰、木侯⑥和豻,因此,该处也可能是捕猎记录。

---

① 按:葵为中国传统蔬菜,在现代分类学上称"冬葵",为锦葵科植物,俗称冬寒菜、滑肠菜等,秦汉时代还有"巴葵""蜀葵"之说。

② 《山海经·西山经》:"又西三百二十里,曰嶓冢之山,汉水出焉⋯⋯鸟多白翰、赤鷩",郭璞注:"白翰,白鵫也,亦名鶾雉,又曰白雗。"袁珂校注:《山海经校注》,北京:北京联合出版公司2014年版,第25—26页。陈伟等引《本草纲目·禽二·白鹇》认为白翰即白鹇。陈伟:《里耶秦简牍校释》第2卷,第44页。

③ 黑翰即黑雉,参看陈伟:《里耶秦简牍校释》第2卷,第44页。

④ 参看陈伟:《里耶秦简牍校释》第2卷,第44页。

⑤ 《汉书·佞幸传》:"故孝惠时,郎侍中皆冠骏鸃,贝带。"颜师古注:"以骏鸃羽毛饰冠,海贝饰带。骏鸃即鹙鸟也。"《汉书》卷93《佞幸传》,北京:中华书局1962年版,第3721—3722页。《尔雅·释鸟》:"鹙雉。"郭璞注:"似山鸡而小,冠,背毛黄,腹下赤,项绿,色鲜明。"鹙鸟就是鹙雉,很可能是红腹锦鸡。十三经注疏委员会:《尔雅注疏(十三经注疏)》,北京:北京大学出版社2000年版,第354页。

⑥ "木侯"即"沐猴",就是猕猴。《法言·重黎》:"生舍其木侯而谓人木侯,亨不亦宜乎?"汪荣宝撰,陈仲夫点校:《法言义疏》,北京:中华书局1987年版,第372页。《学林·省文》:"史记项羽纪曰:'人言楚人沐猴而冠。'沐猴者,猕猴也。而扬子《法言》曰:'生舍其木侯。'而谓人木侯。变沐为木,变猴为侯者,皆省文也。"(宋)王观国撰,田瑞娟点校:《学林》,北京:中华书局1988年版,第314页。

简 7 为秦始皇二十九年（前 218 年）迁陵县库官用徒统计簿和捕爰用徒统计簿。简 8 有可能是贰春乡上交的长臂猿毛皮，其中黄毛长臂猿皮一张，黑毛长臂猿皮两张。

由以上内容不难发现，简文所录公文关系密切，记录了迁陵县安排人力捕捉长臂猿的史实，由官府组织、官吏领导，其主要参与者为吏、徒，即迁陵县地方小吏和作徒。由于简文残缺，我们只能大致确认捕猿时间集中在三月至五月之间，但不清楚捕猿行动耗时多少，因此很难统计具体使用的作徒人数，根据简 2，即使作徒累积人数仅仅为一百五十，其作徒的真实数量应该不少，此点由简 3 可以印证。① 可见捕猿绝非易事，需要动用大量的人力。而且据已知秦简，秦始皇二十七年（前 220 年）至三十年（前 217 年）的四年间，每年迁陵县都会安排大量人力去捕捉长臂猿，已成为定制。秦法严苛，秦代地方政府行政对吏、徒的人力安排非常精细，无关紧要之事不准使用吏徒，尤其是作为征服不久的"新地"②，迁陵的吏、徒数量本就不足，但仍然倾巢而出捕捉长臂猿，把日常统计工作也舍弃一旁，其中必有难以回避的原因。此外，迁陵在秦始皇二十五年（前 222 年）才设县，二十七年（前 220 年）就开始进贡长臂猿（皮），若无相关制度，短期内不会形成这样的现象，这些问题都需要我们结合先秦文献和考古资料予以进一步解读。

二、 长臂猿的习性和先秦文献中的长臂猿

关于长臂猿的捕获与贡献，秦代并非独创，亦渊源有自。

---

① 关于"积"字释义，请参看晋文《里耶秦简中的积户与见户——兼论秦代基层官吏的量化考核》（《中国经济史研究》2018 年第 1 期），不再赘述。

② 参看于振波：《秦律令中的"新黔首"与"新地吏"》，《中国史研究》2009 年第 3 期；孙闻博：《秦汉帝国"新地"与徙、戍的推行——兼论秦汉时期的内外观念与内外政策特征》，《古代文明》2015 年第 2 期；张梦晗：《"新地吏"与"为吏之道"——以出土秦简为中心的考察》，《中国史研究》2017 年第 3 期。

我们首先来看长臂猿的分类、特点和历史分布。

长臂猿是亚洲东南部特有的类人猿,也是唯一分布在中国的类人猿,属高等灵长目动物。长臂猿的姿势为半直立,无尾、颜面部裸出。长臂猿是树栖类人猿,体型小而细长,身长44—48厘米,体重仅5—10公斤。前肢长,前臂长于上臂,手掌较长,超过足掌。直立时双手下垂可及地面,两臂展开可达1.5米左右。① 无尾、上肢更长等特点是长臂猿与其他猿猴的主要不同之处,可作为我们区分古代图像中长臂猿与猴科动物形象的主要标准。

当前全球共分布20余种长臂猿,中国共发现有3属7种长臂猿。多数品种的长臂猿雌雄异色,例如东黑冠长臂猿,雄性全身为黑色,胸部有部分浅褐色毛发;雌性体背灰黄、棕黄或橙黄色,脸周有白色长毛。并且长臂猿幼体与成体的毛色也有差异,例如西黑冠长臂猿幼体刚出生均为淡黄色,在一岁左右逐渐变成黑色,雄性一直保持黑发至成年,雌性性成熟时则大部分体毛由黑色逐渐变成灰黄、棕黄或橙黄色(仅头顶、胸腹部遗留黑色)。里耶秦简中的"黑爰""黄爰"或为雌、雄,也可能是成体和幼体,但由于材料有限尚无法确定种属。

现今我国长臂猿仅分布在云南、广西和海南等地的保护区中,数量极其稀少,仅有不到1 500只。但长臂猿历史上曾广泛分布在我国长江流域及其以南地区。高耀庭、文焕然、何业恒认为4世纪开始长臂猿的分布北界为长江三峡地区(包括湖南省西北部)②;马世来认为长臂猿在古代(4—18世纪末)分布在长江三峡、广东、广西、海南,云南、浙江、福建、台湾

① 高耀庭、文焕然、何业恒:《历史时期我国长臂猿分布的变迁》,《动物学研究》
   1981年第1期。
② 高耀庭、文焕然、何业恒:《历史时期我国长臂猿分布的变迁》,《动物学研究》
   1981年第1期。

等地尚需考证①。学界对历史时期北方地区是否分布有长臂猿有不同的认识，同号文指出"真正耐热的东洋界分子却无一发现于北方地区，例如化石巨猿、猩猩、长臂猿、叶懒猴及鳞甲目动物等"②；但地方志又显示了相反的信息，周运辉则根据地方推断近五百年来，长臂猿分布范围北达甘肃庆阳，其中中部地区（湖北、陕西、河南三省交界）曾有集中分布③。塞缪尔·特维（Samuel T. Furvey）等学者指出陕西南部、河南西部曾分布有长臂猿，而重庆江北、甘肃平凉和山东临沂也曾有孤立的长臂猿种群存在。④

直到 20 世纪初，长江以南仍有 52.8% 的地区有长臂猿分布的记录⑤，因此历史时期长江流域及其以南地区确曾分布有大量长臂猿。如果把时间上溯到先秦秦汉时期，长江流域，尤其是三峡一带及其周边地区极有可能分布有较大的长臂猿种群。这片地域曾被巴国和楚国占据，其后巴国被楚国吞并，三峡及其周边地区被楚国所独占。先秦时期的楚国位于周的南疆，幅员辽阔。先秦时期气候较今日温暖湿润，南中国层峦叠嶂，再加上当时的经济中心和人口主要分布在黄河流域，广阔的南方人口相对稀疏，对自然植被的破坏很小，原始林保存

---

① 马世来：《试论长臂猿的中国起源》，《兽类学报》1997 年第 1 期。

② 同号文：《第四纪以来中国北方出现过的喜暖动物及其古环境意义》，《中国科学（D 辑：地球科学）》2007 年第 7 期。

③ 周运辉、张鹏：《近五百年来长臂猿在中国的分布变迁》，《兽类学报》2013 年第 3 期。

④ Turvey，Samuel T. ，Crees，Jennifer J. ，Di Fonzo，Martina M. I. ，"Historical data as a baseline for conservation：reconstructing long-term faunal extinction dynamics in Late Imperial － modern China"，*Proceedings of the Royal Society B：Biological Sciences*，Vol. 282，（Aug. 2015），pp. 1—9。

⑤ Turvey，Samuel T. ，Crees，Jennifer J. ，Di Fonzo，Martina M. I. ，"Historical data as a baseline for conservation：reconstructing long-term faunal extinction dynamics in Late Imperial － modern China"，*Proceedings of the Royal Society B：Biological Sciences*，Vol. 282，（Aug. 2015），pp. 1—9.

非常好。这些山林自然成为长臂猿生活的天堂。楚辞中多次提到长臂猿,如"置猨狖於棜槛兮,夫何以责其捷巧""猨狖群啸兮虎豹嗥"等。"狖"《玉篇》曰"黑猿也",《广雅》认为猱、狖、蜼为同义,《尔雅》云"蜼印鼻而长尾",郭璞注曰:"蜼似猕猴而大。黄黑色。尾长数尺。末有岐。雨则自县于树。以尾塞鼻,或以两指。江东人已取养之,为物捷健",高罗佩认为"蜼"指滇金丝猴,滇金丝猴长尾、仰鼻的形貌特征与《尔雅》所言十分贴切。当然,屈原等楚人不一定能分清长臂猿和金丝猴,因此这里的"狖"仍可以作猿解。因此"猨狖"一词是为同义复用的双音节词,指长臂猿。通过《楚辞》不难发现,春秋战国时期,楚人对于长臂猿的认识集中在"捷巧""群啸"等特性上,同时也认识到长臂猿把"深林"作为其栖息地。这种认识广泛地出现在先秦文献中,如《庄子·山木》曰:

> 王独不见夫腾猿乎?其得枏梓豫章也,揽蔓其枝,而王长其间,虽羿、蓬蒙不能睥睨也。及其得柘棘枳枸之间也,危行侧视,振动悼慄,此筋骨非有加急而不柔也,处势不便,未足以逞其能也。①

《韩非子·说林下》云:

> 惠子曰:"置猿于栶中,则与豚同。"②

《管子·形势》载:

> 坠岸三仞,人之所大难也,而蝚蝯饮焉。③

前两则文献均为《楚辞》"槛中猿"典故的变体,试图说明猿只有在"深林峻枝"的生活环境中才能发挥"灵活捷巧"的特点,

---

① (清)王先谦:《庄子集解》,北京:中华书局2012年版,第209页。
② (清)王先慎:《韩非子集解》,北京:中华书局2013年版,第184页。
③ 黎翔凤撰,梁运华整理:《管子校注》,北京:中华书局2004年版,第1178页。

第三则也说明了相似的问题。长臂猿曾在黄河流域偶有分布,但随着人口繁殖、战乱频仍,中原和关中地区的山林被开发,森林采伐与日俱增,长臂猿只能退缩至长江流域及以南地区的山林中。楚人的生活环境与长臂猿有重叠,因此这种动物早多见于楚人的文献中,并因此流传开来。

先秦时期,长臂猿已成为文人政客常用的意象,但除此之外,长臂猿还作为楚王的宠物出现在文献中。如《吕氏春秋》曰:

> 荆庭尝有神白猿,荆之善射者莫之能中。荆王请养由基射之,养由基矫弓操矢而往,未之射而括中之矣,发之则猿应矢而下。①

楚王的白猿被尊称为"神",概由其灵敏捷巧的身手,使"荆之善射者,莫之能中",这种写法的目的不过是衬托养由基的神射技能。养由基的传说亦由此被中国历代文人所引用发挥。另外《淮南子·说山训》云:

> 楚王亡其猨,而林木为之残;宋君亡其珠池中,鱼为之殚。②

高诱注:"猨捷躁,依木而处,故残林以求之。"长臂猿生活于林木之上,极少下地活动,因此楚庄王为了寻回自己的长臂猿,不惜砍伐王宫周边的林木。这些文献说明,楚王与长臂猿的故事被多方演绎,但可以说明楚人较之中原人更加熟悉长臂猿,长臂猿在林木间辗转腾跃的捷巧为楚人所喜爱。因此,生长于楚国深山中的长臂猿被楚人作为献物进呈给楚王,作为楚王的宠物,豢养于王宫禁苑之中。另外"置猿于柙(或槛)

① 许维遹撰,梁运华整理:《吕氏春秋集释》,北京:中华书局2009年版,第654页。
② (汉)刘安撰,何宁集释:《淮南子集释》,北京:中华书局1998年版,第1123页。

中"这样的记载,也说明先秦时期长臂猿常作为宠物豢养。①

三、 战国秦汉出土资料中的长臂猿

上文提到长臂猿曾作为楚王的观赏物种出现在文献记载中,考古研究表明在战国时期,不仅楚国把长臂猿作为王室的宠物饲养,秦国也有这种传统。近年来,陕西省考古研究院和英国动物学会等机构组成的联合研究团队在西安长安区韦曲南郊神禾原一座战国秦墓 12 号陪葬坑中,发现了长臂猿的头骨和下颌骨。通过此前的发掘及研究,考古学者认为这座大型陵墓的主人是秦始皇的祖母夏太后。利用基因技术,研究者认为该长臂猿是一种新的长臂猿种属(帝国君子长臂猿"junzi imperialis")。在长臂猿骨骼出土的 12 号陪葬坑中,还有其他多种动物的骨骼,包括豹、猞猁、亚洲黑熊、家养哺乳动物、鹤和其他鸟类,由于这些动物现在仍然在陕西出没,因此他们认为这只长臂猿可能也是古代陕西的物种。② 当然,这只长臂猿到底属于陕西本地物种,还是来自巴、蜀地区,尚期待考古学界进一步的研究。

中国古代墓葬常见动物随葬,尤其是在高等级墓葬中,随葬动物的数量和种类更为丰富。学界一般认为动物随葬与中国"事死如事生"的宗教观念有关,因此随葬动物因其在现世所体现的功用(食用、役用、观赏、祭祀)随墓主人带到死后世界。袁仲一指出"用飞禽走兽的稀珍动物作为观赏物从葬,在

---

① [荷]高罗佩著,施晔译:《长臂猿考》,第 41 页。

② Samuel T. Turvey, Kristoffer Bruun, Alejandra Ortiz, James Hansford, Songmei Hu, Yan Ding, Tianen Zhang, Helen J. Chatterjee, "New genus of extinct Holocene gibbon associated with humans in Imperial China", *Science*, Vol. 360(6395), pp. 1346—1349.

先秦墓中十分罕见"①,从豹、黑熊、猞猁、长臂猿、鹤等动物来看,夏太后墓陪葬坑发现的动物明显带有观赏动物的属性,我们在秦始皇陵陪葬坑中也发现了类似的珍禽异兽坑及铜禽坑。因此,这类观赏性动物很可能来自秦国王室园林之中。

战国时期列国都有王室园囿,供王室游玩、弋猎,如楚国云梦、秦国上林苑。上林苑最早为秦国园囿,一般认为秦惠文王时期就已出现,由于资料有限,我们已经不清楚营建之初上林苑的结构,西汉扩建后的上林苑中有宫室、山林、湖泊。由于上林苑是王室禁苑,人为破坏极少,为动植物的繁衍生长提供了良好的环境。上林苑所养兽类主要供秦国王室弋猎,因此兽类种类、数目繁多②,其中根据司马相如《上林赋》所述,西汉上林苑中有"玄猨"和"素雌",可见西汉上林苑中是有长臂猿的。结合上文提到的考古发现,我们可以推断秦国上林苑中也分布有长臂猿。

里耶秦简8—2011载:

> 卅一年五月壬子朔壬戌,都乡守是徒薄(簿)。☒
>
> 受司空城旦一人、仓隶妾二人。☒
>
> 一人捕献。☒
>
> 二人病。☒(正)
>
> 五月壬戌,都乡守是□□□☒
>
> 五月壬戌,旦佐初以来。/气发。☒(背)(8—
>
> 2011)③

---

① 袁仲一:《秦始皇陵陪葬坑的主要特征及其渊源关系试探》,收入秦始皇兵马俑博物馆主编:《秦文化论丛》第10辑,西安:三秦出版社2003年版,第428页。

② 参看李健超:《秦岭地区古代兽类与环境变迁》,《中国历史地理论丛》2002年第4期;梁陈:《秦汉上林苑的动物资源及其利用与管理》,《宁夏大学学报》2018年第3期。

③ 陈伟:《里耶秦简牍校释》第1卷,第417页。

除前文提到的猿和猿皮外,里耶秦简中还记载了明渠鸟、鲛鱼、山今卢鱼等,沈刚指出这些鸟、猿、鱼等动物是地方政府捕获上交给中央的献物。① 献物是秦代中央面向全国征收的特殊物产,沈刚认为所献之物并非都是本地特产,里耶秦简 8—769 即可为证:

> 卅五年八月丁巳朔己未,启陵乡守狐敢言之:廷下令书曰取鲛鱼与山今庐鱼献之。问津吏徒莫智(知)。·问智(知)此鱼者具署物色,以书言。·问之启陵乡吏、黔首、官徒,莫智(知)。敢言之。·户曹(正)
>
> 八月□□□邮人□以来。/□发。 狐手。(背)
> (8—769)②

因此,里耶秦简中所载之鸟、猿、鱼等特殊物产皆由秦代中央向地方发布需求,要求地方按照秦中央需求按时捕获上呈,这种进献也呈现出制度化、常态化的特点。例如里耶秦简 8—768 出现了"四时献":

> 卅三年六月庚子朔丁未,迁陵守丞有敢言之,守府下四时献者上吏缺式曰:放式上。今牒书應(应)书者一牒上。敢言之。
>
> 六月乙巳旦,守府即行。履手。③

诚如李兰芳所言,迁陵一带所献植物都依时令而生,又不易长久保存,明渠等鸟类可能是冬候鸟,也按季节出现,都须按时令捕获进献。④ 长臂猿的捕捉也是如此,根据前文考察,我们

---

① 沈刚:《"贡""赋"之间——试论〈里耶秦简〉【壹】中的"求羽"简》,《中国社会经济史研究》2013 年第 4 期。

② 陈伟:《里耶秦简牍校释》第 1 卷,第 222 页。

③ 陈伟:《里耶秦简牍校释》第 1 卷,第 222 页。

④ 李兰芳:《试论里耶秦简中的"献"》,《中国农史》2019 年第 6 期。

已知捕猿时间集中在三至五月间，秦律中针对禁苑管理有明文：

> 春二月，毋敢伐材木山林及雍（壅）隄水。不夏月，毋敢夜草为灰，取生荔、麛卵鷇，毋□□□□□毒鱼鳖，置罝罔（网），到七月而纵之。唯不幸死而伐绾（棺）享（椁）者，是不用时。邑之近皂及它禁苑者，麛时毋敢将犬以之田。百姓犬入禁苑中而不追兽及捕兽者，勿敢杀；其追兽及捕兽者，杀之。①

可见秦律对捕捉野生动物的时间有明确规定。当然，迁陵县所在并非禁苑，管理也没有这么严格，并非二至七月完全禁猎。事实上，春季植物发芽生长，野生动物不易隐蔽，正是捕猎的最佳时节，但是，不论捕鸟还是捕猿很可能均在三月开始，这在一定程度上说明，迁陵县捕捉鸟兽的时节遵守了古代环境禁忌和秦律。

结合夏太后墓出土动物骨骼，我们可以推断迁陵县所捕长臂猿活体很可能就是地方进献给秦上林苑的动物。地方进献动物作为特产的情况非常多见，前文所提各种鸟类都属于这种情况，另外广州出土的南越国木简中也有这样的记载：

> 野雄鸡七，其六雌一雄，以四月辛丑属中官租纵。
> （073）②

发掘者认为"野雄鸡"为"鸡名"，南越国把"野雄鸡"作为"租"缴纳、征收。这里不论雌雄皆称"雄鸡"，可见"雄鸡"中的"雄"另有含义。刘瑞认为"'雄鸡'非常有可能就来自交

---

① 睡虎地秦墓竹简整理小组编：《睡虎地秦墓竹简》，北京：文物出版社1990年版，释文、注释第20页。
② 韩维龙、刘瑞、莫慧旋：《广州市南越国宫署遗址西汉木简发掘简报》，《考古》2006年第3期。

趾,属于交趾向赵佗进贡的土特产"①。

地方进献给秦始皇的动物作何用途呢?用途不外六种:获取动物制品、食用、药用、役用、观赏和祭祀。通过分析先秦秦汉时期的传世文献,由于长臂猿身手敏捷,善于在高耸的枝头闪转腾挪,这点非常得帝王贵族喜欢②,显然长臂猿捕捉来的目的之一就是观赏。西汉上林苑的长臂猿即是如此,夏太后墓中出土的长臂猿在生前也应属于这种性质。但长臂猿的用途仅仅如此吗?要解决这一问题需要我们探讨长臂猿在秦汉时期的形象。

在秦汉时期,长臂猿这一形象深入民众的精神和物质生活中。在汉代画像石中,常见"玄猿登高"一类造型,曹建国对此有详细解读,不再赘述。③ 除却画像石,长臂猿形象还大量出现在秦汉时期的众多器物之中。

古人常利用猿长臂舒张的形态特征,制作具有实用功能的精美器物。例如山东曲阜鲁国墓葬出土一件银质猿形带钩,利用猿猴前伸的长臂,制成带钩,猿爪自然曲握成钩,设计充分利用了猿长臂舒展的特征。④ 满城汉墓一号墓出土一件名为"花形悬猿钩"的工具,通高13.3厘米,状如倒挂的花朵,四偏花瓣间各有一柔曲向上的长钩。花蕊下倒悬一长臂猿,猿用右掌上攀花芯,左臂弯曲下探,左掌作钩状。其设计的巧妙之处在于猿和花蕊可随意转动,据推测可能用于吊挂墓主

---

① 刘瑞:《"雄王"、"雒王"之"雄"、"雒"考辨——从南越"雄鸡"木简谈起》,《民族研究》2006年第5期。

② 明宣宗曾亲自创作"戏猿图"(现存于台北"故宫博物院"),显然他曾把御花园中的长臂猿作为模特([荷]高罗佩著,施晔译:《长臂猿考》,第148页),可见直到明朝,皇室贵族仍然对长臂猿颇有兴趣。

③ 参看曹建国:《汉画像"玄猿登高"升仙含义释读》,《文史哲》2018年第1期。

④ 山东省文物考古研究所等:《曲阜鲁国故城》,济南:齐鲁书社1982年版,第159页。

中山靖王刘胜的帷帐。① 先秦秦汉时期此类猿形器出土较多，大都充分利用长臂猿舒张长臂的形态特征，这在一方面说明猿的形象已经被时人熟悉，深入当时社会生活之中，尤其贵族群体更以佩戴猿形饰品、使用猿形器物为尚。当然这种社会现象一方面与长臂猿惹人喜爱的形态密不可分，同时也与长臂猿背后的社会信仰有关。

李时珍在《本草纲目》中对长臂猿进行了概述：

> 猱善援引，故谓之猱，俗作猿。产川、广深山中，似猴而长大，其臂甚长，能引气，故多寿。或言其通臂者，误矣。臂骨作笛，甚清亮。其色有青、白、玄、黄、绯数种。其性静而仁慈，好食果实。其居多在林木，能越数丈，着地即泄泻死，惟附子汁饮之可免。其行多群，其鸣善啼，一鸣三声，凄切入人肝脾。②

这段材料反映了古代中国人对长臂猿的认识，多有附会，其中提到"其臂甚长，能引气，故多寿"，即长臂猿能够通过"引气"，实现"长寿"。但这种认识早在战国秦汉时代就已有之，例如苏舆注："《御览》九百十引《繁露》曰'猱似猴，大而黑，长前臂。所以寿者，好引其气也。'"③"引气"来自战国秦汉时期盛行的导引术。古人导引术多模仿动物，例如《庄子·刻意》篇之"熊经鸟伸"就是模仿熊攀树和鸟鸣的动作。④ 华佗的

---

① 中国社会科学院考古研究所、河北省文物管理处编：《满城汉墓发掘报告》，北京：文物出版社1980年版，第162页。

② （明）李时珍编著，张守康等主校：《本草纲目》，北京：中国中医药出版社1998年版，第1189页。

③ （清）苏舆撰，钟哲点校：《春秋繁露义证》，北京：中华书局1992年版，第449页。

④ 李零：《中国方术正考》，北京：中华书局2006年版，第294页。

"五禽戏"所模仿五种动物分别为虎、鹿、熊、猨、鸟。①《淮南子·精神训》提到熊经、鸟伸、凫浴、蝯躩、鸱视和虎顾等导引术②,其中"蝯躩"即"猿据",就是模仿猿攀树③。马王堆三号汉墓出土《养生方》《合阴阳》和《天下至道谈》中也有"虎游、蝉附、尺蠖、麋角、蝗磔、猨据、蟾蜍、兔骛、蜻蛉、鱼嘬"等十种房中术式,这里的"猨据"也是"猿据"。马王堆帛书《导引图》录有螳狼(螂)、鹤、𪊺登、䍃北、木猴謹、猨嘑、熊经、鹞等导引术式,所谓"猨嘑","李零认为"嘑"作"呼"解,根据图示,其术式"是模仿猿啼叫"④。曹建国认为"猨嘑"仍为"猨据"。⑤ 对以上提到的"猨据"动作,曹建国认为就是马王堆帛书《引书》中的"受据"⑥,其文曰"受据者,右手据左足,挢左手负而俯左右"⑦。《说文》释"据"为"杖持也","挢"《说文》释为"举手也"。通句李零解释为"其式作俯身,右手摸左脚,左手后举,然后反之"⑧。该动作与山东阳谷吴楼一号汉墓出土导引俑有相似之处。虽然如此,我们认为"猨据"即"受据"仍待进一步考证,"猨据"似接近猿攀树动作更为合理,例如前引马王堆汉墓《养生方》《合阴阳》和《天下至道谈》中都有"爰据",相

---

① 《后汉书·方术列传》"吾有一术,名五禽之戏:一曰虎,二曰鹿,三曰熊,四曰猿,五曰鸟。亦以除疾,兼利蹄足,以当导引。体有不快,起作一禽之戏,怡而汗出,因以著粉,身体轻便而欲食。普施行之,年九十余,耳目聪明,齿牙完坚。"《后汉书》卷82下《方术列传下·华佗》,北京:中华书局1965年版,第2739—2740页。

② (汉)刘安撰,何宁集释:《淮南子集释》,第527页。

③ 李零:《中国方术正考》,第296页。

④ 李零:《中国方术正考》,第295页。

⑤ 曹建国:《汉画像〈玄猿登高〉升仙含义释读》,《文史哲》2018年第1期。

⑥ 李零根据后文"复据以利要",将"受"释为"复"(李零:《中国方术正考》,第286页),曹建国认为"受"即"爰","受据"即"爰据"(曹建国:《汉画像〈玄猿登高〉升仙含义释读》,《文史哲》2018年第1期)。

⑦ 张家山汉简整理组:《张家山汉简〈引书〉释文》,《文物》1990年第10期。

⑧ 李零:《中国方术正考》,第286页。

当于《玄女经》的"猿搏"，李零认为其体位为"女仰男立，男擎女腿的前入位，像猿猱攀树（指男）"①。《云笈七签》卷32《杂修摄部一》载华佗"五禽戏"言："猿戏者，攀物自悬，伸缩身体，上下一七，以脚拘物自悬，左右七，手钩却立，按头各七。"②

可见，在秦汉时期的导引术、房中术中都少不了模仿长臂猿动作的术式。古人认为气息的吞吐、聚散、导引与人生寿夭息息相关，例如《庄子·知北游》"人之生，气之聚也，聚则为生，散则为死"③，高罗佩认为"猿超长之臂被认为是采气的利器"④。所言可从，但尚不全面，长臂猿身处树巅枝头，极少下地行动，更易采食上天阳气。同时"食气"还包括"行气"，即"吐故纳新"，吸进"新气"，呼出"宿气"。早在战国时代，《庄子·刻意》就言："吹呴呼吸，吐故纳新。"⑤古人认为长臂猿善啸，与"吐故纳新"之术相合。同时，古人认为长臂猿在丛林中闪转腾挪的身手有益于导引体内气息的运转，即"猿之所以寿者，好引其末，是故气四越"⑥，长臂猿"导气令和，引体令柔"，其灵活柔韧的躯体运动与"引气"思想相合，"古之仙者及汉时有道士君倩者，为导引之术，作熊（猿）经鸱顾，引挽腰体，动诸关节，以求难老也"⑦即是此理。综上，从行气和导引两方面，古人认为长臂猿长寿难夭。

此外，值得我们注意的是，长臂猿的形象还出现在表现画

① 李零：《中国方术正考》，第327页。
② （宋）张君房编，李永晟点校：《云笈七签》，北京：中华书局2003年版，第731页。
③ （清）王先谦：《庄子集解》，第226页。
④ ［荷］高罗佩著，施晔译：《长臂猿考》，第49页。
⑤ （清）王先谦：《庄子集解》，第162页。
⑥ （清）苏舆撰，钟哲点校：《春秋繁露义证》，第449页。
⑦ （宋）张君房编，李永晟点校：《云笈七签》，第731页。

像砖中。目前共有四块被定名为"野合图"的画像砖,均在成都附近发现,其图像大同小异。其中一块画像砖高 28 厘米,宽 50 厘米,画面正中画一大树,树下一男一女正在性交,男趴在女子身上,生殖器和睾丸外露,女在下,双腿抬起,架于男子肩部,男女两人皆裸体。男子身后有一人推其臀部,大树左侧有一男子赤身,显露其生殖器,大树上挂有衣服,树的右上方有两只猿(或猴),正在树上打秋千,其左有两只凤凰,树干上还有一雀。画面下方有一筐。① 其他三块画像砖均与之大同小异。

陈云洪把这类图像定义为"高禖图"②,高文认为属于"野合图",杨孝鸿则将其定名为"秘戏图"③,巫鸿则结合两种观点,将这类图像分为与"桑间濮下"传统有关的"野合图"和与成仙思想相关的男女拥抱"亲吻图"④。联系前文所讲汉代房中术,将该类图像定名为"秘戏图"更为合理。该图像表现了男女于野外(树下)交媾的形象,值得注意的是树上无尾、长臂的猿形动物。长臂猿形象的出现恰恰是为突出长生主旨,从猿的图像可以发现该类图像所要表达的含义,因此猿成为解开定名这类图像谜题的钥匙。⑤

在方术思想盛行的战国秦汉,长臂猿因被建构的长寿形象,在战国秦汉时期成为人们崇敬、喜爱的动物。《太平御览》引《抱朴子》曰:"周穆王南征,一军皆化。君子为猿为鹤,小

---

① 高文:《野合图考》,《四川文物》1995 年第 1 期。
② 陈云洪:《四川汉代高禖图画像砖初探》,《四川文物》1995 年第 1 期。
③ 杨孝鸿:《四川汉代秘戏图画像砖的思考》,《四川文物》1996 年第 2 期。
④ [美]巫鸿著,郑岩、王睿编:《礼仪中的美术:巫鸿中国古代美术史文编》,北京:生活·读书·新知三联书店 2005 年版,第502 页。
⑤ 这类图像还出现在四川德阳黄浒镇出土"交合图"、四川荥经县石棺图像、四川彭山崖墓"接吻图"、四川乐山麻浩大地湾崖墓墓顶"男女接吻图"、四川郫江崖墓"行乐图"、山东莒县沈刘庄墓前室东面中间立方柱正面画像、河南方城县城关镇"环抱图"、安徽灵璧县九层镇"织女图"、陕西绥德白家山的"男女交合图"、山东安丘董家庄汉墓的"交合图",但这些图像中均未再出现猿的形象。

人为虫为沙。"长臂猿在文中被赋予君子形象。另外在战国秦汉时期，以猿为仙的思想已开始出现。例如《吕氏春秋·不苟》和《淮南子·说山》称猿为"神白猿"，曹建国指出汉墓画像中有玄猿登高图、猿骑仙鹤图、玄猿驾凤图，玄猿甚至与西王母、东王公配合出现，玄猿有导引墓主升仙的意义。①

至此，我们也可以思考迁陵县进献猿皮一事。白居易曾有一首《貘屏赞》，其言曰"寝其皮，辟瘟；图其形，辟邪"②，暂不论"貘"是大熊猫还是其他物种，人们获取其皮毛的目的就是辟瘟邪。貘皮尚且如此，"长寿"长臂猿的皮更有延年益寿的"功效"。因此，在"以形补形"这样简单类比思想下，"长寿"形象也成为人们捕捉长臂猿，猎取毛皮的一种原因。③

战国秦汉时期，追求长寿、长生乃至升仙成为当时社会的普遍社会意识，在这种情况下，导引、房中等长生术在这种社会背景下应运而生即为必然。在传世文献中，秦始皇对长生、成仙的关切和追求显露无疑。秦始皇相信燕齐海上方士，曾派徐福征发童男女数千人入海求仙人，使燕人卢生求羡门、高誓等仙人踪迹，后来又使韩众、侯公、石生求仙人不死之药等等。另外，出土文献中也有相关记载，例如里耶秦简中有"都乡黔首毋良药芳草""琅邪献昆隃五杏药"等记录，张春龙认为这是对秦始皇求"仙药"的诏令及地方献药情况的记载④。在战国至秦代浓厚的追求长生和升仙的社会氛围中，长臂猿

---

① 曹建国：《汉画像"玄猿登高"升仙含义释读》，《文史哲》2018年第1期。
② 顾颉刚点校：《白居易集》，北京：中华书局1999年版，第880页。
③ 2019年10月24—27日，在台湾省台南市召开的第五届东亚环境史年会上，笔者以秦汉长臂猿为题作了报告。在讨论环节，唐纳德·沃斯特（Donald Worster）先生问了我一个问题："中国人如此喜爱长臂猿，反而导致长臂猿濒临灭绝呢？"这里或可回答。
④ 张玉洁：《千年简牍透露秦始皇"求仙问药"之谜》，中评电讯：http://bj. crntt. com/crn-webapp/touch/detail. jsp？coluid＝7&kindid＝0&docid＝104919238，2017年12月22日。

长臂舒展的形态和喜居高树的习性,被古人赋予了长寿的形象,继而进一步衍生出猿为君子、猿为仙人的思想,东汉的玄猿更被赋予导引墓主升仙的意义。夏太后墓中发现有鹤和长臂猿,这两种动物在后世都被视作长寿的象征,其配合随葬也非偶然。因此,不论是里耶秦简中的"捕爰简",还是夏太后墓中的长臂猿骨骸,或者上林苑中的长臂猿,所反映的不仅仅是皇家宠物,其背后所展示的长生、升仙思想也值得我们思考。

(原载《贵州社会科学》2021 年第 2 期)

附记:本文先后获得南京师范大学晋文,重庆师范大学李禹阶,中国历史研究院古代史研究所曾磊以及美国环境史学会前会长、美国科学与社会学院院士唐纳德·沃斯特等先生的指教,谨此致谢。

评《制土域民：先秦两汉土地制度研究一百年》

许时敏（南京师范大学）

土地制度史研究是20世纪中国史学界广泛关注的问题。其研究过程伴随着问题的提出、争论的发展、热点的转移，显现出纷繁复杂的学术史特点。徐歆毅著《制土域民：先秦两汉土地制度研究一百年》(桂林：广西师范大学出版社2020年版，以下简称《制土》)，就是对这一学术史的回顾与研究。本文试作一些评述。

一、 本书概要

《制土》由绪言、正文、结语共七章内容组成。第一章为绪言，概述了一百年来土地制度问题的产生、研究的理论基点以及本书的研究背景与目标。第二章为"20世纪的中国土地制度史研究"，按研究的阶段性特点，将20世纪中国土地制度史的研究脉络分成发端、发展转向和深入开展的三个阶段进行梳理。第三章为"出土简牍与战国秦汉土地制度史研究"，择要介绍了1949年至20世纪70年代末(徐著原文表述为"1970年代末"，下同)学界对于秦汉土地所有制形式的讨论，并对20世纪70年代末以来，以睡虎地秦简、青川秦牍、银雀山汉简及张家山汉简的出土为契机而展开的战国授田制、秦汉名田宅制研究成果进行了重点介绍和分析。第四章"战国

秦汉土地制度史研究若干问题"与第五章"秦汉名田制下的
'公田'"承接第三章内容,分别对其中所涉及重要问题的研
究进展及成果作了述评。第六章为"权力、经济、社会——构
建新的历史体系",分节评述了以土地制度史研究为基础构建
新历史体系的代表性学说,即刘泽华的"王权支配社会"说和
张金光的"官社经济体"说,并进一步讨论了土地制度研究对
重建古代中国社会结构的重要意义。第七章为结语,在对 20
世纪中国土地制度史研究发展脉络进行总结的基础上,归纳
了当今战国秦汉土地制度史研究在理论方面的不足,对今后
的研究进行了展望。作者认为:只有在长时段的对比和动态
研究中,才能准确认识和把握战国秦汉土地制度在中国古代
土地制度演变中的地位和作用;也唯有以此为基础,才能对中
国古代土地制度史的发展脉络做出系统性的阐释。

　　总的来看,《制土》以百年来先秦两汉土地制度史研究为
线索,考察近代史学在中国的产生、嬗变,以及中国马克思主
义史学的形成和确立的过程,对土地制度研究中的若干重大
问题也能够条分缕析,提出自己的看法,具有一定的学术和参
考价值。正如彭卫先生在序中所说:"这部著作给我印象最深
刻的是,它是学术史脉络的一个清晰梳理者。清晰不仅意味
着逻辑上的自洽和叙述上不冗杂,同时还要求叙述中不遗漏
而且能够凸显出学术史脉络中的关键部分。"(第 2 页)当然,
该书也存在对错参半的问题。

二、 本书优点与特色

　　《制土》有以下三方面的优点和特色。

　　第一,对学术史的回顾脉络比较清晰。比如在把握 20 世
纪土地制度史整体发展特征时,该书将这一长时段分为三个
阶段,即 20 世纪 20 年代的发端期、20 世纪 30—40 年代的发

展转向阶段,以及 1949 年以后的走向深入时期。在梳理新中国成立后的土地制度史研究过程中,又以 20 世纪 70 年代末为界划分为两个阶段,一是土地制度史研究的深入开展阶段,即 20 世纪 50—60 年代;二是繁荣发展的阶段,即 20 世纪 70 年代末至今。在第三章中,作者还将 20 世纪 70 年代末以来的土地制度史研究又分为了两个阶段。标志性的时间节点一是睡虎地秦简、青川秦牍、银雀山汉简的出土,二是 2001 年张家山汉简的公布,从而更明确地体现了出土简牍的发现对战国秦汉土地制度史研究的推动作用。在第四章中,则以时间为主干,以具体问题为枝丫,将先秦秦汉土地制度史的研究过程像树形一样展开在读者面前(见下文图 1)。不难看出,在梳理学术史的过程中,作者善于通过划分阶段来呈现其发展脉络。

第二,在论述中注重以小见大。这一点在梳理 20 世纪 20—70 年代的研究时尤为明显。存在决定意识。中国学界对土地制度史研究的发展离不开近代史学在中国确立、发展的社会背景,相关研究的深化也均与马克思主义史学在中国的确立、近代史学的转型密切相关。在梳理、分析"井田制的有无"争论后,《制土》对这一阶段研究成果的特点和不足便进行了评价。一方面认为,中国史学向近代化发展的趋势促使学者借鉴社会科学的理论对中国历史进行分析,推动了中国近代史学的发展;另一方面认为,这一阶段的社会论战,明显暴露出教条化、公式化的倾向。由此可见,该书虽主要讨论 20 世纪土地制度史研究发展的过程,但同时也以此为线索,对中国近代史学的形成、确立、嬗变做出了考察。

第三,对现实问题和学术研究的关照。对学术史进行细致的梳理亦是为了今后学术的精益求精。《制土》前五章中,不论是以时间展开,还是以专题展开,其主要着眼点均在于先秦秦汉土地制度本身。而第六章中，则转而评述刘泽华的"王权支配社会"说和张金光的"官社经济体"说。刘、张历史体系的提出，是基于对"五种社会形态"的反思。虽然这两种假说实际上都未能解释社会结构中能带来质变的矛盾，即促进社会变革的推动力为何，但都是学者立足于中国历史本身对中国社会结构进行解释的一种努力。正如作者所说："土地制度史是解开中国古代社会奥秘的一把钥匙。"（第245页）毫无疑问，任何中国历史体系的构建，都离不开学界对中国古代土地制度的深刻理解。而通过这样的行文布局，即表明了土地制度研究在构建新历史体系中的基础作用，以及学者在进行土地制度研究时应有的理论和史学追求。

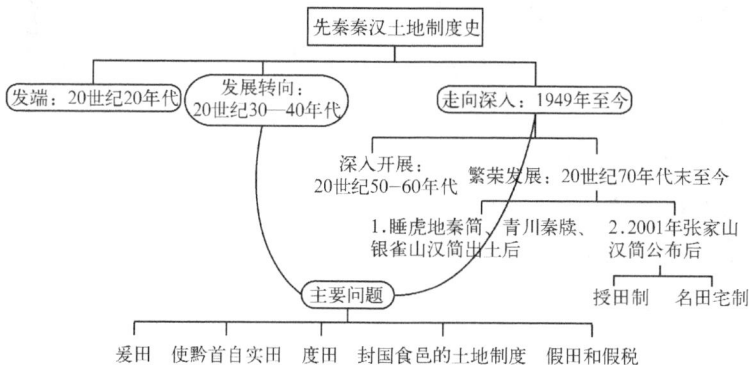

图1

三、 本书缺陷与不足

《制土》也存在较多问题。

在理论依据上，该书以西方私有权理论为参照，认为中国古代物权法并不发达，因而不存在土地制度的私有问题。但这却是把神化西方的理论和偏见作为研究的依据，既不符合事实，也是典型的双重标准，并成为学界一个值得注意的现象。比如："帝制时代行政权高于立法权和司法权,从来不存在西方意义上的私有权,谈论土地私有制的确立,首先应当在理论上界定这个'私有制'是何种意义上的私有制。"①问题是,何谓"西方意义上的私有权"? 古今中外有没有不受任何限制的私有权? 在土地兼并和王莽"王田"制的失败面前,秦汉王朝真有对所有土地的最终的支配权吗? 在随处可见流浪汉的情况下,西方意义上的私有权真的是"风能进,雨能进,国王不能进"吗? 如果说以前对这个问题的认识还比较模糊,那么现在就应当看得非常清楚了。时至今日,"西方意义上的私有制"也仍然要受到众多限制,遑论古罗马时期。一面声称坚持唯物史观,一面又把神化西方的理论和偏见作为研究的依据,这不能不令人感到诧异。更不用说,秦汉时期还有着许多能够反映秦汉土地物权状况的确凿史料。岳麓秦简中的《识劫婠案》,就是一个值得特别注意的案例。此案发生在秦王政十八年(前229年),其中多次提到:大夫沛把"稻田廿亩"直接分给了识,且得到当地官府认可。② 识的身份最初是大夫沛的"隶",后来成为士伍,从军后又成为公士。这就充分说明有些田地是可以继承、赠送和买卖的。③ 再如《汉书·贡禹传》载贡禹上书说:"农夫父子暴露中野,不避寒暑,捽屮杷土,受阻肺胝,已奉谷租,又出稾税,乡部私求,不可胜供。故民弃本逐末,耕者不能半。贫民虽赐之田,犹贱卖以贾,穷则起为盗贼。"④所谓"贫民虽赐之田,犹贱卖以贾",亦无可争辩地证明:通过赐予和买卖,国家的土地所有权和农民的土地所有权

---

① 叶凡:《2019年秦汉史研究述评》,《中国史研究动态》2020年第5期。
② 朱汉民、陈松长主编:《岳麓书院藏秦简(叁)》,上海:上海辞书出版社2013年版,第155页。
③ 晋文:《秦汉魏晋南北朝土地制度的嬗变》,《中国农史》2021年第3期。
④ 《汉书》卷72《贡禹传》,北京:中华书局1962年版,第3075页。

至少其占有权或使用权都产生了流转，即由国家转向贫民再转向官僚、地主和商人。由此可见，虽然史籍中并未涉及与物权法相关的专门用语，但土地的不同物权状态在秦汉社会中是确有区分与体现的。作者以古代土地物权法不发达为由，提出"赋民公田"和"赐民公田"的区别应在其政策内容和功用上的不同（第215—220页），也显然是牵强附会的。其实，《制土》不赞同的并非是以土地物权法来区分二者，而是以这种办法对两者进行区分，必然导向林甘泉先生的结论——"赋民"或"赐民"的那部分公田由于不再被国家收回，其性质也逐渐由国有而转向私有，故只能以获取了"土地用益权"将这一问题模糊化处理。但倘若纠结于"用益权"或"使用权""所有权"之类的名词，岂不是又与前文所说"中国古代物权法并不发达，法律并不能明示所有权、占有权、使用权的状况"（第216页）相矛盾吗？所谓"赐民公田是对有功之人或做出一定牺牲之人的褒奖和补偿；赋民公田更带有授田性质"（第216页），亦不如林先生的看法能切中要害。无论如何，汉代公田存在逐渐私有化的趋势是难以用古代物权法不发达来模糊处理的。

在史料和观点的解读上，《制土》也存在一些问题。书中论及赐民公田与赋民公田时，罗列了相关史料，但细究之下，其中有些土地却并非都是公田。如"太皇太后诏外家王氏田非冢茔，皆以赋贫民"①和"安汉公、四辅、三公、卿大夫、吏民为百〔姓〕困乏献其田宅者二百三十人，以口赋贫民"②。前者"赋贫民"的是外戚王氏之田，后者"赋贫民"的是群臣吏民之田，事实上都不能算作朝廷直接掌握的公田。尽管此类赋田的目的与"赋民公田"都是赈济贫民，但包括王氏在内的"吏民"之

①《汉书》卷11《哀帝纪》，第338页。
②《汉书》卷12《平帝纪》，第353页。

田宅的所有权显然都应当是私有的。如果连这一点都予以否认，那么古今中外便没有什么私有权的存在，也根本没有"捐赠"一说了。在与战国秦汉土地私有制说的对垒中，作者还认为土地私有制论者无法解释的重要问题，是他们的观点"并不能解释为何在两汉四百多年间一直都存在大量的公田"（第199页）。但这也是一种对土地私有制论的严重误读。所谓土地私有，从来都是就战国秦汉的民田占有而言的，无论公田的比例多大，民田的私有现象都是一个客观事实，无非其规模的大小而已。我们这里也借用战国秦汉土地私有论的看法向作者提出一个问题——"主张战国土地国有制的学者认为，当时的授田和赐田是绝对不能买卖和转让的。但问题是，按照授田制和赐田制的规定，那些'佣耕'者、流民、'盗贼'，乃至奴婢和徒隶，原本都有授田或赐田，他们为什么不耕种自己的田地却要给别人耕田，或者流亡、或者成为'盗贼'和奴婢呢？"[1]况且，"两汉四百多年间一直都存在大量的公田"之说也存在误判。早在被认为存在大量公田的汉武帝时期，董仲舒就严厉抨击当时的土地兼并说："富者田连仟佰，贫者亡立锥之地。"[2]再如东汉后期，荀悦亦明确指出："今豪民占田或至数百千顷，富过王侯，是自专封也；买卖由己，是自专地也。"[3]从宏观来看，两汉四百年间的公田数量亦不能一概而论。

在学术规范上，《制土》更存在问题。按学术征引与注释规范要求，作者需概要说明涉及主要研究内容的已有代表性学术成果或学术史脉络，若完全无此内容者，可视为学术不端。以公田问题为例，《制土》在简述土地国有论者及私有论者对汉代公

---

[1] 晋文：《秦汉魏晋南北朝土地制度的嬗变》，《中国农史》2021年第3期。
[2] 《汉书》卷24上《食货志上》，第1137页。
[3] （汉）荀悦著，张烈点校：《汉纪·孝文皇帝纪下卷第八》，北京：中华书局2002年版，第114页。

田的看法时，仅选取了 20 世纪学界部分具有代表性的学术观点，对其他学者的研究却很少提及。比如裘锡圭先生撰有《从出土文字资料看秦和西汉时代官有农田的经营》，对秦和西汉官有农田的管理官员、经营方式及劳作对象都作了较为详细的论述①，但《制土》并未提及。此外，裘文也较早指出，龙岗秦简中关于"假田"的两条简文说明"汉代盛行的假民公田的办法，在秦代已经在实施了"②。按学术规范，引用观点时，应尽可能追溯到相关论说的原创者。但在论及"假田"于秦代已经存在这一观点时（第 207 页），作者却追溯至晚于裘文发表的《关于"假田"的几个问题》。③ 再如论及新出土简牍中的"受田"材料给原先持战国土地私有说学者带来的挑战时，《制土》举出了三条战国时期土地买卖的材料，并简述了土地国有论与私有论学者对此的争议。但关于这种争议，作者只提及了土地国有论者的观点，对于土地私有论者对此进行的反驳和质疑只字未提。其实，李恒全先生在《战国秦汉经济问题考论》一书及《论战国土地私有制——对 20 世纪 80 年代以来战国授田制观点的质疑》一文中均对 20 世纪 80 年代以来的战国授田制观点进行了系统的质疑。其中不仅就土地国有论者对三条土地买卖材料的解读进行了有力的辩驳，而且列举出了除此三条材料外的其他关于战国土地买卖的材料，并在此基础上分析了当时土地买卖稀少的原因。④ 不论是出自

① 裘锡圭：《从出土文字资料看秦和西汉时代官有农田的经营》，原载臧振华编：《中国考古学与历史学之整合研究》，台北："中央研究院"历史语言研究所 1997 年版，后收入氏著：《裘锡圭学术文集》第 5 卷，上海：复旦大学出版社 2012 年版。
② 裘锡圭：《从出土文字资料看秦和西汉时代官有农田的经营》，《裘锡圭学术文集》第 5 卷，第 212 页。
③ 康德文：《关于"假田"的几个问题》，《陕西师范大学学报（哲学社会科学版）》1998 年第 2 期。
④ 李恒全：《战国秦汉经济问题考论》，南京：江苏人民出版社 2012 年版；《论战国土地私有制——对 20 世纪 80 年代以来战国授田制观点的质疑》，《社会科学》2014 年第 3 期。

疏忽或其他原因，《制土》的厚此薄彼都是违反学术规范的。

此外，在第六章"权利、经济、社会——构建新的历史体系"中，《制土》对刘泽华和张金光先生的评价也有所不足。如评价前者的"王权支配社会"说，书中提出"除了王权支配经济的笼统概括，作为一种历史体系或社会形态，有哪些具体的经济内容（生产和再生产）"（第 238 页）的质疑。但事实上，刘先生提出"王权支配社会"和"王权主义"时，从未将此说看作社会形态的一种。在他看来，面对基础性的社会关系形态时，"马克思主义有关生产力与生产关系的理论所勾勒出的社会关系，从总体上看最贴近历史，或者说解释力最强"，且其依旧认为"基础性的社会关系是由社会生产力的发展状况决定的，进而讲生产方式决定着社会的基本面貌"。① 对于类似误读，刘先生曾多次表示："王权支配社会"这一概念"既不是指社会形态，也不限于通常所说的权力系统，而是指社会的一种控制和运行机制"②。"王权支配社会"说还引起过学界争鸣，如陈明、韩星、吴光等先生便曾以国学研究为立足点，对"王权主义叙事"角度中儒家理念与王权间的关系进行了商榷，而以刘泽华先生为代表的王权主义学派也撰文予以反驳。③

---

① 刘泽华：《分层研究社会形态兼论王权支配社会》，《历史研究》2000 年第 2 期。

② 刘泽华：《中国的王权主义：传统社会与思想特点考察》，上海：上海人民出版社 2000 年版，引言第 2 页。类似表述亦见于刘泽华：《王权主义：中国文化的历史定位》，《天津社会科学》1998 年第 3 期；陈鑫：《王权主义与社会形态等问题的再思考———访刘泽华先生》，《中国史研究动态》2017 年第 4 期。

③ 刘泽华：《关于倡导国学几个问题的质疑》，《历史教学（高校版）》2009 年第 5 期，后转载于《新华文摘》2009 年第 15 期；陈明：《国学之争的实质是传统文化的理解问题——刘泽华王权主义叙事质疑》，《国学学刊》2010 年第 2 期；韩星：《对于〈关于倡导国学几个问题的质疑〉的质疑》，《中国社会科学报》，2010 年 1 月 21 日，"争鸣版"；吴光：《历史的误读与历史观的偏颇——与刘泽华、张分田二先生商榷》，《光明日报》，2010 年 1 月 18 日，第 12 版；方朝晖：《怎么看"尊王"、"忠君"和"三纲"》，《中华读书报》，2010 年 2 月 10 日，第 15 版；林存光：《王权主义与中国传统社会形态论——刘泽华先生的中国史观述要及相关争议评析》，原载葛荃主编：《反思中的思想世界：刘泽华先生八秩华诞纪念文集》，天津：天津人民出版社 2014 年版，后收入林存光：《论儒教作为一种文教：孔子、儒学与儒教问题评论集》，北京：学习出版社 2018 年版。

《制土》在简述"王权支配社会"说的未尽之处时，仅列出了李振宏先生的《中国政治思想史研究中的王权主义学派》①，对于学界所引起的论争只字未提，很难说全面展示了此说在学界的影响与理论价值。对于后者的"官社经济体"说②，《制土》的评述也存在一些缺憾。在评价"官社经济体制"说时，作者提出了几大质疑，如该说与"亚细亚生产方式"的特点和"专制主义"有无内在联系，"政社合一"的官社是否名实相符，"官社经济体制"是否能够作为一种"社会形态"来涵盖中国历史某一阶段的社会总特征等（第244页）。但王彦辉先生早在《思想在制度史炼狱中闪光——读张金光〈秦制研究〉一书有感》中便提出了与作者类似的质疑，并就此条分缕析，进行了深刻的学术探讨，对"官社经济体制"进行了由点及面的全面评述。③ 对此类极具学术价值的争鸣不做涉及，《制土》无疑是存在疏漏的。另外，"官社经济体制"成立的经济基础是普遍的土地国有制。虽然自睡虎地秦简出土以来，学界通常认为商鞅变法后，秦的土地制度是国有性质的授田制，但随着里耶秦简、岳麓书院藏秦简等材料的公布，越来越多的研究开始趋向于质疑秦土地国有论。如晋文先生的《睡虎地秦简与授田制研究的若干问题》④，李恒全和董祯华先生的《从新出简牍看秦的土地私有制》⑤等，不一而足。新材料公布对研究的推进，对原先的学说在立论基础上带来的巨大挑战是不

---

① 李振宏：《中国政治思想史研究中的王权主义学派》，《文史哲》2013年第4期。
② 具体参见张金光：《秦制研究》，上海：上海古籍出版社2004年版；《战国秦社会经济形态新探——官社经济体制模式研究》，北京：商务印书馆2013年版。
③ 王彦辉：《思想在制度史炼狱中闪光——读张金光〈秦制研究〉一书有感》，《史学月刊》2012年第2期。
④ 晋文：《睡虎地秦简与授田制研究的若干问题》，《历史研究》2018年第1期。
⑤ 李恒全、董祯华：《从新出简牍看秦的土地私有制》，《信阳农林学院学报》2018年第1期。

可避免，也是无法忽视的。其实，张金光先生后来也承认汉初（逻辑上即是秦代）已形成土地私有——"爵田也有个凝固化的过程，由《韩非子·诡使》篇所谓用于奖励战士田宅的'身死田夺'，到《二年律令》中可于家内降杀转授，正是这种历史趋势的反映"①，而《制土》仍按其普遍的土地国有制论评述，这显然是片面和欠缺的。

　　除了以上所说，《制土》在章节编排上也存在一些不足。该书第二章末尾提示了第三章应有内容，即"着重叙述 1970 年代以来改革开放新时期战国秦汉土地制度研究的状况"（第 66 页）。但第三章在切入主题前，展开了一段对 1949 年至 20 世纪 70 年代末有关秦汉土地所有制形式讨论的介绍。这段介绍与第三章主体内容关联不甚紧密，放在此处比较突兀。按该书的框架来看，这部分内容按时间阶段可归入第二章第三节"1949 年以后的土地制度史研究"进行概述；按专题内容划分，则归入第四章"战国秦汉土地制度史研究若干问题"也许更为合适。

---

① 张金光：《普遍授田制的终结与私有地权的形成——张家山汉简与秦简比较研究之一》，《历史研究》2007 年第 5 期。

一部高水平的长沙简牍研究文集

——读王子今《长沙简牍研究》

王承乾(南开大学)　晋　文(南京师范大学)

　　近30年来,长沙成为秦汉三国简牍出土最多的地区之一。其荦荦大者,有走马楼吴简、五一广场东汉简、走马楼西汉简和东牌楼东汉简。尤其数量多达十余万枚的走马楼吴简,极大弥补了三国时期传世文献的不足,自1996年出土以来便成为研究孙吴基层社会的第一手资料。作为秦汉史大家和吴简研究的先行者之一,王子今先生在这一领域中亦有丰硕成果。其《长沙简牍研究》(北京:中国社会科学出版社2017年版。以下简称《研究》)收录以吴简为主要研究对象的论文23篇,另有7篇侧重于长沙马王堆出土文物、五一广场简和东牌楼简,堪称一部高水平的简牍研究文集。

　　从研究内容上看,《研究》具有明确的区域社会史意识,体现出区域史和社会史研究相结合的特点。众所周知,区域社会史研究及其历史图景的探索与复原是中国古代史研究领域中的常青树,但限于史料,对宋代以前的历史阶段的区域社会史研究存在诸多困难。仅就孙吴这一历史时期而言,传世文献主要是《三国志·吴书》和《建康实录·吴》中的相关史料,其重中央而轻地方、重高层而轻基层的记叙主旨对这一时期的区域社会史研究难以提供有效的助力。《研究》立足于吴简和其他简牍等数据,视野宽阔而又独辟蹊径,颇具典范作用和启发性。以"饮食"为例，《研究》有两篇相关论文，即《马王堆一号汉墓出土有关"鹿"的文字数据与梅花鹿标本》和《走马楼简的"入皮"记录》，分别利用马王堆一号汉墓出土的关于"鹿"的文字数据和标本，特别是吴简所载"入皮"记录和"治皮师"身份，探讨了长沙地区的生态环境及"猎鹿"与食用鹿肉的风习。其论证缜密，史料翔实，将"人"与"自然"紧密结合，堪称社会史与生态史研究的范文，体现出作者深厚的学术功底。言及"饮食"也少不了农作物。在《长沙走马楼竹简"豆租"和"大豆租"》一文中，作者结合马王堆汉墓出土"赤豆""大豆"和"黄卷"等资料，对吴简中的"豆租"和"大豆租"进行了讨论，认为"豆"作为征纳物件和仓储内容反映了北方的农事经验传播到江南的历史事实，与这一时期的北方移民南迁和江南的开发等史实可互相印证。关于文书、称谓与身份等问题，《长沙五一广场出土待事掾王纯白事木牍研究》《长沙东牌楼汉简"津卒"称谓及交通管理的军事化形式》《说长沙东牌楼简所见"津史"及其职任》和《蒋席·皮席·薦席——长沙东牌楼简牍研究札记》对东牌楼汉简中的"白事"文书、"津卒"与"津史"的称谓、身份及蒋席、皮席、薦席的名称亦作了多有发覆的解读。作者的观察深入细致，联想丰富，"在空间中理解时间"，区域社会史意识鲜明，把握住了这一领域研究的特质。

从研究方法上看，《研究》运用传世文献和出土文献、考古资料相结合的"三重证据法"进行了卓有成效的考辨。例如除"饮食"外，"男女"即社会性别比例也是观察人类历史与社会的重要参照物之一。而对于上古时期荆州的社会性别比，传世文献有"一男二女"①和"江南卑湿，丈夫早夭"②等说法。

---

① （汉）郑玄注，（唐）贾公彦疏：《周礼注疏》卷33《夏官·职方氏》，（清）阮元校刻：《十三经注疏》，北京：中华书局1980年版，第862页。

② 《史记》卷129《货殖列传》，北京：中华书局1959年版，第3268页。

《研究》有三篇系列论文,亦即《走马楼竹简女子名字分析》《走马楼简所见"小妻"与两汉三国多妻现象》和《"寡嫂"和"孤兄子":三国孙吴乡村家族结构考察》,结合吴简所见妇女人名用字、"小妻""寡嫂""侄子"和"兄子"等信息对这一问题展开了深入分析。作者提出:从名字上看,这一时期的妇女可以参与财务经营和管理,能够打破"男耕女织"的固定分工而承担农事;吴简"小妻"称谓与文献记载的两汉三国多妻(妾)现象吻合,反映了男少女多的历史事实;"侄子"男女并用,但登记在"户人"即户主名下的"侄子"(妇女对其兄弟之子的称呼)远多于"兄子"(男子对其兄弟之子的称呼),也反映出"户人"的妻子在家庭事务决策中具有一定的地位和话语权。通过对人名用字和亲属称谓的探究,作者将传世文献与出土文献中的相关资料相互关联,得出了令人信服的结论。再如,在《走马楼舟船属具简与中国帆船史的新认识》中,作者讨论了吴简中记录的孙吴船舶的"大杝"等船具,并将它们与广州东汉墓出土的两件陶船相联系,对孙吴船舶的形制和规格等历史信息进行了探索与复原,是出土文献与考古数据相结合的研究范例。又如,《走马楼许迪割米案文牍试解读》就前人释文中的"□用""廖直事""罪深重"和"审前后"等内容提出了新的见解,主要是从文字字形字义、简牍和传世文献用例来予以论证。值得注意的是,《研究》虽然讨论的是两汉三国时期的历史问题,但在征引传世文献时,作者的眼光并未局限于这一时期的历史文本,而是尤为关注后代的相关史料和叙述,征引文献的范围亦不限于正史,而是涵盖了经史子集,堪称思维发散,视野广博。在《"煮鹤"故事与汉代文物实证》中,作者便旁征博引,将《左传》记载的卫懿公"好鹤"故事,及唐宋元明文人将煮鹤烧琴等"杀风景"行为视为反文化和摧残文化的符号的情感态度,与马王堆一号汉墓出土的鹤骨和"熬鹔笥"等材料相结合,认为"煮鹤""烹鹤"的行为由饮食史的实践转变为背弃文化否定文明的象征,体现了人与自然关系的进步。此外,统计与列表方法的运用亦是《研究》的可圈可点之处。

从研究结论上看,鲜明的区域社会史意识和扎实可靠的研究方法使《研究》的一些结论富有新意和启发意义。以《走马楼简牍所见"吏"在城乡联系中的特殊作用》为例,作者通过排比梳理吴简中的"州吏""郡吏""县吏""乡吏"及各类"给吏"信息,并结合传世文献和已有成果,即认为这些"吏"和"给吏"服务于不同层级的行政机构,活动范围也有大小之别;活动在社会基层的"乡吏"对下是国家和官方在基层的代表和执行人,对上则在一定程度上体现着百姓的意愿和利益。因而这些"乡吏"也就成为高层和基层间沟通和信息传达的中介,成为社会结构的中间层次与环节。他们一方面参与农业生产,一方面也有机会接触城市生活,甚至参与城市政治事务中。为数众多的"吏"的存在使得此时城乡间的人口流动频繁,经济联系密切,这也是当时尚未形成如后世那样严格的城市的原因之一。以诸如"吏"这样的身份为切入点,探讨特定人群在两汉魏晋时期的社会经济生活中所扮演的角色及其意义,是一个值得借鉴的研究视角。更有意义的是,作者的结论提供了一个对这一时期"吏"的身份地位的有价值的思考方向。围绕着中古时期"吏"的身份地位,学界形成了"吏户"论和反"吏户"论间的争论,而焦点则在于"吏"是否成了一个"固化"的地位低下的阶层,从而失去了"向上流动"的可能。从吴简资料及作者的研究结论看,基层的"吏"作为高层和基层间的中间层次与环节,存在着"向上流动"的可能性与机会;他们在城乡之间的来回往返,实际上是跨区域的"横向流动",这样的"横向流动"无疑给他们改变自己的人生轨迹提供了一个契机。《晋书·光逸传》载,身为小吏的光逸"至京师"后得到名士胡毋辅之的赏识,跻身于"八达"之列而名传后世,就是一个典型例子。① 从"吏"具有的"流动性"来观察这一群体的身份和地位,无疑具有很大的启发意义。再如,《走马楼名籍"单身"身份》对吴简"单身"的"师""佐"和"佐攸"等进行了探讨,认为这些人多数是专门的技术人员,受到严格的人身控制。从相关文献的记载看,"单身"体现着特定背景下的专门化与特殊化,"单身逃役"也成为人心浮动的表现和执政者的心腹大患。而汉末三国时期的长期战乱使人口锐减,由此产生的"门单户尽"和"民单户约"现象可能也和吴简"单身"身份有关。这对于全面认识汉末三国时期的人口问题亦不无启迪。此外,《走马楼简"折咸米"释义》考证,"折咸米"即"折减米",《长沙走马楼竹简"地僦钱"的市场史考察》推论,"地僦钱"可能全称原本应为"食地僦钱",是以临湘侯步骘"食地"的"僦税"为名义征收的,《走马楼简所见"小妻"与两汉三国多妻现象》判定,简 149 所载乔兄"年廿八"当为"年卅八",《走马楼竹简"邪"、"耶"称谓使用的早期实证》认为,在东汉时期尚未出现与"爷""耶"相近的"爹"的称谓,《走马楼"凡口若干事若干"简例试解读》提出,"事"的涵义对于解读此类简文应最为关键,均可谓慧眼独具,切中肯綮。

《研究》还具有内容丰富、领域宽广的突出优点。在区域社会史的宽广视野下,《研究》呈现出多领域多学科交叉的态势。《研究》对未成年人的诸多讨论就是一个范例。在《马王堆三号汉墓遣策"马竖"杂议》中,作者从文字学、考古学、社会学等层面论证了汉初未成年人充当"马竖"即"马僮"的情形,认为这可以反映未成年人的社会地位和汉初社会劳动力

---

① 《晋书》卷 49《光逸传》,北京:中华书局 1974 年版,第 1384—1385 页。

的开发程度。在《走马楼简载録的未成年"公乘"、"士伍"》《关于走马楼简文"小口"》《走马楼竹简"细小"文例》和《未成年劳动者"户下奴"、"户下婢"》系列论文中,作者更围绕吴简中的未成年"公乘""士伍""小口""细小"及未成年"户下奴""户下婢"而展开讨论,涉及未成年人得爵及其政治与社会意义,未成年人的年龄划分、社会责任、社会权利与体征记录,未成年劳作者的生存空间和生存状况等问题,涵盖了政治史、经济史、社会史及儿童史等诸多领域。再如,在《烝姓的源流——读〈嘉禾吏民田家莂〉札记》和《"烝口仓"考》的姊妹篇中,作者亦将"烝"字与作为江水名和地方行政区划建制的烝水、临烝及烝阳相联系,认为"烝姓"的起源与这些地理名称有关,进而讨论了"烝口仓"和"水口"置仓问题,涉及历史地理学的内容。而《走马楼简文"枯兼波簿"及其透露的生态史信息》则对吴简"枯兼波簿"进行了讨论,认为"枯兼"之"兼"乃是"浅"的异体字,"波"即陂的"枯浅"反映了当时气候的干旱与水资源状况的恶化,为汉魏以来气候由暖湿向干冷转变的结论提供了新的史料证据,体现了文字学、简牍学和生态史研究的综合。还有《走马楼简文"邮卒"、"驿兵"与邮驿的专业化》和《走马楼许迪案文牍所见盐米比价及相关问题》,前者注意到"邮卒"和"驿兵"身份与职能的区别,后者结合文献与前人研究成果,对孙吴的盐米比价、盐政形势、盐的计量精度和仓制等问题作了深度辨析,同样都离不开扎实的文献和文字考证功夫。

《研究》亦存在一些不足或疏漏。简牍材料与传世文献的异同,特别是差异,使得研究者在借助传世文献解读简牍时要时刻注意简牍的自身逻辑和特色。比如土地制度,在《试释走马楼〈嘉禾吏民田家莂〉"余力田"与"余力火种田"》中,作者引证传世文献中的"余夫""余子"等来解释吴简"余力田"和

"余力火种田",认为"余力田"是"户人"之外的"其家众男"即"余夫"或"余子"所耕之田,"余力火种田"之"火种"即"伙种"或"伙种",为合作经营农耕,共同承担之意。但查阅简文,此说似有考虑未周之处。《嘉禾四年吏民田家莂》中有这样一条记录:"下伍丘男子胡诸,田十二町,凡六十一亩,余力田。"(4·12)从《田家莂》的文例看,如简4·5"下伍丘男子五孙,田六町,凡十二亩,皆二年常限",简4·9"下伍丘郡吏周柏,田卅二町,凡一顷六十四亩,其九十六亩,皆二年常限……其六十八亩余力田",简4·11"下伍丘男子胡纯,田八町,凡廿一亩。其十亩,皆二年常限……其十一亩余力田"①,简4·12中记录的"胡诸"便应当是"户人"之名而非"余夫"或"余子"之名,但其名下之田只有"余力田"。也就是说,这些"余力田"实际上是"户人"之田,而非"余夫"或"余子"之田。再如教育制度,《走马楼简牍"私学"身份》对吴简"私学"的身份进行了考论,认为"私学"是民间儒学教育体制下的受教育者,其身份的确定很可能有学历和学绩的要求,需经一定等级的官吏"举"后方可入籍,并以明清"儒学生员"和"幼学"等记载来佐证。从相关简文看,吴简"私学"确与传世文献之儒学生有关,如《监下关清公掾张闾举周基为私学弟子文书》等,但吴简"私学"也有自身的特点。除"私学"的例子外,吴简中还存在"给私学"的事例。只有身为非正户民的"遗脱"才能被举"私学",而正户民则只能"给私学"。"私学"还需要承担"私学限米"的赋税名目,如"☐嘉禾五年私学限米☐"(壹·313)"领私学限米八十斛"(壹·939)、"其一千一百六十一斛五斗

---

① 长沙市文物考古研究所、中国文物研究所、北京大学历史系走马楼简牍整理组编著:《长沙走马楼三国吴简·嘉禾吏民田家莂》,北京:文物出版社1999年版,第73—74页。

二升,黄龙□年私学限米"(壹·1740)①。至于他们能否免役,亦当进一步讨论。再如,《走马楼许迪割米案文牍试解读》认为,"录事掾潘琬"之"录事掾"并非职名,"掾"是其职务,"录事"只是临时性的工作,犹如现在的"记录人"。实则未必。从传世文献看,"录事掾"当为从事文书工作的常职。《三国志·吴书·吕岱传》载:"岱处法应问,甚称(孙)权意,召署录事。"②吕岱所任"录事"即应当类似于"录事掾"的文书人员。两汉三国简牍及碑刻中亦常见"录事掾"一职,如《金石萃编》卷18所录汉灵帝中平二年(185年)《合阳令曹全碑》中有"录事掾王毕"等③,且吴简中多有"某某掾"一类的职务。可知"录事掾"当为职名,作者的看法多少有些牵强。又如,《走马楼"凡口若干事若干"简例试解读》认为,简中"事"字前后两记,"或许前一个'事●',是说按照制度规定应该服役的人数,后一个'事●',则是说实际服役的人数",涉及学界对"事""算"的争议问题。尽管这种看法在传世文献和简牍上确有一些依据,但能否把"事"的涵义都说成"服役"恐怕仍值得斟酌。总之,在研究中如何恰当运用"二重"乃至"三重"证据法,如何实现研究过程及结论立足于简牍材料本身而又不使之"孤悬于外",乃是简牍研究者应时刻关注和思考的问题。

(原载《简帛研究》2021年第1期)

① 长沙市文物考古研究所、中国文物研究所、北京大学历史系走马楼简牍整理组编著:《长沙走马楼三国吴简·竹简(壹)》,北京:文物出版社2003年版,第901、913页。
② 《三国志》卷60《吴书·吕岱传》,北京:中华书局1959年版,第1383页。
③ 高文:《汉碑集释(修订本)》,开封:河南大学出版社1997年版,第474页。